U0078844

佛學概論

林朝成
郭朝順　著

三民書局

三版序

我們合著的《佛學概論》一書，於 2000 年初版，到了 2012 年出版了修訂二版，近日三民書局通知我們，這本書即將出第三版，詢問我們二人是否要進行修訂。但由於我們並未料到此書會這麼快就出第三版，加以目前皆有不少事務纏身，是故便決定對第三版的內容不作修訂。

這本書已歷經了二十年，若還值得書局持續出版，或許顯示這本書尚受市場肯定，也顯示本書原本所構思的，由觀念史角度，系統性地討論重要的佛學基本觀念的寫作方法，對讀者或教學者而言，是有些助益的。

佛學研究近期已由文獻學的傳統，逐漸走向更多元的方式來開展，除了文獻學外，歷史學、宗教學、哲學、心理學等各學門，也都表示對於佛學思想的興趣與關懷，更為廣泛乃至跨域的佛學研究，正方興未艾。然而佛學概念與思想之複雜，如果不能掌握其核心觀念之內涵與思想發展的歷史脈絡，並將佛教傳統的術語，運用現代學術語言加以闡釋，是很難建立佛教思想的現代理解，更遑論要由不同學門來展開，不失佛教思想原義之現代對話與詮釋工作。因此本書若有些許貢獻與價值的話，可能便在於此。

一本概論性的入門書籍，當然不能算是什麼重要的、偉大的學術作品。二十年過去了，佛教學界的各式研究成果蓬勃出版，我們當時所論及的材料，自然不能含括近二十年的研究成果，因此本書所論，也一定有許多未足之處，但作為一個方便學習佛教思想的學術入門書而言，這本書依然還是有一些渡筏之功。

　　寫作這本書的經驗，對於我們個人教授佛學課程或者協助學生思考佛學問題，都是很有幫助的，但我們應該不會再企圖重新編寫另一部新的佛學概論。這樣的工作，若是能有新生代的學者，基於二十一世紀的問題與思想發展，並且含括近二十年的佛教研究成果，來重新構思、寫作一部更為進階的佛學概論或佛教哲學概論，則應是值得期待之事；而每個世代，對於佛教思想的持續重新解讀與詮釋，正是歷經一、二千年歲月以來，佛教思想仍然得以歷久彌新的理由。

林朝成、郭朝順　謹識
2020 年 11 月 24 日

再版序

本書於 2000 年初版至今，歲月匆匆已過了十二年了。這些年來，坊間多了幾本兩岸三地學者新撰寫的佛學概論，置身其中，本書以觀念史角度講述佛學的基本觀念，對讀者的學習仍有相當的助益。最近三民書局通知我們，本書即將再版，編輯詢問有無修訂計劃。原來我們寫的這本書，在教學或自修的市場上還頗有些需求。

本書的撰寫，原為提供大學（或佛學院）佛學教學用書，是設計給計劃教授或學習佛學專業的教師及學子所使用。在撰寫過程，我們希望能夠引介現代佛學研究的成果，也期待藉由當代學術概念的審慎運用，以使佛學思想的理解，不再囿限於佛教僧院教育的內部傳統，而產生與當代生活世界的意義連結。

多年來聽聞部分大專院校系所，曾經採用此書作為教材或指定參考書，我們也使用本書教授佛學概論等相關課程。不過，依據多年的教學經驗發現，要在一學年將整本書的內容教授完畢，事實上是極大的挑戰，一學期要教授完畢則更不可能。因此，針對本書挑選學習單元或精選章節講授不失為可行的方法。我們也發現，本書作為計劃專研佛學的研究生的入門書籍，頗為合適。因為企圖專攻佛學的年輕學生，最欠缺的現代學術訓練，往往便是哲學的分析或者詮釋，而這正是本書的強項。或許是因此之故，本書才能夠有再版的機會吧。

此次雖有機會重新修訂本書，但因原書結構完整，如果想要將個人最新的研究成果放入本書，恐怕會破壞原書的架構。故只能就本書文字及解說上不甚清楚之處，及梵文、巴利文體例未統一處，進行小幅修訂，

期待以更精準的體例呈現給讀者，期間特別感謝華梵大學東研所博士生林育民先生對梵、巴文字的細心校訂，並且製作了詳盡的對照表，既減輕我們許多負擔，也提供讀者許多便利。

林朝成、郭朝順　謹識

序

　　本書主要是在幫助讀者了解佛學的主題和論述內容。它以觀念史的角度，系統地討論大學（或佛學院）階段通常會講授的佛學基本觀念，簡介每一觀念的核心意義，各宗派對該觀念的詮釋與實踐，並且說明每一觀念的理論架構。

　　為了培養讀者閱讀經典的能力，本書的內容多引用經論，再加以現代語文的疏解、論述，每一章都提供進修書目，以幫助讀者對該章主題進一步的了解。同時為了教學或自修的方便，每一章都可以獨立出來，自成一學習單元。當然，讀者如果能夠通讀全書，相信對佛學將有較為宏觀的認識。

　　本書的目標在提供讀者學習指引，彌補一般導論書籍之不足，並且引領大眾進入佛學的殿堂。它不僅可作為佛學課程的基礎教材，以問題討論為核心的導論課程、通識課程，也可以採用本書為主要讀本。而對佛學感興趣的一般讀者，更可以本書作為基本讀物，正確認識佛教的本質。

　　本書撰寫期間，承蒙曹志成博士對本書的內容結構提供諸多寶貴的意見；初稿完成之後，邱敏捷博士與成大中研所的學生：靖芰、如秀、湘華、佳蓉、嘉慧等人仔細閱讀，並從讀者的立場，提供許多有用的修改建議，在此，特別感謝他們的幫忙，使本書能夠順利完成。

林朝成、郭朝順　謹誌

梵巴術語用例說明

1. 書中佛教等相關術語附上梵文與巴利文以供參考，由於本書內容涵蓋初期佛教與大乘佛教，在初期佛教當中的相關術語以巴利文為主，大乘佛教的相關術語以梵文為主。但若遇到一些常見、通用的字詞，原則上以梵文為主。

2. 在人名的部分則不分時代，大多以梵文為主。若碰上梵、巴同形之字，則以該部分所論述的條件決定該字為梵文或巴利文。

3. 書中個別字詞、人名、專有名詞所附上的梵文、巴利文一律不做格位與單、複形變化，均以原形為主。然若該字詞為集合性名詞，同時又需要介紹當中所涵蓋的法數時，則作複數形主格的變化，例如五蘊、四聖諦、十遍處等詞。

4. 梵、巴字體音節一律連讀，不作音節區隔標點。遇折行時，以 "-" 標示。

佛學概論

目 次

三版序

再版序

序

梵巴術語用例說明

第一章　緒　論

第一節　何謂佛學

　　佛學，簡單來講，便是關於佛教的學問。它可分為狹義及廣義兩個部分，狹義部分是指佛教本身的學問，這又可分為三個部分：一是佛教的創教人釋迦牟尼所傳教法的內容，二是其所制定用以規範信仰者的修行規戒，三是弟子們對於世尊教法的研究闡釋等，這就是所謂的經、律、論三藏；而與佛教相關的歷史、文學、藝術等學問，則可視為廣義的佛學。本書所謂的佛學，是取狹義的範圍來加以探討，因為要了解佛教，經、律、論三藏所討論的內容，畢竟是佛教的基本課題。

　　然而若說佛學是一種「學問」，的確偏枯於佛學的知識性，印順法師在《佛法概論》一書中說：

　　　　佛法，是理智的德行的宗教，是以身心的篤行為主，而達到深奧
　　　　與究竟的。從來都稱為佛法，近代才有稱為佛學的。佛法流行在
　　　　人間，可能作為有條理，有系統的說明，使他學術化；但佛法的
　　　　本質，決非抽象的概念而已，決不以說明為目的。❶

以系統化、學術化的方式來研究佛學，固然是現代學術的研究方法，但

---

❶　印順，《佛法概論》（臺北：正聞出版社，1992 年修訂 2 版），〈自序〉，
　　頁 2〜3。

也不能說，古人研究佛法的方式，沒有條理，沒有系統，或者不合學術。印順法師這段話的重點是要說明，佛法絕對不僅僅是一群抽象概念所形成的認知活動而已，它並不是無關於生命本身的知識。佛法是可以相信、理解、實行、體證的真理，同時也是可以解決人生痛苦的真理。所以他接著說：

> 佛法的「正解」，也絕非離開「信」、「戒」而可以成就的。「法」為佛法的根本問題，信解行證，不外乎學佛者傾向於法，體現於法的實踐。所以本論雖是說明的，可說是佛法而學的，但仍舊稱為佛法概論，保持這佛法的根本立場。❷

印順認為佛法與佛學的差別，在於「法」(dharma) 是一種軌範生命的真理原則，它除了學者在知識上的理解之外，還得實踐的體現；如果佛法只是一種「學」的話，那也只是眾多學術知識當中的一類，這不但無法呈現佛法可以軌範生命的真理性格，反使之淪為具有相對性的知識，而學者更可以空洞地來論述它，這便失去了佛法作為救世之法的特色及地位。

像印順這樣一位畢生致力於佛法之信解行證的法師，我們可以理解他取「佛法」捨「佛學」的用心所在，不過「佛學」一詞，今天已成為通行的名詞（印順在後來的許多著作中也用了這個名詞），而且我們並不預設讀這本書的讀者要是個佛教徒，本書的目的是要以深入淺出的方式提供給一般大眾、學生或信徒（佛教或不同宗教的信徒）認識佛教基本教義的核心內容，進而一窺佛學的堂奧，因此我們仍採用「佛學概論」作為本書的書名。

---

❷ 《佛法概論》，頁 3。

第二節　佛學與一般宗教及世間學問的異同

　　佛學的目標是要開顯關於一切事物以及生命自身的本來面目，如果就這樣的目的來說，佛學相當於西洋所謂的哲學 (philosophy)，但是佛教又同時具有宗教信仰的形式，因此便曾經出現過佛教到底是宗教還是哲學的議論。

　　其實，佛教相當不同於其他宗教，一般的宗教總是有其所信仰的神，而且這神如果不是宇宙的創造主，便是民族的始祖神或者保護神，因為神總是具有主宰或者改變事物與命運的力量，神是真理與生命，這就是所謂的天啟宗教。佛教則不然，佛教是智慧的宗教，否定天啟的神聖性與有效性。佛教的創立者釋迦牟尼，以一個解脫生死的智者、覺者出現在印度，向當時的印度人民宣揚解脫之道。然而，解脫的道理不是信仰佛陀的大能就可以拯救他們超越世間，而是教導信仰者過著一種少欲正知的清淨生活，令心靈平靜，去除煩惱。即使是個解脫者，諸法無常，肉體的死亡仍不能免，可是在面臨死亡之際，由於解脫者的正智，他對死亡一無所懼，這便是佛教的生死智慧。

　　是以作為一種宗教而言，佛陀是信徒所崇仰的解脫聖者，可是他不是神，他從不強調神蹟，也不以神異的力量改變什麼，包括他自己的壽命，因為他了解世間有其不變的因果法則，任何人的煩惱，也只能依靠自己的努力，不是依靠佛陀便可以獲得解脫。

　　當然，佛陀他也沒有創造世界。他說世間存在的法則是緣起，所謂「緣起」，便是否定有任何創造神（不管是一神或是多神），否定由祂或者祂們創造世界。因為「緣起」的意義，便表示世界是由諸多的條件聚合而成，沒有任何的神可以主宰世間或者任何一個人。

　　他既不是神，當然也不是印度民族的保護神、氏族神。印度的神明，

早在印度婆羅門教的《吠陀》聖典之中，或者是他們的《史詩》裡面出
現；❸如就印度的種姓制度來看，釋迦牟尼屬於第二階級的剎帝利，並
不是最高貴的婆羅門階級，而且那時印度並非單一民族的國家，因此他
不是印度神話的英雄人物；甚至憍薩羅國毘流離 (virūḍhaka) 王自幼對
釋迦族之怨恨所帶來滅族的業報，世尊也無力改變它。❹由上述種種理
由，皆可看出：佛陀不是神。

佛陀不是神，而佛教的僧團，也不同於一般宗教中的祭司。所謂祭
司，其身分乃作為神人之間溝通的橋樑，因為凡人不能直接和神靈接觸，
所以在一般宗教中，便需透過祭司來達成任務，或者代為祝禱，或者代
為向神靈問詢。但是僧團成立的目的，並不是作為靈媒的祭司團體，而
是透過過著清淨的團體生活方式，尋求自我解脫之道。

再就宗教中所謂的「解脫」(mokṣa) 思想來看，這個概念最富宗教救
贖意義，但佛教的解脫，並不在於從這人間轉生到任何天堂或者極樂淨
土；即使是阿彌陀佛的西方極樂世界，那樣的世界只是有利於修行至究
竟解脫的中途站，並非眾生的終極目標。究竟的解脫乃在獲得最高的智
慧，掃除一切無明障礙，去除生死輪迴 (saṃsāra) 等一切煩惱的清淨境界。
此一境界便稱作「涅槃」(nirvāṇa)。

「輪迴」是印度人所獨有的一種生命觀、世界觀；「解脫」、「涅槃」，
則屬於一種必需透過個人親身體驗的境界，異於一般知識性的概念。佛
教被視為宗教，固然與傳統的輪迴觀有關，也與解脫、涅槃，這些看似
神祕的觀念，離不了關係。佛教（尤其是原始佛教）是宗教，也是哲學，

---

❸ 印度的《吠陀經》有四部：《梨俱吠陀》(ṛgveda)、《蘇摩吠陀》(sāmaveda)、
《夜柔吠陀》(yajurveda)、《阿闥婆吠陀》(atharvaveda)；兩大史詩：《摩訶
婆羅多》(mahābhārata)、《羅摩衍那》(rāmāyaṇa)。

❹ 釋迦族與毘流離王的恩怨，見《增一阿含經》,《大正藏》第 2 冊，頁 690 上～
693 下。

而且是著重生活實踐、心靈體驗與培養慈悲、智慧的哲學。

　　如果就佛學的內容、論述方式或者研究課題來論，佛學雖不完全等同於哲學，但也有相符相近之處。佛學探討形上學所研究的世間的本質，也探討知識如何成立的認識論問題，更就自他眾生內心的淨化，提出慈悲的倫理觀，但是佛學與哲學有兩項絕大的不同處：一是哲學（尤其是西方哲學）基本上認為世界的本質是存有 (being)，現象可以是虛假的，因為現象是生滅變化的，但虛假變幻的現象背後，一定會有某一真實的存有作為其支撐者，而最高的存有、最終的支持者就是上帝（婆羅門教則稱為「梵」(brahman)）或存有實體本身；但佛教的基本立場是「諸法無我」，事物的背後並沒有什麼永恆不變的存有作為現象呈現的理由，而一切事物也毋須最高的存有作為支持，現象乃是緣起緣滅的變化，因緣聚散是事物生滅的理由，因而說一切事物乃是「緣起性空」。

　　其次，哲學乃愛智之學，其目的在於追求一切真理的真實認知，而不以「智者」自居。佛教則預想了生死輪迴的苦惱束縛，其最終目的，在於超脫輪迴的煩惱，所以佛學雖也探究關於一切事物的道理，但根本的課題仍在於解脫生死。所以，佛學絕不以知、解本身為目的，更要能行、能證，它是一種強調實踐且能證悟解脫智慧的學問。

第三節　佛教的基本特質

　　無可諱言，佛教在長遠的發展歷史中被當作宗教來信仰。「信仰」在宗教之中是一個極為重要的概念，它不是一般的「相信」、「信任」，因為「相信」、「信任」乃是以世俗一般人、事為對象，而宗教上的信仰，則是以具有神聖意涵的超越界為對象。哲學上對於某種理念或某一本體的信仰，所異於宗教者，最主要的便在於所信仰的對象，欠缺「神聖」的意涵。

　　佛教徒禮敬三寶，在原始佛教的當初，原來只是一種敬愛尊重的表現，然而佛陀出現世間並教導所證的佛法，這是千百年難逢的希有之事，是故當然具有神聖意涵；僧團紹繼正法，傳承慧命，使得佛法可以長存人間，也使凡夫可得成佛之道，是故僧團也因此具有神聖的意涵而受到禮敬。

　　但是三寶的神聖性，最初應是以能夠救度眾生解脫生死輪迴的「法」為中心。「法」這一概念在印度，就好像中國「道」的概念一樣，具有極為豐富的內容。它代表了亙古永恆的真理、法則，其中佛法特別重視的是如何解脫生死的「法」。生死是種永無休止的輪迴，這是印度人傳統的生命觀，至於「輪迴」是不是有其事實證據作為基礎？這姑且不談，至少印度人是那樣深信著，而佛陀也的確在那樣的氛圍之中，苦苦地追尋解脫之道。

　　「輪迴」不是神聖的概念，相反的，它是一種對於世俗現象的理解與相信；從輪迴之中超越出來，便是從世俗的生死中解脫，所以超越世俗的人，便是一位聖者，而使人得以超脫世俗生死的「法」，當然也具有神聖的特質。

　　但是為什麼我們說，三寶的神聖性，最初是以「法」為中心？因為佛陀不是神，佛陀不是萬能的，他也會有入滅的一天（不生不滅的如來法身，其實是後起的觀念），而「法」是無始以來即便如此的，不會因為佛陀在世或不在世而有所改變；況且佛陀入滅前也曾交待弟子要「依法不依人」。

　　然而似乎一切信仰都會轉變成以「人」（神）為中心，對於三寶的禮敬，一旦變成以「人」（佛）為中心，佛教與一般宗教的差別，便顯得模糊起來。在佛教發展的過程中，的確出現了異於以「法」為中心的信仰，而傾向以「佛」為中心的信仰。以「法」為中心的信仰，展現佛教理智主義及合理主義的特質，排除一般宗教不合理的迷信及祭司腐化的可能

性，尊重且信任個人理性思考的能力，這樣的佛教，正是所謂以正智為核心，以解脫煩惱為目的的宗教。一旦信仰轉變為以「佛」為中心，那難免會變質。對於佛陀的信仰與尊崇，那是因為我們相信他已得解脫，相信他的如實智慧，相信他的廣大悲願；相信依其所傳的法，如法作意、修行，可以獲得如佛般的正智，那麼這種信仰並不與以「法」為中心的信仰相互抵觸；但如果欠缺正知見，以為一切全憑佛力，放棄自己理智所應負的責任，那對佛教的原始理想而言，便是一種淪落。其結果是：將原本紹續正法的僧團予以祭司化，使得僧團的任務，轉變成溝通人佛的靈媒，僧人便成為佛教的祭司，忙於各種法會、經懺；佛陀變成佛教的神靈，可以向之祈求、賄賂；佛法的重要性，不再是因其內容可以引導正智，而是因為可以消災祈福的咒術性格。到了這個地步，佛教已經不是以「佛（法）」為信仰中心，而是以「僧」（其實是祭司）為中心。這絕非佛教原有的本質，也不是正確的發展方向，但在佛教信仰庸俗化的過程中，這種型態的「佛教」，不只出現在過去，也出現在此時此地我們的周遭。

我們深信，這樣的佛教，絕非佛教的本質。作為一種宗教，佛教強調智慧的信仰，佛教「信仰」的本質，乃在開拓自己的智慧，並以這樣的智慧慈悲對應一切人、事、萬物。如果有人說，信仰佛教可以永生，可以免除一切不幸，可以出將入相，可以終生不虞匱乏，可以子孫賢孝，公侯萬代，祖先可以免除所造一切罪過，生於天界，享受一切安樂等等；那麼我們得說，那樣的佛教不是真正的佛教。

信仰佛教，不在於求保佑、庇蔭子孫，或為自己及祖先消除以往的罪過；信仰佛教，乃在啟發真正的智慧，令我們過著一種清靜、寡欲、無私無我、慈悲眾生的生活，使得我們從生命中的煩惱與痛苦解脫出來，同時也促使眾生朝著和諧知足，少私寡欲的清淨人生邁進。我們是因為有了智慧，不再造作惡業；懂得教導我們的子孫，因而有善果出現於未

來。我們不是靠盲目信仰，便獲得這一切。如果有人說，這樣的佛教過於平凡，一點也不神聖；那我們將會回答說，佛教是不神奇而非不神聖，神聖的宗教毋需以咒術或者神祕性來加強它的神聖；佛教之神聖性，乃在於它可以教導我們，如何在充滿煩惱困頓的歲月中，過著睿智安詳的生活，這就是佛教，它就是一種教導生命該如何過活的宗教。

　　懂得如何過清淨無煩惱的生活，在這充滿欲望及煩惱交織的人世中，難道不神聖？所謂的神聖，不是因為你具有超凡的神奇力量才神聖的，如果要藉力量的大小，來決定神聖的程度，畜牲比蟲蟻神聖，老虎比綿羊神聖，現代人比古代人神聖，人類比一切萬物神聖，因為我們已經實現古人的幻想，可以飛天遁地、移山倒海，甚至可以毀壞世界。神聖的程度若以宰制力量的大小來判斷，那倒是近乎一般世俗宗教的看法，所以一般世俗宗教常強調神之大能或者全能，可是人類的科技發展至今日的水平，人幾乎擁有了神的力量，宗教因而在現代科技面前動搖，無神論的興起，不是沒有道理的。然而，佛教始終強調的是智慧而非能力。宰制天地的能力，對佛教而言是不值一哂，因為縱使現代科技讓我們活得像天神一般的安逸富足，我們內心依然隱藏不安與缺憾，我們依然無法抵抗「無常」的侵襲，逃不了煩惱的折磨。是故佛教的神聖，在於直入吾人內心深處，為一切眾生提出解脫煩惱的指引。佛不是神，也不應是神，他是個獲得正智的覺悟者。佛教並不是什麼神奇的宗教。

第四節　如何了解佛學

　　那麼我們應該如何來理解、研究佛學？基本上，這也可分為兩種態度：一是把佛學當成和其他宗教或者哲學沒兩樣，視之為一種客觀學術研究的對象，用今日通用的學術方法去理解、分析，去推論、演繹，甚至加以批判；但這種方法的問題是，任何一種研究，其實一定是在某一

個學術基點上來進行的，是以若我們以西洋的真理觀來論述佛教的緣起論的話，即便在分析、演繹上面沒有出現問題，但在評判論斷之際，難免會失之偏頗，更何況，如果不先拋棄既有的成見，是很難去理解異於常識偏見的佛學。

　　是以我們建議採用另一種方式來理解、研究佛學：首先儘量去除成見，忘掉「世界具有永恆不變的真實本質」之假設，忘掉「自我具有不朽靈魂」之假說，也要忘掉「世界的本質就是存有」這樣的觀念，然後試著掌握佛法的三項基本原則：「諸行無常」——一切都在變化之中；「諸法無我」——事物沒有不變的自我（本質）；「涅槃寂靜」——熄滅煩惱是為最終之目的，如此對於佛學才能有真切的體會。❺有了真實的理解之後，想要批判，想要修正，或者想要超越，那都是入乎其內之後才可以出乎其外的學術工作了；也許，你只想看看佛法到底適不適合你，那麼也先請進來佛學的領域，有一番基本的了解，再做抉擇吧！

第五節　佛學的主要課題

　　誠如本文一開始所說的，佛學是以佛教的經、律、論為其內容，但由於佛教的發展已有二千多年的歷史，所謂經、律、論三藏，並不全然只是世尊及其弟子的創作，而是二千年來佛教學者心血智慧的總合，同時它也跨越了印度、中國、西藏等數個國家、民族，成為佛教徒獻與世人的智慧寶藏。若論佛教三藏所關懷的主要課題，則可以略分為實相論、緣起論、解脫論、修行論四大範疇。無我、性空、二諦這些觀念都是在探討事物的真實本質，可以列在實相論的範圍；十二緣起、業力輪迴、心識與萬法等，這些觀念都是在說明現象萬法的生起變化，屬於緣起論

---

❺　參見印順，《以佛法研究佛法》（臺北：正聞出版社，1991年13版），頁1～14。

範疇；佛性論、涅槃思想談的是解脫如何可能或者解脫的境界，屬解脫論範疇；至於佛教的戒、定、慧三學，在說明修行的主要內容與方法步驟，這便屬於修行論的範疇。

第六節 本書的內容與結構

本書的內容涉及印度、中國的主要佛學概念體系，其結構並不是按照上述的四項範疇來編撰，因為我們打算以主題的方式來撰寫這部書，而許多主題是橫跨這四項範疇的；舉例來說，「緣起」、「無我」的內涵就涵蓋四大範疇；同時也為了顧及同一主題在不同時代及不同宗派中有不同的詮釋與發展，所以我們採取了觀念史的寫作方式，希望能夠比較完整地呈現出同一主題的各種說法，並在解說佛學主要課題時，也能夠刻劃出佛學發展的變化痕跡。在此略述本書各章章節大要，讀者可藉此鳥瞰本書的內容結構，選擇感興趣的篇章優先閱讀。

第一章〈緒論〉。說明佛學的特色、佛教的本質、佛學的主要課題及了解佛學的方法。

第二章〈佛陀、佛教與佛法〉。本章是以佛陀為論述核心，先以歷史上的佛陀（生身）為中心，概述佛陀所處的時代背景，包括當時的政治形勢與時代思潮等。然後分辨歷史上的佛陀與一般人信仰的佛陀之間的區別，前者為有生有死的覺悟者，後者則為不生不滅的如來法身。再敘述佛陀出家、修道、傳教等生平事蹟，並介紹當時佛教教團的組織，以及教團生活的重要規定。接著略述佛教在佛滅後的重要發展，這包括部派的分裂、大乘的興起、重要的學派、經論以及佛教在中國的傳播等。最後則以當時佛陀教法為核心，指出佛陀教法實效主義的特色。佛陀反對無用的玄思，以「解脫」為最高原則的目標，反對婆羅門教的種姓制度以及神我的思想，強調智慧與自力解脫；這在原始佛教的三法印、四

聖諦等基本教義，可以充分體現出來。

　　第三章〈緣起思想〉。本章首先敘述「緣起」概念所具有的三種主要內涵：⑴相關的因待性；⑵序列的必然性；⑶自性的空寂性。進而析論佛教發展史中，各階段緣起思想的特色。原始佛教的緣起觀，以「十二緣起」為代表，然對十二因緣的解析，有強調十二支因緣的「因果關係」，有著重十二支因緣的「論理關係」等兩種不同的詮釋。部派佛教乃將十二緣起作更細微的解釋，分為「剎那緣起」、「連縛緣起」、「分位緣起」、「遠續緣起」等四種。中觀學派的龍樹，認為緣起即是空，並以「八不中道」來說明「空」的含義，所謂「空」就是諸法無自性的意思，否定事物有其不變的自性，便是證明一切萬法皆為緣起。

　　中觀學派所提出的「緣起性空」思想，亦為瑜伽行（唯識）學派所承認，但其理論的建構，乃著重於緣起現象如何藉由諸因緣而起現的說明。唯識對現象法的緣現，提出以阿賴耶識為核心的「阿賴耶緣起」，認為外境是依識而有，而阿賴耶識是聚合業力種子的種子識，由之變現了眾生的根身；一切阿賴耶的共業，則展現為外在的器世界，因此一切諸法依識得成，故名為「唯識」。

　　與唯識思想相近，但立場上又有極大差別的是如來藏緣起的思想。如來藏思想原本所要處理的問題是：「眾生成佛的可能性」與「生佛不二」等課題，但是從《楞伽經》之後，如來藏思想借用唯識「阿賴耶緣起」的觀念，提出了如來藏緣起的理論，這個理論到了中國，更被《大乘起信論》中的「一心開二門」給發揚光大，到了華嚴宗更提出了「如來性起」的思想，把原本解釋雜染現象的阿賴耶緣起，轉為以如來藏自性清淨心來解釋如來果地中佛身佛土的清淨緣起。

　　第四章〈佛教的心識論〉。本章將佛教心識論分別出三個主要課題：⑴認識論；⑵情識論；⑶心體論。認識論是研究心識如何去認知、認知的條件範圍等。情識論則研究心理感受、情緒及煩惱的種類、原因以及

意志、抉擇等心理現象。心體論則探索心識的主體性問題,包括認知主體的統一性與存在主體的一致性,乃至於心識與整個存有之間的關連性等。原始佛教立於色心平等的立場以根、境、識和合說,解釋認知成立的條件,肯定一般經驗的真實性。然而認知並不是純粹理性的產物,吾人之認知常會影響到情識的變化,反之亦然,因此業力之輪迴流轉,是情感與認知交互作用的結果。原始佛教不承認超越的心識主體,只在經驗的範疇,同意有一現象上不停在改變的經驗之心。

部派佛教對根、境、識三者有更細緻的論述,其最大的貢獻,乃在於對種種心理情識作用,有教科書式的條列及描述,共提出了六類四十六種心所。對心體論,則提出心王說,可說是正式建立心識主體的概念,這一心體概念,則為唯識學的理論前奏。

唯識思想以八識來說明心識的結構。前六識的主要功能為認知;第七末那識又稱我執識,我執為一切煩惱的根源,故此識解答情識論的根本我執問題。第八阿賴耶識為心體,它是生命存在的理由,是業力輪迴持續的根源,也是世間諸法變現的源頭。因為阿賴耶識是雜染的,由其所現的萬法,也就虛妄不實。

如來藏思想的心識說,則以心識本來清淨,但有外來不屬於它的客塵煩惱,使之表面上變得染污;用這樣的說法來解釋煩惱的虛妄性格,與清淨自性心的真實性。如來藏思想的心識論,幾乎只想回答心體論的問題,對於認知與情識分析,則付諸闕如。

第五章〈無我思想〉。本章首先說明無我的思想背景與意涵。「無我」或譯為「非我」,其所「無」所「非」的「我」,並非一般經驗中心理學意義的「我」。佛教以有情為中心,承認依因緣條件和合而成的「緣起我」。因此,佛教所對治的「我」是「常、一、主宰」的意思,這是承續著印度傳統所發展出來的「梵我」、「真我」、「絕對我」的思想。

「無我」即是「去我執」,這是原始佛教的實踐課題,捨棄我執的方

法，從觀察五蘊（處、界）無我、非我入手：觀察離陰無我；觀察即陰無我；觀察不存在一個「常、一、主宰」的我。經由無我的正觀，生起厭離便能順得涅槃。

部派佛教時代，無我的課題演變成輪迴主體如何成立的問題，犢子部建立「補特伽羅（我）」的思想，說一切有部主張「我空法有」，基本上都是為了解決「無我論」內在的理論問題。

初期大乘佛教興起，強調般若行。「空」即諸法實相，因此法的當體即空，一切法皆不可住著，《般若經》「無住心」的觀念把「空」與「無我」貫串起來。

中觀學派進一步從「緣起性空」的角度，依本性空的深義，融通「諸法無我」與「一切法空」的思想。因此，龍樹在論證無我思想時，便離不開因果、緣起、無自性的觀點。

龍樹的無我思想不只是理論的分析，同時也是實踐義的探究與修習。徹見無我便能得解脫，因此，無我與解脫思想密切相關。

瑜伽行派透過瑜伽禪定的實踐，主張世間種種「我」、「法」的施設呈現，都是識本身轉化而成。由此「假說我法」，生起我執、法執，其實，所執的實我、實法並沒有客現實在與之對應，它們只是隨著心識的緣慮活動而加以概念化所產生的，「一切唯識」，這就是唯識學派對「我」、「法」概念的根源所做的解說。

第六章〈佛性思想〉。在原始佛教中，佛陀自認為和阿羅漢沒有什麼不同，同時也和一般凡夫一樣會有生老病死的現象，因此「佛性」概念的出現，是佛陀崇拜與法身觀念出現之後的結果。而佛性觀念的主要課題，即在回答成佛如何可能的問題。在印度大乘佛教的經典中，從簡單地宣示眾生皆有佛性的《如來藏經》開始，到探討一闡提能否成佛的課題，乃至佛性與空性之間的關聯，佛性的內涵，逐步地拓深複雜。

中國佛教由於既有的人性論思想基礎，對於佛性的課題極為重視，

從魏晉的十一家正因佛性說，以及佛性是本有或始有之爭的興盛情形，可見一斑。佛性思想到了吉藏時，企圖將佛性解為空性，他提出了中道正因佛性之說。天台智顗則提出三因佛性之說，將佛性的範圍擴展出去，除了成佛的正因之外，智顗以為尚有緣因及了因佛性，緣因是指智慧的開發，了因佛性則指資成佛道的一切助緣。三因佛性使佛性開展出人性論之外、之上的含義。到了湛然則更提出草木有佛性、草木成佛的論題，佛性完全被視同一切諸法的真如法性。

除此之外，華嚴宗依判教立五教種姓，提出圓教種姓乃是通於依正、因果，窮盡過去、現在、未來，也和天台宗具有相同的含義。其更為特別之處，乃舉出如來性起的思想，指出由佛性緣起清淨佛身佛土，這是印度佛教所未有過的想法。是故佛性思想雖然起於印度，但在中國發揚光大。

第七章〈佛教的二諦說〉。二諦即二種根本真理：勝義諦與世俗諦。二諦的思想可以把它當作認識真理的方法，即「教二諦」；也可以把它當作實在層級的區分，即「理境二諦」。這二種詮釋在歷史的發展中，因各宗派立場的差異，而有著激烈的爭論。

本章先從語義上探討二諦的意涵，並就二諦思想的起源分四個側面加以考察。接著，依《婆沙論》、《俱舍論》說明部派佛教「假實二諦」的思想。

大乘佛教興起，《般若經》依「一切法不可得」的精神，反對「假實二諦」的說法，主張二諦只是悟入勝義的方便教法，中觀學派更把二諦當作佛陀教法的基本結構，將二諦的底蘊徹底發展出來。

瑜伽行派則以意識優位的哲學立場，將二諦收攝至三性思想中，並就瑜伽行的實踐，將二諦思想當作意識不斷提升的進程，以證得根本真實。中觀、瑜伽行派對二諦思想的詮釋，提供給我們認識佛學的方法論基礎。

　　第八章〈佛教的語言觀〉。本章討論佛教對語言的看法，包括法的語言、經典的語言，以及語言哲學等問題。

　　佛陀時代的教法，對語言尚未形成理論化的論述，他是從實效主義與平等觀的立場建立起語言的教導性功效。

　　部派佛教依「有實得有名，無實不得名」的原則，主張語言的實在論。語言是抽象的存在物，它反映出「存有」的結構。

　　《般若經》駁斥語言實在論的觀念，主張語言是一種由言說的習慣所形成的共同約定，並沒有一一對應的本質，但名無實。中觀學派順著《般若經》的想法，反對「名實相應說」，而只承認語言具有救度學上的功能，心境止息時，語言也跟著止息，因此聖者所見到的真實，乃超越我人的思維概念與語言文字。

　　唯識學認為意識為名言意義的源頭，意言與名言互為因果。「遍計所執性」在《解深密經》中原是「假立的言說相」的中性性質，至《攝大乘論》已變為專指「對假立的言說之執著」的執著性質，因為名言、意言的相互作用，而展開了能取所取、能詮所詮的主客二元世界。但語言也有二類，凡俗的語言與神聖教法的語言，透過後者的正聞熏習，可以使得凡夫轉染成淨。

　　禪宗的語言觀一直是個有趣的問題，本章分別就禪宗所吸收的中國思想成素、立言說與不立言說、禪宗的語言形式與教法，及禪宗語言觀對後世的影響等四個面向，說明禪宗的語言觀。

　　第九章〈佛教的修行觀〉。佛教修行的方式，可分為戒、定、慧三學。戒學部分，我們說明戒律的起源與傳承，並介紹出家戒與在家戒以及通於二者的菩薩戒之內容。定學的部分，則就修定的方式，介紹原始佛教的五停心觀與南傳佛教的四十業處；就修定的位階來分，則談九次第定。慧學部分，介紹二慧、三智等關於智慧的各種說法；並指出修慧的方法主要在於「觀」，觀一切諸法，對於諸法有了正確的認知，便能去除無明，

獲得智慧。然後再從《清淨道論》中七清淨的後五種，談修慧的次第；最後則以四果說明佛教修行的階位。

第十章〈佛教的慈悲觀〉。本章先從語義上探討「慈悲」的意涵，確立慈悲觀念在佛教中的地位，以及慈悲觀念所預設的因果輪迴、眾生平等的生命觀。再從經典史來看本生菩薩與大乘菩薩慈悲觀念的異同。其次再由大乘經論中，看眾生緣慈悲、法緣慈悲與無緣慈悲三種慈悲的內涵。

慈悲與空思想之間的辯證，是支持「無緣慈悲」的重要理論基礎，而「無緣慈悲」則是大乘慈悲思想最重要的特色，它展示了一種超越悲情、超越道德的慈悲，是講究悲智雙運的慈悲。最後我們指出，認識痛苦的本質、自他不二的因果關係，以及緣起無我的真理，是作為培養與實踐慈悲之道。

第十一章〈生死智慧與終極關懷〉。一般人的生死觀可略分為有靈論與無靈論的生死觀。有靈論的生死觀以不滅的靈魂、不朽的自我為基礎；無靈論的生死觀，則以唯物論為代表，其結果往往是虛無主義，或者道德否定論。佛教生死觀的特色，展現了異於二者的思考方式，在「無常」、「無我」、「輪迴」等三大前提之下，建立了獨特的生死觀。

就思想的發展來說，原始佛教只有業力輪迴的思想，不承認有任何負擔業力的靈魂存在。部派佛教提出類似靈魂的「中有」說，以說明業報因果的一致性，但卻引發了內部的爭議。

中觀以勝義空對世俗的生死問題進行超克，提出「相似我」取代靈魂我，保障業力相續及因果報應的可能性；唯識則以阿賴耶識攝藏業種的觀念，明確地說明業力相續與輪迴成立的理由。

禪宗不強調理論，把生死當成一種表演，一種藝術，瀟洒自在地演出，用生命來體證佛道。西藏佛教，則在生時便早已為死時預作準備。在理論上吸收部派「中有」的觀念，唯識的業種心識觀、空思想、佛性

思想等以及密宗傳統的觀想法門，提出「中陰救度」的理論。認為人在面對死亡之際，若能明察本身的法性中陰，便能超脫輪迴。

　　佛教生死觀的終極意義，乃在以無我的智慧，克服生死的煩惱與恐懼，所謂的解脫不是生於極樂的天堂，而在得到真實面對萬法的智慧。

　　佛教的生死智慧，落實為面對死亡之時的實際指導方針，便是「臨終關懷」的實踐課題。在此，我們介紹佛教的「覺性照顧」與一般大眾所信受的淨土法門，其目的都在淨化臨終者的心念，遠離死亡的恐懼，坦然接受生命的真實。

　　以上章節的安排，大致上以基本理論觀念、方法、修習實踐的順序來展開，讀者如對實踐的課題有著濃厚興趣，也可以在閱讀完第二章之後，直接進入第九、十、十一章來研讀。本書儘量做到每一章獨立成一學習單元，在讀者看完前二章之後，可以進入任一章的單元，享受學習的樂趣與成果。

第二章 佛陀、佛教與佛法

第一節 佛陀所處的時代

佛陀 (buddha) 是釋迦牟尼 (śākyamuni) 的尊稱，其原意為覺悟者的意思。此一名號原來並非佛教所獨有的，而是當時印度對於修行得解脫者的泛稱，後來才逐漸成為佛教所特有的名詞。然而即使是釋迦牟尼一名，亦非佛陀的本名，其原意為釋迦族的聖人，釋迦 (śākya) 是族名，牟尼 (muni) 是寂默、寂靜之意，因佛陀證悟無上寂靜，故稱之為釋迦牟尼。他的本姓為瞿曇 (gotama)，原名為悉達多 (siddhārtha)，悟道之後，世人才稱之為佛陀 (buddha)、世尊 (loka-jyeṣṭha)、釋迦牟尼 (śākyamuni)、如來 (tathāgata)。❶後來，其他諸佛的名號，譬如阿彌陀佛 (amitābha)、燃燈佛 (dīpaṃkara)，也陸續出現在佛經之中，但若就其當時而言，則佛陀指的即是釋迦牟尼佛。

世尊出生的年代歷來有多種說法，這是由於古代印度對於歷史年代不重視的結果，不過一般的說法認為世尊的出生是在西元前第五世紀。❷

---

❶ 世尊還有其他的名號，如薄伽梵 (bhagavat)、正遍知覺 (samyak-saṃbuddha)、善逝 (sugata)、遍知 (sarvajña)、應供 (阿羅漢 arhat)、天人師 (śastṛ) 等等，這些都是對世尊的敬稱。

❷ 北傳佛教以為世尊的生卒年為 470～387B.C.，南傳佛教則主張世尊的生卒年是在 556～486B.C.。根據現代學者考證的結果，較傾向於北傳佛教的說法，不過學者的考證，彼此仍有二、三年之差。

一般人以為世尊是印度人，實際上他的出生地迦毘羅衛國 (kapilavastu) 是位於現在的尼泊爾，他是該國國王淨飯王（巴 suddhodana）的太子，母親則為鄰國拘利國 (koli) 的公主摩耶 (māyā)，就印度的種姓制度來分的話，他是屬於剎帝利（王族）階級。❸

第一項　政治情勢與社會環境

　　古代印度思想文化，大致可以劃分為三個階段，❹第一個階段是在 1500～1000B.C. 間，稱為征服期。這是原本居住在中亞地區的雅利安人進入印度，殖民印度河的五河流域，逐漸征服印度原住民達羅毗荼人 (draviḍa) 等各種族的時期，而雅利安人乃逐漸由游牧生活轉而營農牧生活，在文化上他們創作出讚頌諸神的《梨俱吠陀》(r̥gveda)，其特色是將自然界的各種現象，賦予各種神話來加以解釋，故這個階段乃為自然神話發達的時期。其神話表現成為宗教，有一種極為特別的型態，即主要及次要的神祇會隨不同時空的變化而互相交換神格或者地位，這種現象被稱為「交換神教」(Kathenotheism)。

　　第二階段為 1000～500B.C. 之間，稱為征服完成期。這時雅利安人的勢力已由印度河流域延伸至恆河流域，《蘇摩吠陀》(sāmaveda)、《夜柔吠陀》(yajurveda) 及 《阿闥婆吠陀》(atharvaveda) 三部《吠陀》在此時完成，加上原來的《梨俱吠陀》，雅利安人便以此四部《吠陀》為基礎，建立了婆羅門教 (brahmanism)，倡言婆羅門三大綱領：「《吠陀》天啟」、

---

❸　種姓，梵文 varṇa，原為膚色之意。原來的種姓是由種族來決定，後來乃加上身分、職業等因素，且成為世襲相傳的階級制度，而且產生了更加細密的種姓組織，據說目前印度的種姓多達二千多種。

❹　參見高楠順次郎與木村泰賢合著，《印度哲學宗教史》（臺北：臺灣商務印書館，1983 年臺 4 版），頁 10～26。

「祭祀萬能」、「婆羅門至上」。種姓制度也是這時確立的，它將當時印度的住民劃分為四個種姓 (varṇa)：婆羅門、剎帝利、吠舍、首陀羅。婆羅門是僧侶祭司，地位最為崇高；國王與武士為剎帝利；農工商人為吠舍；被征服的原住民淪為賤民，即首陀羅。這個時候文化的重心依然是在宗教，宗教的力量深入人心，種姓制度也是因為宗教性的理由而成立的。❺

　　然而婆羅門三大綱領，在印度思想文化的第三個階段 （500B.C. 之後），受到強大的挑戰，這個階段稱為統治成熟期。這時雅利安人的勢力逐步向印度的南部發展，終於擴及全印度。但由於剎帝利王權的鞏固，以及吠舍庶民經濟實力的提升，相形之下婆羅門反而顯得腐化。因此，「婆羅門至上」的神話逐漸瓦解。說起來，婆羅門的腐化有大半原因是肇始於其倡言祭祀萬能的結果，因婆羅門以祭祀為業，鼓勵民眾大小諸事皆需祭祀，祭祀遂淪為婆羅門謀求私利的工具，是以當祭祀萬能的思想動搖，婆羅門所依恃的《吠陀經》之神聖地位，也跟著受到質疑。同時，人們不再絕對相信單靠著誦讀《吠陀》，或者依賴婆羅門的祭祀祈禱便可得償所願，便可不死，便可解脫。

　　是故第三階段印度文化開始進入哲學期，這時最重要的思想作品，即是《奧義書》(upaniṣad)。《奧義書》是隱居森林的修行者們沉思冥想的結果，它原只透過師父、弟子口耳之間的祕密傳受，後來方才形諸文字。《奧義書》在形式上仍然尊重傳統的《吠陀經》，但是《奧義書》不重視祭祀的形式主義，強調自我的修行與實踐，認為自我與宇宙的根源「梵」(brahman) 是同一的，主張梵我合一論。

　　世尊生長的年代即是第三階段印度文化思想的初期。這個時代，婆羅門教的《奧義書》思想依然具有其正統 (āstika) 的地位，但挑戰其地位

---

❺　《梨俱吠陀》末期的〈原人歌〉即以開天闢地之原人的口化為婆羅門，手化為剎帝利，腿化為吠舍，足化為首陀羅的神話，說明四姓階級的成立根據。

的非正統思想 (nāstika) 也已蔚為時代的風潮。從政治上來看，王權雖已
逐漸取代了神權的地位，但印度並沒有完成大一統的局面。❻當時大小
諸國林立，印度河與恆河流域的北印度，共有十六個主要的國家，其中
與佛教關聯最深且其首都常出現在佛經中的即為摩竭陀國 (magadha) 與
憍薩羅國 (kośala)，❼世尊的祖國迦毘羅衛國即為憍薩羅的屬國。大小諸
國林立的局面，除了政治力量的相互對峙之外，也形成了思想界百家爭
鳴的局勢，是以《奧義書》雖為傳統印度思想的代表，也成為非正統思
想所欲攻擊的目標，佛教雖然並非全盤否定《奧義書》所代表的婆羅門
思想，但本質上是反婆羅門的。

　　總括來說，世尊所處的時代，在社會制度上種姓制度已然確立，政
治上則是諸王分治復有合縱連橫的複雜情勢，宗教上婆羅門教不復絕對
的權威，思想上則是百家齊放諸說並起的年代。

第二項　時代思想概況

　　就印度傳統思想而言，正統派的思想當然是以婆羅門思想為代表，
但婆羅門思想是從《吠陀》的自然神話觀，逐步發展，才出現了《奧義
書》的哲學思想，《奧義書》中許多重要的觀念都可以說是那個時代中極
為重要的哲學語言與思想課題，例如業 (karman)、輪迴 (saṃsāra)、解脫
(mokṣa)、梵 (brahman)、自我 (ātman)、無明 (avidyā) 等，其中有些觀念
被容受而有些觀念則受到了批判。佛教就那個時代而言是屬於非正統思

---

❻　印度首次的統一是在孔雀王朝阿育王 (aśoka) 時期，統治期間大約是在西元
　　前 268～231 之間。參見 Romila Thapar 著，林太譯，《印度古代文明》（臺
　　北：淑馨出版社，1994 年初版），頁 310。

❼　摩竭陀國的首都即是王舍城 (rājagṛha)，憍薩羅國首都則為舍衛城
　　(śrāvastī)。

想，而非正統思想除佛教之外，還有著名的六師外道。這六師外道和佛教思想並不一致，佛經也曾對彼等的思想提出反對與責難。❽

第一目　《奧義書》思想

　　《奧義書》的思想是很龐雜的，因為所謂的《奧義書》並非單指某一部經典而言。四部《吠陀》皆有所屬的《奧義書》，且每個學派各個師傳皆有不同的《奧義書》，據說《奧義書》的數目可達千種以上。❾現傳的本子當然沒有那麼多，但是由此可見《奧義書》思想的複雜性。不過，《奧義書》的思想雖然複雜，但其影響後世最深且最為重要的概念，即為前述的業、輪迴、解脫、梵、自我、無明等概念，而這些概念彼此更又相互關聯。《奧義書》認為，一切萬物皆有所謂的「自我」，而「自我」處於眾生之中，即是一般人所謂的靈魂。一切萬物的「自我」來自於宇宙最高的創造主「梵」的身上，「梵」與萬物的「自我」是同一的，而眾生與無情則是依「梵」之不同的創化而出現。有情眾生的「自我」具有行為的能力，其行為所生的影響力被稱為業力，而業力依附著永恆自我而一直存在，直到這業力根據因果法則被實現或被解消為止。

　　《奧義書》的思想家認為，由於「自我」與「梵」的本質是相同的，是以肉體的生命雖然會腐朽，但是「自我」卻是永恆的。相信靈魂不滅的信念，在世界各民族的文化思想中，是屢見不鮮的，但是關於這不朽的自我死後的去處，《奧義書》的思想家卻提出了一個頗為特別的說法，即是輪迴思想。一般民族對於死後世界的想像，總不外乎天堂或地獄這樣固定的「他界」，但《奧義書》的思想家則認為，人死後「自我」因為無明欲望所造的業力之緣故，還要再生回到「此界」，再次，不，永恆地一再重覆生死的歷程。是以不朽的自我帶給印度人的不是靈魂不朽的喜

❽　見《長阿含・沙門果經》，《大正藏》第 1 冊，頁 107 上～109 下。

❾　見楊惠南，《印度哲學史》（臺北：東大圖書公司，1995 年初版），頁 56。

悅，而是永恆輪迴的悲哀與恐懼，而人生至高的幸福則為關於永恆輪迴生死之解脫，故回歸於「自我」的本源與「梵」合一遂成為解脫的不二法門。

第二目　六師外道

然而並不是所有的人皆認同《奧義書》的思想，在佛陀的時代，有六個思想家提出不同的主張，這六個思想家是：不蘭迦葉 (pūraṇa kāśyapa)、末伽梨瞿舍 (maskarin gośālīputra)、阿耆多翅舍欽婆羅 (ajitakeśakambala)、婆浮陀伽旃那 (kakuda kātyāyana)、散若夷毘羅梨子 (saṃjayin vairaṭṭīputra)、尼乾子 (nirgrantha jñātiputra)。

這六派，不蘭迦葉是個道德否定論者，他主張善惡並不真實存在，業的報應也不可能有，所以為惡為善都無所謂。末伽梨瞿舍是個宿命論者，他反對基於個人業力的因果報應，認為一切萬物的生滅輪迴都早已決定了，不會因為修行或者行善而獲得解脫。阿耆多翅舍欽婆羅則是個唯物論者，否定有不朽的靈魂存在，除了地水火風等四大元素之外，並無精神性的自我。

婆浮陀伽旃那則認為人是由七種要素所構成，除了地水火風四大之外，尚有苦、樂與靈魂 (jīva)，他將精神性元素與物質性元素等同視之，以為七大元素是不滅的，所以並沒有真正的所謂殺生。他雖然承認靈魂的存在，卻否定靈魂具有主動性，以為皆在定數之中，因此他是個道德否定論者，也是個唯物論者。

散若夷毘羅梨子，是第一個出現在印度思想史上的不可知論者，當人家問他有沒有果報的時候，他總是以曖昧的答案來回答：「此事實，此事異，此事非異非不異」，❿不給予確定的答案。中村元認為，散若夷毘羅梨子遠離哲學爭論，對於形上問題中止判斷的思想，對於耆那教 (jaina)

---

❿　《長阿含‧沙門果經》，《大正藏》第 1 冊，頁 108 下。

與佛教有顯著的影響。❶

　　六師外道中的尼乾子，指的是耆那教第二十四代的祖師伐馱摩那(vardhamāna)，他是與世尊同時而年紀稍長的哲人，被他的徒眾尊稱為「大(英)雄」(mahāvīra)，由於他所領導的教團被稱為「尼乾」，故他被稱為尼乾(之)子。他的出身和世尊一樣，都是剎帝利階級，他們的教義都反對婆羅門教所主張的，以梵為宇宙的創造者和主宰者，也同樣不承認《吠陀》的權威，倡導自力解脫，故西方早期研究印度的學者，曾一度誤以為伐馱摩那即是世尊。尼乾子的思想與佛陀之間最大的不同點在於：耆那教嚴格實踐苦行，認為苦行可以消除惡業。他們主張業是一種微細的物質，它包圍我們的自我，附著我們的靈魂，因此要防止業的繼續流入靈魂，便必須盡力減少物欲。所以耆那教中有徹底實踐苦行的裸形派，身上不著寸縷，這些修行者也常有因為絕食而餓死的情形發生。除此之外，他們還徹底地實行不殺生，教徒不得從事農業，因為耕耘除草等農事，會傷害田中的蟲蟻；僧侶平日出門都得戴上口罩，也不得在林中散步免得吸入或者踩死小蟲。

第二節　佛陀的生平

第一項　佛陀的生身與法身

　　要了解佛陀，首先要建議讀者的是，須先區分世尊的兩種形象：一是如我們一般凡夫俗子一樣，有血有肉，有生老病死，也曾經歷愚癡無明，但最後獲得正智得到覺悟的佛陀；另一則是一般我們所信奉崇拜，

---

❶　見中村元，〈印度思想與佛教〉，收於水野弘元等合著《印度的佛教》一書（臺北：法爾出版社，1988 年初版），頁 15。

不生不滅，永恆存在，隨時慈愍世人的佛陀。前者是有血有肉的覺悟者佛陀，而後者則是純粹精神體的佛陀。前者是世尊的本來面目，後者則是因為信徒的崇仰懷念，被神化了的佛陀。前者我們可以稱為佛之生身，後者則可以稱為佛之法身。❷

　　神化佛陀形象的因緣有二：一是佛傳文學的興起，例如《佛本行集經》、《方廣大莊嚴經》或者馬鳴所作的《佛所行讚》等；二是記述世尊前世故事的「本生經」的傳播，所形成的本生菩薩的觀念。這兩類經典無疑都是想把世尊的地位，塑造得愈加崇高，以證明世尊的神聖，好提高佛教的地位。這在當時以婆羅門教為主流的印度，如就傳教的目的而言，實有不得不然的必要，但卻也使得凡夫若想要成為像佛陀一樣的覺悟者，其道路變得既遙遠且艱難，甚至是得經歷無量千百世的輪迴，才可能成佛。

　　神化的佛陀，有其文學上的價值以及信仰上的意義，但卻容易讓信徒目眩於佛陀的神光。因此想要如實地了解世尊的本來面目，便須盡力拋開神化佛陀的形象，以一個平凡的覺悟者的形象來認知不平凡的佛陀。可是若要掌握佛教後來的發展，也不可不知神化的佛陀法身所涵蘊的意義。

第二項　佛陀的出家、修道與傳教

　　佛陀，原名瞿曇・悉達多。他是迦毘羅衛國國王淨飯王的太子，他的母親摩耶在生下他的第七天逝世，後來是他的姨母摩訶波闍波提（巴 mahāpajāpatī）把他養育成人，同時也成為他的繼母。

　　悉達多自幼便有慈悲心腸，一日出宮看見農人在烈日之下辛苦勞役，

---

❷　佛身到後來還有法身、報身、應身三身或法、報、應、化等四身的區別，在此我們僅簡單區分出法身與生身。

便感觸良多，思索人生的道理。八歲開始與毘奢婆蜜多羅 (viśvāmitra) 學習各種學問，與羼提提婆 (kṣāntideva) 學習各種武術。十九歲與拘鄰國善覺王 (suprabuddha) 之女耶輸陀羅 (yaśodharā) 結婚，生下羅睺羅 (rāhula)。二十九歲時因為強烈感受到生命的無常與痛苦，內心無法平靜，遂毅然捨棄榮華富貴以及所熱愛的親人，走向出家追求徹底解脫的道路，成為一個遊行的僧人。

追求解脫是《奧義書》思想家早已揭櫫的目標，出家修行也是當時極被尊重且認同的行為。世尊參學過當時最著名的兩位大師阿羅邏迦羅摩 (ārāḍahkālāma) 和鬱陀迦羅摩子（巴 uddakarāmaputta），修習高級的禪定，但是都不能去除悉達多心中的疑惑，因此便轉而修苦行六年。然而縱使形銷骨立幾乎死去，依然無法讓悉達多得到絕對的平靜，這促使他終於放棄苦行，因為他認為光是軀體能夠忍受一切痛苦，並無法消除心靈上所感受的痛苦。

放棄苦行的悉達多，改採不苦行也不放逸的中道方式修行，可是這種改變，卻受到一直跟隨他修行的五位同伴❸的質疑，以為世尊受不了苦行因而離棄他。但他毫不在意，一個人前往菩提伽耶 (buddhagayā)，在一棵菩提樹下，靜坐冥思，終於除去了所有的疑惑證悟解脫，成為覺悟者佛陀，這年他三十五歲。

悟道之後的世尊，首先前往鹿野苑（巴 migadāya），對原本一起同修苦行的五位同伴說法，佛經上稱此為初轉法輪。這五人接受度化後成為世尊最早的出家弟子，佛教的三寶：佛、法、僧自此完備。他又教化了當地的長者之子耶舍 (yaśas) 及親友五十餘人，而耶舍的雙親，也成為世尊最早的在家弟子。這些弟子在得到教化之後，世尊便令其各自遊行修道傳教，於是揭開佛教傳播的序幕。

---

❸　這五人的名字為憍陳如 (ājñātakauṇḍinya)、阿說示 (aśvajit)、摩訶男 (ma-hānāman)、婆提 (bhadrika)、婆敷 (vāṣpa)。

　　爾後世尊長期從事教化的工作，其傳教的範圍，大體上是介於東方的摩竭陀國首都王舍城與西方憍薩羅國首都舍衛城之間。他在教化五比丘及耶舍之後，自己獨自前往摩竭陀國首都王舍城，度化了迦葉 (kāśyapa) 三兄弟及三兄弟弟子一千人，也令摩竭陀國王頻毘沙羅王 (bimbisāra) 歡喜皈依，捐獻迦竹園精舍（巴 veḷuvananivāpa）給世尊，作為世尊弘法及僧團修行的地方。接著又在城郊度化後來的兩大弟子舍利弗 (śāriputra) 及目犍連（巴 moggallāna），連同二人的弟子二百五十人，於是形成了共一千二百五十人的僧團。

　　然後世尊啟程回到故鄉，度化了父親、愛子以及眾多族人，他的姨母及妻子、妹妹後來也跟著出家。接著他前往憍薩羅國首都舍衛城，得到憍薩羅太子祇多 (jeta) 及長者給孤獨 (anāthapiṇḍika) 的護持，共同捐獻了祇樹給孤獨園（巴 jetavana anāthapiṇḍikārāma）。於是世尊便以王舍城及舍衛城為兩大弘法中心，持續傳法，一直到了世尊八十歲的時候，在一個小城拘尸那羅（巴 kusinārā）入滅。入滅火化之後的遺骨，分由摩竭陀國王阿闍世（巴 ajātasattu）等八王帶回建塔供養，這便是舍利 (śarīra)（佛遺骨）崇拜、佛塔崇拜的起源。

第三節　佛教教團

第一項　教團的組織

　　佛陀在世的佛教，與其說是一種宗教，倒還不如說是一種共同修行的團體，這個團體雖以佛陀所立的教法為修行依歸，但卻不能說是像一般宗教那樣具有崇拜神靈的特質，因為佛陀是人而不是神，而佛教教團修行的目的，也不在於升天得到永恆的生命，而是為了徹底解決生死輪

迴的煩惱。

佛教的教團稱為僧伽 (saṃgha)，是群眾的意思。它是由四眾所組成：男性出家眾——比丘（梵 bhikṣu，巴 bhikkhu），女性出家眾——比丘尼（梵 bhikṣunī，巴 bhikkhunī），男性在家眾——優婆塞 (upāsaka)，女性在家眾——優婆夷 (upāsikā)。由於在家眾不需任何條件即可加入教團，只要他宣誓皈依佛法僧三寶，信守五戒，便可成為優婆塞、優婆夷。因為成為在家眾的條件過於寬泛，是以教團的核心仍是以出家眾為主，而後世一般「僧伽」一詞也多是指出家眾。

然而最初想成為比丘或比丘尼的人，其實也極為簡單，只要向世尊提出要求，幾乎是無條件地接受，不論其種姓或者背景為何。這固然是佛陀「眾生平等」理念的體現，但是，某些並非真心追求佛道的人進入僧團之後，造成了團體修行的一些困擾與障礙，甚至破壞了僧團的和諧。所以後來想要出家的人便需要經過調查，世尊也為因應團體生活中所出現新的問題，陸續制定更完整的戒律，使僧團的生活規定日趨完備。

第二項　教團的生活

佛教教團當中在家眾的生活規定不多，除了信守五戒之外，較特別的儀式便是持六齋日，這是在每個月的八、十四、十五、二十三、二十九、三十日作反省的功夫。出家眾所應實行的儀式不少，最重要的有三種：布薩 (uposatha)、安居（巴 vassa）、自恣（巴 pavāraṇā）。

「布薩」是指每月初一（新月）與十五（滿月）時，將一定區域內的出家眾聚集起來，輪流朗誦戒律，如果有犯戒者則應坦白承認，表示懺悔，然後與會僧眾再討論適當的處罰。

「安居」是指在印度雨季的三個月期間，由於草木蟲蟻生長發育，為了避免殺生，所以在這三個月內所有的出家眾居止一處，專心修行。

在安居的最後一日晚上，所有的僧人一起舉行布薩，這就是「自恣」。

上述三種儀式是出家團體所應行的規定，而就個人言行所作的規定，則稱為波羅提木叉 (prātimokṣa)，又稱為戒律或戒法。若是違犯戒律，大部分只要真心懺悔，確實改進，便沒有特別的處罰，但是若犯了殺、盜、淫等重罪，則會被施以擯出僧團的處分。除此之外，為了僧團的和合無諍，便有所謂的「羯磨」（巴 kamma）制度，規定僧伽會議的議事及裁判程序，全體僧伽以民主的方式行之。

此外，出家的比丘和比丘尼，是靠著他人的布施為生的，比丘和比丘尼，其實就是男乞士與女乞士的意思。他們不儲蓄財物，不積存糧食，早上進入城內或村中乞食，然後帶回居處，與同修共同分配，那時候尚沒有不可肉食的規定，但是乞食的出家眾不可貪著美味的魚肉。由於飲食的目的只是為了維持肉體的生存好為追求解脫作準備，故那時便有過午不食的規定，免得耗費太多時間在乞食這件事上頭。而為了修行、傳道及乞食的緣故，僧團居住的地方大多選在城郊的山林寂靜之處。上述便是佛教教團生活的概況。

第三項 佛滅後佛教的發展

佛陀在拘尸那羅入滅之後，他的弟子為了能夠護持世尊所傳的教法，使之不受曲解或者竄改，以維持教團長遠的發展與佛法的正確弘揚，遂由世尊的弟子摩訶迦葉 (mahākāśyapa) 主導，選拔五百位弟子代表，於王舍城外的七葉窟 (sapta-parṇa-guhā) 召開佛典的編集大會，史稱第一結集（梵 saṃgīti，巴 saṅgīti），或五百結集。結集的內容首先是關於僧團生活規則方面，由持戒聞名的優波離 (upāli) 背誦戒律的內容，經大會認可而確立。然後是關於佛陀所傳的教義，則由多聞第一且侍奉世尊長達二十五年的阿難 (ānanda) 誦出，再通過大會確立。前者所編集的叫「律」

(vinaya)，後者則是「經」(sūtra)；後來用以釋經的著作則稱為論 (abhidharma)。經、律、論三者合起來即所謂的三藏 (tripiṭaka)，佛陀入滅之後，這三藏的結集所保留下的佛法，便代表世尊常住於世，成為教團修行、生活的最高指導原則。

　　然而佛滅後一百年到四百年之間，教團走向分裂，形成了許多部派，這時期的佛教被稱為「部派佛教」，而分裂之前的佛教則稱為「原始佛教」。部派佛教的分裂肇因於戒律的問題，因為隨著佛教的普及，佛陀所留下的部分戒律，有些僧人認為應當因時、因地作些修改，另外有些僧眾則認為必須嚴格信守，因而教團便出現分裂。那些主張改革的僧人認為，戒律必須從其精神解釋，不能拘泥不變，成為一種形式主義；保守的僧人則認為，戒律若隨意變更，則是任由己意去曲解佛意。❹

　　事情的結局是，保守派與改革派共派出七百人於毘舍離城（巴 vesālī），展開佛教史上的第二次結集，史稱七百結集。這次結集的內容是以戒律為主，結論是傾向保守派的，但事實上這結論卻無法阻止教團的持續分裂，因為除了戒律之外，在思想上保守派與改革派之間，也已有了根本的不同。

　　保守派與改革派在思想上最重要的不同，是在佛身的歧見上。❺改革派主張佛陀是恆存不滅的，佛陀的肉身雖已入滅，但是佛陀的法身卻是長存的。此外，他們又認為，佛陀是不同於一般阿羅漢 (arhat) 的，因為阿羅漢尚有五種缺失，❻只有佛陀才是真正的覺悟者、解脫者。這個

---

❹　關於戒律問題，爭執的焦點在於比丘可否接受金錢布施等十件事情，佛經稱此為「十事非法」。詳見《五分律》，《大正藏》第 22 冊，頁 192 上～中。

❺　見楊惠南，《佛教思想發展史論》（臺北：東大圖書公司，1997 年 8 月再版），頁 86。

❻　這五種缺失即：(1)餘所誘——夢遺，(2)無知——有所不知，(3)猶豫——仍有疑惑，(4)他令入——經他人告知才知自己已解脫，(5)道因聲故起——大

主張一方面貶抑了阿羅漢的地位，對於保守的長老僧人之地位形成挑戰；另一方面則相對地提升了佛陀的地位至於至高無上，而把佛陀的形象加以神化。

阿羅漢的五種缺失，是一個叫做大天 (mahādeva) 的僧人所提出的，故稱為大天五事。這五事顯然是對傳統保守僧人的挑戰，故在經典上大多把大天描述為一曾經犯了殺父、殺母、殺阿羅漢的惡比丘，顯出對破壞僧團和諧的大天之深惡痛絕。姑且不論大天的善惡，大天的主張的確獲得大部分年輕僧眾的認同，這些僧眾便形成所謂的大眾部 (ma-hāsaṃghika)，而傳統保守的長老，由於其年高德劭，便稱為上座部 (sthāvi-ra)，佛教教團於焉正式分裂，從此由原始佛教進入部派佛教的時期。

然而部派佛教非只分為上座部與大眾部這麼簡單，上座部與大眾部後來又各自分裂，根據後來統計共有十八至二十部之多。其中屬於大眾部所出的有：⑴一說部、⑵說出世部、⑶雞胤部、⑷多聞部、⑸說假部、⑹制多山部、⑺西山住部、⑻北山住部；屬於上座部的有：⑼說一切有部、⑽雪山部、⑾犢子部、⑿法上部、⒀賢胄部、⒁正量部、⒂密林山部、⒃化地部、⒄法藏部、⒅飲光部、⒆經量部。**⑰**

由於部派的分裂涉及戒律與義理兩個層面，是故各部派為了捍衛其主張，對於三藏中的經與律，都有所改變，但是幅度並不很大，因為經與律都是世尊一人滅後便馬上結集的。就以經典來說，南傳以巴利文寫

聲叫苦為引發聖道的必要條件。見《阿毗達磨大毗婆沙論》，《大正藏》第 27 冊，頁 511 下～512 上。

⑰ 這是根據《異部宗輪論》的說法所列舉出來的部派名稱，其餘像《舍利弗問經》、《文殊問經》等的名稱及說法略有出入，而且各派之間的關係甚為複雜，某些部派分裂出其他部派之後，原來的部派是否依然存在，這是個問題，以及這些部派之間的差異等等問題，都因為史料不足而顯得曖昧難分。參見水野弘元，〈部派分派及其系統〉，收於《印度的佛教》一書，頁 85～95。

作的聖典中，經藏有五部《阿含》：《長部》、《中部》、《相應部》、《增支部》與《小部》，而北傳的漢譯佛典除了《小部》沒有之外，其餘四《阿含經》大致同於巴利佛典。而且據說漢傳的四部《阿含》中，《長阿含經》屬法藏部（上座部），《中阿含經》屬於有部的一派（上座部），《雜阿含經》屬正統有部（上座），《增一阿含經》屬大眾部❶⓼。由此可見，《阿含經》可以說是各派所共同承認的佛典。

　　然而各部派的歧異點，主要是集中在對於佛典的不同詮釋上頭。解釋佛典的著作，就稱為「論」，音譯為阿毘達磨 (abhidharma)，abhi 有對著、向著、在其上、殊勝等義，dharma 則為法，是故阿毘達磨 (abhidharma)又譯為「對法」或者「勝法」，「對法」即指對佛法所作的研究，「勝法」則指此為殊勝法義。故部派佛教有時又稱為阿毘達磨佛教。這個時代的思想特色，是對於佛經所言及，或者所衍生出來的問題、概念，作系統性的解析與論述，以致這時的佛教，已由向來著重實踐修行的方向，轉向煩瑣細密的學術論證。這帶來嚴謹的學風，也令佛教由實踐傾向於思辨，對於體系化的佛學思想之建立有卓著的貢獻。他們所探討的課題極為廣泛，舉凡世間的存在本質、業報輪迴、心識結構、修道方法等等，幾乎無所不包，但由於這些問題的探討過於繁複艱難，甚至只成為少數僧人所能理解的課題，同時也引起了廣大佛教信眾的疏離感。

　　基於對部派佛教煩瑣學風的不滿，便有主張從「信仰」的角度，來重新詮釋佛陀形象與佛教義理的運動出現，這便是大乘思想的肇始，這大概是發生在西元元年之後的事了。在這之前，原本佛教的經藏只有《阿含經》而已，從這以後，新興的，以印度的雅語梵文 (sanskrit) 寫作，以世尊之名傳世的經典，一部接著一部出現。這些經典後來隨著佛教向北方的絲路、中國、日本、韓國等地傳播，形成北傳佛教的主要內容，又因為這些經典大都是透過漢譯而被傳播、保存，因此接受、信奉這些經

❶⓼　《印度的佛教》，頁 97～98。

典的佛教也稱為漢傳佛教。信奉這些經典者，認為這些經典才是真正佛意的顯現，認為他們所主張的教義方能表達出佛陀度化眾生的本懷，也才能引導所有眾生走向解脫，這些人自稱為「大乘」(mahāyāna)，並批評保守派只求自我解脫，沒有慈悲度眾的心腸，而貶抑他們為「小乘」(hīnayāna)。

　　然而這些經典真的是歷史上的那個釋迦牟尼親口所說的嗎？這便是所謂「大乘非佛說」與「佛說大乘」的爭議。若就歷史事實來看，大乘經典當然不是歷史上的那位佛陀生身所說，因此這些經典便不為傳統保守的僧人所接受。直到現在，南傳的巴利聖典中只有《阿含經》，而沒有大乘的經典。但是北傳佛教千百年來視大乘經典為佛經，也有其一定的道理。首先，就世尊的遺教來看，世尊教導弟子要「依法不依人」，大乘經典是由佛意出發而宣說的，不但沒有違反原始的《阿含》經典，反倒更加深化其內涵；其次，從佛身觀來看，大乘經典的宣說者，即便不是世尊的生身，也可能是其法身或者化身，例如《華嚴》是由毗盧遮那佛法身放光說法而來的，而其說法的地點也不只在人間，乃至上升至天宮之中；第三，大乘經典的宣說者，不一定是佛陀，菩薩的地位在這時也獲得相當的重視，譬如著名的《維摩詰經》便是在家的居士維摩詰菩薩所說，在這部經典中，甚至用散花的天女來嘲諷那些小乘行者。由這三點看來，大乘固然不是歷史上那位世尊親口所說，但是依其遺意，由更多的說法者，來展現佛法更加豐富的內容，這是大乘經典之所以成立的理由。至於歷史事實，並不能在義理上作為反對大乘經典之為佛經的理由。

　　以下略述大小乘經典的一些差別：小乘經典是以相傳佛陀說法所用的巴利語 (pāli)❶❾來流傳的，是堅持傳統的保守僧人所信奉的佛典。巴利

---

❶❾　巴利語原本叫做摩竭陀語（巴 magadhabhāsā），或根本語（巴 mūlabhāsā），它是屬於西元前六世紀到西元後十六世紀，印度雅利安人所使用的俗語

語是印度的一種方言，當它被傳往泰緬越等東南亞諸國時，被用當地的文字加以拼寫、保留，而非翻譯，故巴利佛典多能保留原本的內容與形式。而這些向南傳播以巴利聖典為依據的佛教，通稱為南傳佛教。南傳佛教較諸北傳佛教，可以說是較為接近世尊傳法當年的佛教，然而北傳佛教則是依於佛意，勇敢地將佛教推向了新的境界與高峰，當然也會和原本佛教的面貌有所出入。

　　大乘經典是以梵文（當時的雅語）來寫作的，它雖為保守派僧人所反對，但是卻為廣大的改革派所信奉，關於這些經典的出現因緣，常會摻雜進一些神話和傳說，來解釋這些經典何以在這之前未曾流傳人間的原因，譬如《華嚴》之藏諸龍宮，或者《法華》之非二乘所得聞等。

　　不過，最早出現的大乘經典，應是關於世尊諸多前生之偉大而令人讚嘆的「本生」故事，這些故事將世尊得以在今生成佛，歸諸前生的種種善行，由是遂引生「菩薩」(bodhisattva) 的概念，並歸納出菩薩的種種善行，得出六種波羅蜜 (pāramitā)，以說明世尊成佛的因緣。這些本生故事，一方面建立佛陀崇高而神聖的形象，一方面也提出了高出傳統阿羅漢的「菩薩」與「佛」兩個修行位階，並且提供了修行佛道的重要指南──六波羅蜜：布施、持戒、忍辱、精進、禪定、智慧。

　　「本生經」其實只算得上是大乘思想的前奏，它是以佛陀信仰、佛陀崇拜為中心，然而後來的大乘佛教往往強調解行並重、悲智雙運，而且在義理上也有極精微的論述，除此之外，大乘的戒律，例如菩薩戒的提出，顯示大乘是全面地建立起專屬大乘的經、律、論三藏。

　　大乘佛教思想，若以系統來分，大致上可分為般若空宗思想、唯識

　　(prākrit) 的一種，由於佛陀主張用大眾都可以接受的俗語來說法，而世尊傳法的區域又以摩竭陀地區為主，由此推測巴利語是佛陀說法所用的語言。參見，水野弘元著，許洋主譯，《巴利文法》（臺北：華宇出版社，1986 年初版），頁 1～2。

有宗思想、如來藏真常思想，以及印度後期大乘佛教傳至西藏，而在西藏發揚光大的密教思想。這些思想各有其特色，在此我們無法詳述，但大體來說，般若思想是以般若經典系列為依歸，其但言諸法緣起、萬法皆空的思想，龍樹 (nāgārjuna, 150～250A.D.) 是其代表性的人物，其所建立的學派稱為中觀學派 (mādhyamika)，著作極豐，有「千部論主」的美稱，影響後世極深的代表著作有《中論頌》、《十二門論》、《迴諍論》、《大智度論》❷⓿ 等。唯識思想的根本經典是《解深密經》，但與其思想成立更有關係的則是無著 (asaṅga, 310～390A.D.) 與世親 (vasubandhu, 320～400A.D.) 這對兄弟所著的許多論書，如《攝大乘論》、《唯識三十頌》、《唯識二十論》等等，❷❶他們主張「境無識有」、「萬法唯識」，故稱為唯識學派 (vijñānavāda)，同時他們思想的根源與瑜伽禪修很有關聯，故又稱為瑜伽行派 (yogācāravāda)。所謂如來藏 (tathāgatagarbha)，是指眾生皆有佛性、肯定眾生皆可成佛的思想，明確闡明如此思想的有：《如來藏經》、《勝鬘經》、《大般涅槃經》等等，它在印度常被夾雜在其他的思想之中而不那麼突出，但傳至中國之後則被發揚光大，成了最受中國佛教重視的佛教思想。

　　至於密教，原本流行於西元四、五世紀的印度，漢譯的重要經典如《大日經》、《金剛頂經》。藏傳的密教經典，稱為「續」（怛特羅 tantra），這些經典號稱由如來法身所流出，內容大量吸收了印度教（古婆羅門教的改良）的神祇和思想，還有許多神祕的觀法與咒語（真言），由於其修

---

❷⓿　關於《大智度論》的作者是否真的是龍樹，由於此著僅傳於漢地，未聞有梵本或其他文字的譯本傳世，是以曾有學者質疑，其非龍樹的著作，但這部書對於中土佛教的影響，還是不可忽略的。

❷❶　更應視為唯識思想根源的是《瑜伽師地論》一書，號稱是彌勒菩薩 (maitreya) 所傳，無著所述，但有人認為沒有彌勒這個人，是無著假託菩薩之名傳世，實際是無著所作。

行法門強調師弟相傳、祕密修行，不可公開傳授，故稱為密教；但就其義理而言，相當大的程度上仍是以顯教（相對於密教而言）的中觀及瑜伽行派思想為基礎。

以下是印度佛教思想的發展圖表：

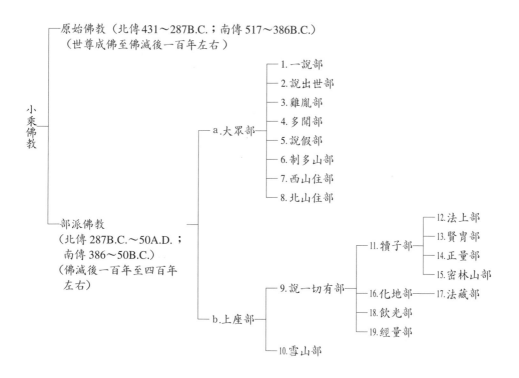

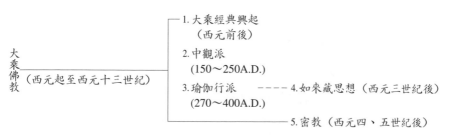

印度佛教思想的發展圖表❷

❷　參閱水野弘元，〈佛教的分派及其系統〉，收入《印度的佛教》，頁88。

　　佛教是在東漢明帝時 (67A.D.)，經過中亞傳入中國的，其傳入的過程並不依照佛教在印度發展的次第，早期傳入而被翻譯的佛典，主要是關於禪數及般若學二個系統的經典。前者譯經的代表人物為安世高（約西元二世紀），所謂禪數是指禪定及數法（阿毘達磨解釋經典中的名相法數，故亦稱為數法），如《安般守意經》即為所譯；後者的代表人物為支婁迦讖（簡稱支讖），譯有《般若道行經》等。

　　由於《般若經》的「空」與道家的「無」，這兩個概念有近似之處，是以在魏晉玄學興盛的年代，討論或宣揚佛學的人士，以玄學的概念去理解佛學，於是興起了格義佛教，而有所謂的六家七宗的分立：本無宗、即色宗、識含宗、幻化宗、心無宗、緣會宗，此為六家，再加上本無異宗即為七宗。

　　但對般若學或者整個佛教開始有比較完整、正確的理解，還是要等到鳩摩羅什 (kumārajīva, 350～409A.D.) 來到中土開始大量翻譯經典之後。許多重要的經典翻譯，皆出於其手，如《大品般若經》、《大智度論》、《妙法蓮華經》、《維摩經》、《中論》等。羅什的弟子僧肇 (374～414A.D.)，著有《肇論》一書，可謂中國佛學開始獨立發展的第一步，其內容雖不外詮釋般若空義，但已逐漸脫離格義的方式，自發機杼，建立自己的論證。

　　羅什的另一位重要的弟子為道生 (?～434A.D.)，但道生的興趣不在般若思想，而集中在「法身」、「佛性」這兩個概念上，他在完整的《涅槃經》譯出之前，便主張「眾生皆有佛性」，著有《頓悟成佛論》、《法華經義疏》等書，但他的著作大多佚失。

　　道生佛學思想所欲探討的問題，即是印度如來藏思想的重要課題，《涅槃經》即為如來藏思想的重要經典。最早把《涅槃經》帶到中國的是法顯 (335～420A.D.)，法顯曾到印度求法，帶回《大般涅槃經》的初分，後與覺賢（音譯佛馱跋陀羅 buddhabhadara, 359～429A.D.）合作譯出，共六卷，名為《大般泥洹經》，這是把佛性常住的如來藏思想初次介

紹至中國的經典，是以往從未有過的，引發了中國佛教學者強烈的興趣，道生的眾生皆有佛性說也是受到本經的啟發而來。

由於對「佛性」觀念的熱烈探討，到了隋代的吉藏 (549～623A.D.)，整理之前各家佛性思想，而分為三類十一家佛性說。再加上自己的說法，便成了十二家。吉藏的思想基調原為羅什、僧肇一系的般若學，他是三論宗重要的人物。所謂「三論」是指《中論》、《百論》、《十二門論》等三部論書，此皆為般若學的重要著作。吉藏是站在般若學的立場，企圖調和《般若》的空性思想與《涅槃》的佛性思想。吉藏重要的著作有《三論玄義》、《大乘玄論》等。

在吉藏之前，還有一位重要的人物，就是真諦 (499～569A.D.)，一些唯識學派的重要論典的翻譯，皆出自其手，如《攝大乘論》、《唯識二十論》、《俱舍論》等，最重要的一部書，則是《大乘起信論》。《大乘起信論》相傳是馬鳴所作，在近代則飽受質疑，有人認為可能是真諦的作品。

隋唐是中國佛教思想的成熟期，這段期間各種宗派興起，比較重要的有：三論宗、天台宗、慈恩宗（法相宗）、賢首宗（華嚴宗）和禪宗。三論宗的代表人物，就是吉藏。天台宗的代表人物是智顗（一名智者）(538～597A.D.)，他以《法華經》為經王，著有《法華玄義》、《法華文句》、《摩訶止觀》，這三本書號為天台三大部。智顗的佛教思想兼攝空宗及有宗，為中國佛學建構新的理論體系與修行方法，有東土小釋迦的稱號。

慈恩宗的學說，基本上是繼承印度的唯識學派而來的，著名的人物是玄奘 (600～664A.D.)，但玄奘的成就在於大量地譯介印度的唯識經論，如《瑜伽師地論》、《成唯識論》等。慈恩宗一直沒有什麼獨創的理論或者著作出現，但也因此，其思想在各宗之間，是最接近印度佛學原貌的。

賢首宗又名華嚴宗，顧名思義，本宗即是宗奉《華嚴經》，代表人物是法藏 (643～712A.D.)。華嚴宗的思想特色，在於強調法界圓融無礙的無盡緣起，這是把立於如來果地上說的《華嚴經》加以理論化而發展出

來，其重要著作有《華嚴五教章》（又名《一乘教義分齊章》）等。

　　禪宗的源頭可以追溯自達摩（?～536A.D.，一說～528A.D.），他在南朝梁（一說南朝宋）來到廣州，然後北行至北魏，遊於嵩山少林寺，在此面壁修行禪觀，是為中國禪宗初祖，其禪法有《大乘入道四行論》，主要內容部分保留在《續高僧傳·達摩傳》中。

　　達摩對於佛教經典較為重視者，應為《楞伽經》，他曾以此經交付給弟子慧可，此經為如來藏法門之經典，重在自覺聖智。達摩「藉教悟宗」，故《楞伽經》即成為禪宗的思想根源，一直到四祖道信、五祖弘忍，也一直都還有依《楞伽經》修行的傳統，此即所謂的楞伽禪，又因以如來藏法門為依，故又稱為如來禪或如來藏禪。六祖慧能 (638～713A.D.) 之後，則轉而注意《金剛經》，而《金剛經》是般若系列的經典。

　　慧能是禪宗重要的人物，他開啟了南禪一系，倡導頓悟法門，把禪宗帶向一個完全不同的領域，其語錄集為《六祖壇經》一書，觀其書名，便可知後人對他的思想之重視程度。

第四節　佛陀教法的特色

　　本節論及佛陀教法的特色，目的是使讀者明瞭佛陀的教法與他說的不同，尤其是與傳統婆羅門教的差異。就原始佛教的經典來說，佛陀的教法有如下三點特色：

第一項　實效主義的傾向

　　所謂「實效」是以解脫為目的，非指一般的含義而言。依照佛陀的看法，凡是無關解脫的玄思冥想，都不是他所在意的課題，《箭喻經》是著名的例子：❷曾經有位聰明善辯的鬘童子，向世尊提出了十個哲學性

的問題，這些問題彼此相違，若主張正者為是反者必為非，世尊若加以回答，則必掉入非此則彼的陷阱之中，若世尊不予回答，則鬘童子便會認為世尊不敢表明立場，便會棄他而去。

　　這十個問題是：⑴世有常──世界是永恆的，⑵世無常──世界不是永恆的，⑶世有底──世界有邊界，⑷世無底──世界無有邊界，⑸命即是身──靈魂與肉體相同，⑹命異身異──靈魂與肉體不同，⑺如來終──覺悟者如來死後存在，⑻如來不終──如來死後不存在，⑼如來亦終亦不終──如來死後既存在也不存在 ，⑽如來亦非終亦非不終──如來死後既非存在也非不存在。**❷❹**

　　世尊以為這些問題，事實上都無益於解脫，談論這些問題，反而會落入論爭之中，故不予回答，他敘述了一個故事來表明自己不回答的理由：

　　　　猶如有人身被毒箭，因毒箭故，身極重苦。彼見親族，憐念愍傷，
　　　　為求利益饒益安穩，便求箭醫。然彼人者，方作是念，未可拔箭，
　　　　我應先知彼人如是姓？如是名？是生為長短麤細？為黑？不黑？
　　　　不白？為剎利族？梵志？居士？工師族？為東方？南方？西方？
　　　　北方耶？未可拔箭，我應先知彼弓為柘？為桑？為槻？為角耶？
　　　　未可拔箭，……彼人竟不得知，於其中間而命終也。**❷❺**

世尊認為世界有常或無常，乃至如來死後存不存在，不論這些問題能不

❷❸　《中阿含・箭喻經》，《大正藏》第 1 冊，頁 804 上～805 下。

❷❹　《雜阿含經》有別於此十無記，另作十四無記，即於上述十無記再加上世間常無常、世間非常非無常、世間有邊無邊、世間非有邊非無邊等四個問題，見《大正藏》第 2 冊，頁 245 下。

❷❺　《大正藏》第 2 冊，頁 804 下～805 上。

能得到解答，人世間的「生老病死、愁慼啼哭、憂苦懊惱」還是依然存在，沒有任何改變。追問這些問題的人，就像被毒箭射中的愚者一樣，不先治毒，反而要求先得知道向他射箭之人的姓名、高矮胖瘦、膚色黑白、階級種姓、居住方向等問題，還要知道射出這箭的弓，其材質為何……，諸如此類的各種問題。但等不及這些問題的答案，他早已毒發身亡了。因此，如何獲得解脫才是重要的，其餘的玄想反而會妨礙解脫。

另外還有一個故事也值得一提的，在《阿梨吒經》中，世尊稱自己所說法為「筏喻法」：

> 我為汝等長夜說筏喻法，欲令棄捨，不欲令受故。❷⁶

什麼叫做「筏喻法」？世尊說一切解脫法門，就像是一個急著要渡河的人，當他找不著橋樑和船隻的時候，他只好搜集樹枝造了一艘木筏，等他過河之後，他是要將這助他渡河的木筏扛在肩上，或者置於河邊才繼續前進？答案是非常清楚的。一切法門當它完成了解脫的目的以後，便毋須再執著不放，因為它們便不再具有任何用處，如果一直不肯棄捨，渡河過岸之後還是不會有真正的解脫。是以佛所說的一切法，都是筏喻法，所以世尊最後便說：

> 若汝等知我長夜說筏喻法者，當以捨是法，況非法耶！❷⁷

因為一切教義都是實現解脫的工具，不能實現解脫的任何教義或者法門都是非法，非法的固應棄捨不理，即便是佛陀所說的可以實現解脫的正法，同樣也必須要捨棄，因為解脫才是目的，一旦解脫了，這些工具便

---

❷⁶ 《中阿含・阿梨吒經》，《大正藏》第 1 冊，頁 764 中。

❷⁷ 《中阿含・阿梨吒經》，《大正藏》第 1 冊，頁 764 下。

失去了它們的價值與必要性。由上述兩部經典看來，足以證明佛陀教法中實效主義的性格。

第二項　反婆羅門教思想

傳統婆羅門教的三大綱領是：《吠陀》天啟、祭祀萬能、婆羅門至上。《吠陀》天啟在強調《吠陀經》是天神所授，非人力所成，由是證成其神聖而絕對的權威地位。祭祀萬能旨在聲明祭祀的威力，透過祭祀之力甚至可以不死。婆羅門至上，是在強調祭司階級的崇高，含蘊了種姓不平等的因素在內。這三項綱領，在世尊所處的時代，因為受到了挑戰而有瓦解的趨勢——在政治上有王權的興起，打破婆羅門至上的迷思；在思想上《奧義書》主張自我修行實踐的梵我合一思想，也動搖了《吠陀》的絕對地位，以及祭祀萬能的形式主義。

然而世尊比起上述的時代思潮更進一步，他不只質疑了婆羅門至上，更質疑整個種姓制度的合理性，他主張四姓平等，乃至一切眾生都是平等的。同時他也反對《奧義書》的梵我思想，提出了「無常、苦、空、非我」的「無我」思想，反對「自我」(ātman) 是恆常不變的靈魂，也反對有「梵」這樣的宇宙造化之主存在。不過，他接受了「輪迴」這個觀念，但反對把「自我」視為輪迴的主體。世尊認為是眾生行為所遺留下的業力在進行輪迴，而這些業力的形成，乃是因為眾生無明的愛欲之故，因此想要解脫便只有消除無明一途而已。

第三項　重視智慧強調自力解脫的精神

有人說佛陀創立了佛教，但原始的佛教十分不同於一般的宗教，因為那時的教團，雖以世尊為導師，但世尊是人不是神，世尊也有生老病

死等等痛苦。原始的教團並沒有一般宗教所具有的崇拜對象；它雖有團體儀式，但這些儀式的目的乃在修身反省，而不是一種祈禱於神明的行為；同時，出家的僧伽，是傳承佛法的弟子，並非代替信眾祝禱的祭司。至於佛法，世尊更認為像是艘度越生死煩惱的木筏，只要解脫了，佛所說的一切諸法還是應當放下。

我們應當了解，佛法並非天授，也非世尊的發明，而是覺悟者觀察現象萬有並默思冥想，所提出的一種說明。世尊從不認為自己所提出的說法，就是絕對的權威，或是不可更改的真理，因為任何言語所說出的理論都不是絕對的，檢驗真理的途徑在於能否令人獲得解脫，除此之外，任何自誇都是空言。而檢驗真理的方式，不是借助任何權威，而是要依自己的智慧來加以判斷。❷❽

因為解脫這件事，是沒有人可以代勞的，就像是飲水一樣，不論我告訴你這水有多麼甘美清涼，總不如你自己親自嚐它一口；一匹馬也只能把牠牽到河邊，卻不能強迫牠去喝水。所以佛陀說法，旨在開啟眾生的智慧，最後依然要靠眾生的智慧，方能獲得自身的解脫。

雖說佛法是種方便度眾的工具，但佛法畢竟有其殊勝之處，尤其是對我們這些尚未解脫的凡夫而言，佛法作為開啟智慧的解脫法門，仍然具有莫大的價值，這便是佛教經典必須存在，必須加以護持流通的理由。

---

❷❽　《大般涅槃經》，《大正藏》第 12 冊，頁 642 上：「依法不依人，依義不依語，依智不依識，依了義經不依不了義經」，這「四依」其實就是以智慧為歸依，也是反對權威的意思。

第五節 四聖諦與三法印

第一項 四諦

佛陀所傳的教法，可以歸納為四項範疇，即所謂的「四（聖）諦」(caturāryasatyāni)。四諦是指苦 (duḥkhasatya)、集 (samudayasatya)、滅 (nirodhasatya)、道 (mārgasatya) 等四諦。「諦」(satya) 是「真理」的意思，故苦諦即是關於「苦」的真理，集諦是苦之所以形成的真理，滅諦是說明滅苦之後的狀態，道諦則是指滅苦的方法。

第一目 苦諦

《增一阿含經》：

> 彼云何名為苦諦？所謂生苦、老苦、病苦、死苦，憂悲惱苦，愁憂苦痛不可稱記。怨憎會苦、恩愛別離苦、所欲不得苦，亦復是苦，取要言之，五盛陰苦，是謂苦諦。❷❾

什麼是「苦諦」(duḥkhasatya)？據世尊此處的說法，苦有八種：生苦、老苦、病苦、死苦、怨憎會苦、恩愛別離苦、所欲不得苦、五盛陰苦（五陰熾盛苦）。然而這並不是說，這八種苦已然含括了人世的一切悲惱苦痛，因為人世的痛苦太多了，世尊僅舉其要者來談。生老病死四苦，是眾生必然由存在走向死亡的輪迴之苦，沒有任何人或神，可以違逆生死之巨輪，凡是有生必定有死，當我們欣喜於生命誕生之際，卻往往忽視了老

---

❷❾ 《增一阿含經》，《大正藏》第 2 冊，頁 619 上。

病死也跟隨著降臨。

有人也許要問，生死雖不可逆，但是人生不是充滿了許多美好的事，何必為那尚未來臨的老病死而杞人憂天？世尊認為人生在世，苦多於樂，即使青春年華、黃金歲月尚在，仍會有許多其他的痛苦，譬如遇見所厭惡的人或事——怨憎會，與自己親愛的人分開或放棄自己所喜愛的事——愛別離，而自己所殷切期盼的卻無法獲得——所欲不得，這些痛苦都是隨處可遇，隨時可得，正如古人所說的：「人生不如意事十之八九」，因此痛苦是人生的常態，而快樂卻是罕有的，即使曾經快樂過，快樂也總是會消失。就因為快樂總是短暫的，所以若我們想要批評世尊，把他看成一位悲觀主義者的話，我們先得反省一下，人們不正是因為不快樂才無時不刻地在追求快樂嗎？

其實說世尊是悲觀的，並不恰當，因為他乃是如實地指出生命原本的情境，說出痛苦是生命的本質。所謂的痛苦，不一定是指錐心之痛的那種痛苦，世尊把生命所遭逢的一切不如意、不快樂，都歸為痛苦，是以「諸受皆苦」。然而導致痛苦的原因到底是什麼？從現象來看是「無常」，因為無常故有生老病死，因為無常而有恩愛別離；就內在而言，則是眾生生命的不安定，因為生命是由五蘊（陰）——五種生命的元素所組成，而這五種元素，就像是火焰般地熾盛地燃燒，它常常燒傷了自己，也灼傷了旁人，更吞噬了其他萬物。

五蘊 (pañcaskandāḥ) 就是色 (rūpaskandha)、受 (vedanāskandha)、想 (saṃjñāskandha)、行 (saṃskāraskandha)、識 (vijñānaskandha)。「色」是指肉體色身。「受」是「感受」，基本上可分為苦受、樂受與不苦不樂受（捨受）。「想」是「表象」，回憶、想像都是這種作用。「行」是「造作」，指發出行為的動機與意志。「識」是「了別」，是對外界認識的一種綜合作用。「五蘊」說明眾生身心的結構，但不論是身或是心，其共同的特質都是不安定，或者說「無常」。身、心因為是無常的，所以身體會有老病，

心靈常被欲望所推擠難有滿足快樂的時候。即便一時的滿足快樂，這種快樂的感受不久之後也會變得空乏。所以縱使擁有天下權勢財富的君王，還不是和貧無立錐的乞丐一樣，感到有所缺憾。因為不只外在的物質是無常的，眾生的身心也是無常的。

這八苦其實還可分成三類來說，即苦苦、壞苦、行苦。苦苦是指令身心不愉悅的痛苦，如老、病、死苦、怨憎會苦、求不得苦等屬之；壞苦是指未壞之前是樂，壞滅之後原本樂事頓成為苦，如生苦、愛別離苦屬之；行苦，則是一般人較難察覺的無常遷流之苦，因為行苦不是身心感受上的痛苦，而是一種理智的痛苦，它是當智者在觀察諸行無常的遷謝之際，感受到眾生五陰熾盛，陷於無明煩惱的悲哀。從這個角度來看，苦苦與壞苦皆止於陳述眾生身心上「一切皆苦」的現象，但是行苦則是透視諸行無常之為「一切皆苦」的本質要素。

第二目　集諦

> 云何苦習（集）諦？所謂受愛之分，習之不倦，意常貪著，是謂
> 苦習諦。❸⓪

關於四諦的名稱，各經的翻譯不盡相同，苦習諦就是苦集諦 (samudaya-satya)，這是說明集起諸苦的真理，也就是諸苦所以形成的真實原因。本處經文說的比較簡略，只說到對於快樂的感受（受愛之分），樂此不疲而起了貪著不捨的念頭。這個說法，其實只解釋眾生心理上的無明貪著是引發諸苦的原因，但如果再加深究的話，我們便知痛苦的真正根源乃在吾人對「無常」的一切起了無明的貪愛的緣故。《增一阿含經》另處經文則說：

---

❸⓪　《增一阿含經》，《大正藏》第 2 冊，頁 619 上。

色者，無常。此無常義，即是苦。苦者，即無我。無我者，即是空也。痛（受）、想、行、識皆悉無常。此無常義，即是苦。苦即無我。無我者，即是空也。此五盛陰是無常義，無常義者，即是苦義。我非彼有，彼非我有。㉛

由於一切都是無常的，所以我們不可能真實地擁有任何東西，因為擁有者不是恆常，不是絕對真實的（這就叫做「無我」），被擁有者隨時可能消失、死亡或者離開我（這叫做「非我有」），所以不真實的「我」如何可能擁有不屬於我的事物？因此，眾生彼此的關係，乃至萬物之間的關係，都立足於一不真實的基礎之上，所以這世界以及眾生的五蘊就像空中樓閣般的空幻，故說是「空」。如果眾生能夠了解，一切不過就像鏡花水月般的空幻，那也就罷了，偏偏人們總是無法了解（這就是無明），卻又偏偏要去執著，因而造成了種種的苦惱。

因此，對於無常諸法所起的無明貪愛，便是產生諸苦的原因，這正是集諦的意義。那麼貪愛的種類有那些？初期的佛典以三界來分別愛的種類，即欲愛、色愛及無色愛，也稱為欲愛、有愛、無有愛，如《大集法門經》：

三愛，是佛所說，謂：欲愛、色愛、無色愛。㉜

對於欲望的追求愛戀，是為欲愛；對於物質存有的留戀貪著是為色愛；對無色界的禪悅之耽溺是為無色愛。三界眾生皆各有其貪著之渴愛，此渴愛糾葛稱之為愛結煩惱。眾生會在三界受輪迴之苦，便是因為不斷愛結的緣故，所以將自己與三界一起綑綁在一起。然而愛都是不好的嗎？

㉛　《增一阿含經》，《大正藏》第 2 冊，頁 702 中。

㉜　《大集法門經》，《大正藏》第 1 冊，頁 227 下。

《阿毘曇毘婆沙論》曾經指出:

> 愛有二種:一染污,二不染污。染污者體是渴愛,不染污者體是
> 信渴。㉝

令眾生輪迴三界的痛苦因緣是愛結煩惱,也就是染污愛,也稱為渴愛;
但不染污愛實際上是指,對某種對於「相信」的渴求。若是渴信正法,
雖說也是一種愛,但這便是無染污愛;但如果是盲目或對邪法的渴愛,
則是染污的愛結。所以「愛」也不是全然是染污不善的,染污愛是純由
無明而起;不染污愛,則可以是一種求法的嚮往,但唯有正信者才能成
為真正的智者。

關於貪愛的種類,到了大乘《大般涅槃經》的時代,又有更細的
說法:

> 愛有二種:一愛己身,二愛所須。復有二種:未得五欲繫心專求,
> 既求得已堪忍專著。復有三種:欲愛、色愛、無色愛。復有三種:
> 業因緣愛,煩惱因緣愛,苦因緣愛。出家之人有四種愛:何等為
> 四?衣服、飲食、臥具、湯藥;復有五種,貪著五陰隨諸所須一
> 切愛著,分別校計無量無邊。善男子,愛有二種:一者善愛,二
> 不善愛。不善愛者惟愚求之,善法愛者諸菩薩。善法愛者復有二
> 種不善與善,求二乘者名為不善,求大乘者是名為善。善男子,
> 凡夫愛者名之為集,不名為諦;菩薩愛者名之實諦,不名為集。
> 何以故?為度眾生所以受生,不以愛故而受生。㉞

㉝　《阿毘曇毘婆沙論》,《大正藏》第 28 冊,頁 116 上。

㉞　《大般涅槃經》,《大正藏》第 12 冊,頁 440 上～中。

這麼多種關於「愛」的說法，是分從各個不同的角度來說貪愛。一般人愛的是自己或者是自己所須之物，這是一般的欲念之愛。而欲念又可分為對未實現者的渴求及已實現者的貪著。若就其範圍來分，對於欲望的追求愛戀，是為欲愛；對於物質存有的留戀貪著是為色愛；對無色界的禪悅之耽溺是為無色愛。再就因緣來說，有以業力為因緣的愛（業因緣愛），以煩惱為因緣的愛（煩惱因緣愛），甚至是以苦為因緣的愛（苦因緣愛），這三種愛都指出愛的盲目。

在家的凡夫有愛，出家人也有愛，衣服、飲食、臥具、湯藥皆為所須，故為所愛的對象。因為出家人一樣也有五陰，一樣會隨著五陰而貪著所需，而有無量無邊的分別計較。

不過，《涅槃經》在這兒發展出較諸傳統說法更為深入的看法，它指出「愛」也不全然是不善的。如就愛的性質來分，愛又可分為善與不善兩種，愚者（不論出家在家）只有不善之愛，不善之愛是因為無明而起；至於善法之愛，唯有智者才有，但是二乘行者的善法愛從大乘的觀點來看尚不夠究竟，因為小乘著重在自度，因此還有某種程度的自我愛，所以還是不善的。只有大乘菩薩，因為慈悲的緣故，想要度化眾生而受生人間，而不是因為無明之愛貪著世間而受生，故大乘菩薩的愛，是慈悲的愛，是究竟的善法愛。然而，原本集諦所謂的愛，還是多指不善之愛而說。

第三目　滅諦

> 彼云何苦盡（滅）諦？能使彼愛滅盡無餘，亦不更生，是謂苦
> 盡諦。㉟

㉟　《增一阿含經》，《大正藏》第 2 冊，頁 619 上。

「滅諦」(nirodhasatya) 是指滅除諸苦以及滅除形成諸苦原因的真理。它指的就是解脫的境界、不再輪迴的境界。它不屬於任何世俗的快樂，因為那是相對的；它也不同於一般修行者所耽溺的禪悅，否則世尊便不會捨棄它而再覓解脫之道了。真正的解脫，即過著一種充滿智慧的生活，它不是生於天上的，而是存在於人間的：

> 諸佛世尊，皆出人間，非由天而得也。❸❻

　解脫的境界，即所謂涅槃 (nirvāṇa) 的境界，故滅諦的內容即是關於涅槃的真理。涅槃有二種，一為有餘涅槃，一為無餘涅槃。《增一阿含經》：

> 比丘滅五下分結，即彼涅槃，不還來此世，是謂有餘涅槃界。⋯⋯
> 比丘盡有漏成無漏，意解脫，智慧解脫，自身作證而自遊戲，⋯⋯
> 是謂無餘涅槃界。❸❼

這是說，當比丘去除掉貪、瞋、身見——我見煩惱、戒取——外道無理之邪戒、疑等欲界的五種煩惱，便可以解脫掉欲界的煩惱，得到某種程度的清淨，但是由於尚有色界與無色界的煩惱未能除淨，是以這樣的解脫者，仍會受生在它界，比如受生於色界的諸天。但即便上升至天界成為天人，煩惱還是存在的，故這類解脫稱為「有餘涅槃」，即尚有色身、煩惱存焉。至於像世尊這樣的阿羅漢，則是已經去除了所有煩惱和無明，心（意）離貪愛，智慧遠離無明，即在當下證悟實相，雖有色身不受色身之縛，雖有生死卻早離生死之累，徹底去除所有的煩惱，而不再輪迴受生，這便是無餘涅槃。無餘涅槃唯有阿羅漢才能證得，世尊就是阿羅

---

❸❻　《增一阿含經》，《大正藏》第 2 冊，頁 694 上。

❸❼　《增一阿含經》，《大正藏》第 2 冊，頁 579 上。

漢，阿羅漢意為「殺（煩惱）賊」，意為「應（該）供（養）」。故證阿羅漢果者即得無餘涅槃，而其他未證得阿羅漢果者❸的解脫，只得到有餘涅槃。

第四目　道諦

「道諦」（mārgasatya）就是如何滅苦之道。《增一阿含經》云：

> 彼云何為苦出要（道）諦？所謂聖賢八品道；所謂等見、等治、等語、等業、等命、等方便、等念、等定。❸

世尊提出八種方法來滅苦，這就是所謂的八品道（又譯為八正道）：等見（正見）、等治（正志、正思惟）、等語（正語）、等業（正業）、等命（正命）、等方便（正方便、正勤）、等念（正念）、等定（正定）。

「正見」，是指對佛法有正確的見解；「正志」，是正確的志向——以解脫為志；「正語」，是合乎正道的言語；「正業」，是合於正道的行為；「正命」，是合於正法的生活方式；「正方便」，是以解脫為目的的精勤不懈；「正念」，是心念不虛不妄；「正定」，是內心不散、不亂、不動搖。

這八種正道，以正見為首，其內容便是對於苦集滅道等四諦，作正確、相應的思惟、抉擇、觀察與覺知：

> 苦，苦思惟；集滅道，道思惟、無漏思惟，相應於法選擇，分別推求，覺知黠慧，開覺觀察，是名正見。❹

---

❸　在原始佛教解脫者可分為四等，又名四果：須陀洹——預流果（預入聖道之流）、斯陀含——一來果（尚須一度受生人間）、阿那含——不還果（不再還生欲界）、阿羅漢。

❸　《增一阿含經》，《大正藏》第 2 冊，頁 619 上。

　　對於佛法有了正見之後，明白正道之所在，然後便可以此正見為基礎，確立解脫的正志，發出言行皆合於正道的正業與正語，過著合乎正法的生活，同時以解脫為目的而精勤不懈，心念去除了虛妄的執著，意志堅定毫不動搖地過著充滿智慧的生活。

　　這八正道不只是佛陀留給世人解脫的法門，其實也是覺悟者佛陀生活的寫照，故滅除諸苦的結果，並非生於天上，而是以清淨的智慧過著自在的生活。所以我們看到，在充斥著痛苦煩惱的泥淖之中，佛陀便宛如一朵出乎污泥之上的蓮花，清淨無瑕地開落。是故世尊雖然在二千多年之前，已經入滅，但是他所留下的清淨解脫種子，就像蓮子一般，只要因緣具足，依然會再次從煩惱的污泥中，開放出美麗的蓮花。

第二項　三法印❹

　　三法印是佛教中以三法來印可、印證教法合不合乎佛法。這三法的內容即是：諸行無常、諸法無我、涅槃寂靜。三法印其實是源於《阿含經》無常、苦、空、非我等四項觀念，由《雜阿含經》中可知，它在佛入涅槃之後已被視為佛法的要義而被合起來宣說，而且是諸比丘都共同承認的，並被用來作為教導眾人之說：

　　　佛般泥洹未久，時長老闡陀晨朝著衣持鉢，入波羅㮈城乞食。食已，還攝衣鉢。洗足已，持戶鉤從林至林，從房至房，從經行處至經行處，處處請諸比丘言：「當教授我，為我說法，令我知法見法，我當如法知如法觀。」時諸比丘語闡陀言：「色無常，受想行

---

❹　《雜阿含經》，《大正藏》第 2 冊，頁 203 上～中。

❹　三法印加上「一切行苦」，有四法印說；四法印再加「一切法空」，成五法印說。

識無常，一切行無常，一切法無我，涅槃寂滅。」❷

　　為何說這三法印源於無常、苦、空、非我等四項觀念？所謂「諸行無常」，「行」(saṃskāra) 本身的意義就是「造作」之義，「諸行」在此泛指世間一切經由因緣和合造作而成的事物。這些都不是恆常，因為這些依賴因緣而成立的事物，一旦因緣有所改變，事物就會隨之起了變化，甚至破壞消滅。換言之，因緣和合的諸行，乃是有所待的，而非能夠獨立自存的。那麼事物的存在現象的背後，有沒有一種可以獨立自存的東西呢？這樣的東西在印度傳統哲學思想中稱之為「我」，「諸法無我」所談的便是一切諸法之中，沒有一個不變的自我，作為事物的本質或主宰而成立❸。「涅槃寂滅」則是針對眾生生死輪迴之苦，而說出離生死的涅槃寂滅之究竟解脫。但眾生為何會淪於生死之苦無法解脫？主要的原因便是眾生無始以來，對無常的諸行執以為常，對無我的諸法強執有我，這樣的無智無明造成了各種痛苦。

　　是故無常、苦、非我，即同於諸行無常、諸法無我、涅槃寂滅三法印。三法印是就不同方面來說諸法緣起性空的道理，因此三法印與《阿含經》中所言之「無常、苦、空、非我」，便是同一事，所以用此三法來印證是否合乎佛法，可說相當合乎原始佛教的看法。❹

　　三法印除了是一種佛法的原理之外，三法印也是一種修行實踐的次第，《雜阿含經》：

　　無常想者，能建立無我想。聖弟子住無我想，心離我慢，順得

---

❷　《雜阿含經》，《大正藏》第 2 冊，頁 66 中。

❸　關於佛教的有我論與無我論，請見本書第六章〈佛性思想〉。

❹　由於三法印說的便是緣起性空的諸法實相，所以大乘佛教便直接以緣起性空的一實相印來取代三法印。

涅槃。❹

這是說，眾生觀察到諸行無常，沒有究竟恆常的事物存在，於是便會感
到對世間諸法並沒有主宰的能力；無我的「我」在這裡說的是「主宰」
義；因為吾人無法主宰任何事物，沒有一物的確可以為我所擁有，是故
眾生便是處於一種因緣相待的處境之下，沒有絕對自由的可能，所以對
於無可奈何的因緣人生，便起了厭離之心，便感受到世間之苦；譬如生
老病死種種痛苦，都是面對緣起世界所起的無可奈何的悲哀。然而如果
能夠擁有那樣的智慧，正觀諸行無常、諸法無我的實相，不要去妄執定
要有一常存的事物，也不要妄執要去掌控、擁有些什麼，如此便可以逐
漸去除以自我為中心、為出發點的思考方式，便能去除因我執而起的傲
慢無明，去除一切愛欲，離於一切煩惱，因而便可證入涅槃寂滅的境界，
得到最終的解脫。

　　但是三法印的地位，應當被視為一種絕對不可違逆的教條來看嗎？
如果三法印僅是一種教條，那便違背了三法印所欲闡釋的如來緣起性空
的智慧，反而執著於文字與名相上的內容，忽略了這些文字與名相所欲
開啟的智慧，故《大智度論》對這個問題便提出了反省：

> 如者，如本；無能敗壞。以是故，佛說三法為法印：所謂一切有
> 為法無常印，一切法無我印，涅槃寂滅印。問曰：是三法印，般
> 若波羅蜜中，悉皆破壞。如佛告須菩提：若菩薩摩訶薩觀色常，
> 不行般若波羅蜜；觀色無常，不行般若波羅蜜；……如是云何名
> 為法印？答曰：二經皆是佛說，如《般若波羅蜜經》中，了了說
> 諸法實相。有人著常顛倒，故捨常見，不著無常相，是名法印；
> 非謂捨常著無常者，以為法印。「我」乃至「寂滅」亦如是。❻

❹ 《雜阿含經》，《大正藏》第 2 冊，頁 71 上。

「如」是如本實觀之實相,稱之為「如」,因為它是本來如是,非是造作所成,所以無可敗壞。作者龍樹設問說:諸法的實相既是諸行無常等三法,但是經中同時又有觀色常與觀色無常不能行般若波羅蜜的自違之說,何以無常等三法還可以稱為法印?論主的回答指出了一個重點:所謂三法印的成立,其目的是為了令凡夫捨棄虛妄執著,執於諸法是常,這固然是種妄執,但是如果不能了解諸行無常的意涵,體現諸法無常的智慧,只執著於文字上或者概念上的諸法無常,這又何嘗不是一種妄執呢?至於諸法無我、涅槃寂滅的道理,也是如此。

由《大智度論》的反省看來,的確可以說是對原始佛教的性空思想的再行深化。如前所說,三法印是原始佛教對空義的闡釋,因而以此三法為佛家教義的判準。但大乘空義深怕學者又復執著於「空」,因而指出三法印的目的在於去執,如果又執著於此三法,便也是違背了佛義,是故大乘說空之時,空亦須空。

但三法印是否就可以完全取消了?這也是不成的,因為三法印單就觀念的層次或者佛教史的角度來談,的確可以作為衡定佛法、非佛法的標準,而龍樹的說法,則企圖指出,三法印所闡釋的空義,若僅停留在觀念與歷史的層次之限制與不足處,空不能僅是一種觀念,空必須內化而為修行者的智慧,如此才能發揮去除無明妄執的真正作用。

㊻ 龍樹,《大智度論》,《大正藏》第 25 冊,頁 297 下~298 上。

進修書目

1. 水野弘元等著，許洋主譯，《印度的佛教》，臺北：法爾出版社，1988 年初版。

2. 中村元著，釋見憨、陳信憲譯，《原始佛教——其思想與生活》，嘉義：香光書鄉出版社，1995 年初版。

3. 呂澂，《印度佛學思想概論》，臺北：天華出版社，1987 年再版。

4. 印順，《印度佛教思想史》，臺北：正聞出版社，1980 年 4 版。

5. 楊惠南，《佛教思想發展史論》，臺北：東大圖書公司，1997 年再版。

6. 呂澂，《中國佛學思想概論》，臺北：天華出版社，1982 年初版。

7. 宇井伯壽著，李世傑譯，《中國佛教史》，臺北：協志工業叢書，1970 年初版。

8. 方立天，《佛教哲學》，北京：中國人民大學出版社，1991 年 2 版。

9. 木村泰賢著，歐陽瀚存譯，《原始佛教思想論》，臺北：臺灣商務印書館，1988 年臺 5 版。

10. 水野弘元著，劉欣如譯，《佛典成立史》，臺北：東大圖書公司，1996 年初版。

附 錄

佛教大事年表

年　代	重　要　大　事
1500～1000B.C.	雅利安人進入印度殖民於印度河的五河流域，逐漸征服印度的原住民，創作《梨俱吠陀》，為婆羅門教之初始。
1000～500B.C.	雅利安人進入恆河流域，創作《蘇摩》、《夜柔》、《阿闥婆》三部《吠陀》，完成四部《吠陀》，建立婆羅門教的三大綱領，確立種姓制度。
500B.C.	《奧義書》開始創作，提倡梵我合一的思想，印度文化進入哲學期。 六師外道出現。
北傳 470B.C. 南傳 556B.C.	世尊誕生於迦毘羅衛國。
北傳 387B.C. 南傳 486B.C.	世尊入滅於拘尸那羅。 王舍城結集（又名第一結集、五百結集、七葉窟結集）。
327～325B.C.	亞歷山大入侵印度。
287B.C.	毘舍離結集（第二結集、七百結集）。 十事非法，大天五事。 根本分裂，佛教教團分為上座部及大眾部。
268～231B.C.	阿育王統治印度。 華氏城結集（第三結集）。 四《阿含》原型逐次形成。
100B.C.～100A.D.	部派分裂稍止，前後共有二十個部派形成。 大乘佛教運動興起。 《般若經》原型成立。
67A.D.	東漢明帝求法。 迦葉摩騰及竺法蘭於洛陽白馬寺譯出《四十二章經》，佛教傳入中國。
100～300A.D.	初期大乘經典《般若經》、《法華經》、《華嚴經》、《維摩經》

	成立。
150～250A.D.	龍樹著《中論》、《十二門論》、《十住毘婆沙論》，建立中觀學派。
170～270A.D.	提婆著《百論》等。
200～400 A.D.	中期大乘經典《解深密經》、《如來藏經》、《勝鬘經》成立。
270～350A.D.	彌勒著《瑜伽師地論》為唯識學派之開祖。
310～390A.D.	無著著《攝大乘論》等。
320～400A.D.	世親著《俱舍論》、《唯識二十論》、《唯識三十頌》等。
312 (314)～385A.D.	道安編《綜理眾經目錄》，重視《般若經》研究。
399A.D.	法顯西行求法。
401A.D.	鳩摩羅什抵長安。
405A.D.	僧肇著〈般若無知論〉。
418A.D.	法顯與覺賢譯《大般泥洹經》六卷。
428A.D.	竺道生倡闡提成佛及頓悟說。
446A.D.	北魏太武帝廢佛。
470～540A.D.	佛護註釋《中論》，成立應成派。
約480～540A.D.	陳那著《集量論》、《因明入正理論》、《觀所緣論》等，屬有相唯識派。
約500～570A.D.	清辨著《般若燈論》、《中觀心頌》、《思擇炎》等，成立自續派。
約510～570A.D.	安慧著《唯識三十論疏》，屬無相唯識派。
約530～561A.D.	護法，玄奘所譯的《成唯識論》，主要內容屬於他的看法。
約536A.D.	禪宗初祖菩提達摩入滅。
538～597A.D.	智顗創作天台三大部，天台宗大成。
546～569A.D.	真諦抵中國開始譯經，《大乘起信論》由其傳出。
549～623A.D.	吉藏作《三論玄義》等，成立三論宗。
574A.D.	北周武宗滅佛。
600A.D.	佛教傳入西藏。 後期大乘經典密教之《大日經》、《金剛頂經》出現。
約600～650A.D.	月稱著《明句論》、《入中論》等。 法稱著《正理一滴論》。
645～664A.D.	玄奘自印度返國，大量譯介唯識經論，成立慈恩宗（又名法相宗）。

643～712A.D.	華嚴宗的代表人物法藏，作《華嚴一乘教義分齊章》等。
638～713A.D.	禪宗六祖慧能，開創南宗禪，下開五家七宗，成為禪宗主流。
687～717A.D.	金剛乘開祖因陀羅菩提。
711～782A.D.	湛然著《金剛錍》等，倡「無情有性」說。
753A.D.	不空譯《金剛頂經》，弘傳密教。
760A.D.	蓮花生將密教傳入西藏，為西藏佛教的開祖，創立寧瑪派（紅教）。
786A.D.	蓮花戒與禪僧摩訶衍辯論獲勝，西藏捨漢傳佛教而以印度佛教為正統。
842～845A.D.	唐武宗廢佛。
1042A.D.	阿底峽入藏，著《菩提道燈論》等，成立噶當派。
1375～1419A.D.	宗喀巴創立格魯派（黃教）。
1450A.D.	達賴喇嘛一世。
1900A.D.	史坦因發現敦煌古文書。
1904A.D.	太虛出家。
1922A.D.	歐陽竟無於南京成立支那內學院。
1934A.D.	法尊自西藏歸，譯《菩提道次第廣論》。
1969～1972A.D.	印順《妙雲集》刊行，倡導「人間佛教」的理念。

第三章　緣起思想

第一節　緣起思想的意涵

　　緣起 (pratītyasamutpāda) 是佛教思想的基礎，也可說是佛教思想發展的一項基本前提，不論小乘或者大乘，不論是印度、中國或者西藏，只要是屬於佛教思想者，未有不重視此一概念。因為創立佛教的釋迦牟尼佛，便是觀察世間的緣起而悟道得解脫；佛陀教導弟子的解脫之道，也是依於緣起法門。

　　所謂「緣起」，簡單來說，就是「由緣」、「由條件」而「生起」的意思，但是如此簡單而近乎常識的概念，何能使人悟道得解脫呢？其實此中是存在著極為深刻的意涵及思惟。佛經中對於「緣起」一詞的定義：

> 所謂此有故彼有，此生故彼生，謂緣無明有行，乃至生老病死憂悲惱苦集；所謂此無故彼無，此滅故彼滅，謂無明滅則行滅，乃至生老病死憂悲惱苦滅。❶

這段文字陳述了原始佛教的緣起觀。原始佛教的緣起觀即所謂的十二因緣，「此有故彼有，此生故彼生」是說明十二因緣的集起，由無明而有行，一步一步展開，而有眾生之生老病死憂悲惱苦等諸般現象，這是順觀的十二因緣；但就此十二因緣的還滅而言，滅無明則斬斷行之因緣，由是

---

❶　《雜阿含經》，《大正藏》第 2 冊，頁 67 上。

而滅除生老病死憂悲惱苦，這便是逆觀的十二因緣。佛陀在菩提樹下便是以順觀十二因緣，知眾生諸苦集起的原因（苦集）；以逆觀十二因緣，明瞭滅除諸苦的方法（道），而得到涅槃的境界（滅）。是以緣起法，可以說是包含了苦、集、滅、道四聖諦的內涵。

關於十二因緣的具體內涵，容後再說，目前我們先就「緣起」這一概念所蘊含的內容來加以分析。根據印順《中觀今論》的說法，❷「緣起」大體上可有如下的內容：

1.**相關的因待性**：「此有故彼有，此生故彼生」，「此、彼」即指一切因果，一切事物從緣而生，但更重要的是，也要從緣而滅，故說「此無故彼無，此滅故彼滅」。因此「緣起」之相關的因待性，說的就是一切存在的事物中因果之間的彼此相關性，而其相關性分為因果之連結與斷裂。當因果之間被連結起來時，即由此因生彼果，例如母生子，母為子之因，子為母之果，母因生其子而為彼子之母，彼子從其母而生，故為其母之子，而非為他母之子；但是母子之間的因緣不是恆存的，當母或子亡故，或者二者俱亡，化為塵土歸於四大，這便是其間因緣斷裂之時，母不再為母，子也不再是子，母子之間的關連便消失無存。以這母子之間的關係為例，一切諸法之間的因緣關係也是如此，這即所謂緣起之「相關的因待性」。

2.**序列的必然性**：這是說緣起諸法，有其緣生的次第性，再以母子為例，是母生子而非子生母，故前因後果即為緣起「序列之必然性」。

3.**自性的空寂性**：一切諸法既然都是依緣而生，緣散而還滅，由此可知，諸法自身無有能夠自存、自生的自體，因而說諸法是無自性 (svabhāva)。諸法緣起無自性，即所謂的空性 (śūnyatā)。

上述緣起的三內涵，前二項主要是從時間面的因果序列來看，第三

❷ 參閱印順，《中觀今論》（臺北：正聞出版社，1992 年修訂 1 版），頁 60～63。

項則是從論理面來說緣起的。❸所謂論理面是指非時間性，不是時空中的具體現象，而是指前提與結論間的邏輯關係，緣起的自性空寂，是由諸法的聚散無常而證成出來的結論，諸法的自性空寂也即表示「諸法無我」。

　　除了上述三種關於「此有故彼有，此生故彼生」的因果緣起內涵之外，還有一點須特別強調：此因彼果，並不是一因生一果那樣的生起關係，再以母子為例，母生子，母為子因，但是這是指最直接、最重要的條件而言，但母之生子除了親因緣之外，還得需要許多其他的條件，例如父親，例如胎兒成長所需的一切營養等等；所以此因彼果的緣起關係，通常只就其主要的條件❹而言。母子關係是如此，上面所述的十二因緣也是如此。

第二節　原始佛教的緣起觀──十二緣起❺

第一項　十二緣起之序列

　　所謂緣無明行，緣行識，緣識名色，緣名色六入處，緣六入處觸，

---

❸　參見水野弘元，〈初期佛教的緣起思想〉，收於《佛教思想㈠──在印度的開展》（臺北：幼獅文化事業公司，1985 年初版），頁 128～129。

❹　這叫因緣或親因緣，除此之外，助長的條件叫增上緣；在精神現象中念念相續，前念為後念生起的條件，這叫做等無間緣或次第緣；至於心識所認識的對象，叫做所緣緣。

❺　十二支緣起是緣起思想最具代表性的說法，但依南傳經論，十支緣起（去掉無明及行）可能為緣起之原始型態。此外，原始經典中也有二支、三支、四支、五支、十支、十二支等種種說法。參見❸，頁 137。

緣觸受，緣受愛，緣愛取，緣取有，緣有生，緣生老病死憂悲惱苦，如是如是純大苦聚。❻

無明滅則行滅，行滅則識滅，如是乃至生老病死憂悲惱苦滅，如是如是純大苦聚滅。❼

這二段經文說明了十二因緣的生起與還滅，十二因緣的內容是：

1.**無明** (avidyā)：指眾生無始以來的無知，尤其是指對佛教的四諦或者緣起法的無知。

2.**行** (saṃskāra)：行的意思很廣，可泛指一般現象，例如「諸行無常」的「行」；五蘊中行蘊的「行」，指的則是意念的作用，此處的「行」近乎此，指的也是意念作用之「行」。

3.**識** (vijñāna)：可指認識作用，或者認知主體而言。

4.**名色** (nāmarūpa)：「色」是指物質，「名」一般是指精神，但是「名」(nāman) 的原義是名字、概念的意思，從這個方面說它是種「精神」。所以名色支若結合識支來看，再加上它與識之間互為緣起的關係，「名色」應是指識所緣或所認識的對象，如色、聲、香、味、觸、法等六境，既有客觀存在的物質色境，同時也具有可用名言概念指涉的部分；所以認知主體的識便假借名言來認識對象，形成客觀的知識。

5.**六處** (ṣaḍāyatana)：指色、聲、香、味、觸、法等六境入於識之處，故六處或譯為六入，或六入處，即指六根。

6.**觸** (sparśa)：指根、境、識三者和合所生之眼觸乃至意觸等六觸身，也就是根境識三者和合的感官、知覺作用。

7.**受** (vedanā)：根據六觸而起的感受，大致可分為三種：苦受、樂受

❻ 《雜阿含經》，《大正藏》第 2 冊，頁 83 下。

❼ 《雜阿含經》，《大正藏》第 2 冊，頁 83 中。

及不苦不樂受（捨受）。

8. **愛** (tṛṣṇā)：由認識到苦樂之受而生起的欲求及渴望，稱之為愛。

9. **取** (upādāna)：由渴愛貪欲而表現出來的取捨選擇的行為。

10. **有** (bhāva)：「有」就是存有，由渴愛所表現出的行為會殘餘某種影響力，稱為「業有」；這些業力的果報稱為「報有」。這二種有，也可以解釋為個別眾生的性格與特質。

11. **生** (jāti)：基於上述「有」所指涉的性格與特質，眾生生為某一類的眾生，這就叫做「生」。

12. **老死** (jarāmaraṇa)：有生之人必有老死，一切的憂悲惱苦等，均以「老死」為代表。

由無明生行，乃至有生死，後者以前者為緣而生起，這是諸苦生起的因果序列，即所謂的「流轉緣起」；由滅除無明之故而滅行，乃至滅除了生死，這是指諸苦的還滅，即所謂的「還滅緣起」。

這十二支之間的關係，歷來有各種不同的詮釋，但這些詮釋基本上還是如前所述，或以時間性的因果關係來說，或以非時間性的論理關係來說。

第二項　因果關係（異時性）的十二緣起

就時間性的因果關係來看，十二緣起可以解釋有情的一期生死：有情所以生起，其原因來自「無明」，這「無明」如就生殖觀而言，可以說生命的起源來自父母盲目的生之衝動與情欲，所以把無明放在首位；如就胎生學來看，無明是指生命之初萌，其本質就是無明的衝動。

在此一無明愚昧所孕育的生命中，興起了思惟作用（行）；而在思惟作用中又形成了認知的主體以及認識的作用（識）；認識主體認識到對象（名色），❽對象被認知乃需透過六根（入），根、境、識三者和合而產

生眼耳鼻舌身意等六種感官知覺的認識（觸）；由眼等六種認識而有苦樂等感受（受）；由感受而有愛欲（愛）（當然也有厭惡）；由愛欲而有取捨抉擇的行為（取）；由這些行為而有業力及果報等存有（有）；這些業有及報有即為有情個別生命的生起基礎，有了業有及報有，因之而生為某一類的有情（生）；既生為有情，便有老病死等痛苦（老死）。

上述十二因緣之異時因果，可以說是就生命於胎中之初萌開始說起，一直到其出生而有老死為止。但這樣的十二緣起，其實是以「人」為主要範本來說明生命之流轉緣起的情形，它是否可以擴大為一切生類的範本，是一個問題，而外境與心識之間的關係為何，也不能從十二緣起說，得到明確的說明。

第三項　論理關係（同時性）的十二緣起

再從論理的關係來看，十二緣起的「無明」說的是生命的本質，而不是生命的起源，所以十二緣起不是一種對生命起源所作的解釋，因為導致無明的起源是什麼？再追溯上去，也只能以「無始以來」作此一追溯的最終回答，故起源的問題，最終必然無解。十二緣起可視為對於有情「生」之前心靈意識結構所進行的分析，其重點在對於有情因何有老病死憂惱悲等諸苦之理由的把握。

若從這個觀點來解釋十二緣起，凡有「生」必有「老死」，這是毫無

---

❽　識與名色之間的關係是非常特別的，若由識生起名色，則發展至後來即如「唯識無境」之說，但若識外別有實境，則近於有部的看法。《雜阿含經》，《大正藏》第 2 冊，頁 81 中：「譬如三蘆立於空地，展轉相依而得豎立，若去其一，二亦不立；若去其二，一亦不立；展轉相依，而得豎立。識緣名色（名色緣識）亦復如是，展轉相依而得生長。」十二因緣中「識」與「名色」是互為緣起。

疑義的現實，「無明」至「有」等十種因緣，則是針對有情的心識結構來說，「無明」指一切有情心識的本質；「行」是內屬於無明心識所必具的行為、造作，就是心識的能動性；「識」、「名色」、「六入」、「觸」說的是心識的認知作用，「受」、「愛」、「取」說的是心識的心理作用，「有」則指人格特質而言，這可以說是心識全體所表現出來的整全特色。若就上述的分析來看，十二緣起的各支，並不是因果生起的關係，十二緣起說的是有情內在的心識結構，而這心識結構正是有情之所以生起老病死苦的緣由。這樣的說法，著重在心識的論理結構，而非生起次第的因果關係。從因果關係及論理關係來解釋十二因緣，這兩個方向並非必然相互排斥，事實上，部派佛教解釋十二緣起時，已明顯意識到這兩方面的詮釋可能。

第三節　部派佛教的緣起觀

第一項　六因四緣

在本章第一節當中，我們曾說「緣起」觀念通常是就主要的因緣來談因果之間的生起關係，部派佛教對於主要、次要因緣的分析，有其細密而值得參考之處，然而各派對於因緣的講法並不一致，南傳佛教有二十四緣（巴 paccaya）的說法，北方的《舍利弗毘曇》則講十緣，漢譯論典中，則以「四緣說」最為普遍。小乘說一切有部則又依四緣開出「六因說」，六因說與四緣說可相通，因為它們說的都是「果」之所以成立的原因或條件。

第一目　四緣

1. **因緣** (hetupratyaya)：「因」原為主要條件的意思，「緣」指次要條件。但此處「因緣」是指前者之意，即謂能生果之主要條件；然而稱之為因緣，乃在強調「因」亦為眾緣之一，因雖為主要條件，但若無其他條件配合的話，仍然無從緣生諸法。舉例來說，父母為子女的因緣（或名親因緣），但除了父母的精血之外，若無其他適當的內、外在條件的配合，也沒辦法生下子女。

2. **等無間緣** (samanantarapratyaya)：指前一心念作為後一心念生起因緣，前後心念相續等同，故稱為「等」；念念相續，無有間隔，故稱為「無間」；又，前後心念次第相生，故本緣也稱次第緣。等無間緣是專就精神之思維、認識等活動而言，強調意識作用無間斷的開展作用。因為意識作用造成了意業，同時也影響了身、語二業的發展方向，所以等無間緣即在說明精神方面的因果。

3. **所緣緣** (ālambanapratyaya)：指作為心、心所所攀緣之「緣」，即所知的對象。例如眼以色為所緣緣，意則以三世一切法為所緣緣。「所緣緣」的定立，表現對外境之實在性的肯定，小乘說一切有部強調這個涵意，而有「三世實有，法體恆存」的說法；但是外境在唯識學派中，則是「唯識所變」，喪失獨立自存的地位。❾

4. **增上緣** (adhipatipratyaya)：指一物對於他物的影響作用，這又分為兩種，一種是對事物的生起有積極的幫助作用者，稱為有力增上緣；另一則指對他物之生起不起妨礙，稱為無力增上緣。

第二目　六因 ❿

❾　有關外境實在性的探討，參見本書第五章第三節、第四節。

❿　《俱舍論寶疏》（法寶撰）卷七力主六因與四緣互攝之說，能作因包含等無間、所緣、增上等三緣，俱有因等其餘五因通攝因緣。《俱舍論光記》（普光述）卷七則認為四緣賅攝之範圍較寬，六因較狹，故四緣能含攝六因，六因不能含攝四緣。即俱有因等五因與因緣固可互相通攝，然能作因唯通

1.**能作因** (kāraṇahetu)：某物生時，凡一切不對其發生阻礙作用之事物，皆為某物之能作因。又可分為兩種：一為積極地幫助生起；一為消極地不礙生起。從上述定義來看，此因通於增上緣。

2.**俱有因** (sahabhūtahetu)：「俱有」是指同一時、處之中，俱有作用。這也分為兩種：一為「互為果俱有因」，指兩種或兩種以上的事物互為因果，就像二束蘆葦彼此相依不倒；一為「同一果俱有因」，指一果同時具有多因，例如三杖同時支撐一物。俱有因也稱共有因、共生因。

3.**同類因** (saṃprayuktahetu)：因果相似稱為同類，在此特別指同類之善、惡而言，例如善念生善果，惡念生惡果等。此因也稱自分因、自種因。

4.**相應因** (sabhāgahetu)：此指心與心所之彼此相應而生識。二者同時具足同所依（指所依根，如心依眼根，心所亦依眼根）、同所緣（指所緣境，如色聲香味觸法等境）、同行相（行相指對事物的分別了解，如心及心所都應同時認某一境相）、同時（同一時間）、同事（同一事件）等五義，故稱相應因。

5.**遍行因** (sarvatragahetu)，也稱遍因：遍行是普遍生起的意思。在此指心所法的十一種遍行煩惱（見第四章〈佛教的心識論〉），是普遍生起一切煩惱的原因。

6.**異熟因** (vipākahetu)：指能夠招致三世苦樂果報的善惡業因。因為業因與業果不是同類的，例如惡因與地獄果、善因與人天果，因果彼此是不同的，因果異類而熟，故稱此為異熟因，也稱為報因、異性因。

第二項　四類緣起

部派佛教將十二緣起各支的關係分為四種：**⓫**

於增上緣，而未能含攝等無間、所緣二緣。

　　1.**剎那緣起**：指十二支在同一剎那作用的因果關係。例如由貪念而起了想要殺人的念頭，在剎那間即具十二因緣：貪是「無明」，想要殺人的念頭是「行」；「識」、「名色」、「六處」、「觸」等四支，是指欲殺人者對於殺人之事與所要殺的對象的認識；「受」是對殺人此事之感受——對於已陷入「無明」之人而言，殺人可能是件快意的事；「愛」則指對此一不正當行為之感受的渴愛——渴愛殺人；由這不正當的渴愛，這想要殺人者，於是確定其意志而有所抉擇，這叫做「取」；因而此人便呈現出不正常的、嗜殺的人格特質，這叫做「有」；上述殺念生起以迄不正常的人格出現之整全，稱之為「生」，此念之熟變壞滅，則稱為「老死」。

　　2.**連縛緣起**：指肉體或精神現象，時時刻刻無有間斷的連續變化的情形及關係。

　　3.**分位緣起**：即傳統的三世兩重因果說。三世是過去、現在、未來三世，兩重是指「過一現」及「現一未」兩重。就十二支來分析：「無明」、「行」是過去因；「識」至「有」屬現在，但又分為相對過去因而言的現在果，以及相對未來果而言的現在因，現在果指「識、名色、六處、觸、受」等五支，現在因則指「愛、取、有」三支；至於最後生、老死二支，則屬於現在因所生起之未來果。如圖所示：

---

❶　《大毘婆沙論》，《大正藏》第 27 冊，頁 117 下；《俱舍論》，《大正藏》第 29 冊，頁 48 下。

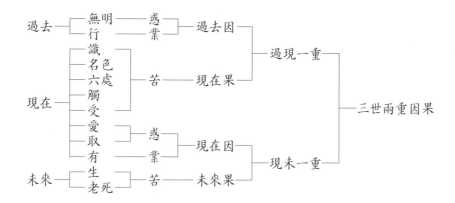

4.遠續緣起：超越三世兩重因果，而涉及更遙遠的過去及未來，以十二因緣說無限時空之緣起生滅。

這四種緣起說，分位、遠續緣起，性質上同於上述異時因果的十二緣起，剎那緣起則為同時緣起，連縛則可通於同時及異時緣起。

第四節　中觀學派的緣起思想──緣起性空

中觀學派 (mādhyamika) 創建者同時也是其代表人物，就是龍樹 (nāgārjuna，150～250A.D.)，龍樹對於「緣起」的解釋，乃在直指緣起現象的本質。前文曾經提到過，印順根據中觀思想分析出「緣起」具有三種內容：相關的因待性、序列的必然性、自性的空寂性；前面二種特質主要是從時間面的因果關係來說，第三項則是從非時間性的論理關係來說。但其實這三種內涵，皆可以從非時間性的論理關係上來說，因為在中觀思想中，連「時間」的實在性，也是被破斥的對象，「時間」若不是一種真實存在的事物，那麼所謂的時間性的因果，也同樣是不真實的。

因此，如母子、十二因緣等此因彼果之相關因待性及序列必然性，皆可以如部派之同時因果說來加以解釋。所以「相關之因待性」與「序

列之必然性」是就緣起現象所作的觀察及推演，至於其推演的目的，乃在證成「自性的空寂性」，是故龍樹特別重視的，正是「自性的空寂性」。《中論‧觀四諦品》云：

因緣所生法，我說即是空，亦為是假名，亦是中道義。❷

參照 Poussin 所校訂的梵文本，鳩摩羅什所對譯的梵文為：

‧ yaḥ pratītyasamutpādaḥ śūnyatāṃ taṃ pracakṣmahe/
sā prajñaptir upādāya pratipat saiva madhyamā//

就梵文來說，yaḥ......taṃ 是「凡甲都是乙」的句型結構，而 taṃ 置於 śūn-yatāṃ（空）之後，故指空，因此第一句可語譯為「我說一切緣生法都是空」；第二句的 upādāya 是「由……之故」，sā 則是承上句，指「空」（因為 sā 與 śūnyatāṃ 同屬陰性單數主格），故此偈應譯為：

我說一切緣生法都是處於空性的狀態，由於這空性是假名，因此這空性是中道。❸

青目的解釋則說：

「眾因緣生法，我說即是空。」何以故？眾緣具足，和合而物生，

---

❷　《中論》，《大正藏》第 30 冊，頁 33 中。

❸　見吳汝鈞，《龍樹中論的哲學解讀》（臺北：臺灣商務印書館，1997 年初版），頁 462；吳汝鈞，《佛教的概念與方法》（臺北：臺灣商務印書館，1988 年初版），頁 64。

是物屬眾因緣故無自性，無自性故空，空亦復空，但為引導眾生故，以假名說，離有無兩邊，故名中道。❶❹

在本偈頌中，「因緣所生法」與「空」是同義的，且同為「假」、「中」的主詞，「假」、「中」為其所指涉的謂詞。這也就是說：空（緣起法）是假名，空（緣起法）是中道。因此空、假、中三者不是並立、平行的關係，假、中是用以指示空的特質，因此主張三諦說的學者認為，中道是空、假二諦辯證綜合之後的第一義諦，那是有違梵文的原義。

「空」既然不過是個假名，實際上並不存在被稱作「空」的事物，故龍樹要人不執著，因為「空」是去除執著的手段，不可以將「空」的假名執著為一種實際的存在物，甚至將之本體化；同時應該理解「空」就是「緣起法」，它不等於虛無，「空」、「有」之間並非對立而不能共存。從這個觀點來看，並非在「空」之上、之外別有中道，「空」自己就是「中道」，一切萬法不離於緣起，故一切諸法也不離於空。

龍樹的全部著作，無不就此一「緣起❶❺＝性空」的內涵來作詮釋，在《中論》一書中，他提出極其重要的「八不中道」來說明「空」的義涵：

不生亦不滅，不常亦不斷，不一亦不異，不來亦不出，能說是因

---

❶❹　《中論》，《大正藏》第 30 冊，頁 33 中。

❶❺　「緣起」的梵文是 pratītyasamutpāda，「緣生」的梵文為 pratītyasamutpanna，前者是名詞，後者則為一過去受動分詞，具有已完成及被動的時態，但也可作為名詞來用。漢譯佛典中，這二者時常通用。有些學者認為，「緣生」是指現象的存在狀態而言；「緣起」則是就存在的法則來說；若就梵文 pratītyasamutpanna 的既成意味及 pratītyasamutpāda 非時間義來說，不能說是沒有道理。至於《中論》此偈的原文是 pratītyasamutpāda。

　　緣，善滅諸戲論，我稽首禮佛，諸說中第一。**⓰**

生 (utpāda) 滅 (nirodha)、常 (śāśvata) 斷 (uccheda)、一 (ekārtha) 異 (anārtha)、來 (āgama) 出 (nirgama) 等四類八項相對概念，是吾人認識及描述緣起諸法現象之一般概念，按照一般常識性的看法，諸法有生有滅乃為一般性的事實，然而將生滅的常識進一步深化為哲學性的觀念，生滅即意謂「有」與「無」兩個相對概念，而執著「有」為絕對的「有」，與執著「無」為絕對的「無」者，一直堅持有無之間有著一條無可跨越的鴻溝，以為有者不可無，無者不可有。

　　關於「常、斷」的觀念也是類似於此，「常」是指恆常、永恆，「斷」指「斷滅」，這是一組相對概念，它是指當時印度所流行關於靈魂（自我）(ātman) 的問題，當時（時至今日也是如此）有人主張，靈魂是永恆的，不因為死亡而毀壞；但也有人主張，人死之後，什麼也不會留下，根本沒有靈魂。不過常斷的問題，也非僅關於個別靈魂，這還牽涉到印度婆羅門教的梵天 (brahman) 說，梵天若為恆常實有，世間亦為恆常實有，梵天若不存在，則世間乃為虛妄。

　　「一、異」是就現象的本源來說，主張世界的根源是一，乃所謂的一元論者；主張世界的根源是異，則屬於二元論或多元論者，在印度正統哲學當中，吠檀多 (vedānta) 是明顯的一元論，數論 (sāṃkhya)、瑜伽 (yoga) 二派為二元論，勝論 (vaiśeṣika)、正理 (nyāya) 派、彌曼沙 (mīmāṃsā) 為多元論（非正統的耆那教 (jaina) 及唯物論 (cārvāka) 也算是多元論）。故「一、異」乃總括當時印度各家關於存有根源的形上學思想而說。

　　「來、出（＝去）」看似就運動而說，自遠而近稱之為「來」，由近而遠稱之為「去」，這並沒有錯，但這運動尤其是指事物自過去、現在及未來的轉變，例如酪由乳「來」，酪成酥「去」，乳、酪、酥三者，若以

⓰　《中論》，《大正藏》第 30 冊，頁 1 中。

「酪」為現時存在的狀態，則它與乳、酥之間，便有因果來去的運動與變化：由過去因來至現在果，由現在因去至未來果。

上述四類八法，是了解現象的一般概念，這些概念間彼此有其相對性，但是八法之間，也有一項共同的特質，便是八法都蘊涵了「概念等於實在」（以西洋哲學的用語來說，叫做「思惟與存有的同一性原則」）的想法。龍樹否定這樣的想法，他把這些名言概念的施設分別，說是戲論 (prapañca)，而對八法全都予以否定，他認為否定八法之後，❶所呈現出來的才是那個「緣起法」的真實實相。這樣的實相，是具備真正智慧的佛陀所宣說出來的，因此龍樹《中論》一開頭的這首偈，便是讚揚佛陀能夠宣說此深刻緣起法的歸敬偈。

「八不」對八法的破斥，事實上具有幾個層次，第一個層次，指出語言、概念具有相對的性格，因此人類藉此從事思惟、認識對象之時，便會有其限制，這是語言的，同時也是理性概念的限制。故一提出「生」則必會有與之相對的「滅」這個概念，常、斷是相對的，一、異與來、去也是相對的。只要是運用語言概念來思維任一對象，則必然會落入相對之中，而這些相對性的概念，若再加以系統化、學術化，便形成各式各樣的理論，然而它們往往淪為各說各話，相互攻訐，彼此對立，在這當中，卻不會有什麼毫無疑義的絕對定論出現，這便是龍樹所說的「戲論」，因為一切理論不過是語言與觀念的遊戲。所以「八不」的第一層涵意，即在指出以「分別」為性的理性思維，雖是一般認識的重要方法，例如我們可以知覺認識到緣起流轉的生滅、來去等現象；但對緣起還滅的清淨空寂，卻不是從這種相對概念的思維所能體悟得到的。然而流轉與還滅同為緣起法之兩面，若只取其一方，便無從完整地展現真實的緣起法。

「八不」的第二層涵意，是反對概念的實有化。人們雖用相對性的

---

❶　八法只是代表相對性的概念戲論，並未窮盡一切諸法。

概念來認知、描述生滅、常斷、一異、來去的一切諸法，但這些皆非緣起法的完整真相，而僅為緣起法的流轉面。人們習於通過言語概念去思維諸法的結果，遂把語言概念視同諸法自身，以為實有生滅等諸法，這便是將名言實有化的結果，於是原來指涉流轉現象的概念，一變而為事物恆常不變的自性 (svabhāva)。

「自性」是一種不正確的觀念，它是把概念實有化的結果，認為事物現象的背後，有某種恆常不變的本性，可以獨立自存，不依他物而存在。

「八不」的第三層涵意，指出「緣起法」是無自性的，一切諸法皆是緣起法，因此，一切諸法都是無自性。但從「八不」之「不」字的否定義來看，完全否定的只有否定恆常與斷滅兩項，因為這兩項是關於諸法本質的自性見，不論及現象；但對於生滅、一異、來去，只否定其有自性，不否定其現象。否定諸法有其自性，旨在說明，諸法是因緣而生的，因此萬物都不能夠有其不變的自性以作為存在的基礎，否則便無以說明現象的生成。例如具有不變自性的「乳」，何以可以生出具有另外不同自性的「酪」。因為萬物都沒有自性，一切事物的生滅變化，都是緣起的，而非由於「自性」的緣故。沒有任何自性的緣起法，就是以「空」(śūnya) 為性，這便是所謂的「緣起性空」。

在「八不」之後，緊接著，《中論》便以對「生」法的破斥，來證成諸法空性：

> 諸法不自生，亦不從他生，不共不無因，是故知無生。 ❶⑱

此偈破斥「生」的自性，其實就是要透過破斥「因」、「果」之自性而來破斥由因「生」果的「生」之自性。因果關係或是因果法則，是吾人藉以了解世間一切事物之重要憑藉，同時也是知識得以建立，行為有所依

---

⑱　《中論》，《大正藏》第 30 冊，頁 2 中。

循的根據。試想因果法則不存在，那麼農人何以確信稻苗不會變成稗草？吾人又何以確信婦女不會生出野牛呢？但龍樹所欲破斥的不是這樣的因果關係或因果法則，相對的，他認為歷來談論因果解釋現象生成變化的說法，都失之狹隘，沒有真正把握事生成變化的諸多因緣，而只是就單一因果之間的關係來說明而已。

龍樹否定四種關於「生」的因果論，這是當時流行在印度思想界的四種重要的思想，同時這四種想法也窮盡了我們的思考所能具有的四項立場：

1.**自生說**：以自己作為生起的原因而生起。這是指「因中有果論」。「因中有果」是數論派所提出的主張，這項理論認為：事物在因中已具有果性，例如乳中已有酪性，如果沒有的話，乳不應生酪；所以果早已存在因之中，果之所以未出現，是因為因中的果性未顯現的緣故，而非因中不具有果性。所以泥土之中，如果沒有可以作為瓶的性質，那麼，便不可能由泥土作出瓶子；可是泥土的確不具乳性，所以泥土不可能生出乳汁。這一理論後來也被吠檀多派所繼承，他們以大梵（梵天）為世間的因，世界的顯現，不過是大梵將其果性呈現出來，一切事物絕不超過原因的內容之外，當然世界之一切，也絕不逾越大梵之外。

2.**他生說**：以他者為生起的原因而生起。此即「因中無果論」。這理論反對前述的「因中有果論」，因為若是「因中有果」的話，則「因」、「果」之間便看不出有何差別，則分別因果是無意義的，所以這個理論主張，果之生起的原因，應是在於「他者」。例如瓶子，若無創造者，則絕不可能直接由泥土出現；而乳酪的產生，不論是人工製造或者自然發酵，一定有個他力介入，這才成為可能，單只牛乳，是不可能生成乳酪的。這一理論，重點在於主張世界有獨立於其外、其上的創造者，藉由祂的力量，這才產生了世界。

3.**共生說**：自生說把生起的原因歸於自身，他生說把生起的原因歸

於他者，共生說則是攝此二者，以自己加上他者為生起之共同原因，意即同時肯定自生及他生。自生說認為事物的自身，同時兼具質料因及動力因，但是他生說，否定這種可能性，以為生成的原因只可來自獨立於外的他者，但他生說，卻只重視此一他者，而忽視內在於事物的質料因。是以共生說便是要修正這二種看法，以為除了內在於事的本質之外，再加上外在的因素，這才是事物生起的原因。同樣以瓶子為例，若無工匠或無泥土，則瓶子不可能出現；乳酪也是一樣，沒有酵母的發酵，或者連牛乳都沒有，又那來的乳酪？共生說是最接近佛教緣起說的說法了，但畢竟還是不等於緣起說，至於其理由，稍待再說。

　　4.無因生：上述三者理論，都同意事物的生起有其原因，只是各有不同的主張罷了。但是「無因生」則對三者全部否定，以為事物的生起是沒有原因的，這便是所謂的「偶然論」，此一理論破壞了因果關係的法則，認為事物的生起，毋須也沒有任何的理由，持這種看法的是像唯物論當中的那些懷疑論者。這種理論，基本上在否定因果法則的同時，也否定了一切知識的真實性。

　　這四類關於「生」之理論，包含印度傳統思想中所有的可能性，龍樹否定自生的理由是：若事物是從自因生，就如同說瓶是從瓶而生，這是無意義的自語反覆，勉強要說，則可說瓶是從泥之瓶性而生的，但這還是一樣模糊了因果的差別。

　　若說事物從他生，一樣失之偏頗，更重要的是「他」對「他」自己而言，一樣是「自」，故他生也是一種自生，自生若不成，他生當然也不成。所以若以工匠作為瓶子生起的原因，這等於說，毋需泥土作為材料也可造出瓶子。

　　接著，如果自生、他生皆不可，兩種不正確的理由，我們何以能夠藉由二者的綜合，來說明事物生起的原因？若以瓶子為例，瓶子為「自」（或說「泥」為「自」），工匠為「他」，藉由泥中的瓶子自性，及他者——

工匠的自性，真能使瓶子生起嗎？依照一般常識看來，似乎是如此的，但是龍樹則是就「自性」的觀點來加以否定，所謂「自性」，即是獨立恆存的實體，「自性」的定義就包含了絕對性、整全性（不能分成部分）和不滅性（不變化）的意思，❶泥中有瓶性是由果推因的看法，就「泥」而言，泥為自性，工匠為他因，但泥及工匠都不同於瓶性，是以何能從泥及工匠之自他，變化生出全然不同的第三者？是以若物各有自性，顯然變化生起是不能夠成立的。

如果自生、他生、共生皆無法成立，那麼剩下唯一可能的理由，似乎只有「無因生」，但又明顯違反了經驗事實，且會造成萬物存在秩序之瓦解崩潰，所以「無因生」也是不成立的。

龍樹否定這四種說法，所得出的就是「諸法無生」的結論。「諸法無生」不是否定事物生起變化的現象，而是否定以自性的立場來建立諸法生起的理論。所以「諸法無生」乃否定上述四類基於自性所建立的「生」之理論，因為如果事事物物都有其恆存不變的自性，那麼泥土怎麼可能變成瓶子，是故，事事物物雖然呈現其如斯的性質，但這些性質絕非恆存不變的，而是依因待緣於此時此刻所表現出來的屬性。這些性質，不可能永遠存在，也不可能沒有任何變化，因此所謂的「自性」只是理智所抽象出來的一種被普遍化、實體化的概念，「自性」實際上並不存在，諸法沒有「自性」的狀態，就稱之為「空」（śūnya）。唯其諸法空性，是以變化生成才有可能，所以龍樹才會說：

　　以有空義故，一切法得成，若無空義者，一切法不成。❷

---

❶　見吳汝鈞，《龍樹中論的哲學解讀》（臺北：臺灣商務印書館，1997 年初版），頁 25。

❷　《中論》，《大正藏》第 30 冊，頁 33 上。

中觀學派的「緣起性空」說，著重解釋緣起即空性的「空性」義。一般
人看見生滅的諸法，始終抱持著諸法實有其不變自性的「自性見」，龍樹
說緣起性空的目的，便在於破除如斯的自性見，從而揭示緣起萬法的真
實面貌，使得眾生不再陷於虛妄的執著之中，對於萬法才能有正確的理
解，才能得到真正的智慧解脫。然而，中觀學派對於緣起現象世界的起
現方式，卻甚少著墨，這個工作便留給了唯識學派來加以完成。

第五節　唯識學派的緣起思想

從原始佛教以來，「緣起」為大小乘佛教各宗派之共義，龍樹之後，
「緣起性空」成為佛教的共法。作為佛教共法的「緣起」概念，是一種
關於世界本質的基本認知，勝呂信靜解為「表現佛教思維方法之緣起」，
至於有關世界之生起過程與方式的「緣起」，則是屬於「教義概念上之緣
起」。❷一二種緣起義，在唯識思想中，「緣起性空」的通義，有屬於唯識
的表現方式，即所謂的三性與三無性；至於原始佛教以來，用業感緣起
以說明諸法的起現，到了唯識，則以阿賴耶緣起更周密地說明業力、因
果之相續及輪迴的理由。所以三性說是屬於「表現佛教思維方法之緣起」，
賴耶緣起則為「教義概念上之緣起」。

第一項　阿賴耶緣起

唯識學派 (vijñānavāda) 又名瑜伽行派 (yogācāravāda)，傳說中的開宗
祖師為彌勒 (maitreya)，這位傳說中的菩薩是否真有其人，或者後人偽託
其名而留下《瑜伽師地論》等著作，一直屢有爭議。但是無著 (asaṅga,

---

❷　勝呂信靜，〈唯識學派的緣起思想〉，收於玉城康四郎主編，李世傑譯，《佛
　　教思想㈠》（臺北：幼獅文化事業公司，1985 年初版），頁 177～179。

310～390A.D.) 及世親 (vasubandhu, 320～400A.D.) 這一對兄弟，毫無疑義地，為唯識學派的代表人物；尤其前者，更常被認為就是那位偽託彌勒之名的作者。這個學派的特色，如其學派名稱所顯示的，是透過修行瑜伽 (yoga)，由其禪定經驗，獲致「境無識有、唯識所現」這樣一種結論的學派。這個學派以中觀「緣起性空」的理論為基礎，在肯定心識作用的前提下，開展了唯識緣起的學說。

在唯識學派的理論中，「心識」是理解一切事物的基礎，❷相對於心識的外在客體，在瑜伽行者的禪修經驗中發現，所謂的「客體」、「外境」，其實並不具有獨立自存的性格，境相乃是依於心識而存在而為所知的對象，它從來不會獨立存在。在甚深的禪定之中，禪修者發覺，甚至連山河大地這樣巨大看似永恆的東西，也是依於心識而存在，於是唯識學者用自己所創立的一套獨特的說明，以心識為萬法緣起之樞紐，來呼應龍樹的「緣起性空」說。

他們從傳統的眼、耳、鼻、舌、身、意等六識向內再行深化，分析出第七末那識 (manas) 及第八阿賴耶識 (ālaya) 二種心識功能。末那識指的是生命一誕生即具有的自我意識以及自我保存的生命本能，此一心識恆常執著「自我」，為一切煩惱妄想的根源，又稱為「我執識」。印度傳統思想中的「我」——永恆不朽的自我靈魂，在此便被視為末那識所起的妄執，它妄執第八阿賴耶識為永恆的阿特曼 (ātman)。

六識至末那第七識，皆可於印度傳統的思想中找到相類的概念，尤其第七末那識，是「我執識」，也是一切煩惱的根源。然而七識所談的是眾生當下的心識，面對印度傳統以來的靈魂輪迴觀念以及部派的三世兩重因果說，就專注於心識課題的唯識學派而言，必須有個解答，用以說明、分別佛教的輪迴業報，和以阿特曼為輪迴主體的輪迴思想之間的區別。

---

❷　關於心識之有無問題，唯識學者間也有爭議，主張「識有」者稱為「有相唯識」，主張「識無」者稱為「無相唯識」。

　　印度傳統的阿特曼，指的是一恆存不滅的靈魂我，由這靈魂在永恆的時空中承載所有的業力，並且由其受報，一再地受生，一再地死亡，除非這個靈魂能夠獲得徹底的解脫，否則，靈魂注定得受無窮無限的生死之苦。佛教的輪迴思想，大體繼承古婆羅門教以來輪迴是苦、解脫為樂的價值觀，但佛教主張「無我」，否定有所謂的阿特曼的存在，也就是，否定有恆存不滅的靈魂。唯識學派基於中觀緣起性空的思想前提，同時也為了要說明業力因果相續的理由——如果沒有因果輪迴，那麼解脫也就不存在了——，於是唯識學者主張，除了上述七識之外，還有所謂的第八識：阿賴耶識。

　　「阿賴耶」，有能藏、所藏及執藏三個含義。❷❸能藏和所藏是相對應的，能藏是指能藏萬法種子 (bīja) 的意思，而所謂萬法種子不是外來的，而是阿賴耶生起前七識後，再由前七識的行為造作，所熏成的業力種子，因此阿賴耶有能夠攝藏種子的能力，而且阿賴耶也是收藏種子的地方。這些業力種子，在阿賴耶識之中一直被保存著，等待下次的異熟。因此一切萬法，不論內外，都是藉由此識之中的業力種子之成熟而顯現。阿賴耶識由於其聚合攝藏業種的能力，並且保障因果業力的相續，也解釋了輪迴的可能，遂使其被認為等同阿特曼，故阿賴耶的第三個功能「執藏」，便是被第七識妄執為「我」的意思。

　　然而阿賴耶與阿特曼之間有著細微但卻非常重大的差別。阿賴耶既被說為攝藏業力種子，以及熏成業力種子的場所，而為「種子識」，但它並不是一種特定的空間或場所，也不是某種具有「自性」的存有，因為除了「種子」之外，阿賴耶別無所有。

　　所謂的種子是以實際的稻種、麥種為喻，指某種精神性、意識性的潛能，這些種子會因其特質及外在因緣聚合起來，形成個別的阿賴耶識，由個別阿賴耶識變現出眾生的生命，再由一切阿賴耶彼此的共業，形成

---

❷❸　見《成唯識論》，《大正藏》第 31 冊，頁 7 下。

了山河大地的器世界。種子不同於作為物質元素之恆存不滅的原子，因為種子有六種特性：

1.**剎那滅**：指在每一剎那之中都有生滅變化，故種子不是恆存不滅。

2.**果俱有**：指種子生起現行之時，作為果的現行與作為因的種子，可以同時存在。

3.**恆隨轉**：種子恆常地隨著阿賴耶轉變，一直保持能生現行的作用。

4.**性決定**：種子會生現行果，但因果之間的關係是一定的，例如善種生善果，惡種生惡果等。

5.**待眾緣**：種子生果是需要許多因緣的，不是單憑自己便已足夠。

6.**引自果**：種子只對其所生的果而言是種子，種子各各引生自己的果報。

阿賴耶是由具有這六種特性的眾多種子聚合而成，如果沒有種子就沒有阿賴耶，就像是眾生一樣，例如人，有手腳四肢頭顱，有心肝腸肺等器官，但是每一部分獨立出來的時候，並不叫做「人」，當這一切結合起來成為一共同體的時候，這個整體才稱為「人」。阿賴耶也是如此，所以阿賴耶是一個無自性的存在，它不同於靈魂。然而由於阿賴耶中種子的特性，是以阿賴耶能夠持續保留業力，使得因果輪迴得以成立。

唯識學的理論，多少有些「以果推因」的倒溯情形，在先行肯定心識存在的前提之下，進行理論的建構，但依其源自禪修的體驗來說，倒也不失為說明諸法緣起（生起）歷程的一個方式（這在中觀學派中並沒有好好發展）。唯識學派由阿賴耶識，提供了業力因果相續的重要理論，使得「輪迴」與「無我」並存，成為可能的事，除此之外，以阿賴耶為中心，以「識轉變」(vijñānapariṇāma) 為理論，唯識學派提出更明確的「識依境起」、「唯識無境」的重要說明。

《唯識三十論頌》說識轉變有三個階段：

此能變唯三，謂：異熟、思量及了別境識。❷❹

「異熟」第一能變的作用，「異熟」是「成熟」的意思，指阿賴耶識的識轉變就是令心識種子成熟，種子成熟即能變現出有情眾生與外在境界。「思量」是第二能變，意思是思惟作用。它是末那識的作用，末那識一樣也是阿賴耶識所生起，但它反過來思量執著阿賴耶識，以阿賴耶識為自我，因而生起了人我之別、主客之分，我痴、我見、我慢、我愛等種種心理作用便跟著產生了。「了別境識」是第三能變，由前六識所起，由此六識的作用，才形成色、聲、香、味、觸、法等境相的分別。此三種能變，顯示主客內外一切事物與作用，都是心識變現的結果，而非先有外界或者身體，才有心識。這逆轉了常識性的看法，以心識為萬法生起的核心。總括來說，第一能變變出根身與器世間，第二能變變現出種種心理作用，第三能變則形成外在境相的分別與認識。

一切萬法，包含前七識，皆為阿賴耶直接或者間接所變現，故唯識學派的緣起說，即由阿賴耶緣起萬物，因此，此派的緣起論便稱為阿賴耶緣起。

第二項　三性、三無性

唯識學派以阿賴耶作為萬法緣起的起源及中心，對於緣起諸法的本質，則異於中觀一言以蔽之地言「空」而已，他們提出了三性及三無性的說法。

三性是遍計所執性 (parikalpitasvabhāva)、依他起性 (paratantrasvab-hāva)、圓成實性 (pariniṣpannasvabhāva)。《攝大乘論》對之有明確的說明：

---

❷❹　《唯識三十論頌》，《大正藏》第 31 冊，頁 60 上。

如此諸識皆是虛妄分別所攝，種識為性是無所有，非真實義顯現所依，如是名為依他起相。此中何者遍計所執相？謂於無義唯有識中似義顯現。此中何者圓成實相？謂即於彼依他起相，由似義相示無有性。㉕

《攝大乘論》的「諸識」包括了主客、內外的事物，除了具體事物也包含抽象的事物。㉖這一切事物都被冠「識」的名稱，顯示存在事物的本質都是源自心識的虛妄不真實的分別，這一切存在物的本性就是種子識（阿賴耶識），除此之外一無所有，因為依於心識才有，所以存在事物都不是真實獨立的存在，這就叫做「依他起」，「他」正是指心識。

「遍計所執」指出殊異的萬象原本是不存在的東西，因心識的分別力，執著心識自身所現的差異以為實有。譬如夢中所見種種顛倒妄想，在夢中之時不以為假，醒時方知是夢。但覺醒之人，了解世間一切不過就是一場共同的大夢，洞察了現象的虛妄不實，毫不執著，這就叫做「圓成實性」。

唯識三性說便從萬法唯識緣起的角度來詮釋諸法空性。所以在三性之後，為了強調這「空」義便說三無性。依據依他起性說生無自性性 (utpattiniḥsvabhāvatā)，依據遍計所執性說相無自性性 (lakṣaṇaniḥsvabhāvatā)，依據圓成實性說勝義無自性性 (paramārthaniḥsvabhāvatā)。

「生無自性性」是指萬法唯識所現，是依他而起，是待緣而生，否定萬法自生的可能性。「相無自性性」則是指境相差別是由識之妄計遍執

㉕　見《大正藏》第 31 冊，頁 138 上。在「三性」的用法中，svabhāva 是指「存在的性質」，漢譯經文中，其對譯的語詞不只一個，有「性」、「相」、「自性」、「體相」等不同譯法。

㉖　此處所謂「諸識」共有十一種：六識、六塵（彼所受識）、時間（世識）、空間（處識）、數目（數識）、語言文字（言說識），參見本書第四章第四節。

而生，譬如鏡花水月，本身非真實的存在，只是情執所現。「勝義無自性性」則是說遠離染依他的遍計所執性，就能體會萬法淨依他的空無清淨，此一圓成實相的真如之境，一樣是基於心識的作用上來說，因為真如不是一種外在的本體，真如是掃除心識染污之後所呈現的寂靜狀態，圓成實性是心識的淨依他狀態，它是基於清淨因緣才能呈現的，因此它依然也是無自性，故稱之為勝義無自性性——最究竟義的無自性。

在唯識的思想中，作為萬法緣起的阿賴耶是雜染的（因為它聚合了各式各樣的業力種子），依之所起的萬有，乃是此識轉變的結果，是以萬法不惟不能獨立於阿賴耶之外而存在，本身也充滿了缺陷和不圓滿。但在唯識的三性說之中，唯識學者也認為，三有性的背後，其實含蘊了三無性；「有性」被用以說明現象的緣起，「無性」則以說緣起諸法之空寂，這亦合於龍樹「緣起性空」的說法。

第六節　如來藏緣起

第一項　如來藏與如來藏緣起

如來藏與唯識思想一直具有某種程度的關聯，《佛性論》解釋如來藏：

> 如來藏義有三種應知。何者為三？一、所攝藏，二、隱覆藏，三、能攝藏。❷

如來藏三義相當阿賴耶三義：「能藏」、「所藏」、「執藏」。不過《佛性論》的作者究竟是唯識學派的代表人物世親，還是主張如來藏思想的學者，

❷　見《大正藏》第 31 冊，頁 795 下～796 上。

一直都有爭議。如果是前者（一般認為這個可能性不大），當然很有可能以自己學派的觀點把如來藏思想收攝進來，而作如此的解釋；如果答案是後者的話，則反倒是如來藏的學者，刻意要拉近與唯識學的關係或是借用其理論乃至將唯識學改頭換面。

　　如來藏思想的發展，有「如來藏」及「如來藏緣起」兩個階段，❷❽第一階段是宣說眾生本具自性清淨心，為「眾生皆可成佛」與「生佛不二」提出論證說明。心性本淨的根源，有些學者主張，最早可以溯至《阿含經》的時代，❷❾不過心性本淨只是如來藏思想的內容之一，具體的如來藏思想的出現，還是在如來藏經典出現之後的事。早期的如來藏經典由《大方等如來藏經》開始，本經是以譬喻的方式，說明「眾生皆有如來藏於本心」以及「眾生與佛平等不二」兩項觀念；其後由《不增不減經》及《勝鬘經》繼承此一思路而繼續發展，其餘相關的早期如來藏經典還有：《大般泥洹經》（相當《大般涅槃經》初分）、《大雲經》（即《大方等無想經》）、《大法鼓經》、《央掘魔羅經》等。

　　至於「如來藏緣起」觀念的建立與兩部經典有重大的關係，一是《勝鬘經》，一為《楞伽經》。❸❶《勝鬘經》：

---

❷❽　印順認為《究竟一乘寶性論》、《佛性論》、《大乘法界無差別論》、《無上依經》等還只是「如來藏說」，等到了《楞伽經》立了「如來藏藏識」那樣的觀念，這才是「如來藏緣起」的思想。參見印順，《如來藏之研究》（臺北：正聞出版社，1986 年 2 版），頁 8。

❷❾　《如來藏之研究》，頁 96：「心清淨而與各塵煩惱發生關係，是如來藏說的重要理論，不能不說淵源於《阿含經》的。」只不過《阿含經》的心性本淨，強調的是去掉無明之後所顯露的清淨智慧，這時尚未有如「如來藏」那樣的本體意味。

❸❶　《楞伽經》之漢譯有三個本子：(1)劉宋・求那跋陀譯，《楞伽阿跋多羅寶經》四卷；(2)元魏・菩提流支譯，《入楞伽經》十卷；(3)唐・實叉難陀譯，《大乘入楞伽經》七卷。

> 如來藏離有為相，如來藏常住不變，是故如來藏是依、是持、是
> 建立，世尊！不離、不斷、不脫、不異、不思議佛法。世尊！斷、
> 脫、異、外有為法，依持建立者，是如來藏。**❸**

這是說如來藏是常住不滅的無為法，是作為不離、不斷、不脫、不異、
不思議佛法的依持，同時也是斷、脫、異、外有為法的依持，易言之，
由如來藏建立了有為法的生死流轉，也建立涅槃解脫的無為法。

　　由如來藏之作為有為及無為法的依止處，再進一步，《楞伽經》便把
如來藏與阿賴耶識結合在一起，把原本雜染的阿賴耶，同時也賦予了清
淨的自性。《楞伽阿跋多羅寶經》：

> 大慧！善不善者，謂八識。何等為八？謂如來藏名識藏（即藏識）
> 心、意、意識及五識身。**❸**

八識說原為唯識所立之學說，本經之前七識同唯識的前七識，第八識為
「如來藏」，它結合了唯識之第八阿賴耶識，故又稱「識藏心」。所謂「識
藏心」是指心性本淨的如來藏心，為客塵煩惱所染，而呈顯出的染淨和
合的狀態。如就其雜染面視之，則是雜染種子所聚的阿賴耶「識」；如就
其清淨面視之，則為清淨的如來藏「心」，染淨同具於一心之中，七識與
之俱轉，故說八識為善不善因。但在《楞伽經》的系統中，雜染為「客」，
清淨為「主」。

> 如來之藏是善不善因，能遍興造一切趣生。譬如伎兒，變現諸
> 趣，離我我所。不覺彼故，三緣和合，方便而生。外道不覺，計

著作者。為無始虛偽惡習所熏，名為藏識。生無明住地，與七識俱。如海浪身，常生不斷。離無常故，離于我論；自性無垢，畢竟清淨。❸❸

這段文字對如來藏為善法及不善法之所依因，說得更加明確。經文說，如來藏能夠變現六趣（道）——天、人、修羅、地獄、餓鬼、畜牲——皆為所現。它就像位不可思議的魔術師，可以變現出許多東西出來，但這些幻化出來的事物其實都不是真實的存在；經由偽惡習氣所熏的如來藏，它也像大海一般，會有永不止息的生滅變化，然而這些生滅變化，是因為心識以因緣、次第緣、增上緣等三緣和合而顯現，實際上這些外境的生滅，都只是心識顯現的結果，但是一些計執外境實有的外道，便以為如來藏藏識是真實的創造者，而將如來藏視同梵天神我，這是對如來藏的誤解。

如來藏能生起諸法，這就是所謂的「如來藏緣起」，這個思想已經超出了原來「如來藏」思想所討論「成佛可能性」與「生佛不二」的範疇。「如來藏緣起」相當程度借用了唯識「賴耶緣起」的說法，指出如來藏經由熏習而成藏識，具有根本無明，它會生起七識，這些都同於唯識賴耶緣起的說法，所不同的是，唯識以為心識的根本是雜染的阿賴耶，本經則認為阿賴耶尚屬心識之表現，而心識之本性則為不生不滅無垢清淨的如來藏自性淨心。

因為變現諸法的能力，並非如來藏的本質自性，而是無始以來虛偽惡習熏習所成的客塵煩惱障覆在如來藏的結果，如來藏自身是「無我」的，因為它「離無常故，離于我論；自性無垢，畢竟清淨。」無我的如來藏自然也就沒有相對的「我所」，故由藏識所生的外境，一樣也是虛妄不實的；唯一真實的，只有清淨的如來藏心。

---

❸❸　《大正藏》第 16 冊，頁 510 中。

　　《楞伽經》雖以「如來藏藏識」這個觀念，建立起以「真心」為主的「如來藏緣起」思想，但是「真心」實際上是不生起任何一法。如來藏之真心，只是用以說明萬法存在的超越性根據，真正以真心生起萬法，是到了華嚴宗的「性起」思想才出現；**❸❹** 但要跨越到那個階段之前，必先通過一個關於萬法唯心思想的重要階段，那就是《大乘起信論》。

第二項　《大乘起信論》之一心開二門

　　如來藏緣起在中國之發展，與真諦 (499～569A.D.) 所傳出的《大乘起信論》有重大的關聯。至於真諦是唯識學者或如來藏學者？這是頗值玩味的課題。除了《大乘起信論》一書之外，他所譯的《攝大乘論釋》一書，與其他諸譯的重大不同處，便在於「解性賴耶」**❸❺** 此一觀念的出現；他並還在雜染的第八阿賴耶識之上，提出清淨的第九阿摩羅識。**❸❻** 這是否表示，真諦代表了某一種綜合如來藏與唯識的思想傳統？

　　《大乘起信論》自其出現以來即頗受重視，華嚴宗判教的時候，將之列為終教，**❸❼** 以之為如來藏緣起思想的代表論典。這部書相傳是馬鳴

---

❸❹　華嚴「性起」思想，見本書第六章〈佛性思想〉。

❸❺　《攝大乘論釋》，《大正藏》第 31 冊，頁 156 下：「此阿黎耶識（即阿賴耶識）界，以解為性。」

❸❻　《決定藏論》，《大正藏》第 30 冊，頁 1020 中：「斷阿羅耶識（即阿賴耶識）即轉凡夫性、捨凡夫法；阿羅耶識滅，此識滅故一切煩惱滅；阿羅耶識對治故，證阿摩羅識。阿羅耶識是無常，是有漏法；阿摩羅識是常，是無漏法。」《決定藏論》是《瑜伽師地論》〈攝抉擇分〉的異譯，玄奘將此處言阿摩羅識者，皆譯為「轉依」，見《瑜伽師地論》，《大正藏》第 30 冊，頁 581 下。

❸❼　華嚴判教主張佛教為小、始、終、頓、圓五教，終教指言詮教理之「終」，過此則為離言絕相的「頓」，以及法界緣起圓融無礙之「圓」。

（aśvaghoṣa，約西元一世紀）所造，然而，現代學界普遍不相信此說，因為馬鳴是佛傳文學的代表性人物，那時乃是大乘佛教初萌的階段，但《大乘起信論》則是晚期大乘佛教如來藏思想成熟的結果。是以有人懷疑這部論典雖是偽託馬鳴所著，但的確是真諦所譯出的梵本，可是由於今存梵藏經論中，未見有與此相似的本子，而其他譯者如玄奘等人也未曾見過相似的梵本（雖有題為實叉難陀所譯的另一譯本，但《宋高僧傳》並未載有此事），故也有人懷疑本書就是真諦所撰；不過有些人則根本就懷疑本書既無關乎馬鳴也無關於真諦，而是中國僧人偽稱二者之名的著作。

　　本論的核心思想即所謂的「一心開二門」。《大乘起信論》所稱的「一心」指的是一切眾生之心，❸也就是如來藏自性清淨心，然此一心具有真心（不生滅）與生滅二門，前者是清淨，後者則屬雜染；前者是屬出世間法，後者屬於世間法：

　　　　顯示正義者，依一心，法有二種門。云何為二？一者心真如門，二者心生滅門。是二種門皆各總攝一切法。此義云何？以是二門不相離故。❸

依此一心所開出的心真如門及心生滅門，總攝一切萬法。心生滅門，是從萬法的生滅流轉上說；心真如門，則是就流轉萬法之還滅上說；不論流轉或還滅，只此一心，心外並無他法，所以《起信論》之一心，表顯出一種唯心論的理論型態。如來藏之一心，乃同時作為生滅之萬法以及涅槃解脫的根據。下面先談「心真如門」：

---

❸　見《大正藏》第 32 冊，頁 575 下：「摩訶衍者，總說有二種。云何為二？一者法，二者義。所言法者，謂眾生心，是心則攝一切世間、出世間法。依于此心顯示摩訶衍義。」

❸　《大正藏》第 32 冊，頁 576 上。

心真如者，即是一法界大總相法門體，所謂心性不生不滅。一切
諸法唯依妄念而有差別。若離心念，則無一切境界之相。是故一
切法，從本已來，離言說相，離名字相，離心緣相，畢竟平等，
無有變異，不可破壞，唯是一心，故名真如。

以一切言說假名無實，但隨妄念，不可得故。言真如者，亦無有
相。謂言說之極，因言遣言，此真如體無有可遣，以一切法悉皆
真故。亦無可立，以一切法皆同如故。當知一切法不可說、不可
念，故名真如。❹

「心真如」是相對於殊別萬法之虛妄而言，意即吾人所見所感之差別萬
象，其實都是虛妄不實的，這種虛妄在回歸真如本心之時，便被解消。
故「心真如門」就是把一切諸法統合為一法界，為一大總相，為一切法
門之體，它就是無分別的，絕對真實的，不生不滅的心性。

　　「心真如」為真為一，為萬有的真實本體，殊多萬法則是依於此一
真心的妄念，它們是心識妄念的言說、假名，本身並無實性；而心真如
則是遠離妄念、言說、名字、境相，所顯的畢竟平等，無有變異，不可
破壞，不可言說，不可用分別的心念去把捉的絕對心體。此一心體，即
表示眾生在覺悟時，泯除一切差別，斷除所有妄念，所證悟的眾生原本
清淨無染的真如本心。說其為「心真如」，是「因言遣言」，是「言說之
極」，因為它已超越了吾人言說分別的界限，為一不可思議的絕對境界。

復次，此真如者，依言說分別，有二種義。云何為二？一者如
實空，以能究竟顯實故；二者如實不空，以有自體具足無漏性
功德故。❹

---

❹　《大正藏》第 32 冊，頁 576 上。

不可言說的心真如，勉強用言說來加以分別，乃有「空」與「不空」兩重含義。真如心之「空」義，如前所說，是與一切妄念分別皆不相應，是離於一切境相，毫無所滯的空義，這指的是一種智用的空或者所體悟空之境界。心真如之「不空」，則指此心體恆常不變，具足無漏功德、清淨無礙之義。真如本體之不空，可作為萬法存有以及涅槃解脫的根據，故它具有存有義及修行義。「空」與「不空」二義應是依據《勝鬘經》「空如來藏」與「不空如來藏」的說法而來。

至於本論「心生滅門」的部分，則與《楞伽經》之「如來藏緣起」思想脫不了關係：

> 心生滅者，依如來藏，故有生滅心，所謂不生不滅與生滅和合，非一非異，名阿黎耶識。❷

這裡的阿黎耶（阿賴耶），相當《楞伽經》中所說的「如來藏藏識」，它同為無為法及有為法之根據，當然這樣的阿賴耶已非唯識學中只是雜染的阿賴耶，因為它包含了生滅（染）與不生滅（淨）兩個部分。不生滅是就其所依的心真如來說，生滅則是就阿賴耶本身之為妄念說；前者是屬於「覺性」的部分，後者則是「不覺性」部分。因此，阿賴耶不能只是就其雜染的部分來說，它亦具有能夠覺悟解脫的潛能，因為它是不能獨立於心真如而獨自存在；這種說法，明顯地是要把唯識思想收攝於如來藏體系之下，但也可說是對唯識「轉識成智」理論的補充說明，為清淨覺悟的可能性提出說明。所以《起信論》又說：

> 此識有二種義，能攝一切法，能生一切法。云何為二？一者覺義，

❹　《大正藏》第 32 冊，頁 576 上。
❷　《大正藏》第 32 冊，頁 576 中。

> 二者不覺義。所言覺者，謂心體離念。離念相者等虛空界，無所
> 不遍，法界一相，即是如來平等法身。……所言不覺者，謂不如
> 實知真如法一故，不覺心起而有其念。念無自相，不離本覺。❸

覺性（解性——真諦語）賴耶，是遠離賴耶妄念之心真如，它有若虛空
一般，無所不遍，把一切諸法統攝在真如之中，故言「能攝」；一切差別
境相，至此全被泯除，故言「法界一相」；因為無有一法可在真如之外，
所以萬法悉真的真如法相，就等同「如來平等法身」。然而一切萬法生起
的根源，不在此真如心上，而在阿賴耶本身的妄念。因為「如來藏緣起」
實際上不是由如來藏自性清淨心直接生起的，而是透過雜染的阿賴耶才
生起萬法，由妄念所起的萬法，也只不過是無明心識妄念，本身並沒有
真實性，待心識去除無明之後，自能覺悟萬法之真如本性。其實，這本
性不在於萬物之中，而在眾生的真如本心之中。所以《起信論》真正重
視的，不是能夠生滅萬法的阿賴耶，而在於阿賴耶妄念所依的真如本心。
是故，不覺的阿賴耶是依於本覺（心真如）的。

　　不覺之阿賴耶是因無明障蔽本覺而起，而阿賴耶就是妄念，因之而
有生滅之萬法的顯現，但是一切現象都是虛妄不實的，是忘失「心真如」
的結果。那麼「無明」是從何而起？《起信論》提出「無明風動」說：

> 以一切心識之相皆是無明，無明之相不離覺性，非可壞非不可壞，
> 如大海水因風波動，水相、風相不相捨離，而水非動性，若風止
> 滅，動相則滅，濕性不壞故。如是眾生自性清淨心，因無明風動，
> 心與無明俱無形相，不相捨離，而心非動性，若無明滅，相續則
> 滅，智性不壞故。❹

---

❸　《大正藏》第 32 冊，頁 576 中、577 上。

❹　《大正藏》第 32 冊，頁 576 下。

關於無明起源的問題，在《勝鬘經》中有「自性清淨心而有染污難可了知」❹之語，在《楞伽經》稍微明確些，但也只說是「無始以來」的虛偽惡習所熏的結果。《起信論》用大海水因風起波來喻「無明」之生起，但並未十分清楚地回答這個問題。例如「水」以「濕」為性，「水」本身不動，乃指眾生自性清淨心，「濕性」則指離一切境相的真如自性；「風」在此指無明，「波」則是因無明風動而起之殊別萬法，看雖殊別萬端，但其「濕性」（真如）為一而無二。《起信論》在這個譬喻中，實際上只是重覆「不覺不離本覺」或者「阿賴耶依於如來藏」的含義，「風」雖是生起萬法的因緣，如果沒有如大海之眾生心，那麼風也只是風，何以會起波瀾？

　　若要再問無明之「風」從何而起？還是沒有答案。從《楞伽經》的說法來看，則業力熏習似可解釋「無明的風」從何而生的答案——是無始以來業力所成❹。業力熏習說，是將無明的根源推出自性清淨心之外，肯定心體本淨，雜染乃是外熏的結果，這樣才能保障真如本心的絕對與真實性。所以「風」不同於「水」，雖常與「水」同俱而起波，但水自是水，風自是風，風動無改水之濕性，但是風止則波滅，故消除業力之時，自能證悟真如，獲得解脫。換句話說，《起信論》的唯心論，的確是立基於真心觀的唯心論。

　　《起信論》是《楞伽經》「如來藏緣起」的更進一步發展，它把唯識思想的成分更加成功地融合起來，以「一心開二門」的架構，兼容並蓄了流轉與還滅、現象與本體二類法門，成熟地論述「如來藏緣起」的理論，它不只包含了雜染的、生滅的世間法，也含括了清淨的、不生滅的出世間法的緣起，因為世間與出世間法全攝於此一心之緣起。

---

❹　《大正藏》第 12 冊，頁 222 下。

❹　「無始以來」就等於是說「不知從什麼時候開始」的意思，不過佛教對於這類第一因的問題，向來是視同戲論——無意義的理智遊戲。

　　唯識由雜染的阿賴耶生起了萬法，《起信論》「一心開二門」的理論，大體保留了這樣的架構，它強調阿賴耶的虛妄性格，肯定現象萬有的非真實，藉此以證成真如心的真實不虛。如此一來，原本否定任何本體自性的緣起法，發展至如來藏緣起，反而肯定眾生的清淨心體，為一切虛妄萬法的生起根源，這種「假必依實」的論理方式，以及對一恆存不變心體的肯定，引發了如來藏思想是否與緣起法相違的爭論，甚至有如來藏非佛說的主張出現，❹這對於非常重視如來藏思想的中國佛教而言，不啻是莫大的挑戰。

進修書目

1. 玉城康四郎主編，李世傑譯，《佛教思想㈠──在中國的開展》，臺北：幼獅文化事業公司，1995 年初版。

2. 楊郁文，《阿含要略》，臺北：東初出版社，1993 年初版。

3. 印順，《中觀今論》，臺北：正聞出版社，1992 年修訂 1 版。

4. 印順，《攝大乘論講記》，臺北：正聞出版社，1990 年 11 版。

5. 印順，《大乘起信論講記》，臺北：正聞出版社，1990 年 12 版。

6. 佛使比丘，《生活中的緣起》，嘉義：香光書鄉出版社，1995 年初版。

7. 萬金川，《詞義之爭與義理之辯》，南投：正觀出版社，1998 年初版。

8. 萬金川，《中觀思想講錄》，嘉義：香光書鄉出版社，1998 年初版。

9. 吳汝鈞，《印度中觀哲學》，臺北：圓明出版社，1993 年初版。

10. 吳汝鈞，《龍樹中論的哲學解讀》，臺北：臺灣商務印書館，1997 年初版。

---

❹　印順也同意，如來藏是「淵源於印度神教的神學，是不容懷疑的。」見《如來藏之研究》（臺北：正聞出版社，1986 年 2 版），頁 19。不過「淵源」並不意味「等同」，但日人松本史朗則直言「如來藏非佛教」，見所著《緣起と空──如來藏思想批判》（東京：大藏出版株式會社，1990 年再版）一書。

第四章　佛教的心識論

第一節　佛教心識說的課題

　　佛教對於「心識」課題似乎特別強調，一般人便以為佛教思想是一種唯心論式的思想。這個印象雖不能說是完全錯誤，但多少有些不符合佛教歷史實際發展的情況而將之過分簡化了。誠然，在佛教的發展歷史中，相當重視心識問題，然而佛教發展出唯心論的哲學系統，是在大乘的唯識學與如來藏說的時候。在原始佛教與部派佛教時期，「心識」並不是佛教思想中最重要的核心概念。心識說是為了解釋一些經驗性的課題而成立的，例如：人如何認識，人如何思考、抉擇、判斷，什麼是妨礙心靈、障礙解脫及智慧的煩惱？這些問題都是實際可以經驗到，也關係到日常生活的實際課題。大乘佛教的唯識與如來藏思想對「心識」的定位則不限於此，這兩種學說都企圖定立「心識」的主體性地位，將外在現象萬法攝屬於心識主體之中，例如唯識的「境無識有」，如來藏的「萬法唯心」都明白地表現出這項企圖。

　　因此，在論述佛教的心識說之時，我們必須劃分出不同的階段以及層次，如此方能避免籠統含糊的弊端，以獲得關於佛教心識說的正確認識。所以，在說明佛教的心識論時，除了原始佛教、部派佛教以及唯識、如來藏佛教等傳統的歷史區分之外，我們還要從心識說所涉及的不同課題，來闡明佛教心識理論不同階段的特色與發展。對於心識說的主要課題，我們以為大致可以分為下列幾項：(1)認識論——關於認知的能力、

成立的條件以及認知的範圍；⑵情識論——關於情感、意志、思慮、抉擇以及煩惱、無明等心理作用及現象；⑶心體論——關於認知的統一性，存在主體的一致性與連續性，還有心體在萬有之中的地位和本質等問題，當然還有它與萬法之間生起或者攝屬的關係——如唯識和如來藏所說的。不過，由於佛教思想未必依照上述分類來論述，為避免削足適履、支離破碎起見，我們大致還是保留原有名言系統的完整性，但在論述過程中，強調其在認識論、情識論與心體論等三個方面的含義。

　　心體論是心識說當中最受爭議，當然也是佛教義理之中最受重視的課題。因為「心識」如果成為一種具有實體性（自性）的存在的話，那就和佛教的「無我論」產生某種理論上的衝突，使人懷疑心體論，尤其是像唯識或者如來藏那樣的心體理論，是否已經變成某種有我論了。（關於佛教的「無我論」，請參閱本書第五章。）然而心體論未必就是心識的實體化的理論，在原始佛教的階段，「心識」是作為感覺、認知、記憶、修行解脫與煩惱無明之統合者的心體義，這樣的心體義就認識論與心識論而言，有其存在的必要性，而且這樣的心體義是純粹經驗義的、現象義的，而不是本體義的。

　　從現象義到本體義的心體觀念，當然也把其所能解釋的領域由經驗現象推向本體世界，但是那個既抽象又超越的本體界，是原本佛陀不加以論斷或回答的觀念世界，它是否可以由唯識或如來藏思想的解說而得到究極的解答呢？縱使到了今日，依然沒有一個人人認可的答案，這或許就是當年釋迦牟尼佛不予作答的原始本懷吧！

第二節　原始佛教的心識說

第一項　根、境、識和合說

　　就西方哲學的認識論 (epistemology) 來看,「認識」成立的條件包含三項基本要素:能知主體、所知客體、認知行為。原始佛教當中也劃分認知的三要素,成立所謂根 (indriya)、境 (artha)、識 (vijñāna) 三和合說。所謂「根」乃指認知的感官而言,這些感官指的並不是具體的眼、耳、鼻、舌、身等器官,而是比這些都還細微的東西,是這些器官認知能力的根源,有點類似現代所謂的神經之類的東西,但又不全然等同。因為如果說眼根就是眼神經,耳根是耳神經,依此類推,意根便應是大腦了。這幾乎可以說是一種唯物論的看法,佛教反對唯物論,這麼一來反而使自己陷入唯物論者的處境,因此「根」不可以視同為神經,它是介於色心之間的東西,藉著它,心識可以認知外境,它就像色心之間的橋樑。這種說法顯示原始佛教認識論曖昧不明的部分,但同時也表現出原始佛教的認識論具素樸性、經驗性的特質。

　　或許應該反過來說,原始佛教並不認為色心是截然二分、相互對立的東西,能知的六根與所知的六境之間,原本就沒有對立的問題。能知的六根是眼根、耳根、鼻根、舌根、身根和意根;相對於這六根而為所知對象的是,色、聲、香、味、觸、法等「六境」(一譯「六塵」)。眼根所認知的對象是色境,耳根所認知的對象是聲境,六根中的前五根——有其各自相對應的外境。原始佛教並未否定這所知的客觀外境的獨立性,也沒有說過這些外境是攝屬於心識。雖然有些境界明顯是攝屬於心識的,例如意根所對法境的一部分。

　　所謂「法」境，它的範圍很廣，舉凡一切存在物都可歸為法境，所以外在的色聲香味觸等固然是法境的一種，意識中的印象、思維、幻想、觀念等也是屬於法境。因此，意根的對象通於內外，它因而可以統合五根的單一印象，成立一個完整的認知。譬如一匹馬，眼睛可見到其顏色與形狀，耳朵可以聞見馬之嘶鳴，鼻子能嗅其味，身體可以感到其觸感，如果殺馬而食之，舌便可知其味。可是不管你用那一種感官去認知，如果沒有經過一種綜合、比較、判斷的作用，五根所獲得的將只是一種單純的印象，而不能稱為真正的認知。意根的功能就是將五根所得的一切印象，加以記憶、比較、推論、綜合、判斷，如果沒有意根，則不可能有：「馬是一種有蹄的哺乳類動物，善走，可以載重、拉車、作戰」，這樣的認知。

　　「根」是能知，「境」是所知。「根」純粹屬於認知者，「境」則有外境和心識所產生的印象、記憶、觀念等內境。五根相對外境所產生的認知心理活動是為眼識乃至身識等五識，這五識屬於單純的印象；意根則以一切內外法境為對象，其所生的各種心理活動，則統稱為「意識」。在原始佛教中，不論六識之中的那一識，都不是獨立自存的東西，因為「識」是根、境相對之時，才會產生的認知作用，即使是第六意識，也須意根搜集自五根而來的印象，才可能形成第六意識的認知作用。所以沒有「根」或者沒有「境」，都無法形成「識」。

　　六根之中的前五根各自有各自的認知對象，彼此不能相互認知彼此的境界，第六意根則綜合前述五種知覺所認知的現象，並以內在經驗為認知對象。然而意根只是一種認知的能力，並不是認知的主體；至於「識」，既然是由根境相對所產生的認知現象，那麼眼識乃至意識，也同樣不能算是認知的主體。因此，在原始佛教中，心識之種種，都是有情身上的功能與作用，心識的地位，尚未獨立出來，被看待為有情的根本，即便是認識論上，意根或者意識，也都沒有具備「主體」的地位。事實上，

到後來佛教唯心的傾向變得更強烈的時候,「根」被認為是物質性的東西,是所謂的色,也就愈發不可能成為主體,而「識」的地位則愈形重要,乃至如唯識學所說,變成一種發生並支持根、境存在的根源與基礎,但這並非原始佛教即具有的思想。

　　原始佛教立於一般經驗的立場,贊成認知的有效性,可是五根所對之五境,基本上是變動不居的,是以就感官經驗所獲得的對世界現象的直接體驗乃是「諸法無常」,因為現象是變動的,是不永恆的,是有生有滅的,因而說它是無常;其次,由無常之萬法所興發的各種感受、思量、意念等心理作用,即為情識論。

第二項　受、想、行、識

　　若就有情之組成來分析,人身具有色 (rūpaskandha)、受 (vedanās-kandha)、想 (saṃjñāskandha)、行 (saṃskāraskandha)、識 (vijñānaskandha)等五蘊 (pañcaskandāḥ),色蘊是指有情的生理結構而言,受、想、行、識等四蘊則是指人身的心理現象。

　　「受」是「感受」,是心識接觸所對的境界自然呈現出的情感。因此它是心理情識作用的第一要素,如果沒有了感受,那麼有情眾生便與無情之物沒有任何分別,也就不可能有隨感受而來的其他情識作用。「受」分為苦受、樂受與不苦不樂受(捨受)。面對內外對象所出現的情感其實很多,最基本的即是上述所謂的三受。

　　針對苦的感受,佛教的探討分析尤多,有四苦乃至八苦的說法。❶四法印有「一切皆苦」這一法印,苦受的根源源自於對諸法無常的感受,《雜阿含經》:

---

❶　四苦是指生老病死四種苦,八苦則是四苦再加上怨憎會、愛別離、求不得及五蘊熾苦。

色無常，無常即苦，苦即非我，非我者亦非我所。❷

「色」本來是物質性的東西，在此指有情眾生的肉體色身，「無常」就是變易壞滅。「我」有兩層意思，第一層是指一般語言所稱關於「我」的概念，另一層則指獨立自存永恆不變的本體，「非我」則是對這樣一種恆存的實在性的否定，「我所」是「我所擁有」的簡稱，「非我所」則指「非我所能擁有」。整句話解釋起來即是說：一切色身是變易壞滅，因之，我們會感到痛苦；因為這身體變易壞滅的痛苦，所以我們體會到所謂的「我」其實也不是永恆的存在，既然「我」都不是永恆的，那麼「我」又能真正擁有什麼東西呢？其實不但色身不是「我」，連受、想、行、識也是如此。❸

人既不能擁有色身，對於外境那就更不用說了。因此當我正欣喜於良辰美景，轉瞬之間可能就變成狂風暴雨。而兩人正當濃情蜜意的時候，轉眼之間便可能生死別離。當人們感受到這種無常之苦時，人們同時也深切地感受到了這種世界非我能力所能及、非我力量所能主宰的痛苦。面對一個你無能為力，無法控制的世界，人也同樣地無法主宰自己，不能擁有自己。心靈的感受屢屢受著外境的影響，人心便像飄流在大海中的蜉蝣一般，隨著境界變化而起伏，隨波逐流。眾生之所以會遭苦蒙憂，追溯其根源即在於這種對世界以及自我無能為力的存在困境而來。

佛教強調苦受的理由，在於認為一切的感受之中，苦受為最根本、最普遍的生命情境，人雖然希望時常處於樂受或者不苦不樂的捨受狀態，但這希望卻總是落空，我們總希望無常的事物，能夠化為永恆的存在。

❷　見《大正藏》第 2 冊，頁 2 上。
❸　色受想行識等五蘊是有情眾生身的組合元素，五蘊說的目的在於說明，這五種要素結合起來，才有「我」的出現，若使五蘊分離，則「我」是不存在的，因此「我」不是一種實存的本體。

這種無知的妄執，便稱之為無明煩惱。

　　無明煩惱的根源並不是來自無常，而是來自人心對於「無常」的感受。那麼難道無明煩惱就是心識的本質嗎？如此，心識就是染污的，但無明如果是心識的本質，解脫如何可能呢？

　　我們曾經說過，原始佛教的心識理論充滿了經驗義，對於上述心識的本質問題，以及染污、解脫問題，都有待繼續開拓發展。但是原始佛教對於煩惱的心理現象，已有觀察與論說，譬如貪、瞋、癡三毒，至於其更細密的發展，乃至發展出一百零八煩惱之說。

　　「想」是「表象」，指心識攝取外在境相之後呈顯為印象的作用，透過表象，外在境界方能呈現出可以供心靈知覺之形式，由此進而可以構成概念，定立種種名言施設。但「想」除了「表象」的作用之外，它尚有「想像」、「類比」的功能，在想像的作用之下，人類建構起概念的世界與意義的網絡。所謂的世界，其實就是經過心識認知所成立名言施設的世界。一旦去除了認知的名言概念之後，人真能直接去面對世界嗎？還是只要一去認知，就免不了名言施設？❹由此可知，「想」的作用，除了認知意義之外，因為「想」的分別性，使得它也成為無明煩惱的根源之一。

　　「行」是「造作」，是面對境界引發內心的思慮想像之後，而發出身、語、意的行為。「行」不是指行為本身，而是指要發出行為的這一個意念。這個意念形諸於外者，即表現為言辭（語）與行為（身），含蘊於內心而未表現於外者則為意欲（意）。這身、語、意三種「行」實際作用之後，則有因之而起的身、語、意三種業力隨之而起。由此業力作用的緣故，有情眾生之間的因緣流轉，業力可說是因緣起滅的動力因。因此若再據此上溯，則業力的實際根源乃在於行蘊。

　　「識」是「了別」，總括來說，受、想、行三蘊都是識的一種，識蘊

──────────

❹　關於名言的限制，參見本書第八章〈佛教的語言觀〉。

是就整個能知之全體而言。然而識蘊所知之對象並不僅限於客觀的外在境界而已，能知者主觀的內在心識作用一樣也可以成為識所知的對象。因此受、想、行等三蘊，除了是構成識蘊的元素之一，同時也可以成為識蘊所知的對象。識的本質是「蘊」，「識」是由積聚而來，因此眼識、耳識、鼻識、舌識、身識、意識是識，受、想、行等也是識，凡此種種皆稱為識，因為心識的作用是分殊而雜多的，從這些分殊雜多的心識作用之積聚而為一統一的整體者，稱之為識蘊。識蘊既是積聚而來，所以本身不是獨立自存的東西。所以，「識蘊」並非「心體」，而是認知與情感之總合。

從受、想、行、識等四蘊的分析，我們可以看出原始佛教心識論的一項特色：認識與情識是相互關涉的，事實上並不存在一種純粹的認知，或者純粹的情感。例如「受」是一種情感，但「想」的想像作用、類比、推論作用，會影響情緒感受；反之，情緒感受也會影響認知判斷；而在情感與認知交互作用下，有情造作的業力產生輪迴流轉的結果，這乃是受、想、行、識四蘊所透顯出的重要意義。

第三項　經驗性的心體論

既然已知原始佛教只承認經驗層面的心體論，那麼根據前面的討論可知，經驗層次的心體理論，其實就是認知主體與情識主體兩種。所謂認知主體可就六識當中的意識說，情識主體則可就五蘊之中的識蘊說。然而認知主體與情識主體的區分，乃是分析性的說法，二者是分就其不同的功能或者作用的層面來加以析論，實際上主體只有一個，認知與情識乃是各就主體之一邊來說，二者卻不是分割對立的，甚至彼此無時不在交互作用、交互影響，所以綜合二者，則可稱之為心。

對於「心」的本質義，原始佛教並未詳述，只是論述到「心」之染

淨的各種「現象」。當眾生心中充滿了染著的現象，那他便是一般的凡夫，而已經覺悟的解脫者，其心中則只有清淨平和，而無任何煩惱的現象存在。因此原始佛教的心體觀念，乃是就心識現象之發動者來說，其實是相當素樸，沒有任何本體的意味。

第三節　部派佛教的心識說

　　部派佛教乃是承繼原始佛教而來的，因此部派佛教的心識論大體上可說是原始佛教思想的細緻化，對於原始佛教的思想有許多補充之處。由於部派佛教是由原始佛教的分裂而形成的，因此也帶來了許多歧異的說法與解釋。為了避免重覆，也為了避免過於分歧混亂，在敘述部派佛教的心識之時，我們儘量就部派佛教心識論的主要特色來說明，對於可能造成理解混淆的一些部派間的論諍，我們便可能只有點到為止或者儘量加以簡化的敘述。

第一項　認識論──根、境的細分

　　就認識論而言，原始佛教的根、境、識三和合說，在部派佛教之時依然有效，但原始佛教對於六根等認知的感官的說明並不詳細，在部派佛教的論書之中，對此便有詳細的闡述以及細微的分辨。首先，作為聯絡色心的六根，其本質究竟是屬於物質的？還是屬於心靈的？如果是屬於物質的，它如何可能與心靈相關聯；反之，它如果是屬於心靈的話，那它又如何可以認識物質。在原始佛教中對這些問題並未有明確的見解。部派佛教首先將「根」分為勝義根與扶塵根二種，扶塵根是指肉體的器官，因為它是物質性的且對取境生識具有扶助的作用，所以叫做扶塵根。勝義根則指為淨色所成的認知機能，它是由四大中的純淨精煉的淨色和

合而成，另外還可能是參照一點解剖學的心得，從諸根的形狀及位置之不同來說，這便類似現代的細胞說。例如眼根是藥杵頭形，位於瞳孔，耳根是燈器形，鼻根是人爪形，舌根是剃刀形，身根是戟鞘形。❺

淨色是像珠寶那樣透明的物質，這乃是基於一種想像，以為最純淨的物質方能與心識相連結，認為六根中的五根便是由這樣的淨色所組成的。但是這樣的說法並不很精確，四大如何可以分化出五根，而且淨色即使是「無見有對」（看不見卻依然是物質性的存在），依然還是屬於色法（物質），所以仍然沒有解決上述的問題。而六根中的意根並不是由物質所組成，屬於無色法，這雖然可以免去心識活動也屬於色法這樣的唯物論式的窘境，但反而也造成心物二元對立的問題。

意根的存在，的確為認識理論的完善作更進一步的說明。因為六根中的前五根都是各別作用的，只有意根是作為認識的普遍基礎，且可以統合五根與境相對所產生的五識，進而合成完整的意識。經云：

五根異行異境界，各各受自境界，意為彼盡受境界，意為彼依。❻

識之生起，譬如眼之見色，除要有外在的色境、肉體的扶塵根——眼睛、淨色所構成的勝義內根，還要色境可以入於內外眼根，最重要的是還要有意根的作用，才能興起眼識；若無意根的作用，眼根無法獨自認知境相，因為根境相對之後，頂多形成了可供意識認知的外境的印象。但「認知」事實上包含「了別」、「分辨」等作用，如果沒有意根一起作用的話，那麼只可以說視覺的刺激作用已經形成了，但尚未生起認知的心識作用，就如同昏迷或瀕死之人，沒有了意識，但是受到光線刺激，瞳孔依然會

---

❺ 《大毘婆沙論》（《大正藏》第 27 冊，頁 63 上～中）與《俱舍論》（《大正藏》第 29 冊，頁 12 上）有不同的描述。

❻ 見《中阿含・大拘絺羅經》，《大正藏》第 41 冊，頁 791 中。

起收縮的作用，卻並無眼識產生。同樣的，對類似狀況的人來說，雖然其他耳、鼻、舌、身等諸根仍未毀壞，但是諸識也依然未發生。因此所謂根、境、識三和合，其實是根境和合之後再加上意根的作用，才能產生殊別的五識。

　　意根本身除了以其餘諸根根境相對的結果為對象之外，另還以「法」為所知境。法境範圍遍及過去、現在與未來三世，凡是不經五官，直接為意識的認知對象者屬之；對於過去的記憶、未來的想像與目前的思考對象同樣都屬於法境。相對於色、聲、香、味、觸等物質性的色境故說有法境，因此法境可以說是依於心識方才成立的境相，雖然其內容的根源仍然可能是源自於色境，例如色、聲、香、味、觸等的記憶，但是記憶的本質則是屬於心識作用。所以意根所對的境，純屬於心法，由此根境相對而生的意識作用，其所認知的範圍，不像五根只能侷限於現在，卻是能擴之於古往今來、上下四方。

　　「法境」說將認知的對象擴至等同時空之無限，但關於五根所對之色境，部派佛教也有微細的區分。

　　第一眼根所對之色境，分為顯色 (varṇa-rūpa) 及形色 (saṃsthāna-rūpa) 二種。《俱舍論》❼以青、黃、赤、白、影、光、明、闇、雲、煙、塵、霧等十二種屬於顯色；長、短、方、圓、高、下、正、不正等八種屬於形色。顯色和形色的區分，就今日來看，其分類未必恰當。形色雖然明顯指向物質的形狀，但顯色中如雲、塵、煙、霧和其餘指示色彩明闇者，有明顯的不同；這四者除了顏色之外，還有形狀的含義，因為它們都同樣具有不規則的形狀。

　　第二耳根所對之聲境，《大毘婆沙論》❽由動物性（有執受大種為因）及非動物性（無執受大種為因）、可解（有情名）及不可解（非有情名）、

---

❼　見《大正藏》第 29 冊，頁 2 中～下。

❽　見《大正藏》第 27 冊，頁 64 中。

可意（快樂）及不可意（不快樂）等因素組合成八種：⑴有執受大種為
因的有情名之可意聲，⑵有執受大種為因的有情名之不可意聲，⑶有執
受大種為因的非有情名之可意聲，⑷有執受大種為因的非有情名之不可
意聲，⑸無執受大種為因的有情名之可意聲，⑹無執受大種為因的有情
名之不可意聲，⑺無執受大種為因的非有情名之可意聲，⑻無執受大種
為因的非有情名之不可意聲。

　　第三鼻根所對之香境，《大毘婆沙論》❾將香分為好香、惡香、芳香、
不芳香四種味道。

　　第四舌根所對之味境，《大毘婆沙論》❿說有甘、醋、鹹、辛、苦、
淡等六種。

　　第五身根所對之觸境，《大毘婆沙論》⓫則說有堅、濕、暖、動、滑、
澀、重、輕、冷、饑、渴等十一種感覺。

　　至於意根所對的法境，我們已經說過，那是超越了時間與空間的限
制，凡是意識所能及或者所生的境相，都是意根認知的對象，部派阿毘
達磨論典將萬有分為五位法──色、心、心所、心不相應行法、無為法，
除了對色法的認知必需先透過五根之外，其餘四法都可以直接作為意根
的認識對象。

第二項　情識論──心所論

　　正如同原始佛教之著重心理分析一樣，部派佛教的心理分析更加微
細，乃至趨於繁瑣，他們對於情識的心理分析所涉及到的現象與範圍，
從一般性的情感，一直到了特殊或異常的心理都有，例如作夢與發狂皆

---

❾　《大正藏》第 27 冊，頁 64 下。

❿　《大正藏》第 27 冊，頁 64 下。

⓫　《大正藏》第 27 冊，頁 65 上。

曾觸及。

　　原始佛教的情識論，我們是從受、想、行、識上來說的，部派佛教
則發展出前所未有的「心所論」，完整而詳細地論述眾生所有心理現象。
心所是相對於心或者心王而言，即指這些現象是心所有的。心所論在各
個論典的分類或項目不盡相同，我們在此僅以《俱舍論》的說法為代表。
《俱舍論》把心所法分為六類四十六種：❷

　　1. **大地法（遍隨相應於一切心的作用）十種**：受、想、思、觸、欲、
　　　慧、念、作意、勝解、三摩地。

　　　「受」是感受的意思，指情感上的感受，因外境而興起了苦、樂、
　　　非苦非樂（捨）受。

　　　「想」是表象的意思，和受、想、行、識的「想」的意思是同樣
　　　的，人間所有事物的名言都是由這個作用所創設的。

　　　「思」是造作，意思類似五蘊中行蘊的「行」，由此發動身、口、
　　　意三業，因此思心所是行為的根本。

　　　「觸」是接觸的意思，根境和合而後生觸，是最初始的認識作用，
　　　同時它也是引發感受的原因。

　　　「欲」是欲望，也是希求的意思。所希求的有善的與惡的。

　　　「慧」是簡擇，擇別是非善惡。

　　　「念」是記憶不忘。

　　　「作意」是警覺，當接觸某一境界之時，便心生注意、警覺。

　　　「勝解」是毫不懷疑的理解與認識。

　　　「三摩地」 是 samādhi 的音譯，是專一心志不散亂，也是定的
　　　異名。

　　2. **大善地法（只相應於一切善心）十種**：信、不放逸、輕安、捨、
　　　慚、愧、無貪、無瞋、不害、勤。

---

❷　《大正藏》第 29 冊，頁 19 上～21 下。

「信」是信仰，無猶豫的信仰，由信仰能夠產生行動與實踐的力量。

「不放逸」是不放蕩的意思，也就是專修善法而不懈怠。

「輕安」是修禪定之後而有的安樂。

「捨」是安住寂靜不為外境所動的平常心。

「慚」是自我反省而感到羞恥的心所。

「愧」是由於外在社會批評而引發的羞恥。

「無貪」是對於世法不論善惡好壞都沒有貪著。

「無瞋」是忍受一切惡劣環境而無怨尤。

「不害」是不使他人在精神或身體上受害而感到痛苦。

「勤」是精進向上進取善法。

3. 大煩惱地法（遍於一切染污心）六種：無明、放逸、懈怠、不信、惛沉、掉舉。

「無明」是對於真理實相起顛倒妄想，乃是眾生輪迴的根源。

「放逸」是放蕩縱逸不修善法，也不怕惡法。

「懈怠」是懶散，不肯努力修行善法，也不肯努力去除惡法。

「不信」是對信仰三寶心存懷疑，不信善惡因果。

「惛沉」是萎靡不振，提不起勁。

「掉舉」是浮躁不定的妄想心態。

4. 大不善地法（遍於一切不善心）二種：無慚、無愧。

「無慚」是無自我反省自我檢討的能力。

「無愧」是毫不在意別人的批評。

5. 小煩惱地法（只與無明相應的心所）十種：忿、覆、慳、嫉、惱、害、恨、諂、誑、憍。

「忿」是憤慨，面對不如意的境界所起的憤怒。

「覆」是覆蓋，遮掩自己的罪惡不使人知。

「慳」是吝嗇，不肯布施。

「嫉」就是嫉妒，不能忍受別人遭到好事或者獲得利益而自然湧現的心態。

「惱」是惱怒，不願聽別人的直言，自己苦惱在心。

「害」是傷害逼迫他人的意思。

「恨」是忿憤之後而發出的更深沉久遠的怨。

「諂」是諂媚，是口是心非的意思。

「誑」是虛矯不實的意思。

「憍」就是驕傲，是對於自己的資財、地位所起的驕傲。

6. **不定法（不屬於上述五種，無法定其性質）八種：**惡作、睡眠、尋、伺、貪、瞋、慢、疑。

「惡作」是厭惡自己的所作所為，且不論善惡都起追悔的心。

「睡眠」在此指不能明白事理的心所，不是一般所謂睡眠的意思。

「尋」是尋求推度所對的境界。

「伺」是尋的再進一步，對所觀的境界作詳細的推察。

「貪」是貪欲，是對順境的貪求。

「瞋」是瞋恚，指對逆境所起的憤恨不平的心態。

「慢」是自以為是的心理。

「疑」是懷疑，對於事理不能肯定的心理。

　　四十六種心所將佛教的情識論推至發展的高峰，它幾乎羅致了各種心理作用與情緒現象，其中有善有惡的心理，有隨時皆起卻非善非惡的心理，也有各式各樣負面的、消極的情緒，也有能善能惡方向不定的心理。心所論提供了部派佛教時代對於人類心理理解的圖像。後世唯識學雖然提出五十一心所的說法，其基礎還是立基於部派佛教的心所理論而加以修正、補充的。

　　然而，心所理論的意義何在？乃在根據對心識的理解，尤其是藉由

對種種感情的分析，對於無明與煩惱型態的歸納，人們開始理解自己的無明與痛苦的產生因素，也逐漸能夠尋出對應諸般煩惱的方法。所以，心理分析可謂是部派佛教的特色之一。

第三項　心體論——心王說

相對於部派佛教的心所論，有所謂的心王說。所謂「心王」即肯定「心」(citta) 之作為主體的地位，「心所」即是「心王所具有」的意思。然而這個主體的地位與性質，是否依然如原始佛教所主張的，只是一個認知與情識經驗的統合者？或者只是為了解釋各種心理現象所虛擬出來的一種假設？因此，部派佛教的心體論，便牽涉到心王與心所之間的關係為何的爭議，以及心的一多問題。

何謂心王？所謂心意識即是心王，《成實論》：「心意識體一而異名。」❸在部派佛教之時，只有眼、耳、鼻、舌、身、意六識說，尚未有後來唯識學者七識、八識的說法，因此心意識指的便是同一個心識，就是意識，在五位法中則稱之為心王，顯示其位居主導者與統合者的地位。為何要說意識為心王？這是因為眼、耳、鼻、舌、身等五識都只能認知各別的對象，譬如眼能見物之色，耳能聽物之聲，鼻能嗅物之香，舌能嚐物之味，身能感物之覺，但單這些分殊的印象及知覺並不能構成認識，其原因不在於所認知對象的資料足夠與否，就像盲人、聾人，他們雖無視覺及聽覺，無法認知物之色及聲的部分，但依然具有對物的認知，因此是否構成認知，除了五識之外，還需要一個可以綜合、比較、判斷、想像、記憶五識所傳來的感受的機構，這便是意識，一般即稱之為「心」。「心」(citta) 原本是集起的意思，就其集合所有心識作用，且能發起完整的認知與獨立的情識，故名之為心。《俱舍論》：「集起故名

❸　見《大正藏》第 32 冊，頁 274 下。

心，思量故名意，了別故名識。」❹即就同一心體之不同作用而說心、意、識。

　　心識或說心王，既然具有一切心識作用，則心王與其餘五識是否各自獨立，而彼此的關係就如同國王統轄臣子一般地統轄一切各別的識用？抑或是它只是其餘五識的聚合基底，就像一室具有五個窗戶一樣？這兩種見解，前者即屬「六識別體」的說法，而後者則屬於「一心論」者的說法。部派時代，六識別體說較佔優勢，因為一心說易引起心是一種實體性存在的見解，六識別體指「心」乃是由各種功能之聚合所呈現出的現象，較接近原始佛教心識論的說法。

第四節　唯識的心識說

　　佛教的心識論逐步向既內在又超越的方向拓展。所謂既內在又超越是指當佛教已逐漸完成認識論與情識論之分析後，便開始將注意力轉向於心體論之建構，且這時的心體論之目的，不再僅限於為心理活動設立一經驗性的主體而已，而是想要從心識的本質來說明現象世界之所以會開展的理由。❺若依認識論、情識論及心體論三分來說，認識論與情識論在唯識學中大體承繼部派佛教所開展的格局，唯識思想最重要的貢獻是在心體論。對心體的探究與分析乃是返諸主體內心之深密解析，故說其為「內在」；但是心識含攝萬法的「境無識有」的唯心論格局，我們便言其性質是為「超越」。

---

❹　《大正藏》第 29 冊，頁 21 下。

❺　雖然這一套說法也可以從原始佛教之十二因緣說中找到根源，但所解釋的範圍則遠遠超越了十二支緣起說，不只說明有情生命的流轉而已，乃將一切事物盡皆依於心識來解釋。參見印順，《唯識學探源》（臺北：正聞出版社，1987 年 7 版）。

第一項　八識說

唯識學的心識說之第一項特色便是八識說。《俱舍論》曾說：

> 集起故名心，思量故名意，了別故名識。……故雖心意識所詮義
> 異，而體是一。❶

原本體一名異的「心、意、識」，但在唯識學當中，被分別為：第八阿賴
耶識 (ālayavijñāna)（心）、第七末那識 (manasvijñāna)（意）與前六識（識）。
總稱為「識」的前六識中，眼、耳、鼻、舌、身等五識是從五根而得名，
它們可以各自認知各自的特定的對象，如色、聲、香、味、觸等，但是
不論五識中的那一識在作用時，第六意識一定會與之俱起幫助它們發生
作用，所以第六意識又稱為「五俱意識」。這便表示前五識若離開第六意
識時，便無法發生作用，前五識是意識依於五根而呈現的不同作用。但
意識也可以離開五根、五識而獨立作用，譬如在夢中的意識，這時的意
識便叫「獨頭意識」，它並不需要以五根、五識現在所面對的境界為憑藉，
可以自行依著對過去的記憶與對未來的想像為它的對象。因此，第六意
識與前五識的關係，便有五俱意識與獨頭意識的差別。第六意識的作用
範圍遍及三世一切諸法，因此是認知萬法的關鍵與樞紐。

　　就認識論而言，原始佛教、部派佛教以迄唯識學派，關於認識的問
題，是在六識的範圍來說，所以說「了別故名識」，其道理便在於此。就
情識論而言，原始佛教從構成有情的五種成分（五蘊）中的受想行識，
初步地開展心識論中的情識問題；而部派佛教則完整地發展出細密的心
所論，對於有情的煩惱與善惡等心理作用，一一加以說明。唯識學派對

❶　《大正藏》第 29 冊，頁 21 下。

於心所論的態度，是繼承性的，且將原本的六類四十六種心所再加以擴充，而成為六類五十一心所說。

綜合部派思想的作品《俱舍論》，它的四十六心所說，與世親的《百法明門論》❼之五十一心所的異同，如下表所示：

《俱舍論》	《百法明門論》
大地法（遍隨相應於一切心的作用）十種：受、想、思、觸、欲、慧、念、作意、勝解、三摩地	遍行心所（遍一切性、地、時、俱）五種：觸、作意、受、想、思
	別境心所（遍一切性、地）五種：欲、勝解、念、定（三摩地）、慧
大善地法（只相應於一切善心）十種：信、不放逸、輕安、捨、慚、愧、無貪、無瞋、不害、勤	善心所十一種：信、精進（勤）、慚、愧、無貪、無瞋、無癡、輕安、不放逸、不害、（行捨）
大煩惱地法（遍於一切染污心）六種：無明、放逸、懈怠、不信、惛沉、掉舉	隨煩惱心所（跟隨根本煩惱而作用）二十種：忿、恨、惱、覆、誑、諂、憍、害、嫉、慳、無慚、無愧、不信、懈怠、放逸、惛沉、掉舉、（失念）、（不正知）、（散亂）
大不善地法（遍於一切不善心）二種：無慚、無愧	
小煩惱地法（只與無明相應的心所）十種：忿、覆、慳、嫉、惱、害、恨、諂、誑、憍	
不定法（不屬於上述五種，善惡不定）八種：惡作、睡眠、尋、伺、貪、瞋、慢、疑	不定心所（只遍一切性）四種：惡作、睡眠、尋、伺
	煩惱心所（根本煩惱）十種：貪、瞋、癡（無明）、慢、疑、（身見）、（邊見）、（邪見）、（見取見）、（戒禁取見）

依上表所示，四十六心所中的大地法相當五十一心所中的遍行及別境心所，遍行及別境心所的區分在於：(1)是否遍於善、惡、善惡無記等一切

---

❼　見《大正藏》第31冊，頁855中～下；並參見《成唯識論》。

性；(2)是否隨著心作用遍於三界一切處（地）；(3)是否在一切時刻都跟隨心在作用。這五種心所同時俱生故稱為一切俱；別境心所則只遍於一切性與一切地，它是心在面對個別境界時所生的心所，因而稱為別境心所。

至於大善地法則相當善心所，後者較前者多一「行捨」心所，《成唯識論》卷六說「行捨」：令心「平等、正直、無功用」，❶這兒的「行」是指五蘊中的行蘊，「捨」則指捨去刻意的、不公平、不正直的造作，以一種不動心的、無所欲求的平等心態來用心。

大煩惱地法、大不善地法、小煩惱地法三者相當隨煩惱心所。五十一心所中沒有不善心所，這是否意謂著所有不善的心理作用，基本上都是屬於某種形式的煩惱，並未有根本的惡存在？部派認為屬於根本煩惱的六種大煩惱地法，在此都被列為隨煩惱，同時隨煩惱心所把大煩惱地法的無明心所去掉而置於煩惱心所上，另外加上失念、不正知、散亂三種心所。「失念」是「念」的相反，指不能清楚地記憶所對的境相。「不正知」指不能正確理解所觀境相的心理作用。「散亂」就是無法專心於所對境界的心理。

原來的不定法被拆開為兩類，即不定心所與煩惱心所；前後兩種「不定」心所都指其善惡不定，通於一切性，但後者之不定心所把貪、瞋、痴、慢、疑排除，把它放在煩惱心所中，顯見不認同前者之分類。此外煩惱心所另取四十六心所中之大煩惱地法中的無明心所加入，同時又將五見──身見、邊見、邪見、見取見、戒禁取見列為根本煩惱，「見」是見解的意思，這顯示對錯誤知識所可能造成的影響已經受到重視，相對地表示對正知的要求。「身見」又稱薩迦耶見或我見，是執著「自我」實存的見解。「邊見」是偏執一端的見解，例如執著死後有常住不滅的靈魂──常見，或死後是斷滅虛無──斷見。「邪見」是否定因果的見解。「見取見」是執著錯誤見解以為真理。「戒禁取見」視不正確的戒律、行

❶ 　《成唯識論》，《大正藏》第 31 冊，頁 30 中。

儀為可以獲得證悟的方法的見解。

對於舊有心所理論的重新分類整理，顯示唯識學派對於情識心理的重新考察反省，其中並未有多少新的含義或者見解，但可以看出心所理論發展的歷史軌跡。然而除了分析這些心理現象之外，唯識學更企圖將眾生的煩惱根源，回溯至心識的根源。

唯識學對情識課題的重要見解，在指出心識當中的第七末那識為一切煩惱的根源。唯第七末那識為凡夫妄起我執的根本，而我執是一切煩惱的根本，因此末那識就是一切煩惱的根本。「末那」(manas) 原來是「思量」之意。末那識有二種特性，一是永恆地思量「我」，以「自我」為出發點而認知、行動；繼此，環繞「我」這一主體而起我見、我慢、我痴、我愛等四種根本煩惱。興起我執的末那識，徵諸於現代心理學的分析來看似乎可以說就是自我意識，但這自我意識的出現並不是那種經過反省才得到的自我意識，而是一生下來即具有的飲食、排泄、求生等保存自我的生命本能。所以末那識所指的是那種根本的、不自覺的自我意識，其一切行為、動作的出發點皆是站於「自我」的立場上，以為「我」是最重要、最可貴、最值得存在者，因而勠力保存自我。當然就其表現的形式而言，則隨生命的成熟度與演化程度而有不同形式的表現，因此形成不同的族群與文化模式，甚至相異的生命型態，如人、蟲、鳥、獸等。一旦自然的生命無法保存之時，則生命都會透過繁殖的手段，將自我保存在後代之中，關於這一點，從遺傳基因的角度來看，應該是清楚而明顯的。

因此，我們可以說末那識對自我的執著，乃是文明的原動力。為什麼？因為在一切的生命之中，無不為了保存自我而進行繁殖，低等生命如細菌之類行無性生殖，只簡單地複製自我；高等一點的蟲類或行有性或行無性生殖，再高一點的鳥獸則完全行有性生殖，有性生殖的目的不再只是以簡單地保存自我便足夠了，而是為了使自我更加完善，更加具

有對付環境變化的演化能力。所以高等生物形成族群，人類則形成社會，建立文化。可是一旦人類建立文明社會使得自我可以在其中得以保存，使得自我的化身——子孫可以得以發展之後，人類便重新勾起了另一種古老的愁緒：人一定都得死嗎？人死後難道沒有留下任何一點東西嗎？人可能永生嗎？對於永恆的渴望使得靈魂不滅的觀念於焉出現。

　　末那識就是這樣一種希冀永恆的自我意識，不僅如此，它還期待偉大，渴求重視，它希望成為宇宙的核心。因此也可以說：末那識不僅是文明的原動力，同時也是痛苦與煩惱的根源。因為在一切人我相對或者利害衝突之際，末那識的我執便以自我為出發點，即使在實踐愛人的行為時，往往也是基於自愛而發出，譬如我之愛「我」的父母、「我」的妻兒、「我」的親友、「我」的事業、「我」的人生、「我」的靈魂，因為這些都是屬於「我」。所以「自我」是為一切思想準則與行為規範的立足點。

　　《唯識三十論頌》說末那識的性質是「有覆無記」[19]——有所障覆但是非善非惡的。我執是一種偏妄的心態，但是人生之無明固然是由這一偏妄的執著而來，可是也基於對自我的珍愛，人們努力使自己變得更加完善，所以也就具有了追求真理的勇氣與志氣。釋迦牟尼佛不也是為了追求自我的解脫而踏上了真理之道嗎？末那識便是這樣一個有覆無記的我執識，它是依隨第八阿賴耶識而生；阿賴耶識到那裡，那裡就會有末那識，而且阿賴耶識就是被末那識當作是恆常不滅自我的對象。

　　唯識學的心體論是以第八阿賴耶識為核心。第八阿賴耶識是之前七識的根本，同時也是有情世間以及器世間生起的根本，《瑜伽師地論》說：

> 略說阿賴耶識是一切雜染根本，所以者何？由此識是有情世間生起根，能生諸根、根所依處及轉識等故；亦是器世間生起根本，由能生起器世間故。[20]

---

[19]　《唯識三十論頌》，《大正藏》第 31 冊，頁 60 中。

這段話是說阿賴耶識是有情眾生以及器世間——外在的物質世界生起的根本，有情的諸根——感官能力，根所依處——感官能力所依存的身體，及其餘七識，都是由阿賴耶識所轉變出來。這明顯反映唯心思想傾向，尤其是關於器世界的生起，也是唯識所現的說法，更是表現出這樣的思想。

關於「識」是有情生起根本的思想，在原始佛教的十二因緣說中即有之。十二因緣是無明、行、識、名色、六處、觸、受、愛、取、有、生、老死等十二支，在名色之前的無明與行、識完全屬於心識之一分，此三者就生命之生滅流轉而言，居於本源的地位，所以就心識來解釋有情眾生的起源，不是唯識佛教才有的。然而十二因緣說，就眾生的一期生死來解釋是足夠的，但若要解釋當時印度普遍相信的輪迴之說，則無明的心識如何可以存續業力及因果，則有賴唯識學的進一步說明。

依照十二緣起說來看，無明是眾生生死流轉的第一要素，無明使心識擁有了「生」之能力，它結合了物質表現而為生命的型態，同時為了繼續活下去，個別的有情生命便與其他的有情相結合，而有生殖、群居等種種增益有情生命的活動出現，因此我們可以說無明的心識是生命創生演化的原動力。但由於這個「生」之動力是無明的，是盲目的，是以也會引發許許多多無明的痛苦與煩惱，生命史上無休的鬥爭正是它的註腳。「阿賴耶識是一切雜染根本」正說明心識的原始本質。雜染並不等於邪惡，雜染是混雜染污、不清淨，就像清水中有泥便成為泥水那樣。然而「無明」雖是十二緣起說的第一要素，但是否就意謂心識的本質就是虛妄無明的呢？至少唯識學者是這樣認為的。

無明虛妄的阿賴耶識，ālaya 本意為「藏」，據《成唯識論》的說法，「藏」有三義：一能藏，二所藏，三執藏。[21]「能藏」意謂阿賴耶識中含有萬法的種子，能生萬法。《瑜伽師地論》提及阿賴耶識是有情及器世

---

[20]　見《大正藏》第 30 冊，頁 581 上。

[21]　《成唯識論》，《大正藏》第 31 冊，頁 7 下。

間生起根本，正是就阿賴耶識能藏萬法種子而說。種子說是一種譬喻，它表示萬法生起的本源在於心識作用，因此只有心識才是真正真實的存有，至於外境不過是心識種子成熟之時的變現。不僅有情的色身是如此，包括山河大地、宇宙洪荒，無不是依於心識而變現的。所以唯識學派主張「境無識有」，以為外境若不依於心識是不可能獨立存在的，外境並不具有真實性，是依識而起的存在。

所藏是相對前七識現行（實際行為）之能熏習 (vāsanā)，說阿賴耶為所熏之場所，而所熏即是所藏。熏習是說前七識的作用，造成了身、語、意等諸業，這些業力或善或惡，或非善非惡，不論是那一種都會留下影響力，就像燃燒檀香之時如果有一張白紙放在旁邊，這張白紙便會逐漸被熏黃，同時也會染上了檀香的味道。燃燒檀香就像是前七識業力能熏的作用，而這張白紙就像是阿賴耶識，它是所熏的場所，也是積聚業力的地方。當這些業力習氣逐漸累積之後，同類的業力慢慢地就形成能夠變現現行萬法的種子 (bīja)，種子比習氣要更為具體，因為習氣只是一種影響力，而種子則已是一種尚未實現的潛力，現行萬法則是潛力已然實現的狀態。習氣→種子→現行，是事物由隱而顯的三態。所謂「熏習」和「種子」雖然都是一種譬喻的說法，但這二種譬喻，說明阿賴耶識作為所藏如何承受業力熏習，又作為能藏如何含攝萬法種子，依此二義阿賴耶識定立了保障業力因果輪迴不失的基礎。

阿賴耶的第三個含義為執藏。執藏的意思是說阿賴耶被第七識妄執為「我」。這個「我」不只是主體的意思，還包含了不滅的靈魂這樣的含義。阿賴耶作為業力熏習作用的場所，同時也是異熟業力種子的根源，因此它很容易便被視為「靈魂」的同義字，因為它和靈魂都是業力因果的承載者。但是阿賴耶識和靈魂之間有一個非常微細但卻重大的不同處。靈魂是一種恆常不滅的實體，是自我相續一致的根源，不管靈魂背負了怎樣的業力因果，其作者與受者都是同一不變的自我。但是阿賴耶識並

不是這麼一種不變的自我實體，阿賴耶是一種功能而非實體，其功能就是可以含攝業力種子。換言之，阿賴耶不是不變的自我，因為它是開放地接受一切造作的熏習，並在其中凝結種子，就像大地一樣，大地可以承載一切植物種子，但種子能不能萌芽、成熟、開花、結果，則還有賴其他因緣。生命之所以為此不為彼的理由，例如為男不為女、為貧不為富、為智不為愚、為窮不為達的理由，不是自我背負了這些業力因果，相反的，是種種業力因果塑造了如是的自我。

　　想要了解阿賴耶識的特質，必需擺脫任何以「自我」為業力因果之中心的觀念，以為「我」是不變的，變動的只是業力與因果；相反的，基於「無我論」的根本原則，事實上並沒有「自我」，所謂的「自我」是習氣、業力、種子的聚合體，由於一切業力習氣聚合的緣故，乃有所謂的現前的「自我」，可是這「自我」依然不是不變的，因為阿賴耶識是一個開放性的，具有含攝一切業力習氣的場所，所以「自我」也無時不在變化。「自我」因為阿賴耶識所藏業習之異熟（成熟），使「自我」呈現為此而不為彼之「自我」，也就是說因為阿賴耶之業種成熟，其變現而為現在之「自我」，同時也使「自我」面對此刻之現實世間，這就是「果報」；阿賴耶識執持業力種子不使漏失，因此不論三世乃至十世，凡曾經發生過的必然留下痕跡，且在因緣成熟之際，種子便會成熟，這便是「輪迴」。所以阿賴耶識之說保障了因果輪迴的可能，同時也確立了「自我」不是永恆不變實體的基本原則，因為「自我」是無時無刻都在變動的現象。

　　《解深密經》說：

　　阿陀那識（阿賴耶識之異名）甚深細，我於凡愚不開演，一切種子如瀑流，恐彼分別執為我。❷❷

---

❷❷　《解深密經》，《大正藏》第 16 冊，頁 692 下。

阿陀那 (ādāna) 是執持的意思，阿陀那識是阿賴耶識的異名，說阿陀那（執持）的時候，側重其能夠執持身心為生命力之根源的意思。《解深密經》這段話的意思是說：關於阿陀那識這個心識的道理是相當深奧微細的，佛對一般凡夫是不談的，因為深怕這些愚痴凡夫一聽說有個阿陀那（阿賴耶）識就把它當作靈魂，視為不變的「自我」，其實阿陀那（阿賴耶）識是個「種子識」，它除了種子和習氣之外，一無所有。而聚合為心識的種子，就像瀑布的流水一樣，流水不斷地流動沖刷，因此這瀑布看來彷彿不變，其實流水從不停留，心識種子也一樣不停地在流轉著。

阿賴耶識生起有情及器世間的過程稱為 「識轉變」 (vijñānapariṇā-ma)，《唯識三十論頌》說識轉變有三個階段：

此能變唯三，謂：異熟、思量及了別境識。❷❸

「異熟」是第一能變的作用，是「變異成熟」的意思，❷❹指阿賴耶識的識轉變就是令心識種子成熟，種子成熟即能變現出有情眾生與外在境界。「思量」是第二能變，意思是思惟作用。它是末那識的作用，末那識一樣也是阿賴耶識所生起，但它因而反過來思量執著阿賴耶識，以阿賴耶識為自我，因而生起了人我之別、主客之分，我痴、我見、我慢、我

❷❸ 《大正藏》第 30 冊，頁 60 上。

❷❹ 「異熟」有三種含義：⑴變異而熟，謂有情造不同的善、惡業，熏習成業習氣（種子），如果積累一期生命的業習氣以至於成熟；當此生完結時，此業習氣作增上緣為因，牽引來生的新生命為果，此果報便是新的阿賴耶識，名「異熟果」，因它是由業習氣變異而成，具變異而熟的含義。⑵異時而熟，謂造善、惡業為因在先，酬引新異熟為果在後，因果不同時，故從果以望因，有異時而熟的含義。⑶異類而熟，先前造業，是善性或惡性，後所酬得的新異熟果，唯是善惡無記性（中性），從果望因，性類不同，故具異類而熟的含義。

愛等種種心理作用於是產生了。「了別境識」是第三能變，由前六識所起，由此六識的作用，才形成色、聲、香、味、觸、法等境相的分別。此三種能變，顯示主客內外一切事物與作用，都是心識變現的結果，並非先有外界或者身體，才有心識。總括來說，第一能變變出根身與器世間，第二能變變現出種種心理作用，第三能變則形成外在境相的分別與認識。

　　阿賴耶識第一能變，展現出個別有情的根身及諸識，單就心識來說，我們比較容易理解由八識而七識、六識的過程，因為它們是同類的東西，但是身體及諸根的物質元素，真的也是由識轉變而來的嗎？再推而廣之，阿賴耶識更如何能夠變現出器世間的山河大地？依照唯識學的理論，山河大地的器世間，是一切有情眾生的阿賴耶識之共業種子所造。譬如地水火風四大，依唯識學的理論，是所有的阿賴耶識中具有四大的種子，互相感應而變現出此一眾生所共居的器世間，它們並非絕對客觀且獨立真實的存在，因為若無阿賴耶識，則外境不可能獨自出現。這樣的說法，取消了客觀世界獨立存在的可能性，否定現象的絕對實在性。不過阿賴耶識是多而非一，所以唯識理論至少不是那種絕對唯心論的說法；同時阿賴耶識之變現山河大地也不是單由自身所藏之四大種子所成，而是由一切識種共業所感，因而山河大地等外境，是由一切識種交織成，宇宙雖不離於心識，但卻不就等於心識，外境由心識交織變現之後，它有自己的性質，只是所謂「性質」若離開了心識的認知頓成無義。而且境相也可隨心識的不同而改變，例如睡眠或禪定所見的境相，不同於旁人所見；而解脫者所見的山河大地與凡夫所見的，也有染淨之不同。這便證明個別心識除了共同的業力種子外，也有個別的業力種子。「境」的存在依於心識，「境」的性質也隨「心」而轉，故名「唯識」。

第二項 唯識性相說

要進一步深入「唯識」的本質，須知唯識性相的道理。唯識性相是指三有性與三無性。三有性是遍計所執性 (parikalpitasvabhāva)、依他起性 (paratantrasvabhāva)、圓成實性 (pariniṣpannasvabhāva)。《攝大乘論》對之有明確的說明：

> 如此諸識皆是虛妄分別所攝，種識為性是無所有，非真實義顯現所依，如是名為依他起相。此中何者遍計所執相？謂於無義唯有識中似義顯現。此中何者圓成實相？謂即於彼依他起相，由似義相示無有性。❷❺

《攝大乘論》的「諸識」有十一種：六識、六塵（彼所受識）、時間（世識）、空間（處識）、數目（數識）、語言文字（言說識），十一種識包括了主客、內外的事物，除了具體事物也包含抽象的事物。這一切事物都被冠「識」的名稱，顯示存在事物的本質都是源自心識的虛妄不真實的分別。這一切存在物的本性就是種子識（阿賴耶識），除此之外一無所有，因為依於心識才有，所以存在事物都不是真實獨立的存在，這就叫做「依他起」，「他」正是指心識。

那麼什麼是遍計所執相？遍計所執性則指殊異的萬象原本是不存在的東西，但由心識的分別力，執著心識自身所現的差異以為實有。譬如夢中所見種種顛倒妄想，在夢中之時不以為假，醒時方知是夢。夢中境界是個人心識造作的結果，醒時所對的境界與夢中不同處，在於它是一切阿賴耶種識共同造作的成果。所以世界就像是一切眾生一起所作的一

---

❷❺ 見《大正藏》第 31 冊，頁 138 上。

場大夢。還沒醒的人，就執著這個大夢的夢境以為是真的，這就是以假為真、以無為有的遍計所執性。但覺醒之人，了解世間一切不過就是共同的夢，洞察了現象的虛妄不實，毫不執著，這就叫做圓成實性。

　　因此唯識三性的意義就是，從萬法唯識緣起的角度來詮釋諸法空性。所以在三有性之後，為了強調這個含義便說三無性。依據依他起性說生無自性性 (utpattiniḥsvabhāvatā)，依據遍計所執性說相無自性性 (lakṣaṇaniḥsvabhāvatā)，依據圓成實性說勝義無自性性 (paramārthaniḥsvabhāvatā)。生無自性性是指萬法唯識所現，是依他而起，是待緣而生，否定萬法自生的可能性。相無自性性則是指境相差別是由識之妄計遍執而生，譬如鏡花水月，本身非真實的存在，只是情執所現，一切諸法既然如鏡花水月一般，現象就不是真實的存有。勝義無自性性是說遠離染依他的遍計所執性，就能體會萬法淨依他的空無清淨；此一圓成實相的真如之境，一樣是基於心識的作用上來說，因為真如不是一種外在的本體，真如是掃除心識染污之後所呈現的寂靜狀態。圓成實性是心識的淨依他狀態，它是基於清淨因緣才能呈現的，因此它依然也是無自性，故稱之為勝義無自性性——最究竟義的無自性。

第三項　轉識成智

　　原本雜染的心識，如何可以去除煩惱，得到清淨、解脫？對於這個問題，唯識學者認為雜染虛妄的識，透過對於上述唯識性相的認知之後，便可以把原本的妄識轉為清淨的智慧，這即所謂的「轉識成智」——轉前五識得成所作智 (kṛtyānuṣṭhānajñāna)，轉第六識得妙觀察智 (pratyavekṣaṇājñāna)，轉第七識得平等性智 (samatājñāna)，轉第八識得大圓鏡智 (ādarśajñāna)。

　　大圓鏡智離諸分別、雜染，性相清淨，如大圓鏡之光明，遍映萬象

事理，纖毫不遺，能現、能生清淨佛身與佛土；此智與如來藏清淨心頗
有相近之處。平等性智由轉末那識而得，末那識原為我執之識，轉識得
智之後，此智觀一切法，自他有情，悉皆平等，從我執當中解放出來，
與大慈悲等恆共相應，平等普度一切眾生。妙觀察智係轉第六意識所得
之智，此智善觀諸法自相、共相，依有情眾生不同根機，自在說法，教
化眾生。成所作智，此智欲利樂諸有情，故於十方以身、口、意三業為
眾生行善，成就如來普度眾生的本願。

　　然而原本雜染的心識如何能夠轉染成淨？這些清淨的根源從何而起
呢？唯識學派對此一問題，有本有說、新熏說及本有新熏合論等三種看
法。但持新熏者的困難是，誰來提供第一次的正聞熏習？持本有論者，
則會被質疑這豈不是將落入某種「自性見」之中？如果本有、新熏皆有
問題，那麼二者合論也是會有問題的。這些問題是唯識從阿賴耶來說明
萬法緣起根源時，所會遭到的質疑。

第五節　如來藏的心識說

第一項　客塵煩惱的情識論

　　如來藏 (tathāgatagarbha)，原意是煩惱的眾生之中，有如來藏於心中，
就像母胎孕育胎兒一般，每個人心中都具有成佛的本性，只是這個佛性
被藏在眾生的煩惱之中。如來藏思想不談認識論的課題，對於情識煩惱，
也不像唯識廣說心所法，並以為無明就是心識的本質。如來藏用「客塵
煩惱」的說法，把煩惱視為外來的、暫時的塵埃，它們不是屬於心性的
本質。心性的本質始終都是清淨的，眾生之所以會有煩惱存在，乃是不
知自己的本心原來就是清淨無染。因此一切眾生就像是迷路的小孩，不

知回家的路，或者像作夢的人，不曉得身在夢中；迷失在無明輪迴中的人，也不明瞭自己原來就是解脫的。客塵煩惱說，轉變心識本質，由雜染而清淨。如來藏承繼「唯識所現」的思想路線，強調心識的重要性，所不同者，在於對心識本質的認定，如來藏以為心識本是清淨的。清淨的如來藏心，是眾生得以解脫、佛陀可以證悟的根本。一旦掃除了客塵煩惱，藏在煩惱中的如來本心便會呈現，同時也會把由客塵煩惱而來的虛妄現象加以消解，從而展現出圓滿至善的真如法界，一切差別、對立，如人我、主客、內外等，都將泯除，在這樣的法界之中，以常樂我淨為法界的性質。

第二項　如來藏自性清淨心

　　如來藏思想其實只側重心體論課題，它可以說是繼承唯識思想的路線而繼續發展前進。唯識學中阿賴耶識為有情世間與器世間生起的根本，「阿賴耶」一名原本就有「藏」的意思，但阿賴耶的「藏」義，是指其與種習的關係為「能藏」、「所藏」、「執藏」。「如來藏」也有三義，《佛性論》說：

> 如來藏義有三種應知。何者為三？一、所攝藏，二、隱覆藏，三、能攝藏。❷⑥

如來藏三義相當阿賴耶的三義，能藏相當能攝藏是就因性說，所藏相當所攝藏是就果性說，執藏則相當於隱覆藏則是就自我性說。如來藏的「能攝藏」是說未發心的因地眾生「能攝」果地一切功德；「所攝藏」是說一切眾生悉為如來智「所攝」，無有任一眾生出於如來智之外；隱覆藏則指

---

❷⑥　見《大正藏》第 31 冊，頁 795 下～796 上。

如來性為煩惱所「隱覆」。指眾生有如來「藏」於心中,因此每個眾生都有如來種姓,都是尚未成就實現的佛。

如來藏三義乃相當阿賴耶的「能藏」、「所藏」、「執藏」三義,阿賴耶的「能藏」相當如來藏的「能攝藏」,「所藏」相當「所攝藏」,「執藏」則相當於「隱覆藏」;由此可見,如來藏思想相當程度的受到唯識思想的影響。當然如就內涵上,如來藏與阿賴耶,一染一淨,存在著基本上的差異。如來藏的「能攝藏」是說未發心的因地眾生「能攝」果地一切功德。未發心的眾生,就是指連修行求解脫的念頭都還沒有的一般眾生,可是這樣淪於無明生死毫不自覺的眾生,居然能夠含攝具有已達佛地的大智覺者的一切功德,這顯示佛與眾生之間在本心本性上是毫無分別,心性迷的時候是眾生,覺悟的時候是佛;因此所謂的「能攝」是就本質、潛能上說。「所攝藏」則是說一切眾生以及一切境界,都被如來所攝藏,也就是一切諸法都是真如所顯的意思。「隱覆藏」則指眾生的如來本性為煩惱所「隱覆」,眾生皆有煩惱之外,眾生也皆具有如來的本性,因此一切眾生有如來「藏」於心中,每個眾生都有如來種姓,所以都是尚未成就實現的佛。

如果說,阿賴耶是解釋眾生之所以輪迴流轉的原因,那麼如來藏就是要解釋眾生得以解脫還滅的原因了。輪迴與還滅是雙向的道路,並不定然相互矛盾、衝突,所以真諦所傳的唯識學在原本的八識之外另立第九識阿摩羅識,把它當作解脫的根據,可說是唯識思想與如來藏思想的綜合。但這不即必然意謂如來藏便高於唯識,而是二者的重點有所不同的緣故。

若說唯識是站在眾生的角度既內在又超越地談心識之種種,「內在」指分別論述各識的功能,六識、七識而八識,從認知主體、情識主體,乃至輪迴主體,逐「識」推進;「超越」的方面,則是由識轉變的理論,由心識來負責支撐起整個世界的存在現象。那麼如來藏思想便是超越地

站於覺悟者（佛陀）的角度，來宣說佛與眾生無二無別的道理，以及對虛妄現象背後的真如之境的終極肯定。阿賴耶識的本質是雜染的，所以所生起的世界之本質也是雜染的。如來藏是清淨的，所以世界的現象看似雜染，但本質實際上是清淨的。清淨與雜染在於眾生能不能如實地證悟自己本來清淨的心性。由如來藏與唯識思想對心識本質的認知不同，便有虛妄唯識與真常唯心的區別。所以一般為分別二者的特色，談唯識則說為「識」，談如來藏多說為「心」。

第三項　空如來藏與不空如來藏

如來藏思想分別現象與本質，以生死、輪迴為現象，以涅槃、解脫為本質，於是有了「空如來藏」和「不空如來藏」的區別。前者是不了義（不究竟），後者才是了義（究竟）。《勝鬘經》：

> 有二種如來藏空智，世尊，空如來藏——若離、若脫、若異一切煩惱藏；世尊，不空如來藏，過於恆沙不離、不脫、不異，不思議佛法。❷❼

空、不空如來藏是如來藏思想極重要的概念。空如來藏是指空掉一切煩惱的智慧，或該反過來說，在如來藏自性清淨心中，一切客塵煩惱是空的意思。前者「空掉」煩惱的「空」，是個動詞，表現自性清淨心的功用；「一切客塵煩惱是空」的「空」是名詞，表示煩惱是假的，是不真實的存在。但不管空如來藏的「空」字，是動詞或者名詞，是作用，或者是種狀態，它指的都是同一件事，即是對於世間的煩惱現象，都該捨離。然而這是站在未成佛、未覺悟的眾生的立場上來看世界，所以說是不究

---

❷❼　見《大正藏》第 12 冊，頁 221 下。

竟。若站在已經覺悟成佛的如來立場上來看世間的一切，則世間法是不應否定地加以捨離；因為如來本性不會離開、不會脫離、不會異於一切諸法，在煩惱的當下，即存在解脫的本性，當一個覺者獲得最終的證悟，世界不會因而有任何改變，覺者所改變的是他自己的心識，他得到可以看到世界真實本質的智慧之眼，他如實了知諸法空寂，不生不滅的真如實相，生死煩惱被揭開虛無的假相，但世界不生不滅的真如實相，以及證知這個實相的智慧，並非虛無不存在的，因此稱之為不空如來藏。所以如來藏的究竟本質，乃在積極地支撐起萬有的存在，因此我們說如來藏思想是一種真常唯心論的主張，而如來藏心就是世界的本體。

心識論的發展，從原始佛教、部派佛教、唯識思想到如來藏思想，這是它的歷史，然而它的內涵則由經驗性的心識義，逐漸開展出超越義的心識義。在這一過程中，心識從現象的地位，慢慢取得本體的地位。唯識理論的阿賴耶識已有濃厚的本體意味，唯識提出了識轉變的說法，指出心識是萬法生起的本源。但是阿賴耶識並非絕對的本體，它是將經驗性的心理作用與業力論相結合，用以說明有情和外在世界成立的緣由。阿賴耶識是個別有情功能性的本體，世界的顯現，是一切依阿賴耶識共同的業力種子成熟之後所變現，因此世界只是現象性的存在，並無實體。

如來藏思想雖循著唯識思想的道路繼續前進，然而唯識思想所帶有的心理分析的味道已經全然不見；如來藏側重絕對心體論，但在它向存有論和本體論邁進時，留給我們的反而是一些不可解的形上問題，於是如《勝鬘經》乃說：「自性清淨心而有染污難可了知。」❷⑧

---

❷⑧ 《大正藏》第 12 冊，頁 221 下。

進修書目

1. 《勝鬘經》，《大正藏》第 12 冊。

2. 《解深密經》，《大正藏》第 16 冊。

3. 世親，《唯識三十論頌》，《大正藏》第 31 冊。

4. 印順，《唯識學探源》，臺北：正聞出版社，1987 年 7 版。

5. 印順，《如來藏之研究》，臺北：正聞出版社，1986 年 2 版。

6. 楊白衣，《唯識要義》，臺北：文津出版社，1988 年初版。

7. 法舫，《唯識史觀及其哲學》，臺北：天華出版社，1987 年再版。

8. 楊白衣，《俱舍要義》，臺北：佛光出版社，1998 年初版。

9. 高崎直道等著，李世傑譯，《唯識思想》，臺北：華宇出版社，1985 年初版。

10. 《佛性論》，《大正藏》第 31 冊。

第五章　無我思想

　　無我思想是佛教的一大特色。自原始佛教以來，不論在實踐上或在教學上，無我思想始終是佛教的核心教義，在內容上並隨著時代的需求迭經變遷，因而為之發展、擴大。從印度思想史來看，它也是區分佛教與印度其他宗教解脫思想的判準。

　　佛教與其他教派的不同，一般來說在於標出三法印：諸行無常、諸法無我、涅槃寂靜（此為北傳三法印，南傳三法印以「一切皆苦」取代「涅槃寂靜」）。三法印中，「無常」、「苦」、「涅槃」的觀念，並不新鮮，在佛教之前，已有其他教派使用。印度的哲學與宗教源於精神上對現存秩序的不安，因此對人生世事的「無常」、「苦」感覺特別敏銳，他們渴望理解世界與人生的意義，以便找出完全克服生命苦難的方法，達到涅槃解脫。雖然，他們所談的「無常」、「苦」和「涅槃」的理論根據不盡相同，但可以說明這些觀念並非佛教所獨有。❶不過，除了唯物論者順世派主張身體是自我，否定靈魂的存在之外，印度大多數的宗教與哲學皆承認恆常的自我，追尋真實的自我以尋求解脫。因此，佛教無我的主張可說是不尋常的見解，它是佛教討論最多，並受其他教派批評最力的思想。所以印度古代的思想家，把佛教稱為「無我論」(nairātmyavāda)，❷是有道理的。

---

❶　印度傳統宗教與哲學對這些觀念的討論，詳見高楠順次郎、木村泰賢著，高觀廬譯，《印度哲學宗教史》（臺北：臺灣商務印書館，1971 年）。

❷　如商羯羅 (śaṅkara) 在疏解《梵經》時如此稱呼佛教，參見霍韜晦，《絕對與圓融》（臺北：東大圖書公司，1986 年），頁 139。

第一節　無我思想的時代背景與意涵

第一項　無我思想的時代背景

　　印度傳統思想的土壤中,「自我的探究」或「自我的實現」一直是個有關真理與解脫的中心課題。印度的思想家有個共同的觀點:對「實在」的無知導致人們的束縛並成為痛苦的根源;缺少對「實在」的認識,亦即不能了解世界和自我的真實本性,就不可能從束縛和痛苦中解脫。幾乎所有印度哲學體系都把解脫當作人生的最高目的,因此,追求世界與自我的真實本性,不只是為了滿足知識上的興趣,其主要目的在於過一種遠離煩惱、充滿先見和洞識的開悟生活。❸

　　印度的傳統哲學,在佛教之前,就是《奧義書》(*upaniṣad*)。《奧義書》把關注的中心從吠陀 (veda) 時代的「神學」轉向人類的「自我」,其主要問題,可以說是對個體生命的反省,以發現真實的「自我」(ātman) 是與「梵」(brahman) 不二的存在。「梵」是絕對者,是普遍者,是無限永恆自身的呈現,是宇宙的創造原理,所以「梵」、「我」合一的問題也就是探索個體生命如何達於無限永恆的問題。❹

---

❸　參見 Chatterjee & Datt 原著,伍先林、李登貴、黃彬等譯,《印度哲學概論》
　　(臺北:黎明文化事業公司,1993 年),頁 18～19。

❹　印度哲學的發展過程中,對「梵」與「我」的探討歷程原是二條分別發展
　　的思想脈絡,至《奧義書》時期,梵與我合流,人類的自我與萬有的神我
　　同一,因此也與梵同一,梵我不二的思想便成為《奧義書》的中心思想。
　　詳見中村元著,葉阿月譯,《印度思想史》(臺北:幼獅文化事業公司,1985
　　年)。

若從語源方面來看，梵語 「阿特曼」 (ātman) 一詞的原初動詞語根 √at，含有呼吸、氣息的意思，由此轉變成名詞的 ātman。之後引申出生命、身體、我、自我、精神、靈魂、本性、本體、最高我等意義，❺而這些意義的孳乳繁衍，應該和印度思想對自我的探究相關。

就自我思想的發展歷史來看，有二種有名的說法，一為自我四位說，一為梵的五藏說。

自我四位說從接受對象限制的程序上分為四位：

1. **醒位** (buddhānta)：指受外界粗雜經驗限制的自我。

2. **夢位** (svapnānta)：指受內在微細經驗限制的自我。

3. **熟眠位** (saṃprasāda)： 指不受內外經驗限制而純然享受妙樂的自我。

4. **死位** (mṛta)：主體享受最大的自由，不受任何對象及條件限制，而呈現的一種絕對之境。

梵的五藏說，「藏」在此可作層次或階段解，即從自我的生命反省，以認同梵的五步歷程：

1. **食位所成我** (annarasamayātman)：由食物所造成的生命，即軀體的生命。

2. **生氣所成我** (prāṇamayātman)：由生命的呼吸所造成的生命，即生命層面的自我。

3. **意所成我** (manomayātman)：指感性的或精神的當下反應所造成的生命，即心理學意義的自我。

4. **識所成我** (vijñānamayātman)：即生命的自體所造成的我，透過它，人類的知識、人格、行為、習慣有所依據。

5. **妙樂所成我** (ānandamayātman)：這一層次，超越了識所成我的主客對立，主客混合，呈顯為無限。這就是「梵」，也就是「我」，

❺　見荻原雲來，《梵和大辭典》(臺北：新文豐出版社，1979 年)，頁 188。

「梵」、「我」融合為超越的統一，我們或可稱之為超越者、普遍者、絕對者、神我或真我，其實，這樣的境界，是非語言所能詮表的。❻

在《奧義書》的探索過程中，層層升進，每個層次的自我分別得到承認，並佔有相對的位置，而最後的階段，才是自我的終極意義，才是真實的自我。歸納起來，它具有「恆常、獨一、自主、妙樂」的特性：

1. **恆常**：恆是永恆，常是不變。自我是那個不變的實體。

2. **獨一**：獨立自存的個體，是個不可分割的整體，獨一無二的絕對實體。

3. **自主**：自己支配自己，自己作主，享有自在權利的實體。

4. **妙樂**：由於親證與真實自我或梵的同一性，人們心中不再有任何欲望，無所得也無所不得，由此而體證到最大的快樂。

由於《奧義書》塑造了印度思想中對「我」的探究、體證的傳統，後來各家對「我」的論辯，基本上便順著四位說、五藏說這幾個層面進行，佛教自然也不例外。❼不過各家學說大多從肯定實我的進路深化、體系化自我的學說，唯有佛教反對這樣的進路，認為這是常見，不究竟，不能得解脫。

第二項　無我與非我

---

❻ 參見高楠順次郎著，高觀廬譯，《印度哲學宗教史》（臺北：臺灣商務印書館，1971 年），頁 251～252；霍韜晦，《絕對與圓融》，頁 146～151。

❼ 在佛教對「我」的說明，一向都說「我」有「常、一、主宰」之義，即把「我」解釋為「具有常恆、獨一、無比之性質，居色、心主腦之位，經常為之主宰者」。參見渡邊隆生，《《成唯識論》中的「假我（法）說」》，收入武邑尚邦等著，余萬居譯，《無我的研究》（臺北：法爾出版社，1989 年），頁 143；楊郁文，《阿含要略》（臺北：東初出版社，1993 年），頁 397。

「無我」、「非我」，其所對譯的梵文原語可能同為 anātman（巴 anat-tan）。❽anātman 一語，是由表示否定的前置詞 an 和表示「我」的 ātman 結合而成，所以它本來就可以有兩個解法：一、非我；二、無我。這在漢譯四《阿含》中明顯的呈現出來。❾問題是：原始佛教的「無我論」採取那一種解法？

在語義上，「非我」主要是否定「某某對象是我」，但卻沒有肯定「我不存在」。例如，在《奧義書》中，提出氣息、語言、眼、耳、意、心等任何一個概念，都被說成「不是我」。如前所述，「自我四位說」、「梵的五藏說」中，前面的階位都可說「不是我」、「非我」，「不然，不然」(neti, neti)，而其真正的涵義是要肯定超越的自我，梵我合一的真我（最高的階位）。佛教的「非我」，如果只是對「我」的問題存而不論，或許也有作那樣解釋的餘地。

「無我」則不然，「無我」可以解釋為對「我」的存在的否定：「我」不存在，沒有「我」的存在。相較之下，「非我」是弱勢否定，「無我」則是強勢否定。❿然而，把「非我」理解成「無我」，兩者可互相代換使用，這也是可能的。如果我們說「甲不是我」、「乙不是我」、「丙不是我」、「丁不是我」，而且甲、乙、丙、丁已窮盡一切存在的可能性，不可能再有戊的存在，那麼結論便是：我不存在。這時「無我」與「非我」便可

---

❽　在四部《阿含經》，「無我」、「非我」分別出現在不同的經文翻譯中，大致上說，《雜阿含經》譯為「非我」之例較多，《長阿含經》、《中阿含經》、《別譯阿含經》、《增一阿含經》則是使用「無我」之譯語較多。參見平川彰，〈初期佛教的倫理〉，收入玉城康四郎主編，李世傑譯，《佛教思想㈠》（臺北：幼獅文化事業公司，1991 年 3 印），頁 42～43。

❾　梵語的 anātma, anātmaka, nir-ātman, nir-ātmika 都可譯為「無我」，因此，在漢譯中所稱的「無我」，其梵語原義並非只是單純的對譯。參見中村元編，《自我と無我》（京都：平樂寺書店，1986 年），頁 3～4。

❿　《佛教思想㈠》，頁 43～44；霍韜晦，《絕對與圓融》，頁 157～158。

說是同義語。

當代的學者,如戴維斯夫人 (Mrs. C. R. Davids)、中村元博士,認為原始佛教的「無我論」應該說成「非我論」,因為原始佛教並沒有否定ātman。❶羅睺羅 (Walpola Rahula) 則強烈反對戴維斯夫人的主張,認為無我論是緣起論的推論,也是分析五蘊所得到的自然結果;❷平川彰博士也不同意中村元的解釋,其理由有二:⑴三法印代表原始佛教的教理,那麼就不可能承認有個固定常住的「我」的存在;⑵要理解「無我」,應該與「緣起說」關聯起來,既然是由緣起而存在,就不會有「固定的實體」存在。因此,他認為還是把 anātman 了解為「無我」比較妥當。❸

「無我」與「非我」的爭論,關係著我們對佛教核心教義的理解,由佛教的發展史來考察,我們將更能明白佛教無我論所面對的問題與複雜的樣式。

第二節　原始佛教的無我思想

第一項　佛陀說我

原始佛教雖主張無我論,但經文中說到「我」的地方不少,這便須分辨清楚佛陀說「我」的種種涵意。

「我」有種種的同義語:(巴) satta (眾生、有情)、nara (那羅、

---

❶ 《自我と無我》,頁 17〜20;Mrs. C. R. Davids, *The Birth of Indian Psychology and Its Development in Buddhism*, London, 1936, pp. 196〜198.

❷ 見 Walpola Rahula 著,顧法嚴譯,《佛陀的啟示》(臺北:慧炬出版社,1991年 14 版),頁 94〜114。

❸ 〈初期佛教的倫理〉,頁 45〜47。

原人）、manuṣya（摩㝹闍、人、人祖）、māṇava（摩那婆、童子）、puruṣa
（士夫、士、丈夫）、puggala（福伽羅、補特伽羅、數取趣）、jīva（耆
婆、命者、壽者）、jantu（禪頭、人趣）。❶ 一般人總認為有個自我核心
（core self），❶ 而立「我」的名義，由這些不同的名義可以看出印度傳統
的宗教與哲學對我的想像與理解。

佛陀說「我」，主要以有情（眾生）為中心，並不肯定有自我核心的
存在。「情」即情愛或情識，有情愛或有情識的生命，即有精神活動者，
與一般所說的動物相近。薩埵（梵 sattva，巴 satta）在梵文中象徵情感、
意識、心與勇氣，由於是具有這些特徵的存在，便產生種種對於環境與
自我的渴愛，故不容易解脫繫縛，實現無累的自在。所以世間問題雖多，
根本問題之所在還是有情自身所造成的。

有情的生命，具有壽命的延續，所以稱為「命者」；有情是個活動者，
所以稱為「士夫」，士夫即作事者；有情無法解脫，不斷的受生輪迴，所
以稱為「數取趣」：這些，都是就有情的各種現象而立名。佛陀從五蘊、
六處、六界分別觀察有情的身心現象，認為有情是色、心和合的存在者，

---

❶ 見《雜阿含經》，《大正藏》第 2 冊，頁 87 下。

❶ 不同的哲學和宗教，對自我核心的概念，有各種不同的理論和看法。有認
為靈魂是自我的基礎、不變的核心；有認為自我意識是自我的特徵，它具
有超越與否定性的本質，它才是自我核心；有認為人必須做決定，人是個
擁有（且被迫擁有）自由決定的存在者，自我核心指的就是做決定的特徵。
有的人回到自我的基本面，認為身體才是自我的核心；自我依存於身體。
身體是自我意識的根源，不管經歷何種改變，只要身體不變，我還是原來
的我。而心理學家榮格則認為自我只是心靈中的諸多情結之一，而且有時
顯得極不穩定。總之，當代思想家對自我核心的探討，有著各種不同的見
解，甚至，是否有個統整的自我核心，本身也是個問題。參見 Peter K.
McInerney 著，林逢祺譯，《哲學概論》（臺北：桂冠圖書公司，1996 年），
頁 132～133。

有情自體，是物質與精神的緣成體，外界與內心的活動，一切要從有情的存在中去把握，因此，佛法從有情說起，以有情為中心、為根本，去考察種種生命的真實。❶

佛陀說「我」，歸納起來，有下列五種用法：❶

1.人稱代名詞的我

我 (aham) 不與世間諍……（《雜阿含‧ 37 經》）

我今當說陰及受陰……（《雜阿含‧ 55 經》）

2.世俗常識的我

人、眾生、那羅、摩㝹闍……（《雜阿含‧ 306 經》）

3.無常之我

無常之我，非恆、非安穩、變易之我。（《雜阿含‧ 273 經》）

4.順世俗假名❶我

已離於我慢，無復我慢心，超越我、我所，我說為漏盡。於彼我、

---

❶ 印順對佛法以有情為中心的觀念，有精彩扼要的體系說明，請參見《佛法概論》（臺北：正聞出版社，1992 年修訂 2 版），頁 43～103。

❶ 見楊郁文，《阿含要略》，頁 418～419。

❶ 「假名」即依假施設名目來表示的東西，即概念的施設，而本身並無自體自性之義。

我所，心已永不著，善解世名字，平等假名說。《雜阿含‧582 經》）

5. 反身代名詞，人人自己

爾時，世尊告諸比丘：「住於自洲，住於自依，住於法洲，住於法依；不異洲，不異依」。（《雜阿含‧36 經》）

由以上的分析，佛陀說「我」，他並沒有否定世俗常識的我，心理學的我，或一般語言使用中的我。我，該從有情的角度去理解它，這才是真實的生命現象。換言之，佛陀承認緣起的我。那麼佛陀的無我論，此「無我」中的「我」，應該是「常、一、主宰」的我，形上實體化的我、神祕化的神我。這便是佛教所要對治的我。

第二項　觀察無我

一般說來，佛教的無我思想，可以從實踐的立場和理論的立場兩個面向來理解，從實踐的立場來說，無我即否定我執的意思。從理論的立場來說，無我就是分析我的要素（從蘊、處、界來分析），來論述我只是五蘊（六處）積集相合而成的東西，除了五蘊外，並沒有「我」。這是「分析的無我觀」。進一步，從無常來分析，一切事物都是變化無常，沒有自在不變的自我，這時無我便與無常、緣起有共通的意義。[19]

區分理論與實踐立場來說明無我，確實提供一清晰的解釋脈絡；但就原始佛教來說，所謂理論的立場，實際上也是由實踐而來的描述，它是實踐的指導和實踐觀察的報告，並不是理論體系的建構，因此，很難把理論和實踐分開成兩個不同的立場。

---

[19]　《佛教思想㈠》，頁 44～45。

「無我」即是「去我執」，這是原始佛教的實踐課題，《經集》說到：

> 人為我執物憂愁，遍取之常不可存，存在之物常變滅，如斯見之莫住家。（805 經）

> 人人貪求我執物，悲愁慳貪執不捨，故見安穩諸牟尼，捨諸遍取施諸行。（809 經）❷⓿

「我執物」便是認為這是我的東西而起執著。屬於我的東西，有我的身體、我的生命、我的名聲、我的所有物、我的……等等，甚至自己之外的其他事物，只要和我有所關連，都把它認為是我的東西而起執著，我的愛人、我的上帝、我的……等。這種執著，成為人的悲憂苦惱深層化的根源，因此已經發現了安穩的諸聖者（牟尼），乃捨棄了對一切東西的執著，遠離苦惱，不再擁有。

捨棄我執的根源，要從五陰（蘊）觀察其成因，發現正確對治之道，這在《雜阿含・陰根經》有較為系統的說明：❷❶

> 「世尊！此五受陰，以何為根？以何集？以何生？以何觸？」佛告比丘：「此五受陰，欲為根，欲集、欲生、欲觸。」

---

❷⓿ 見《小部經典二》，《漢譯南傳大藏經》第 27 冊（高雄：元亨寺妙林出版社，民國 84 年），頁 233～334。談到「我」的經文，另見《經集》772、806、807、809、811、951 經；《長老偈》717、755、765 經。

❷❶ 見《大正藏》第 2 冊，頁 14 中～15 上。本經由一比丘向佛求教，帶出與五蘊有關的十個問題，大部分都是重要而具代表性的問題。關於本經的內容釋義，參見黃家樹，《雜阿含經導讀》（臺北：全佛文化事業公司，1998 年），頁 268～277。

五受陰，玄奘譯為五取蘊，因五蘊總要向外攀緣，執取種種境界，以滿足欲貪，所以說以欲貪為根本。因為欲貪，五受陰未生起前先經過惑業的積集，生起五受陰，生起後又觸境作新的業，故說欲集、欲生、欲觸。那麼，五受陰和執取是怎樣的關係？

> 「……世尊！陰即受，為五陰異受耶？」佛告比丘：「非五陰即受，亦非五陰異受；能於彼有欲貪者，是五受陰。」

既然說是五受陰（五取蘊），那麼是否五受陰本有執取（陰即受）？抑或離開五受陰別有「受」（執取）的存在，「受」是實有的，是執取造成五受陰（五陰異受）？佛陀認為兩種說法都不對，五陰如果生起欲貪，就是五受陰，欲貪引致執取，有欲貪便有執取，所以說欲為根。㉒《雜阿含・拘絺羅經》對欲貪與五蘊的關係，作這樣的譬喻：

> 非眼繫色，非色繫眼，乃至非意繫法，非法繫意。於其中間，若彼欲貪，是其繫也。譬如二牛，一黑一白，共一軛鞅縛繫，非黑牛繫白牛，亦非白牛繫黑牛，然於中間，若軛、若繫鞅者，是彼繫縛。㉓

六根與六塵所以構成煩惱繫縛，是因為「欲貪」的作用，「欲貪」有如牛軛繫鞅，將眼等六根與色等六塵繫縛起來。因此斷除欲貪，解除中間的繫縛，則心解脫。那麼如何去除欲貪執著呢？那便須要觀察五蘊都是無常變易，不可以執取為「我」。以下我們略舉三種觀察無我的方法來作

㉒ 「欲貪」相當於十二緣起中的「愛」，有欲貪便有執取即是說明「緣愛，取」的關係。

㉓ 見《大正藏》第 2 冊，頁 60 中。

說明。

1.觀察離陰無我

> 種子者，譬取陰俱識。地界者，譬四識住。水界者，譬貪喜。四
> 取攀緣識住。何等為四，於色、受、想、行中識住，攀緣色、受、
> 想、行，貪喜潤澤，生長增廣。識於中若來、若去、若住、若沒、
> 若生長增廣。比丘！若離色、受、想、行、識，有若來、若去、
> 若住、若生者，彼但有言，數問已不知，增益生疑，以非境界故。❷④

五蘊說的安立由「四識住」而來。「識住」(vijñānasthiti) 表示識的攀緣依
住的性格。「識」本來是流動的，但在活動的時候，「識」攝取認識對象
時，就依止（靜止）在對象上，把握對象而不離，這就是「識」的依住。❷⑤
在引文中把識比喻成種，色、受、想、行四識（取）比喻成土地，種子
一旦落到土地上，土地（四取）便提供活動的場所（四取攀緣識住），受
到水分（比喻貪、喜）的滋潤，（識和貪喜一起作用）就能發芽、生長、
增大、廣大（我便被執取）。

原始佛教從身心的相依中去考察有情的一切，離開了五蘊、四識住
的現象觀察，如果還有「我」的存在、「我」的活動，那麼這只是空話（彼
但有言），因為離蘊之我，是不能夠認識的，能夠認識的東西盡在五蘊，
離蘊之我，並非認識的對象（非境界），所以說了等於沒說，沒有證據顯
示它的存在（數問已不知）。

2.觀察即陰無我

> 爾時，世尊告諸比丘：「當觀色無常，如是觀者，名為正觀。正觀

---

❷④ 見《大正藏》第 2 冊，頁 9 上。

❷⑤ 《佛教思想㈠》，頁 54～55。

者，則生厭離；厭離者，喜貪盡；喜貪盡者，說心解脫。如是觀
受、想、行、識無常，如是觀者，則為正觀。……如觀無常，苦、
空、非我亦復如是。」❷❻

爾時，世尊告諸比丘：「色無常……受、想、行、識無常。無常者
則是苦，苦者則非我，非我者則非我所。……」❷❼

這一類教說，在《阿含經》裡非常的多，也是最有代表性的。它不但說
五蘊和合而有的「我」是無常，更重要的是，它指出造成五蘊的因素本
身也是無常。如果就理論的角度來看，這裡最重要的問題有兩個：一是
它所預設的前提，即把「我」看作是五蘊所成的東西，離蘊無我；二是
在論證的過程，解答色何以不是我的問題。因為這個問題解決，以下受、
想、行、識，就可以照樣解決，所以這是關鍵性的一步。❷❽

離蘊無我，已如前述。接下來我們來討論：色何以不是我？色無常，
因為色是緣生的存在狀態，由因緣所生起，所以是無常；❷❾「無常者則
是苦」，《雜阿含經》中常常提到「若無常、苦，是變易法」，顯然無常所
以是苦是通過壞滅變易的觀念來說的。而變易壞滅所以是苦，反映出「識
住」與貪、喜的根本性格，因我們執著於常住的關係，這種無常與我們
的欲望相矛盾，所以是苦。「苦者則非我」，這是延續《奧義書》的傳統，
因「我」是妙樂，是最高無上的快樂，所以苦的東西並不是「我」。

經由以上的分析，我們可以明白「即陰無我」的要義，而在《阿含
經》的脈絡中，「即陰無我」並不是要建構理論的說明，而是透過實踐的

---

❷❻　見《大正藏》第 2 冊，頁 1 上。

❷❼　《大正藏》第 2 冊，頁 2 中。又參見《雜阿含》卷一、二、三、十，均有
　　相類似的記載。

❷❽　見霍韜晦，《絕對與圓融》，頁 160。

❷❾　緣起思想的討論，參見本書第三章。

觀察來證知的。

3. 由非主（不自在）觀察無我

> 佛告火種居士：「凡是主者悉得自在不？」答曰：「如是，瞿曇！」
> 佛告火種居士：「汝言：色是我，受、想、行、識即是我，得隨意
> 自在，令彼如是，不令如是耶？」時，薩遮尼犍子默然而住……❸⓿

> 爾時，世尊告諸比丘：「眼非我。若眼是我者，不應受逼迫苦，應
> 得於眼欲令如是、不令如是；以眼非我故，受逼迫苦，不得於眼
> 欲令如是、不令如是。耳、鼻、舌、身、意亦如是說。」❸①

這二則引文所說的「我」是指隨意自在的主宰者，能令我們的五蘊、六
處自主變化，顯現大能，「令彼如是，不令如是」、「欲令如是、不令如是」
皆是我的權力，我的自由意志。「我」是萬能的主宰者，這是印度傳統下
的神我、梵我。從不能自主自在的角度觀察五蘊，「無我」是指「具有主
宰、隨意自在的自我並不存在」，「無我」否定人對自我的無限誇大與神
化，不管具有多大的神通力，諸行無常，畢竟逃不過壞滅的法則，那麼
又何來「隨意自在」？何來「萬能的主宰者」？由此可知，無我的觀察，
離不開無常、緣起的教義，換句話說，我們對無我、非我的解釋，要在
三法印的教理下來詮釋，那麼無我與非我的詮釋衝突便可解消。

第三項　證無我

證無我是到達無惑、無所取、無有漏業、無苦的安穩境地。無惑則

---

❸⓿　《大正藏》第 2 冊，頁 36 上。
❸①　《大正藏》第 2 冊，頁 91 上。

離無明，智慧生，得慧解脫；無所取則離貪欲，得心解脫；無有漏業則不再輪迴；無苦則得安穩寂靜。證無我就是證得涅槃。**㉜**

那麼，如何證無我？經上常說：

當觀色無常，如是觀者，則為正觀。正觀者，則生厭離；厭離者，喜貪盡；喜貪盡者，說心解脫。**㉝**

無常想者，能建立無我想，聖弟子住無我想，心離我慢，順得涅槃。**㉞**

歸納起來，證無我有一定的次第：無我正觀→厭離→解脫。這個過程，或可用味、患、離作為三個實行細則，指導著修行者證入無我的過程。

比丘白佛：「⋯⋯云何色味？云何色患？云何色離？云何受、想、行、識味？云何識患？云何識離？」佛告比丘：「緣色生喜樂是名色味；若色無常、苦、變易法，是名色患；若於色調伏欲貪、斷貪欲、越欲貪，是名色離。⋯⋯」**㉟**

世尊告諸比丘：「我昔於色味有求有行。若於色味隨順覺，則於色味以智慧如實見。⋯⋯我於色患有求有行。若於色患隨順覺，則於色患以智慧如實見。⋯⋯我於色離有求有行，若於色離隨順覺，則於色離以智慧如實見。⋯⋯」**㊱**

㉜　參見《阿含要略》，頁 170～171。

㉝　《大正藏》第 2 冊，頁 1 上。

㉞　《大正藏》第 2 冊，頁 71 上。

㉟　《大正藏》第 2 冊，頁 14 下。

「色味」即沉溺於欲愛、欲貪的世界，並使欲愛廣大增長，而以欲愛為樂。欲愛，催促著人們不停地追求著，不能自拔，就像甘心為欲所食一樣。佛陀告訴我們，要在這種現象上進行遍求（有求有行），審諦觀察，充分體驗色味的因緣，這便是以智慧如實見。

「色患」即以色為大患。色是無常變易的壞滅法，貪喜於色，就是對苦的愛。沒有人會貪愛苦，但人們不斷地要求滿足貪欲，就是愛喜著苦，對這現象進行遍求，充分體驗色患的因緣。

「色離」即對色的厭離；對於欲貪不再加油添薪，使其熾熱，而是捨棄欲貪，斷除欲貪，超越欲貪，使人不再受欲貪的支配，欲貪自然謝滅。在色離上下功夫，正觀色無常、苦、無我，就會厭捨它，不再因它而愛染，便能永斷欲貪，順得涅槃。

色味→色患→色離是證入無我的修行實踐，同理，於受、想、行、識也分別進行同樣的步驟，那麼就能達到五蘊的味、患、離而證入無我。

《雜阿含・差摩經》對證入無我，有一段差摩比丘與一群上座比丘談論這一問題的精彩對話，發人省思。❸❼這群比丘問差摩比丘是否於五受陰能觀察非我、非我所。差摩比丘回答說：「可以」。那麼，差摩比丘已經是個滅除煩惱的解脫者(漏盡阿羅漢)？他回答說他還不是個解脫者。一群上座比丘認為他的回答前後矛盾，因為能觀察非我、非我所就能達到解脫境界。差摩比丘回答說，他對五受陰尚有殘餘的習氣（餘氣）未完全淨除，餘氣造成差摩比丘仍有極細微的我、我所見未完全斷盡，就好像一朵花的香氣，既不是花瓣香，不是顏色香，也不是花粉香，而是花的香。又好像是乳母的衣裳，洗滌清淨，但仍殘留嬰兒的乳臭香味。差摩比丘以為應進一步觀五陰的集起生滅，才能完全斷除。

這段議論對這群上座比丘發揮非常大的作用，根據經典記載，他們

❸❻　《大正藏》第 2 冊，頁 2 下。

❸❼　《大正藏》第 2 冊，頁 30 上～下。另參見《佛陀的啟示》，頁 111～112。

所有的人，包括差摩自己在內，在議論結束之時，都成了離塵絕垢的阿羅漢，終於將「我、我所」剷除了。經文中的比丘都已久住正法，如實智慧觀察，差摩的議論有如臨門一腳，終於讓他們斷我見而盡除煩惱，由這段議論也可說明徹證無我即是得解脫。

第三節　部派佛教的無我思想

　　佛陀無我的教法，在當時已令愚痴無聞的凡夫俗子生起懷疑：「若使色無常，覺、想、行、識無常者，則誰活？誰受苦樂？」❸❽從印度思想史來看，無我教法一直受到其他學派激烈的批評。耆那教便提出了下列具有代表性的批判觀點：

1. 如果世界上每件事都是無常的，那麼靈魂也應是無常的，因而我們無法解釋記憶、確認，以及個人同一性的直接感受等問題。

2. 解脫變得毫無意義，因為沒有靈魂能夠永恆地得到解脫。

3. 也不可能再有什麼道德生活。因為無常的人不能期望達到什麼目的；努力工作的人所得到的結果將被隨其後的另一個人享受。

4. 結果，不存在任何道德法則。每個人行動的結果將不再屬於他自己，而別人的行動結果卻落在他身上。

5. 無常的記憶狀態不能構成一個連續的個體。因為在變化的「形式」中缺乏某種永恆的東西，不同的變化狀態不能結合在一起，以形成連續的個人。

6. 感知和推論都不能揭示世界上任何事物的存在，因為只存在變化，而不存在任何連續的成分。❸❾

耆那教的批評分別從靈魂主體、個人同一性、解脫、善惡因果的道德法

---

❸❽　見《中阿含・62經》，《大正藏》第 1 冊，頁 498 中。

❸❾　引自《印度哲學概論》，頁 104。

則、道德生活的可能性、世上事物存在的認知等層面，對佛教提出問難，這些挑戰，正是部派佛教（或稱阿毘達磨佛教）所面對的時代課題。

第一項　《彌蘭王問經》❹中的無我論

西元前二世紀後半葉，支配了西北印度的希臘王 Menandros（巴 milinda，彌蘭陀）與佛教的學僧（巴）nāgasena（那先、龍軍）比丘曾做了一場公開的對話，這場對話的記錄保存在《彌蘭王問經》中，❹這部書代表從原始佛教進入部派佛教時期的思想。

從無我論的角度檢視這部書，我們發現「我」的問題重點轉移到靈魂存在的問題：「佛教的無我說隨著時代的變遷，其解釋也有很大的變化。『無我即無靈魂』之思想也是由時代變遷而產生的」。❹確信靈魂存在的彌蘭王把佛教的「無我」理解成「無靈魂」，並提出非難，這就構成我與無我之間的論辯。

第一目　和合無我

本經第一品，彌蘭王問那先：「尊者如何被人知？尊者何名？」時，那先這樣回答：

---

❹　《彌蘭王問經》原名 *milindapañha*，漢譯稱為《那先比丘經》，屬於較早的經文。底下的討論我們根據巴宙教授的最新譯本：《南傳彌蘭王問經》（北京：中國社會科學出版社，1997 年）。

❹　本經的編著者不止一人，於不同的時期或流傳區域曾多次被人增添、修改、訛傳或缺損。有關編者、年代、版本的問題，請參見巴宙，《南傳彌蘭王問經》，頁 15～20。

❹　早島鏡正，〈初期佛教的無我思想〉，收入《佛教思想㈠》，頁 92。

大王，我以龍軍（意譯，音譯那先）被人知。大王。同修梵行者
呼我為龍軍。雖然父母取名曰龍軍，或雄軍，或獅子軍，那只是
一個名稱、稱呼、名字、泛稱而已。此龍軍名，於此「人」不
可得。❸

「名字」即假名（巴 paññatti），直譯就是「施設地說」、「方便地說」的
意思。「泛稱」（巴 vohāra）意思就是大家共同使用的語言。龍軍（那先）
只是語言概念的施設，方便大家的溝通與指認，這並不表示承認有「人」
（puggala，人格個體、靈魂）的存在。

那先的回答馬上激起彌蘭王的一連串問題：

尊者龍軍，若人不可得，則誰給你們衣服、飲食、房舍、醫藥等
所需資具？又誰享受？誰護戒？誰習定？誰證道、果、涅槃？誰
殺生？誰不與取？誰行邪婬？誰妄語？……❹

這些問難，和上述者那教對佛教的批判相類似，也就是認為要有人格的
核心（人格的個體）方能解釋種種行為的現象。

那先對這個問題的回答是透過「和合」的觀念來解釋，五蘊和合而
有「人」，所以常識中如是而呈現的人，其實並沒有實體，捨各支分（蘊）
外，並無有「我」、「人」。那先以車來做比喻，除了轅、軸、輪、車身、
旗桿、車軛、韁繩之外，並沒有車的實體。車只不過是這些零件材料和
合而已。❺

---

❸　《彌蘭王問經》，頁 25。

❹　《彌蘭王問經》，頁 25。

❺　以車為譬喻來說明無我，在《雜阿含經》中也有同樣的例證，那先比丘應
　　該是引用自《雜阿含經》，其原文如下：「汝謂有眾生，此則惡魔見。唯有

那先論證無我的方式，也就是後世所謂的「析空觀」。部派佛教的時代都採用之。但進一步推究，車無實體，那麼，轅、軸、輪等材料是否有實體？不斷地追問，依「假必依實」的原則，而得出「我無法有」的觀念，這就成為部派佛教和合說的結論。

第二目　輪迴的主體與無我論

主張無我論，又承認印度傳統的輪迴觀念，兩者之間，會不會有矛盾？一般的說法，輪迴觀念的前提必須承認有個輪迴者，這個輪迴者我們稱為 jīva（命者、壽者），或稱之為（巴）vedagū（靈魂），❹或稱為 puggala（數取趣），不管用什麼概念名稱，它要能作為輪迴的承擔者，使得前一生與後一生的關係建立起來，而且要有一定的邏輯秩序，不致於甲的前一生轉成乙的後一生。要滿足這樣的條件，承認有個輪迴的主體，同一的靈魂，它主導著個體生命輪迴的歷程，這是個合理的答案。

佛教竟然否定有個輪迴者，那又如何說明輪迴呢？那先比丘面對這樣的問題，基本上遵守著原始佛教業感緣起的立場，形成輪迴的東西是業力，輪迴的個體是處在「業」相續的存在狀態。他以燈火來做比喻。❹初更的燈焰、末更的燈焰，它們是同是異？燈焰整夜燃燒，它並不是另外一盞燈焰，所以是非異；但初更、中更、末更的燈焰也不能說是同一，所以是非同。燈焰的延續連結，一生一滅，連結起來無分前後，好像是一，仔細分析，其實是非同非異，是連續。人的身體，從生至死無時無刻不在變化，我們又如何說它是同一個人的身體？因為是無間斷地連續，

空陰聚，無是眾生者。如和合眾材，世名之為車。諸陰因緣合，假名為眾生。」（《大正藏》第 2 冊，頁 327 中。）

❹　Vedagū 直譯為 The attainer of wisdom，但特別意義為 soul，參見巴宙，《南傳彌蘭王問經》，頁 65。

❹　《南傳彌蘭王問經》，頁 41。

因此，在時間中所有的存在物，只要有不間斷的連續，我們就可說它是同一存在物，而不需要假定有一不變的事物存在其中。

　　輪迴的主體並不是不變的實體，而是無我的業相續，業由執取而生，因此「有取我轉生，無取則不轉生」。❹

　　輪迴主體的問難與回應，隨著時代的發展在部派佛教時代成為重要的課題，幾乎所有的部派都要回答「輪迴主體與無我論是否矛盾？」的問題。

第二項　補特伽羅的存在問題

　　「補特伽羅」是梵語 pudgala 的音譯（巴 puggala），一般意譯作「數取趣」或「人」，意即不斷趨向諸趣的輪迴主體，本是「我」之異名。原始佛教以觀、行、證為要義的無我論，在《彌蘭王問經》中已偏向理論的說明，這也是因論辯的需要使然。部派佛教因對「法的研究」❹ 各自展開義理體系的建構工作，特別是對存在界的分析，這逼使他們更進一步面對輪迴主體與無我論之間的問題：原始佛教主張前一世與後一世乃非常非斷、非同非異的關係，但「非常」的五蘊假我如何承擔「非斷」

---

❹　巴宙教授把輪迴都譯成轉生。事實上轉生與輪迴雖類似，但還是有所區別，請參見本書第十一章。

❹　阿毘達磨，梵語 abhidharma，巴利語 abhidhamma，按此詞的梵語由兩部組成：abhi 和 dharma；abhi 是對向、對觀，dharma 是法、是佛說，所以 abhidharma 即是對向佛法，對向佛所說，亦即是「法的研究」，法本是佛陀的教法，這總結起來即成為「經」，其後各學派特別是部派佛教，對經的內容加以整理和分類，又展開在訓詁和注釋方面的研究，因而成為一種獨特的學問，這是對經而作的學問，稱為阿毘達磨或稱為「論」。其全部的結集，構成三藏中的論藏。見吳汝鈞編著，《佛教思想大辭典》（臺北：臺灣商務印書館，1992 年），頁 295。

的業力因果？「補特伽羅」便成為他們理論說明的依據。

　　直至《彌蘭王問經》，「此人（補特伽羅）不可得」仍是佛教界普遍的共識，敢明白提出「補特伽羅」作為輪迴的主體，在部派佛教佔有一席重要地位的，那要推上座部的犢子部。《俱舍論‧破我執品》曾談到犢子部認為非有補特伽羅不可的理由：

> 若定無有補特伽羅，為說阿誰流轉生死？……若實無我，業已壞滅，云何復能生未來果？❺⓿

引文中說到犢子部建立補特伽羅的動機，是要解說輪迴主體、業力等問題，因而建立補特伽羅的「我」論。從這個線索，我們可以歸納補特伽羅的任務與存在地位：❺❶

1. 補特伽羅是從前世到後世的輪迴主體

　　犢子部認為心、心所是剎那生滅的。有情的身心，沒有一法可以從前生移轉到後世，因此，三世輪迴、業報因果等現象，當然不能依止任何一法來建立，唯有補特伽羅，「由捨前蘊、取後蘊故」，❺❷才能貫通三世而存在。

　　犢子部因而提出「非即非離蘊我」。在犢子部看來，因為「非即蘊」，所以雖成立自我，自我也是「非我」，不違佛陀「即蘊無我」的主張；因

---

❺⓿　見《大正藏》第 29 冊，頁 156 下。

❺❶　以下的歸納，參見印順，《唯識學探源》（臺北：正聞出版社，1992 年修訂 2 版），頁 52～59；黃俊威，《無我與輪迴》（中壢：圓光出版社，1995 年），頁 116～120。

❺❷　補特伽羅（數取趣），其中心意義在於一個「取」，這「取」亦即執取、執著。由於「取」而入諸趣輪迴，而數「取」入諸趣本身成為輪迴的承擔者、輪迴的主體。這與原始佛教或《彌蘭王問經》的觀點並沒有什麼不同，只不過犢子部把此「取」主體化，而獨立出補特伽羅。

為非離蘊，此自我並不是一獨立存在的實體，不違佛陀「離蘊無我」的主張。因非離蘊，此自我即「非斷」，由是可承擔業力因果。此「非即非離蘊我」，蘊與我的關係，如薪與火，不可說薪是火，也不可說離薪有火，薪與火「不一不異」、「非即非離」，蘊與我亦同。

　　犢子部的主張跟世俗、外道所說的補特伽羅有別，因為世俗外道所說的輪迴實體，若不說它「即蘊」（即蘊計我，有斷滅的過失），便說它「離蘊」（離蘊計我，有常住、非對境的過失）；犢子部避免外道神我論的困難，而採取了雙非的論法，以這樣的方式調和無我說與輪迴說。

　　2.「補特伽羅」是能憶者

　　人類具有記憶、追憶、聯想的經驗與能力，那麼，誰能記憶？誰能追憶？能知的心識，剎那剎那的生滅；後心既非前心，如何可以解釋「是我曾見，是我曾聞」的記憶現象？犢子部提出這樣的問題：

> 若一切類，我體都無，剎那滅心，於曾所受，久相似境，何能憶知？……如何異心見後，異心能憶？非天授心曾所見境，後祠授心有憶念理。……我體既無，孰能為憶？……我體若無，是誰之念？❺❸

犢子部把這個能憶者的職務，歸給「補特伽羅」，「補特伽羅」能把過往的一切經驗，加以領納接受，並在現在加以回憶，所以，它是記憶作用背後的主體。

　　3.「補特伽羅」是六識生起之所依

　　眼、耳、鼻、舌、身、意六識是無常而有間斷的，當六識不起作用（如昏迷），根身不壞，仍是有情的生命，那麼，誰在作生命的主體？犢子部以為：在六識間斷時，必須有一個「補特伽羅」的存在來統合這六

❺❸　見《大正藏》第 29 冊，頁 156 下～157 中。

識的作用，所以，「補特伽羅」便是六識所依止的主體。換句話說：六識的或起、或滅、或斷、或續，都是依靠生命的主體——「補特伽羅」才能產生活動。

4.「補特伽羅」使眼等諸根增長

《中論・觀本住品》青目釋說：

> 有論師言：「先未有眼等法，應有本住。因是本住，眼等諸根得增長，若無本住，身及眼等諸根，為因何生而得增長？」❺❹

引文中所說的「本住」(prāgvyavasthito bhāvaḥ)，亦可譯成「本有者」，意思是「之前的東西」、「本來的東西」、「決定的存在」，也就是指「補特伽羅」。清辨論師的《般若燈論》說「有論師」指的就是犢子部。站在犢子部的立場，眼、耳、鼻、舌、身諸根的增長，必須藉由「補特伽羅」的作用才能生起和增長；「補特伽羅」是支持六根活動的生命力來源。

總之，犢子部對於「補特伽羅」存在的論據，建立在「主體」的觀念上。對犢子部而言，凡人類的一切輪迴現象、記憶現象、意識的統一作用等，都必須首先假設背後「主體」的存在，不然的話，一切的人類現象亦將無法解釋。

第三項　我空法有

犢子部建立補特伽羅我，為有情可以作為從前世移轉至後世的依據，這種說法是與佛法的補特伽羅無我（人無我）相異。因此，引起部派佛教間種種的爭議，犢子部的支派——正量、法上、賢冑、密林山，都建立「不可說補特伽羅」；經量部立「勝義補特伽羅」，這都承續犢子部的

---

❺❹　見《大正藏》第 30 冊，頁 13 中。

說法。而「說一切有部」則評破犢子部的論點。世親《俱舍論・破我品》
針對「不即不離蘊」補特伽羅，做出這樣的問難：

1. 「不即不離」應該等同於「不一不異」，不一不異的補特伽羅，究
　　竟是「有特殊事物」的「實在」？還是和合的「假有」？

2. 如果是實在的話，則有下列三種情形：

2.1　應該與蘊不同：如果實在與蘊不同，則不可說「不異」。

2.2　應該有所生的原因：如果由原因所生的事物，那就有生滅現象，
　　　是無常的存在，故應為「有為聚」 ❺❺ 所攝。

2.3　2.2 不成立的話，那就是「無為」：如果不是由原因所生的話，
　　　那就屬於無為；如果是無為，應為「無為聚」 ❺❻ 所攝。可是
　　　無為便無作用；若無作用，畢竟不能執著為實有。

結論：不即不離蘊我不是實有。

3. 如果是假有的話，那麼補特伽羅就應是「假我」，這便等同於佛教
　　所主張的「假我」說， ❺❼ 不必另立「非即非離蘊之我」。 ❺❽

由此可知，說一切有部反對以無常有造作的補特伽羅承擔起輪迴主體的
任務，只願意承認在身心的和合相續的關係上，可有假名的補特伽羅，
依這假我，才說有從前生流轉到後世。 ❺❾

---

❺❺　「有為聚」，「有為」指被制作出來的東西，由因與緣和合而展現出來的現
　　　象，因而亦是生滅變化的東西。「有為聚」即有為的聚集相和的存在。

❺❻　「無為聚」，「無為」指不是由因緣、條件而制。

❺❼　「假我」的觀念並非原始佛教中正式有的觀念，它是到阿毘達磨的時代才
　　　提出來的。「假我」即假藉因待而成立的我，也就是緣起的我。

❺❽　以上論證，參見《俱舍論》卷二十九（《大正藏》第 29 冊）；慧笙法師，《阿
　　　毘達磨俱舍論義旨要義》（基隆：靈泉禪寺，1989 年），頁 313～317。

❺❾　犢子部認為補特伽羅「依蘊、處、界假施設名」，它能從前世到後世，必定
　　　是依諸法作用內在的法體而建立的。因此中國古德的判別：說一切有部是「假
　　　無體」家，犢子部是「假有體」家。參見印順，《唯識學探源》，頁 65～67。

與《俱舍論》同屬有部的論書《大毘婆沙論》 ❻明白說出有部的
主張：

> 我有二，一曰法有，二曰補特伽羅我。善說法者唯說實有之法有。
> 法性實有，見之如實，故不名惡見。外道亦說實有補特伽羅我，
> 然補特伽羅我非實有之性。❻

引文中所說的補特伽羅我，只承認它是「非實有之性」，即假我，至於實
有，只能說是法性。大乘佛教常以「我空法有」來概述部派佛教的特色，
並批評部派（小乘）佛教承認「法有」，並未徹底體證二無我（人無我、
法無我），便是根據這類文獻而來的論斷。

如果換個角度，從有部自身的立場來看，有部正是為了說明人無我，
才提出「法有」的主張。「大概唯有立於『法』的立場，『人』始得為無
我吧。一旦喪失『無我』（的立場），『法有』恐將不得有。」❻這正確描
述了有部主張的時代背景與根本動機。

說一切有部的「一切有」，是它所以標榜立場的基本主張，「一切有」
(sarvāsti)，指的是過去、現在、未來等三世的一切都是實有的。這很容易
望文生義，誤解為一切事物是貫穿三世而存在的，那不是違背了「諸行
無常」的法則？事實上，所謂的「一切」，並非單純地意指其事，而是有
關存在之基本要素的達磨（法），因此「一切有」，是「一切法有」，而這
「法」三世恆有，所以指的是法體恆有。❻

---

❻ 《大毘婆沙論》又名《婆沙論》，是就有部獨特的立場整理而成的論書，是
有部教學上的綜合論書。

❻ 《大正藏》第 27 冊，頁 41 上。

❻ 見佐佐木現順，〈論勝義有、世俗有、實有〉，間引自光川豐藝，〈實有說與
無自性說〉，收入《無我的研究》，頁 50。

就法本身來分析，《俱舍論》將它細分為五位七十五法，❻列表如下：

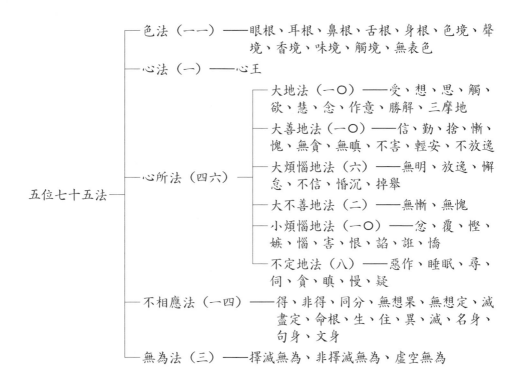

有部在所謂「無無所緣心」的立論下，以為沒有無對象的認識，換言之，所有的認識都是有對象的，故主張三世實有說。以法體作為「思惟的對象」，是三世實有的。《俱舍論》分析事物存在的要素，區分為五位七十五法，它們和合聚成現象世界的存在。因此，補特伽羅我也只是和合聚成而有，並非實有。而實有之「有」的說法是：

---

❻　參見櫻部建，《佛教の思想》第三章，頁 59。另見光川豐藝，〈實有說與無自性說〉，頁 52。

❻　有關五位七十五法詳細的解說，參見楊白衣，《俱舍要義》（臺北：佛光文化事業公司），頁 24〜58，並參見本書第四章。

> 實有之物，謂蘊、處、界。……實有，謂一切法住各自性者。❻

此處的「有」是指謂蘊、處、界的法有，依蘊、處、界來觀察，「我」只是依蘊、處、界假立而有，所以主張「無我」，這種方式的分析方法，也就是所謂的「析空觀」，由「和合」而知其非實有。

至於「實有」，便是具有自性的存在；《俱舍論》定義為「任持自性，軌生物解」。「任持自性」，表示它能保持自己的特徵；「軌生物解」，「物」是眾人義，表示它可作為軌範，使眾人產生共同的理解。不過，有部以為法的作用是剎那滅，絕不是「常」；法體本身無作用，要起作用必須因緣條件具足：

> 體雖已有，而無作用，今遇因緣，而生作用。❻

這麼說來，「自性」可以表達兩個層面：一者是法體恆有的法體，是無所改易、不轉變、超越三世、不待因緣而有自體的，此為本體論的層面；此外，由於因緣的作用，或因功能之有無，三世中有所轉變或改易，剎那生滅，此為現象的層面，用的層面。因此三世實有的「三世」並非現象所知覺的時間，亦即並非在剎那滅流程中的現象（體無作用），而是理論上的時間，邏輯思惟上的時間；現象知覺的時間剎那滅，甚至法（在用的層面）也是剎那滅。依體用區分，有部發展原始佛教的三法印，遂展開了有部所特有的主張：雖是法體恆有（體），而剎那滅卻無常（用）。

總而言之，「我空法有」依「析空觀」的詮釋方法，是有部為解決無我的問題所建立的理論體系；為說「我空」，所以不得不說「法有」。❻

---

❻ 見《婆沙論》卷九，《大正藏》第 27 冊，頁 42 上。

❻ 《大正藏》第 27 冊，頁 394 中。

❻ 參見光川豐藝，〈實有說與無自性說〉，頁 51～58。

第四節　初期大乘佛教的無我思想

第一項　菩薩與無我思想

　　初期大乘佛教的興起，有諸多複雜的因素，❻❽其中「發菩提心，修菩薩行，求成無上菩提」的菩薩運動是個影響深遠的風潮，這一全新的佛教運動強化「菩薩精神」，也造就了初期大乘佛教的中心哲學：「空」的思想。

　　「菩薩」(bodhisattva) 全譯為「菩提薩埵」，乃由「菩提」(bodhi) 和「薩埵」(sattva) 二詞所結合起來的複合名詞；其中，「菩提」是「正覺」、「悟」的意思，但「薩埵」一詞卻含有多種意義。依哈達雅 (Har Dayal) 的解釋，「薩埵」有七種涵義：⑴本質；⑵有情；⑶心、決意、志願；⑷胎兒；⑸意識、叡知；⑹獻身；⑺勇氣。❻❾此中，⑵的涵義最為常見，在中國傳統譯名中，把菩薩譯為「覺有情」，正是此義；⑹的涵義亦共通於巴利文的傳統，「菩薩」是獻身於正覺的人，執著於正悟者。但就菩薩運動的新精神來說，以「薩埵」為「心、志願、決意」的解釋，才是最重要且最普遍的解釋；「菩薩」是「心向正覺、勇心傾向正悟、決心得正覺（卻尚未得）的人」。❼❽

　　在《小品般若波羅蜜經》中，對須菩提問「菩薩」一語的意義，世

---

❻❽　相關問題的研究，請參考印順，《初期大乘佛教之起源與開展》（臺北：正聞出版社，1988 年 4 版）。

❻❾　參見梶山雄一，〈般若思想的形成〉，收入梶山雄一等著，許洋主譯，《般若思想》（臺北：法爾出版社，1989 年），頁 46。

❼❽　《般若思想》，頁 47。

尊不做任何解釋，而只強調「不可得」的精神，以此教義，大乘運動凸顯出無執著的般若行。《小品般若波羅蜜經》說道：

> 眾生無性故，當知念亦無性；眾生離故，念亦離；眾生不可得故，念亦不可得。❼

> 世尊！是法無生，一切法不可得故。世尊！是法無處，一切處不可得故。❼

眾生、一切法、一切處皆不可得，這都是表達「空」義。「空」是不得「人」與「法」，可見在《般若經》中，『空』是般若行，是脫落一切取相妄執」。❼
　　就「空」與「無我」的關係來論，《金剛般若波羅蜜經》的菩薩行，著重在「無我」，承繼著原始佛教的無我思想：

> 須菩提，若菩薩有我相、人相、眾生相、壽者相，即非菩薩……何以故？是謂眾生無復我相、人相、眾生相、壽者相，無法相，亦無非法相。何以故？是諸眾生，若心取相，則為著我、人、眾生、壽者。若取法相，即著我、人、眾生、壽者。何以故？若取非法相，即著我、人、眾生、壽者。是故不應取法，不應取非法。以是義故，如來常說：「汝等比丘！知我說法如筏喻者，法尚應捨，何況非法！」❼

---

❼　見《大正藏》第 8 冊，頁 540 上。
❼　《大正藏》第 8 冊，頁 562 中。
❼　《初期大乘佛教之起源與開展》，頁 717。
❼　見《大正藏》第 8 冊，頁 749 中。

我相、人相、眾生相、壽者相，都是有關「我」的概念，若執「我」不空，以為有「我」的存在，沒有無我的智慧，沒有與般若相應的慈悲，那就稱不上是個菩薩。《金剛經》是由「無我」悟入實相的。

《金剛經》固然著重「無我」，也說「無法相，亦無非法相」，不是但說「無我」的。⑦⑤換言之，《般若經》的發展過程，已將「無我」的內容涵蓋「法空」的思想，無我思想在大乘佛教裡有了新的詮釋。

在《金剛經》中與「不應取」有同樣意涵的觀念，就是「無住」。《金剛經》說：

諸菩薩摩訶薩應如是生清淨心，不應住色生心，不應住聲、香、味、觸、法生心，應無所住而生其心。⑦⑥

依梵本直譯則作：「無住的心應該這樣被菩薩摩訶薩生起。即住於任何一處的心，不應令生起，住於色的心，不應令生起，住於聲、香、味、觸、法的心，不應令生起。」⑦⑦

apratiṣṭhitam cittam，鳩摩羅什譯作「清淨心」，按梵文原意應是「不住之心」，心不住於任一對象之意。心有所住，即心有所執著，亦即對六境——色、聲、香、味、觸、法——執著，不知此六者，也是緣起性空，

---

⑦⑤　執著「法」與「非法」為實有，便是執「我所（法）見」。《金剛經》將「我」、「法」、「非法」的執著，皆歸諸於「我執」，並明白表示「法」、「非法」有如竹筏，利用竹筏作為交通工具，即能由此岸到彼岸，有如以「法有」對治「我執」，一旦度過中流，到了彼岸，竹筏當然捨去了，誰還能把它帶著走！因此，不可執著法、非法相。參見印順，《般若經講記》（臺北：正聞出版社，1992 年修訂 1 版），頁 52。

⑦⑥　見《大正藏》第 8 冊，頁 749 下。

⑦⑦　見《新譯梵文佛典金剛般若波羅蜜經㈠》（臺北：如實出版社，1996 年），頁 111。

因此未證法空，心便不清淨。❼❽「無住心」是以「空」為基礎，即使菩薩「莊嚴佛土、成就眾生」的事業，心也不能執著有實有的佛土、眾生，實有的法、實有的菩薩可得，因一執著，便是束縛，不得解脫。所以菩薩的般若行，要超越「獻身於（執著於）正覺的人」的菩薩意涵，以無住之心、勇於捨棄執著之心，向正覺之路邁進，行菩薩的廣大悲願，度化眾生，這該是空的原始涵意，也是空即無我（執）的實踐。

第二項　本性空：空即是色，色即是空

《般若經》的「空」，是以「本性空」(prakṛtiśūnyatā) 為基礎。與「本性空」相近的，有「自相空」(svalakṣaṇaśūnyatā)、「自性空」(svabhāvaśūnya-tā)。「自相」與「自性」指一一法的特性（包括獨特的狀態與作用），這些特性都是自有的，所以「自相空」的「自相」與「自性空」的「自性」兩者同義，可以互相通用。❼❾憑藉「自相」，才確定有一一法的存在；有部立七十五法，乃依「假必依實」的原則，在「自相」的推究上而成立的。「自相空」說明一一法並無實有「自相」的存在；「自相」不可得，也就不能依「相」而推定實法的存在，部派佛教所固執的實有諸法便須評破，而歸諸「法空」、「自性空」。

一切法本性是空的，《摩訶般若波羅蜜經》如是說：

　　空中無色，無受、想、行、識。離色亦無空，離受、想、行、識

---

❼❽ 《新譯梵文佛典金剛般若波羅蜜經㈠》，頁 112。依《六祖壇經》「應無所住而生其心」就是令六祖慧能開悟的經文，對中國佛教有深遠的影響。在唐代的南宗禪，「而生其心」有其深意，是強調寂知（本智）之用（功能）的根據。但該處的原文只是說「對色、聲、香、味、觸、法，都不應該執著」，漢譯改採積極的表現方式。

❼❾ 參見印順，《初期大乘佛教之起源與開展》，頁 724～725。

　　亦無空。色即是空，空即是色；受、想、行、識即是空，空即是
　　（受、想、行）識。……諸法實性，無生無滅，無垢無淨故。**⑩**

從這一段經文可以看出《般若經》是從五陰（蘊）──色、受、想、行、
識開始，次第廣觀一切法的。以「色」為例，「色」(rūpa) 是「可壞的東
西」、「可變化的東西」、「有形的東西」，空性本身並不屬於壞滅法，也不
具有形狀，所以說「空中無色」。**⑪**「空性」用來描述一切法都處於無實
體的狀態中，它本身並不是個實體，並不離色而獨立存在，所以說「離
色亦無空」。

　　引文中「色即是空，空即是色」這二句話是用來表示「本性空」。色
的存在本身便是無實體的存在狀態（空），並不是因為人的觀察或其他因
素而使成為空的狀態；而無實體的狀態本身正是色的存在現象的特質，
因此色相不可得，由此而引向超越名相的「諸法實性」。「諸法實性」也
就是空性，同理，受、想、行、識乃至一切法，都是「本性空」。

　　菩薩行的實踐精神落實在「本性空」的深義上，從此「一切法空」
便成為往後大乘學派（中觀、瑜伽行）討論的課題。

第五節　中觀學派的無我思想

第一項　諸法無我與一切法空

　　中觀學派的無我思想，基本上繼承《般若經》菩薩行的精神。《大智

---

⑩　見《大正藏》第 8 冊，頁 221 中～下。

⑪　「空」(śūnyatā) 在本經文中是「空性」的意思，當名詞用。在《般若心經》
　　中則歸結成「色不異空，空不異色；色即是空，空即是色」的論述形式。

度論》是《般若經》的廣釋；《中論》、《十二門論》、《百論》乃依《般若經》而作論，以發揮一切法空的思想。由「無我」悟入實相，說「無我」則「人」、「法」俱無我，說「空」則「我」、「法」皆空，「空」與「無我」合轍，這是中觀學派的思想特色。

「空」與「無我」，在佛教聖典中說得很多，如《增一阿含經・邪聚品》云：

> 無我者，即是空也。……我非彼有，彼非我有。

「我非彼有」，是無我，是我空；「彼非我有」，是無我所，也就是法空。這是根本聖典中本有的思想，中觀家便在同一意義上建立我、法二空的思想。❷《大智度論》云：

> 佛法有二種說：若了了說，則言一切法空；若方便說，則言無我。❸

說「無我」，說「一切法空」，只是應機不同；原始佛教的「無我」是說得含渾些，大乘佛教的「一切法空」則說得徹底些。所以原始佛教的「諸法無我」與大乘佛教的「一切法空」是相通而不相礙的。❹

底下一段《大智度論》的話更加能確立這個說法：

---

❷ 空與無我，部派佛教對它有種種不同的解說：一為有部「約他性故空，約自性故不空」，空是不徹底，無我是徹底的思想；一為大眾系「空」與「無我」同義的思想；一為成實論師「空」通於我空與法空，而無我則限於人無我的折衷思想。詳見印順，《性空學探源》（臺北：正聞出版社，1992 年修訂 1 版），頁 236～248。

❸ 《大正藏》第 25 冊，頁 254 上。

❹ 參見印順，《印度佛教思想史》，頁 131～133。

　　（一切法）離我所故空。因緣和合生故空，無常、苦、空、無我
　　故名為空。……無常、苦、空故無我。不自在故無我，無主故名
　　為無我。諸法從因緣生故無我。無相、無作故無我。假名字故
　　無我。……⑧

所謂「無我」，在龍樹的立場便是空義，便是緣起義；否定自我，終究是
為了闡明緣起性空。

　　中觀學立基於「緣起」而說「性空」。因為一切法是緣起的（因緣所
生），所以一切法無自性；因一切法無自性，所以一切法是空。因一切法
本空，所以一切有為、無為法，也皆非實有。諸法皆是緣生的，緣生則
無有自性，無有自性則無生，所以緣生即無生。從以上的推論，我們可
以導出如下的結論：緣起法，即是無自性，即是空，即是無生，「緣起」、
「無自性」、「空」、「無生」等名詞，就中觀家而言，可以說都具有相同
的意義。

　　因此，龍樹在論證無我思想時，便離不開因果、緣起、無自性的觀點。

　　在《中論・觀五陰品》中，龍樹以觀察「色蘊」為例說明個體的生
命（五蘊的和合體）並非實有。龍樹的論述方法是從因果相即、相離的
角度來理解「五蘊非實有」。一般人對於「自我」，常常認為有個「實在
的個體生命」可得。龍樹則認為：「世間一切事物，皆是依待於因緣條件
而生起的，怎樣的因結成怎樣的果，其中並沒有不待因緣條件而生起的
實在事物（自性）。」因此，對於「色蘊」而言，無論是（由四大所造的）
色果，抑或是色因（四大），無一不是「緣起」的存在，並無自性。色因
與色果並不能獨立存在，它們是雙向的關係，相互依待而有。

　　如果有人主張離開色因而有色（果）可得，這種結果便是「無因之
果」，然而，沒有原因但有「色」的存在，這是說不通的。就好像由縷織

---

⑧　《大智度論》卷三十一，《大正藏》第 25 冊，頁 293 中。

成布，離開了縷，就織不成布，現實上，我們找不到離縷之布。

　　如果主張離開色（果）而有獨立的色因可得，這種「無果之因」的想法也有問題。因為「因是相對果而言，果不存在，如何說它是因？」就如同「離開布，縷並不存在，因為既然布不存在，又何需以縷作為其原因？」因此，主張有實在的「離因之果」或「離果之因」可得，理論上都是有困難的。

　　另一方面，如果有人主張「因中有果論」，這是從自性的角度來看色的存在，那麼不管是什麼原因，結果（色）已經存在了，則不需要有個色因來成就它的存在性；反之，如果主張「因中無果論」，既然原因和結果沒有任何的關係，那何必要有原因呢？這便落入虛無主義的見解。這兩種立場都不能成立因果關係。由此可見，色法是緣起的存在，它與色因相互依存，並非獨立存在。同理，受、想、行、識等蘊亦是緣起的存在，它們並無自性可得。因而由五蘊身心因素所構成的「自我」，必然也是無自性。**❸** 這是由因果關係來論證諸法無我，並評破我、我法的概念。

　　如果就「自我」的觀念與個體生命的關係來考察，原始佛教從觀察「即蘊無我」、「離蘊無我」的方式以契入無我，《中論・觀法品》則以一（相即）、異（相離）的關係來論破「自我」概念的存在。

　　　若我是五陰，我即為生滅；若我異五陰，則非五陰相。　**❸**

龍樹在此運用兩難的方式進行討論。

　　1.如果「自我」與個體生命（五陰的聚合體）是同一的關係，「自我」
　　　便應當與五陰具有相同的體性。可是，由五陰和合而成的個體生

---

❸　參見《大正藏》第 30 冊，頁 6 下；吳汝鈞，《龍樹中論的哲學解讀》（臺北：臺灣商務印書館，1997 年），頁 101～111。

❸　《大正藏》第 30 冊，頁 113 下。

命，在體性上是處於無常壞滅的狀態，那麼「自我」也具有生滅變異的體性，如此一來，便不符合「自我」是「常、一、主宰」的概念。因此，「即蘊是我」在存有論上並不能成立。

2. 如果「自我」在體性上與五陰聚合體（生命個體）完全「相異」的話，「自我」就不會有生滅的現象，可以維持「常、一、主宰」的特質；然而，問題是具有這種特質的存在，我們如何確知其存在？我們所經驗的一切事物現象，均是有生滅相的，我們實在無法認識一個超出我們感覺對象，具有「常、一、主宰」特性的「自我」。因此，「離蘊是我」在認識論上也不能成立。**❽❽**

　　龍樹在〈觀法品〉第一頌以兩難的方式，證成「即蘊是我」在存有論上的不可能性，以及「離蘊是我」在認識論上的不可知性。接著，在第二頌的前二句評破「我所」的實有：「若無有我者，何得有我所？」如果「我」不存在時，何處有「我所」呢？「我所」，是依「我」的存在而向外展開的，凡自我見所關涉的一切都是。如燈光所照到一切事物，燈如自我，其所照到的事物都是屬於我所。我所，就是我所有或所緣的一切，或是我所依而存在的身心五蘊。覺得它是真實性的，為我所有的，可被我支配的，即是我所見、法見。我所見依我見而存在，「無有我」的自性可得，我所也就沒有了，所以說：「何得有我所？」這是從我空而達到法空。**❽❾**「無我」、「無我所」，由此契入我空、法空，這是龍樹統合了《阿含經》的緣起與《般若經》的性空所呈現出來的無我思想。

第二項　澈見無我得解脫

　　龍樹的無我思想並非只是專注於存有論的分析來證成「無我」，而是包

---

❽❽　《中論》的論證方式與原始佛教的無我觀是一脈相承的。請參見本章第二節。

❽❾　參見印順，《中觀論頌講記》（臺北：正聞出版社，1985 年 5 版），頁 324。

括「無我」的實踐面來探究與修習，因此，「無我」與解脫思想密切相關。

在《中論・觀法品》二至四頌中，龍樹提出「無我」的修習過程：❾⓿

第二頌：若無有我者，何得有我所？滅我我所故，名得無我智。

第三頌：得無我智者，是則名實觀。得無我智者，是人為希有。

第四頌：內外我我所，盡滅無有故；諸受即為滅，受滅則身滅。❾❶

第二頌後二句的漢譯文字與梵文原本有出入，依梵文原本，這兩句的意思是「由於『我』與『我所』之寂滅，而離去『自我』意識和『我所』意識。」從梵文原典的語脈來看，「無我智」一語當是鳩摩羅什揉譯自 nirahaṃkāra 與 nirmana 這兩個語詞而來。

這兩個梵文語詞在形構上，都附加了表示「離開」或「沒有」之意的否定性接頭語 nir，而 ahaṃkāra 相當於通常所謂的「自我意識」的意思，mana 是「我的」或「為我所有」的意思。鳩摩羅什把「離開了自我意識」與「離開了我所意識」這種遮遣、否定的表達方式，譯成「無我智」，這便凸顯出空性的主體問題。❾❷

就第二頌的義理結構而言，眾生因見執有「自我」的實體，才有自

---

❾⓿ 梶山雄一把本品一至四頌理解為「無願三昧」，所謂「無願三昧」，是觀想「一切法都是不得期盼或不可欲求的對象」，這種三昧的修習，可以說是凝神於省思「空性」概念在意識方面的意義。龍樹在〈觀我品〉最初的四個詩頌中描述無自我意識的境地，正是著眼於無願三昧。見氏著，《印度中觀哲學》，頁 101～104。

❾❶ 《大正藏》第 30 冊，頁 23 下。

❾❷ 參見萬金川，《中觀思想講錄》，頁 97～99；吳汝鈞，《龍樹中論的哲學解讀》，頁 318～319。

我意識的產生，同理，眾生先執有「我所」的實存，才有「我所意識」的產生。「我」與「我所」是存有論的概念，「自我意識」與「我所意識」是意識哲學的概念，有了前者，才跟著有後者。因此，第一頌至第二頌前二句，龍樹先透過兩難的論式，斷定「我」與「我所」並不存在，進而便轉向意識層面來考察「自我意識」與「我所意識」。而一旦我們澈見「我」與「我所」全無存在的可能，停止了對「我」與「我所」的執取，此時我們便當在意識上處於沒有「自我意識」與「我所意識」的狀態。❸

　　第三頌依鳩摩羅什的翻譯，「無我智」乃是觀照實相的智慧，若能徹悟「我」與「我所」不可得，便可證得「無我智」而觀見實相，這便積極地去建立超越主體的意識。然就梵文本的意思，龍樹是就《般若經》「不可得」、「無住心」而立論，心有所住，便不能澈見無我，因此，龍樹便說：在意識上擺脫了「自我意識」與「我所意識」的觀行者將一無所見，無所住著；如果有觀行者自認為在意識上處於沒有「自我意識」與「我所意識」的狀態，這樣的觀行者其實還是未能脫開「微細我執」，他並沒有徹底瓦解掉「自我意識」，也就是說他並沒有真正澈見「無我」，仍陷於有「我」的窠臼之中。

　　在第三頌裡，我們見到了龍樹心目中所謂的「澈見無我」之義，那是徹底的根除尋覓主體的意圖，消弭「主、客」或「能、所」的對列格局，而悟得無能觀之人與所觀之法，這才是真正悟入無我。❹

　　第四頌文中的「諸受」，梵文 upādāna，是執取之意，這類執取可類分為四種：欲取（對感官欲望的執著）、見取（對錯誤見解的執著）、我語取（對「自我」的執取）、戒禁取（對不當戒律的執著），而這四取之中，以「我語取」最為根本。

　　「內外我我所，盡滅無有故」，外在的「我」、「我所」指存有論意義

---

❸　萬金川，《中觀思想講錄》，頁 99。

❹　《中觀思想講錄》，頁 100～102。

的「我」、「我所」，內在的「我」、「我所」指意識哲學上的「自我意識」與「我所意識」。由於澈見一切色、心諸法皆非實有，完全滅去「自我意識」與「我所意識」，因此不再有對「內外我我所」的執取，「諸受即為滅」。

一般來說，某東西先存在，然後才有某東西的意識；有了某東西的意識，才會生起對該東西的執取，因此意識是先於執取的。既然已滅去對於自我與我所的意識，自然就不可能執取自我與我所。

至於「受滅則身滅」是指隨著意識上根本執著的消失，則生命將不再受輪迴之苦而獲得解脫。「身滅」的「身」，梵文 janman，譯為「生」，為十二支緣起的一支，緣「取」滅而「生」滅（乃至「老死」純大苦聚滅），由此而透露出《阿含經》緣滅的解脫觀，亦即由斷貪愛而斷執取，由斷執取而斷後有或再生。

第三項　無我與四句之教

在《中論・觀法品》第六詩頌中，龍樹總括佛陀有關「我」的一切教說：

> 諸佛或說我，或說於無我；諸法實相中，無我無非我。❾

從字面上來看，頌文只提到佛陀的三種教說，但這只是受限於詩律的格式而略說，其完整的形式該是四句的形式，也就是說，有關於「自我」是否存在的問題，龍樹以為在佛陀一生的說法中，總共表達了以下四種立場：有我、無我、亦有我亦無我、既非有我也非無我。前三句都是諸佛所說法，皆為可說的領域，即「教法」；第四句為諸佛所證法，它在原

---

❾　《大正藏》第 30 冊，頁 24 上。

則上表達了「不可說」的「諸法實相」。

　　就中觀家來說，諸法實相乃「心行言語斷」，在心境止息時，「言語」也跟著止息，這時觀行者處於空性之智起現的場域，由空性之智的起現朗照實相，觀見法性。因此，「實相」並不屬於思維分別及言說可以運作的範圍。第四句說到諸法實相，這已是言說的極限，但它並不是「諸法實相」本身，它仍屬於言說，因此仍屬於「教法」，而不即是「法」的本身。❾❻

　　這四種教法形式（四句之教），我們如何理解呢？《大智度論》對世間語言的意涵，有如下的說明：

> 世界法中說我，非第一實義中說。以是故諸法空無我，世界法故，雖說我無咎。復次，世界語言有三根本，一者邪見，二者慢，三者名字。是中二種不淨、一種淨。一切凡夫三種語：邪、慢、名字。見道學人二種語：慢、名字。諸聖人一種語：名字。內心雖不違實法，而隨世界人故，共傳是語；除世界邪見故，隨俗無諍。以是故除二種不淨語本，隨世故用一種語，佛弟子隨俗故說我，無有咎。❾❼

引文中說到，佛之說「我」，是就「世俗諦」的「世界語言」而言，若就「勝義諦」，則不可說「我」。❾❽「世界語言」的「意涵」，有三種根本：(1)邪見，(2)慢，(3)名字。「名字」是淨的，「邪見」與「慢」則為不淨的。凡夫執著於語言的實在，所以凡夫使用語言時，就包含了「邪語」、「慢語」與「名字語」三種情況；正見道的學人則有「慢語」與「名字語」

---

❾❻　參見萬金川，《中觀思想講錄》，頁 118～124。

❾❼　見《大正藏》第 25 冊，頁 64 上～中。

❾❽　有關世俗諦與勝義諦的意涵，請參見本書第七章。

兩種；諸佛只有「名字語」一種。佛已除「戲論」與「習氣」，故無「邪見」與「慢」；他的「教說」是隨順世間人的語言習慣，以溝通傳達訊息，並視情況以「教法」除邪見，隨順世俗，不與世人諍論。因此，佛所說的「我」只是「名字」（假名）而已，並非世俗人的「邪見」之視「我」為實有，亦非專為折服他人的「慢語」，因而，並沒有任何過失。

順著這個觀點，我們對於佛陀的四句教法，可有二種理解方式：(1)四句教法是隨順眾生根器，應機教化眾生的四種法門，這四種有關自我存在的教法，只是當機地對應眾生當下的病，無分高下，隨俗無諍。(2)四句教法之間有辯證性地發展，呈現出階梯性，由「我」的世俗說，進而「無我」的勝義說，再由「我」與「無我」的二諦分別說，最後直指諸法實相的「無我無非我」的第一義。這時我們就要判別教法之間的高低與權實，依四句教法循序漸進，以悟入第一義。

總之，龍樹認為無我的四句教法，都是諸佛為教化眾生的方便，其教說是「方便到彼岸」的度化工具，只是假名，不可執為實在，那麼有關「我」與「非我」的世間言說（世界語言）便具有導入第一義的工具價值。

第六節　唯識學派的無我思想

第一項　人無我與法無我

龍樹的無我思想，以「我」和「我所」來說「無我」，並未判分「無我」為「人無我」與「法無我」。一般說來，將「無我」判分為「人無我」與「法無我」的說法，總認為聲聞與獨覺二乘只能斷煩惱障而證「人空」，得「人無我慧」，唯有大乘行者能兼斷所知障而通達「人空、法空」，得

「人、法二無我慧」。❾❾這種說法隨著「法無我」思想的偏重發展，終於成為唯識學派的基本思想模式。❿

《瑜伽師地論・真實義品》中，將唯識學派的真理觀安立為「四真實」：

> 一者，世間極成真實；二者，道理極成真實；三者，煩惱障淨智所行真實；四者，所知障淨智所行真實。⓫

世間極成真實，是世間常識所共同承認的真理；道理極成真實，即基於現量（以感覺為基礎的知識）、比量（以推理為基礎的知識）、聖言量（訴諸權威，依經典而來的知識）的認識方式加以判斷的真理；煩惱障淨智所行真實，即遠離煩惱障的清淨智慧所證的真如理境，也就是四聖諦，它是悟入人無我的真實；所知障淨智所行真實，即遠離所知障的清淨智慧所證的真如理境，它是「諸菩薩、諸佛世尊，入法無我，入已善淨，於一切法，離言自性，假說自性，平等平等，無分別智所行境界。」⓬換言之，它是最高無上的真如。

四真實，即四種不同層級的理境。小乘學人所證的四諦法門，只能破人我執、斷煩惱障，至於「不染污無知」的「所知障」，小乘學人仍無法斷除。唯有透過大乘行者「悟入法無我」，證知一切法平等平等，捨去

---

❾❾　由煩惱而來的障害，稱為「煩惱障」(kleśaāvaraṇa)，這是指對覺悟的障害而言。唯識學派特別就我執來說煩惱障。不生起煩惱，但因對法的執著，妨礙正智的生起，稱為「所知障」(jñeyaāvaraṇa)。要得大菩提智，必須先破除所知障。

❿　參見中村元，《自我と無我》（京都：平樂寺書店，1986 年），頁 554～555。

⓫　《大正藏》第 30 冊，頁 486 中。

⓬　《大正藏》第 30 冊，頁 486 下。

法執，才能斷除阻礙一切正智生起的「所知障」。換言之，明確區分「人無我」與「法無我」的層級，以之判定大小乘行者所證境界的高低，提高「法無我」在禪觀修習上殊勝地位，這是唯識學派無我思想的基本取向。

第二項　假說我、法

唯識學派主張「一切唯識」。「唯識」(vijñāptimātra) 的意思是說「宇宙間只有心識所表的存在」，那就遮撥（否定）離心識外，有獨立自主的客觀外境的存在，這便評破「法有」的思想；同時也遮撥「心識亦空」的見解，這便不同於中觀學派「一切法空」之說。唯識學派認為「外境非有，內識非無」，這才是宇宙萬有的真實情況。[103]

那麼，唯識家又如何解釋生命主體的「我」和認知客體的「法」？《唯識三十頌》開宗明義說：

由假說我、法，有種種相轉，彼依識所變。

（世間上）誠然有種種「我」、「法」的施設呈現，不過，這（些施設）都是在識的轉化之中。[104]

「我」的種種相有「我」、「有情」、「命者」、「作者」、「數取趣」等施設，「法」的種種相有蘊、處、界、十二因緣、四聖諦等施設。本頌在說明

---

[103] 參見李潤生，《唯識三十頌導讀》（臺北：全佛文化事業公司，1999 年），頁 78～79。

[104] 見霍韜晦，《安慧「三十唯識釋」原典譯註》（香港：中文大學出版社，1980 年），頁 18。

「世間上，已知的種種『我』、『法』名言概念的建構，其根源都是由於
『識所變』」。

　　「所變」一詞，梵文 pariṇāma，玄奘本句的譯文「彼依識所變」及
下句的譯文「此能變唯三」，「所變」、「能變」的梵文對譯都是 pariṇāma 一
詞，pariṇāma 是「轉變」義，並無「能」、「所」的區分。❶❶「彼依識所
變」是說「（我、法的種種施設呈現，）都是識本身轉化而成」，這也就
是「一切唯識」的根本要義。

　　就「我」、「法」名言概念的存有屬性來說，窺基《成唯識論述記》
說有二種：一者「無體隨情假」；二者「有體施設假」。世人及外道所執
之靈魂、神我的「我」與山、河、器物的「法」，此等所執的實我、實法
並沒有客觀實在與之對應，所以說它們是「無體」的；此等所執雖「無
體」，但也有生起的方式，它們是隨著心識的緣慮活動而加以概念化所產
生的。此概念化的心識活動隨人們的虛妄情執而來，所以稱為「隨情」。
今結合「無體」和「隨情」二義，說世人及外道所執的實我、實法，其
實是「無體隨情假」的「假我」、「假法」。至於佛陀、菩薩諸聖者，為了
普度有情，斷染取淨，引生正見，也要隨順世人的言辭，假為立名，說
為我、法，則聖者所假立的我、法，則是有所對應的自性，如聖教所說
的「如是我聞」的「我」，即是指「五蘊和合」的假體；由於聖者所建立
的「我」與「法」是有體性的，稱為「有體」。但此「我」與「法」要藉
名言假立的，稱為「施設」，合而言之，聖者以言說表達其所要表達的「有
體施設」的「假我」、「假法」，便成為「有體施設」的「假說我」、「假說
法」。❶❶以上所說，表解如下：

---

❶❶　《安慧「三十唯識釋」原典譯註》，頁 145。

❶❶　《安慧「三十唯識釋」原典譯註》，頁 105～106。

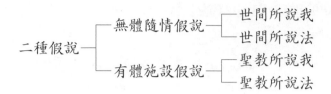

這就是唯識學派對於「我」、「法」概念所作根源的解說。

第三項　無我與輪迴

在本章第三節中，我們曾說明部派佛教如何看待輪迴主體的問題，唯識學派綜合部派佛教對本識思想、種（子）習（氣）思想的觀念，提出阿賴耶識，以它來承擔輪迴主體的功能。[107]因此，我們在該節中提出「補特伽羅」所承擔的四種功能，這對阿賴耶識也是適用。

如果由「無我與輪迴」的面向來看唯識學的話，可以得到下列三點結論：[108]

1. 一切我、法都是「識轉變」(vijñānapariṇāma) 的存在表徵，「識轉變」的存在狀態就是「活動」中的存在而已。這個「活動」不容有一瞬之靜止或間斷，它是不停止的活動。因此，對於「我」、「法」的存在，使之抽離「識轉變」的活動狀態，而作靜態的把握，這都是識之依住，識心之執。

2. 阿賴耶識被認為是「識轉變」的基礎，它是有情存在的根源，輪

---

[107] 參見印順，《唯識學探源》，相關的說明，請參考本書第四章第四節及第十一章第三節。

[108] 參見武內紹晃，〈關於唯識學上的「無我」及「輪迴」之探討〉，收入武邑尚邦等著，余萬居譯，《無我的研究》（臺北：法爾出版社，1989 年），頁 75～80。

迴的思想也因此得以正當化，阿賴耶識也就成為「先來後去」的輪迴主體。

3. 但阿賴耶識並不像「自我」那樣，它不是個實在的理念，而是剎那滅性。阿賴耶識是「識轉變」活動的會集處，它不容靜止。

唯識學派無我思想的特色就是「藉識轉變來解析佛教的無常、無我思想，藉其『活動』來說輪迴。我們說阿賴耶識是輪迴主體之存在，但那絕不是說一個實體的主體。所謂藉由阿賴耶識以闡明主體者，或可以說就是在每一剎那回歸阿賴耶識，並認定不間斷，且持續不靜止的識轉變之整個活動才是活動的主體吧！」❿

總之，作為第八識的阿賴耶識，它含藏一切種子。阿賴耶識與種子的關係是一整體性的關係，我們不可把種子從阿賴耶識中抽離出來；離開諸種子，亦無一獨立的阿賴耶識；種子就是阿賴耶識的內容，種子能量的總和就是阿賴耶識的能量。❿ 因此，阿賴耶識是人格和性格的基礎，因為它能繼續不斷地生起新的作用，引發種種不同的心念和各式各樣的行為。但這些心念和行為一經印入其中之後，就變成新的作用種子而改變藏識的性質。換言之，阿賴耶識是不斷流動的根源意識，亦是不斷輸入、釋放意識能量的「記憶中心」。

至於作為「自我意識」的末那識，則是一種「為自己設想」、「為自私的事情在深處著」的「思量識」。一般透過「前五識」（眼、耳、鼻、舌、身識）與「第六意識」所收到的知識情報，還要通過「自我」的色彩著色，成為「自我」的顏色。因此，有的唯識學者認為：「意識」執著於「法」而生「法我執」，「自我意識」的末那識則執著於「法」而生「人我執」。因此，它們需要被轉化，轉染成淨，捨煩惱、所知二障，得涅槃、菩提。⓫

---

❿ 《無我的研究》，頁 87。

❿ 見霍韜晦，《安慧「三十唯識釋」原典譯註》，頁 44～45。

　　綜合以上各節所述，我們對無我思想的核心義理與觀念史的發展，將有較為全面的認識。⑫至於世尊為何開示無我法門，印順法師的卓見可作為我們的結論：「佛說無我有兩方面：(1)眾生執我，所以自私；無我是化私為公（利他為前提）的道德根本要則。(2)眾生執我、我所見，所以惑於真理、流轉生死；得無我見就可以打破惑、業纏縛，而得解脫。所以，無我又是離繫得解（自利為歸宿）的根本原則。」⑬

進修書目

1. 武邑尚邦等著，余萬居譯，《無我的研究》，臺北：法爾出版社，1989 年。
2. 玉城康四郎主編，李世傑譯，《佛教思想㈠》，臺北：幼獅文化事業公司，1991 年。
3. 楊郁文，《阿含要略》，臺北：東初出版社，1993 年。
4. 霍韜晦，《安慧「三十唯識釋」原典譯註》，香港：中文大學出版社，1980 年。
5. 楊白衣，《俱舍要義》，臺北：佛光文化事業公司，1996 年。
6. 印順，《初期大乘佛教之起源與開展》，臺北：正聞出版社，1988 年。
7. 印順，《性空學探源》，臺北：正聞出版社，1992 年修訂 1 版。
8. 印順，《中觀論頌講記》，臺北：正聞出版社，1985 年 5 版。
9. 印順，《唯識學探源》，臺北：正聞出版社，1992 年修訂 2 版。
10. 梶山雄一著，吳汝鈞譯，《印度中觀哲學》，臺北：圓明出版社，1993 年。
11. 萬金川，《中觀思想講錄》，嘉義：香光書鄉出版社，1998 年。
12. 霍韜晦，《絕對與圓融》，臺北：東大圖書公司，1986 年。

---

⑪　有關唯識學轉染成淨的問題，可參考霍韜晦，〈佛家哲學中之轉依義〉，收入《絕對與圓融》（臺北：東大圖書公司，1986 年）。

⑫　有關真常唯心派的無我思想，請讀者參考本書第六章〈佛性思想〉。

⑬　印順，《性空學探源》，頁 111。

第六章　佛性思想

第一節　佛性概念釋義

「佛性」，無疑是大乘佛教之中極為重要的觀念。在大乘佛教系統裡，「眾生皆有佛性」的命題，非常普遍地為人所接受，此命題背後所隱藏的是，「眾生平等，皆可成佛」的理想之肯定。

「眾生平等」，原本就是佛陀創教的根本信念，在《增一阿含經》中，如來自稱「我今亦是人數」，❶如來和其他的眾生本就平等不二，所差者，只在能否滅除煩惱；能滅除煩惱者，即名為阿羅漢（arhat，意為殺賊）。因此在原始佛教當中根本不須談到佛性的問題。

然而部派佛教時代，便已為了佛陀的形象而興起了分裂的端倪（參見本書第二章〈佛陀、佛教與佛法〉），到大乘佛教經典出現以後，佛陀的聖者的形象，日益被神化了，同時覺悟之道也變得艱難久遠，修行者得要經過無量千百世的修行，才得以成為像佛陀那樣的聖者。但是提高了佛陀殊勝的地位，以及成佛的難度之後，便也造成了「這麼一個神聖人格，我等凡夫如何可以企及」的疑惑。所以隨著大乘佛教的興起，以及佛陀地位的提高，其中即隱含了一個必須解決的課題，即：「成佛如何可能？」

「佛性」一語是漢譯佛典的譯名，若考諸梵語原文，根據一九五〇年出版的《究竟一乘寶性論》的梵文抄本，❷則「佛性」一詞的梵語原

---

❶　見《大正藏》第 2 冊，頁 637 中。

文應該是：佛陀 (buddha) 及如來 (tathāgata) 各自分別加上界性 (dhātu)，
胎藏 (garbha) 及種姓 (gotra) 的複合字。❸這也就是說，漢譯「佛性」一
詞其實是帶有多層含義的。

「佛陀」或者「如來」是覺悟者的不同名號，姑且可以略而不論，
但界性 (dhātu)、胎藏 (garbha) 及種姓 (gotra) 三者則有不同的內涵。「界
性」是指某一存在的範疇全體之本質而言，佛性若指的是界性而言，那
談的便是如來的本質體性。「胎藏」是一種譬喻，譬喻眾生皆有尚未成就
圓滿的成佛因子，就像是胎兒尚在母親的子宮中一樣。「種姓」不是指印
度種姓制度的種姓義，傳統種姓制度的種姓是 varṇa，varṇa 是膚色的意
思，是自種族膚色來區分人的階級，佛種姓的「種姓」(gotra) 則是家族
姓氏的意思，它是用佛種姓來代替傳統的種姓，旨在消除傳統種姓制度
的不平等，並以佛門弟子為如來家業的繼承者，故後世出家僧眾便捨棄
本姓，而以釋（迦）為姓。

第二節　佛性思想的起源

第一項　佛陀崇拜

在上一節我們提到過，佛性思想與佛陀形象的神化有密切的相關，
而佛陀的形象之所以會被加以神化，便是因為佛陀崇拜的結果。關於佛

---

❷　梵文原名 *Ratnagotravibhāga Mahāyānottaratantra-śāstra*, edited by E. H.
Johnston, Patna, 1950.

❸　小川一乘曾分析《寶性論》中「佛性」的三種梵語，並且統計其各自在《寶
性論》中所使用的次數，以及和漢譯的對應語。見氏著，《佛性思想》，
頁 24～27。

陀崇拜發展的過程，高崎直道說：

> 佛塔 (dhātugarbha)❹ 在大乘初期，代表佛的生身而成為崇拜的對
> 象，但此種對佛生身的崇拜，在諸《般若經》中，則為經典崇拜
> 所取代。但是當對永恆的佛陀之崇拜興起時，佛塔 (dhātugarbha)
> 以其他的意思復活。它以法身塔、法身舍利塔為媒介，將法身從
> 經典轉變而為人格化的佛陀而成立。而那個保存佛法身的地方，
> 就是如來藏，眾生也不在此之外。舍利塔崇拜與如來藏思想的結
> 合，可見諸《涅槃經》及稍後的《無上依經》。❺

從這段話中，我們可以整理出佛陀崇拜的演進過程：佛生身的崇拜→佛
塔崇拜→經典崇拜→法身舍利塔崇拜→如來藏思想，而如來藏思想的興
起正是佛性思想具體成形的時刻。

第二項　法身觀念的興起

　　佛陀崇拜帶來了佛陀形象的轉變，也重新改變了佛陀的觀念，這便
是「法身」的興起。印順法師說：

> 自世尊涅槃以後，如來不再見了，由於信仰及歸依的虔誠，永恆

---

❹　dhātu 此指（佛的）遺骨，garbha 在印度教中是祭祀主神的正殿，故 dhātu-
　　garbha，即有供奉佛骨的建築物之義，義同佛塔；而一般吾人所謂的佛塔、
　　浮圖、窣堵波，梵文是 stūpa，原有髮束、頭頂之義，大概是取其形來指印
　　度的墳陵或者陵廟。

❺　高崎直道，〈如來藏思想の歷史と文獻〉，收於《講座大乘佛教 6．如來藏
　　思想》（東京：春秋社，1982 年 1 刷），頁 19。

懷念，被解說為與如來藏為同一內容的法身 (dharmakāya)，漸漸的在佛教界發展起來。❻

因為「法身」，或說「如來」這個觀念，對於如來藏思想有相當大的啟發，是故印順法師將部派及初期大乘的法身觀（如來觀），大體分為四種：(1)教（法義）法身，(2)功德法身，(3)理法身，(4)色身無邊、壽量無邊法身。❼

「教法身」是佛陀留下的教法與律儀，如來色身雖壞，但是所傳的法、律，卻是可以透過弟子們的珍惜而流傳久遠的，這即是「法身常在」的開端。「功德法身」如上座部中的說一切有部主張，吾等歸依佛，實際上即是歸依佛所成就的功德法身，而非佛陀的生身。生身是有漏不完美的，而如來所成就的智慧功德則是圓滿無缺的，故《大毗婆沙論》云：

> 今顯此身父母生長，是漏法，非所歸依；所歸依者，謂佛無學成菩提法，即是法身。❽

「理法身」是說緣起法，或者諸法空性的法理，為如來之法身。《中論》：

> 是故經中說：若見因緣法，則為能見佛，見苦集滅道。❾

「色身無邊、壽量無邊法身」顯然是將如來的法身予以神格化，《異部宗輪論》便說：

---

❻ 印順，《如來藏之研究》（臺北：正聞出版社，1986 年 2 版），頁 20。

❼ 《如來藏之研究》，頁 19～27。

❽ 見《大正藏》第 27 冊，頁 177 上。

❾ 見《大正藏》第 30 冊，頁 34 下。

如來色身實無邊際，如來威力亦無邊際，諸佛壽量亦無邊際。……
一剎那心了一切法，一剎那心相應般若知一切法。❿

如來的真實壽量和色身，是常住恆有，無邊無際。如來的智慧及能力，
也是無所不知，無所不能。這種法身異於上述三種法身之非人格化，保
留了釋尊人格的特質，它滿足了一般大眾信徒佛陀崇拜的要求，因此也
成為最受重視的佛身。

　　這四種法身，再加上佛陀的生身，便是後來佛身觀中的法、報、應、
化四種佛身的起源。而不同的佛身觀，也是造成佛性思想殊異的重要原因。

第三節　印度大乘經典中的佛性思想

第一項　眾生皆有佛性

　　自從世尊創立了佛教之後，倡導眾生平等的觀念，打破了傳統的種
姓制度，世尊便於四姓之外，另立佛家的釋種姓，在教團之中原有的階
級與種族的不平等皆被泯除。然而佛陀入滅許久之後，佛陀的地位愈來
愈崇高，佛性的問題便成為重要課題。佛弟子以為：世尊之成佛必有其
成佛的種子，世尊既已成佛便是此一因子的成熟顯現。那麼「佛性」便
有二義，一指尚未成熟的成佛種子，一則指業已成佛的世尊之本質。佛
固有佛性，若依世尊眾生平等的遺意，則眾生也當有佛性。故眾生皆有
如來藏的思想便得成立。

　　印度大乘經典之中，最早且最明顯而直接提出「佛性」概念的是《大
方廣如來藏經》，本經是以「胎藏」(garbha) 之喻來指一切眾生都有成佛

❿　見《大正藏》第 49 冊，頁 15 中～下。

的可能。其中，總共提出了九種譬喻：**⓫**

1. **蓮花胎中如來**喻——用萎謝臭穢的蓮花，藏於蓮房中的蓮實來比喻如來。

2. **蜂房**喻——以蜂蜜為真性，藏蜜的蜜房為有情眾生，蜜蜂則喻諸煩惱，蜜蜂圍繞且遮蔽了蜜房，令人不得接近，但蜜自在蜜房之中，只要驅逐了蜜蜂便可發見、取得蜂蜜。

3. **稻麥粟豆**喻——稻麥粟豆之類皆有一層糠殼包裹著，糠殼是煩惱，內在是本性。

4. **金磚誤落糞**喻——金磚雖然誤落糞堆中，無損於金磚的本性，只要洗淨表面上的污糞，自然能夠恢復金磚的本來光澤；金磚喻佛性，糞穢喻煩惱。

5. **貧家宅中大寶藏**喻——以窮宅地下藏有大寶藏而不自知，喻眾生不知己身之佛性。

6. **樹種子**喻——以樹種子遇因緣可以長成大樹，來說明眾生心中的佛種，也一樣具有無窮的潛能。

7. **臭穢蔽帛纏如來寶像**喻——貧人為恐唯一僅有的如來寶像為人所盜，故意用臭穢的髒布把這寶像包裹起來，然而中道猝死，寶像遂落於途中，行人不知臭穢布中有寶像，因而隨意踐踏；此喻在說明對自身的輕賤，眾生固然有諸煩惱纏繞，但煩惱之中藏有佛性，因此不當自輕輕人。

8. **醜女懷王胎**喻——低賤的醜女懷胎，心中以為必定與她相似甚或不如她，殊不知所懷胎兒將來也有可能成為轉輪聖王；這也是指眾生不知自身的佛性，而自輕自賤、自甘下流。

9. **泥模金像**喻——工匠以泥模鑄塑金像，泥模如煩惱覆於外，金像如佛性藏於內，打破泥模則金像便會出現，去除煩惱，佛性便會

⓫ 見《大正藏》第 16 冊，頁 461 中～464 上。

呈現。

這九種譬喻顯示出共同特點：佛性是眾生內在的本質，是永恆真實的本性，外在的因素雖可遮蔽其光彩，卻無法改變其本質，一旦這些外在的因素去除之後，眾生必能展現內在佛性的光彩。《大方廣如來藏經》云：

> 彼善男子善女人，為煩惱之所凌沒，於胎藏中有俱胝百千諸佛皆如我。如來智眼觀察彼等有佛法體，結跏趺坐寂不動搖，於一切煩惱染污之中，如來法藏本無動搖，諸有趣見所不能染。❷

胎藏的譬喻早自印度《吠陀》時期的〈金胎歌〉（prājāpatyasūkta，又名〈生主歌〉）中已出現過，〈金胎歌〉說的是宇宙創始的根源，如來藏所言則是眾生清淨得以解脫煩惱的根源。如果眾生皆可以去除無明，使得清淨的如來本性實現的話，那麼有情世界便不再是染污的無明世界，而是清淨的智慧生命共同存在的世界，如《大方廣如來藏經》所說：

> 若能淨除無明煩惱，是有情界是則名為大智聚體，彼之有情名大智聚。❸

第二項　一闡提成佛說

眾生皆有佛性，此一命題的適用範圍，到底有多大？當佛教面對罪大惡極之人，對這類人成佛的可能性，不由得起了猶豫，故在《大般涅槃經》之前分，罪大惡極的「一闡提」（icchantika），都可以打殺而無罪

---

❷　《大正藏》第 16 冊，頁 461 下。
❸　《大正藏》第 16 冊，頁 463 上。

過,《涅槃經》說:

> 善男子,諸婆羅門等一切皆是一闡提也。譬如掘地刈草砍樹、斬
> 截死屍罵詈鞭韃無有罪報,殺一闡提亦復如是無有罪報。**⓮**

經文中把婆羅門之流視為一闡提,語氣中充滿了仇視,甚至宣揚即使殺死他們也沒有罪報,但到底什麼是一闡提?一闡提本是欲樂者、多欲者、多貪者的意思,後來漸被引申去指那些斷絕善根的極惡之人。《涅槃經》對一闡提的惡行有所描述,其中認為五類的人被視為一闡提:**⓯**(1)破戒、作五逆罪;**⓰**(2)不信佛法、因果;(3)誹謗佛法;(4)斷滅善根;(5)破壞僧團綱紀。《涅槃經》前分認為這五類人是焦芽敗種,是必死之人,是天生盲人,必定不能成佛。這五類人有三種明顯是指與佛教對立者——不信佛法、因果,誹謗佛法,破壞僧團綱紀;至於破戒、作五逆罪,既指違反佛教戒律,也違背道德;斷滅善根則是浮泛地說那些不依善法而行的人而言,這也該是指道德而言吧。

可是如果說一闡提不能成佛,這不是違背了眾生平等、眾生皆有佛性的原則?所以《涅槃經》中又說:

> 彼一闡提雖有佛性,而為無量罪垢所纏,不能得出,如蠶處繭,
> 以是業緣不能生於菩提妙因,流轉無有窮已。**⓱**

這是一種折衷,不否定一闡提具有佛性,但以其為無量罪垢所纏,而說

⓮ 見《大正藏》第 12 冊,頁 406 中。

⓯ 參見釋恆清,《佛性思想》(臺北:東大圖書公司,1997 年初版),頁 24～25。

⓰ 五逆罪指殺母、殺父、殺阿羅漢、出佛身血、破和合僧。

⓱ 《大正藏》第 12 冊,頁 415 中。

他們不能成佛。但是既然不否定一闡提也有佛性，便不能絕對否定一闡提成佛的可能性，因此後來便直接承認一闡提也能夠成佛：

> 一切眾生過去之世有斷煩惱，是故現在得佛性，以是義故，我常宣說一切眾生悉有佛性，乃至一闡提等亦有佛性。一闡提等無有善法，佛性亦善，以未來有故，一闡提等悉有佛性。何以故？一闡提等定當得成阿耨多羅三藐三菩提。❸

眾生因為過去世曾斷煩惱，故現在世有佛性；一闡提現世雖無善法，但若能斷除煩惱，未來世當有佛性，未來世定可得證佛道。其實佛性是不可斷、不能斷之物，因為可斷、能斷之物是屬於世間法，而佛性是出世間法。故《涅槃經》云：

> 善根有二種：一者內，二者外。佛性非內非外，以是義故佛性不斷。復有二種：一者有漏，二者無漏。佛性非有漏非無漏，是故不斷。復有二種：一者常，二者無常。佛性非常非無常，是故不斷。❹

內外、有漏無漏、常與無常等，都是屬於相對的現象世界，而《涅槃經》認為，佛性乃是真實世界的絕對真實，因此佛性不似一般種子根芽，是可以滅斷的。上述所引幾段經文顯示出，佛性定義已然從單純的成佛種子義，一轉而為關係到世界真實本質的佛性義。關於這層含義，《涅槃經》有關於空性與佛性的論述，可作為代表。

---

❸　《大正藏》第 12 冊，頁 524 中～下。

❹　《大正藏》第 12 冊，頁 493 下～494 上。

第三項 佛性與空性——有我與無我

> 佛性者名第一義空，第一義空名為智慧。所言空者，不見空與不空。智者見空及與不空，常與無常，苦之與樂，我與無我。空者一切生死，不空者謂大涅槃；乃至無我者即是生死，我者謂大涅槃。見一切空者，不見不空，不名中道。中道者名為佛性。❷⓿

經文中說明，佛性本身就是最高層次的第一義空，第一義空不是什麼別的東西，就是智慧。一般說空的人（指主張一切皆空者），並沒有這樣的智慧，因為他們不能同時見到空之外還有不空的境界存在。而真正的智者就能夠同時看出空與不空，他們可以看出生死之無常，也可以體悟到涅槃之常；可以理解生死之苦，也可以悟得涅槃之樂；可以發現生滅諸法之無我，也可以覺悟涅槃法身之真我。所以智者所見的空，是一種可以把生死煩惱予以空無掉的「作用」，而常樂我淨的大涅槃乃是真實不空的「法身本體」。「無我」是就生死而言其無自性，而「我」便是稱涅槃之真常本性。因此只見一切空而未見涅槃之不空，不能稱為理解中道，而了悟生死之空與涅槃之不空者，方是解悟中道。❷❶雙見空與不空之中道便是佛性的彰顯。

區別一般的空義與第一義空，其實就是在批判主張一切皆空的空宗思想。《涅槃經》認為空宗所說的「空」義，只見到諸行無常、諸法無我、一切皆苦，而欲空掉這些生死煩惱的「空之用」，但是此一空義只說出空

---

❷⓿ 《大正藏》第 12 冊，頁 523 中。

❷❶ 《涅槃經》的「中道」與《中論》的「中道」是不同的。前者是不偏空，不偏有謂之「中」；後者是「空」即是「中」。

之用，卻不明「空之體」。所謂「空之體」乃指空掉生死之後所呈現出的涅槃寂靜，這涅槃寂靜不同於徹底之虛無，相反的，它表顯出心靈之真常、妙樂、清淨的狀態，因此說它是「不空」，說它是「有我」，而這時的「我」是不同於流轉於生死煩惱中的「我」，而是清淨解脫的智慧我。這樣真實的、智慧的自我之本性，就稱為佛性。由於佛性具有「空之體」與「空之用」兩個層面，同時要由「空之用」實現之後方可令「空之體」展現，故經中說佛性是第一義空，佛性見空與不空，故《涅槃經》中的佛性，乃是中道之佛性。

　　把佛性與空性結合起來，這是《涅槃經》佛性思想的一項特色，但是原本中觀所主張的一切皆空的畢竟空的思想，在此變為不究竟的空義；本經主張：同時可以見到現象界無常、無我與諸苦等之空與涅槃常樂我淨之不空兩個層面，才算是真正的智者，才算懂得第一義的空義。而兼具空與不空兩層含義者，即所謂的佛性，所謂的第一義空。

　　這樣的佛性義，明顯地是把空義收歸於佛性思想之下，而成為第二義。在不否定空的這個基礎上，佛性思想建立了相對一般雜染之有的妙有觀念，妙有乃是在去掉原本佛教所言之「無常、苦、無我、不淨」等諸般現象煩惱之後，佛陀所證悟的那個常樂我淨的涅槃境界。《涅槃經》認為，佛陀所證悟的境界如果是絕對空的話，那便會成了斷滅的虛無主義；如果涅槃境界同於一般現象之有的話，這明顯是不可能的，否則證悟涅槃又與凡夫有何差別；因此對於世尊的涅槃境界之想像，《涅槃經》翻轉傳統無、常、苦、空無我之教義，而成立常、樂、我、淨的佛性義：

　　　　無我者名為生死，我者名為如來。無常者聲聞緣，常者如來法身。
　　　　苦者一切外道，樂者即是涅槃。不淨者即有為法，淨者諸佛正法。❷❷

---

❷❷　《大正藏》第 12 冊，頁 377 下。

　　常樂我淨的想法，溯其本源可推至《奧義書》，《奧義書》中曾經描述梵 (brahman) 的三種屬性：⑴有 (sat)：梵是最根本之實有，為一切存在物之根源；⑵知 (cit)：梵是純精神性的實有，精神性的主體之本質就是知；⑶妙樂 (ānanda)：梵為一切之最終歸宿，故其為妙樂之境。在原始佛教的思想之中，本就否定梵天這樣一種宇宙創造主的概念，但是大乘佛教興起之後，尤其是闡釋佛性思想的真常一系經典的出現，便屢屢把原本佛教所反對的某些婆羅門教的概念吸收進來。舉例來說，如來藏概念便有《吠陀經》〈金胎歌〉的影子，《涅槃經》的佛性論更是直接把原始佛教的主張視為小乘的思想，以類似梵天的本質的「常樂我淨」說為大乘的正法。若再從眾生皆有如來藏或者佛性的觀念來看，真常系的經典便認為，只要眾生能夠開顯佛性，那麼生身固然成為覺悟的佛陀，而覺悟者的法身彼此之間是無有分別的，因為整個法界便是一整全無分別的法身之顯現，這不是又與《奧義書》中的梵我合一論有強烈的相似性嗎？

　　正因如此，當如來藏一系的真常思想被提出之際，曾經引發強烈的爭議，所以如來藏系列經典中，曾經出現這樣的說法：持此經義要能不畏迫害，誓死倡言此等義理。❷❸而此一真常的佛性思想，卻在中國獲得更長足的發展，甚至在義理的創構上，有其更為精緻的論說出現。

第四節　中國佛性思想的發展

　　佛性思想在中國的發展，主要可以分成兩個階段，第一個階段是對「佛性」的本質定義進行探討，即對何謂「正因佛性」提出看法，針對此一課題有所謂的三類十一家的說法；隨之而來的，尚有關於佛性是「本

---

❷❸　《大法鼓經》有如此之說：「彼隨學時，聞此如來藏、如來常住究竟深經，心生疑惑，於安慰說者，生恚害心，輕賤嗤笑，不生愛念，辱罵不忍，作如是說：此將文筆，魔之所說。」見《大正藏》第 9 冊，頁 295 中。

有」還是「始有」的爭論。第二階段，則是中國僧人對佛性思想進行詮釋與理論開展的工作，其中最具代表性的則為三論宗吉藏大師的中道正因佛性、天台的性具思想與華嚴的性起思想。他們的佛性思想，事實上已不僅止於成佛的可能性之探討，更涉及到佛陀的本質以及佛性與世界的本質之間的關係。甚至我們可以說，佛性思想乃是支撐起中國佛學之重大支柱之一。

第一項　三類十一家正因佛性說

當北本《大般涅槃經》譯出以後，「眾生皆有佛性」的觀點風行中國，一時之間，「佛性」遂成為中國佛教的主要課題。經云：

> 眾生佛性亦二種因：一者正因，二者緣因。正因者謂諸眾生，緣因者謂六波羅蜜。㉔

「正因佛性」是相對於「緣因佛性」而言，簡單地說，即指眾生成佛之主要、直接的原因（緣因就是次要的、輔助的原因）。南北朝的佛學家對此而論「正因佛性」的實際內涵的說法，依吉藏《大乘玄論》所述，共有十一家，㉕而這十一家又不出三類：㉖

㉔　《大正藏》第 12 冊，頁 530 下。

㉕　見《大正藏》第 45 冊，頁 35 中～36 下。

㉖　見湯用彤，《漢魏兩晉南北朝佛教史》下冊（臺北：臺灣商務印書館，1979 年臺 5 版），頁 190～192。

一、假實為正因 （成佛的正因在五陰所成的眾生，眾生是假，五陰是實，故稱假實）	1.眾生為正因——河西道朗、莊嚴僧旻、招提白琰公。
	2.六法（色、受、想、行、識、我）為正因——定林僧柔。
二、心識為正因 （成佛的正因在心識）	3.心為正因——開善智藏。
	4.冥傳不朽為正因——中寺（小）安法師。
	5.避苦求樂為正因——光宅法雲。
	6.真神為正因——梁武帝、靈味寶亮。
	7.阿賴耶識自性清淨心為正因——地論師。
三、理為正因 （成佛的正因在所應體悟的道理）	8.當得果為正因——竺道生、白馬寺愛法師。
	9.眾生有得佛之理為正因——瑤法師（即望法師）、靈根寺慧令僧正（即靈根僧正）。
	10.真諦為正因——和法師、小亮（靈味寶亮）法師。
	11.第一義空為正因——攝論師（北地摩訶衍師）。

第二項　佛性本有、始有之爭

　　正因佛性探討的是關於何者才是眾生得以成佛的真正原因，緊隨此而來的問題是，佛性的根源，到底是先天本具的——「本有」？還是後天聽聞正法才發展出來的——「始有」？本有說認為，心識的本質是清淨的，而煩惱是後天的，把後天的煩惱去除掉以後，自然會呈現先天本具的清淨自性。始有說則以為，凡夫當下的心識雜染不淨，並不即是佛，然在未來當得佛果，但是在什麼時候的未來，則涉及是否有善妙因緣使佛性成熟，故始有說是就「現在未有、將來當有」的觀點來說「始有」。

從上面的論述可知，本有說是就成佛的正因來說佛性，而始有說乃以果性說佛性。因而本有、始有之爭有大半是由於對「佛性」概念的定義差異所致。除此之外，還有一個非常重要的問題，那就是，眾生的心識本性究竟是唯淨的，還是染淨和合？這些問題正是當時研究唯識學的地論師與攝論師們所不斷探究的課題。如果本有佛性，那麼煩惱源自何處？如果佛性是始有的，那麼最早的善法因緣又從何而來？是故兩說皆有其難解之處，故又有第三家折衷說出現。折衷說是把佛性分為兩類，一為「理性」，一為「行性」。理佛性是眾生所本具的成佛之理，行佛性則是有待修行之後始有的。

上述十一家佛性說，對於佛性始有、本有的問題，大致可作如此區分：

1. 本有說

上述的第4、5、6、9、10等，是屬於本有說，第8道生的當果說，有人以為當屬本有說；但也有人以為是始有說。

此外第7地論說有南北之分，南道派以阿賴耶為真如識，故與本有說相近；北道派則以阿賴耶為妄識，必須透過熏習方能轉染成淨，因此近始有說。

2. 始有說

第8之愛法師引道生《佛性當有論》，立當果之說，被認為是始有說之發端。又，第11攝論師依《攝論》「法界等流正聞熏習」之說而立佛性說，也屬於始有說。

3. 折衷說

開善智藏主張「本有於當」，指眾生在理想上，應當都能夠成佛，但就事實上而言，眾生乃待修習之後方可成佛。地論師分佛性為「理性」、「行性」兩種，理性本有，而行性修成。這二者都是兼具本有、始有的折衷說。

又靈味寶亮區分「體用涅槃」及「功用涅槃」，北地論師提出「性淨涅槃」和「方便涅槃」的主張，亦皆屬折衷調和之說。

第三項 嘉祥吉藏的中道正因佛性

吉藏曾經批判上述十一家說法，以為他們都不明瞭真正的「正因佛性」。對吉藏而言，「空」是一切佛教的共法，不論大小各宗，未有不言「空」者。諸經說法雖有不同，也只是重點的差異，假言名相的不同，但在本質上是一致的。所以吉藏認同《涅槃經》這段話是正因佛性的說明：

> 佛性者名第一義空，第一義空名為智慧。所言空者，不見空與不空。智者見空及與不空，常與無常，苦之與樂，我與無我。空者一切生死，不空者謂大涅槃；乃至無我者即是生死，我者謂大涅槃。見一切空者，不見不空，不名中道。中道者名為佛性。❷⑦

吉藏認同《涅槃經》將佛性視為第一義空，但這空義不是前面我們所說的雙見空與不空的意思，而是雙泯空與不空的意思，其關鍵便在「所言空者，不見空與不空」一句的詮釋。吉藏在《法華玄論》便解釋其義說：

> 次泯一諦歸無諦。如經言：「所言空者，不見空與不空。」「不見空」者，不見有為生死空也；「不見不空」者，亦不見涅槃不空。又生死是空，而今通言空不空者；涅槃為不空，亦不見有、不有；若爾，即不見生死空、不空，亦不見涅槃有、不有，故非空非有非生死非涅槃，即是無諦。❷⑧

---

❷⑦ 《大正藏》第 12 冊。

這段話原本是說世尊的教法原本說苦、集、滅、道等四諦，但此四諦又可歸為二諦，所謂常與無常或說空與不空等相對之二諦，其中無常的現象諸法是可以空掉的，但是涅槃的常法卻是不可空的；故二諦可再簡為一諦，因為諦理指的便是常住真實的真理而言，故唯一真實者只有涅槃。「涅槃」真實不空乃是《涅槃經》的基本主張，但是吉藏在此卻利用《涅槃經》上述關於佛性與第一義空的經文，來發揮三論宗的主張。

　　吉藏依三論空義來解釋經文，他認為涅槃的真實一諦尚還可以泯為無諦。故「所言空者」一句指的是第一義空，能悟第一義空者才是真智慧，而第一義空就是能夠泯除空與不空的差別，這是三論宗所傳承的空宗思想立場的再現，所謂「一切皆空」、「空亦復空」的道理。由此可知其詮釋的路子，不很符合《涅槃經》的原意。

　　「涅槃」若只是不空，那便依然和生死相對而成兩端，如此則未足以明所謂的第一義空。吉藏認為佛性就是第一義空，意思就是說，佛性便是最高的空義。為什麼說佛性就是最高的空義呢？因為佛性是不見空與不空的智慧，也就是把空與不空乃至生死涅槃這一切對立與差異盡皆泯除的智慧。因此，佛性便是非空非有、非生死非涅槃之蕩相遣執、不著兩邊的中道智慧；因其蕩除了一切境相，故稱佛性為第一義空，因其不著兩端，故稱其為中道。由此可見，吉藏乃立於三論宗的立場，來詮釋《涅槃經》的佛性思想。

　　從吉藏在《大乘玄論》對「中道」的詮釋，我們亦可窺知與此相同的說法：

> 但中道義難識，具如二諦中辨：非中非邊，不住中邊，中邊平等，名為中。若了如是中道，則識佛性；若了今之佛性，亦識彼之中道；若了中道，即了第一義空；若了第一義空，即了智慧；了智

❷ 見《大正藏》第 34 冊，頁 427 上。

慧，即了金光明（經）諸佛行處；了金光明（經）諸佛行處，則
了此經云：「光明者名為智慧。若了智慧，即了佛性；若了佛性，
即了涅槃。」㉙

由此可知，吉藏以為中道、佛性、第一義空、智慧、涅槃，都是同一對
象的不同名稱，這些名稱都指向那如來所證不可言詮的解脫之境，然而
為了教導眾生之故，只好透過語言加以方便詮說。這一絕對之境，雖謂
「絕對」，但並非是一實存的境理，而是在離於兩邊、不著兩邊之際，所
展現的無執無礙的智慧，當然這也即是一切諸法如其所如的真實本相。
唯有在這樣的中道智慧中，實相才能如實地呈現。而根據此一「境智一
如」的立場，吉藏才能將中道、佛性、第一義空、智慧、涅槃等，齊視
為一，打破了主客內外相對立的格局，而至渾然無寄的絕對之境。

第四項　天台佛性思想

天台思想最重要的創構者，無疑的便是智顗（智者）大師 (538～597
A.D.)，其思想常被稱為「實相論」。所謂實相，指的就是諸法，是一切
事物的本來面目。而智顗對諸法實相的理解，相當大的因素是源自龍樹
《中論・觀四諦品》那首著名偈文的啟發：

因緣所生法，我說即是空，亦為是假名，亦是中道義。㉚

這段文字是鳩摩羅什所譯，看來的確很像是龍樹主張因緣所生法具有空、
假、中三個面向，故智顗將《中論》此偈解為三諦，然而龍樹向來只說

㉙　見《大正藏》第 45 冊，頁 37 下。

㉚　見《大正藏》第 30 冊，頁 33 中。

「空、假（有）二諦」，且以空義為究竟義。因此智顗的三諦與龍樹的二
諦說之間，確實是有所出入。龍樹此偈的原意是說：一切存在事物都是
依靠因緣而生的，依靠因緣而生的事物自己不具有獨立不變的本質自性，
因此我們稱這些因緣所生的萬物為「空」，可是「空」本身也僅是一種假
造出來用以指涉諸法緣生現象的概念，不是在客觀世界之中有一種超越
現象的本體，叫做「空」。為了避免讓人執著有一「空體」存在，空必須
也是空的，這樣一種「空亦復空」的畢竟空義，就是所謂的中道。所以
龍樹此偈可譯為：「因緣所生法，它就是空，而空也是假名（空亦復空），
因此空便是中道。」❸

　　但是智顗的三諦說則是認為：因緣所生法，因其無自性故說是「空」，
而緣生的現象的確存在，而且對它們必須給予名言來指涉它們，但又因
為它們不是具有真實自性的東西，所以稱這些現象為「假名」，而空假圓
融無礙地結合在一起，如是地呈現萬法，這才是諸法的真正實相，因此
空諦與假諦，都不是究竟的，故須超越空假，雙遮空假。但在否定「空」
時即肯定「假」，否定「假」時即肯定「空」，所以在否定空假時，即又
同時肯定了空假，這就叫「雙照空假」。如此兼收空假的中道，方為究竟
的第一義諦。是故，智顗認為諸法實相，乃是空、假、中三諦圓融的實
相，不是唯空、唯假或唯中的實相；而中道也不是離於空假別立的中道，
中道是以空假為基礎才成立的中道。

　　智顗建立這「三諦圓融」的中道實相觀之後，便將一切萬法放進此
一「三法圓融」的模型裡來析論，在智顗《法華玄義》一書中，他便以
之類通十種三法：三道、三識、三佛性、三般若、三菩提、三大乘、三
身、三涅槃、三寶、三德。《法華玄義》對三法之間圓融的關係有進一步
的描述：

---

❸　參見吳汝鈞，《龍樹中論的哲學解讀》（臺北：臺灣商務印書館，1997 年初
　　版），頁 462～465。

此三不定三，三而論一；一不定一，一而論三，不可思議、不並
不別，伊字天目。❸

這是強調三法之間乃是圓融一體。其圓融關係，不可只從三法的一體性
來看，或者從三法的分殊性來說，三一一三是在差別相與絕對相之中，
顯示其間的圓融，正如梵文伊字三點不縱不橫的型態一般。❸一般以一
為體，以三為用，這是分析地來說體用，而智顗的三法圓融思想，是即
體即用，分殊的三法有其相互含攝、互動的整體性，因此三法既是妙用，
同時也就是本體。

以下我們便要依此三法圓融的特色，來敘說天台的佛性思想。

第一目　三因佛性

智顗大師依照三法來論述佛性，提出了「三因佛性」說。所謂「三
因佛性」即，正因、了因及緣因三種佛性。在《涅槃經》中，曾經出現
過生因、了因、正因、緣因等名稱，然而生因近於正因，了因即是緣因，
所以《涅槃經》實際上只有二因佛性：❸

因有二種，一者生因，二者了因。能生法者名生因，燈能了物，
故名了因。❸

---

❸　見《大正藏》第 33 冊，頁 741 中。

❸　伊字三點的三角關係，正如三角形的三個頂點，從任一點皆可為起點，也
可是終點，這象徵著三點之一體圓融，不可單由某一座標視之，三點不縱
不橫才是伊字的本來面目。

❸　《大般涅槃經》關於生因、正因、了因、緣因等四因的分辨，實際上頗有
含混曖昧處，尤其是生因是否即等於正因；這才使得智顗有了三因佛性的
解讀方式出現。

❸　《大正藏》第 12 冊，頁 530 上。

> 一切眾生有佛性，如乳中酪性，若乳無酪性，云何佛說有二種因，
> 一者正因，二者緣因。……緣因者即是了因。❸❻

生因與了因，是就能夠「生成」與能夠「顯了」的二種因緣來說；能生
的是主要原因，能顯了的是輔助原因。正因即是就本性上說生成的主要
原因，譬如乳如果沒有可以生酪的本質的話，是不可能生酪的，就如石
頭不可能生酪一樣，故正因與生因相類。緣因即是生成之助緣，例如酵母
便是乳之生酪的緣因，而由於酵母可以顯了酪性，故緣因又可稱為了因。

　　智顗三因佛性說，可說是自己獨創的見解。他引用《法華經》，來分
別說明此三因佛性的差別：

> 故下文云：「汝實我子，我實汝父」，即正因性；又云「我昔教汝
> 無上道故，一切智願猶在不失」，「智」即了因性，「願」即緣因性。❸❼

> 又云：「我不敢輕於汝等，汝等皆當作佛」，即正因性；「是時四眾，
> 以讀誦眾經」，即了因性；「修諸功德」，即緣因性。❸❽

智顗先引用〈信解品〉的文字，用長者與失散的窮子間不可改變的父子
關係，來譬喻「正因佛性」，這表示愚痴眾生不論如何，依然具有成佛種
性，因為佛性不是外來的，也不是後天的，更不可能改變，所以〈常不
輕菩薩品〉中那位看似瘋顛的常不輕菩薩，不畏旁人的嘲笑、詈罵、捶
打，依然禮敬眾生，而稱：「我不敢輕於汝等，汝等皆當作佛。」雖然眾
生不解自己也有與佛相同的本性，以致對常不輕菩薩的禮敬讚誦，或以

---

❸❻　《大正藏》第 12 冊，頁 531 中。

❸❼　《大正藏》第 33 冊，頁 744 下。

❸❽　《大正藏》第 33 冊，頁 744 下。

為是瘋語，或誤以為是諷刺，但是一切眾生皆當作佛，這不會因為眾生自己的妄自菲薄而有所改變，這便是正因佛性。

至於「了因佛性」是就佛智的開發而言，因為智慧的增長即是無明的消除，智慧可以去除無明的蒙蔽令佛性彰顯，因此，智顗說「智即了因佛性」，而「讀誦眾經」乃是為了培養佛智，因此，也說是「了因佛性」。

「緣因佛性」則是指資成佛性展現，成就佛道的助緣，因此智顗以為「願」及「修諸功德」為「緣因佛性」。

了因佛性和緣因佛性若相對正因而言，當然都只可以說是一種成佛的助緣，而非是眾生成佛的真正主要原因，所以在《涅槃經》中，才會把緣因及了因視為同一。而依據智顗對了因與緣因佛性的說法，我們可以看出其分別的著眼點，智顗認為了因是較諸緣因更為直接的成佛因素，且是落在眾生能夠開顯明了佛性的主動能力上說的，凡與之相關的皆可稱為了因，所以智慧是了因，讀誦經典（可以開顯智慧），也是了因。至於緣因的範圍則放得更廣，除了正因與了因之外，舉凡一切資成佛道的因緣都是緣因佛性之屬。願力是緣因，修諸功德也是緣因，但願力或者功德並不直接等於智慧，也不是成佛種姓，因此願力與功德只可以是緣因佛性，而不能是正因與了因佛性。

智顗雖立三因佛性說，但三種佛性之間的關係與三諦一樣，仍然是三一一三，不縱不橫的圓融關係。這意思就是說，智顗認為「佛性」的意思，不只是立於眾生與如來的本性一般無二這個立場來談，也就是說，不是僅立於成佛的正因佛性上來說，而是將佛性的涵義擴大了，從修行者的智慧與願力上分別說「了因」與「緣因」佛性，也把讀誦經典和修諸功德，分別為了因與緣因佛性。是故我們可以看出智顗實際上是拒絕僅用眾生本性同於佛的概念，來界定所謂的佛性，因為那樣的佛性，只談到主要的原因。他有意把一切與成佛相關的因緣全都納入「佛性」這概念中，因為成佛就像播種栽花一樣，有那樣的根種，如果沒有適當

的助緣，還是不能開花結果，依然是不能得道成佛。

　　智顗的三因佛性說，可以說是注意到了因緣和合的問題，在他的三法圓融觀念之下，任何一法的出現都可以從三個面向，就三個方面來談。在三因之中，正因佛性是成佛的主因，了因和緣因佛性則是成佛的助緣。然而因無緣不成，緣無因不立，是以佛性必須回歸佛教因緣和合的觀念來說，方不會有所偏滯。

　　不過三因佛性的意義尚不僅止於成佛問題，因為佛性是整個因緣起法之一環。所以智顗便把佛性放在與其他九種三法——三道、三識、三般若、三菩提、三大乘、三身、三涅槃、三寶、三德——中來說：

> 三道輪迴，生死本法，故為初。若欲逆生死流，須解三識、知三佛性、起三智慧、發三菩提心、行三大乘、證三身、成三涅槃，是三寶，利益一切，化緣盡，入於三德，住祕密藏云云。❸⁹

智顗對十種三法的解釋：「三道」是苦道、煩惱道與業道，「三識」是菴摩羅識（阿摩羅識）、阿黎耶識、阿陀那識，「三佛性」是正因、了因、緣因佛性，「三般若」是實相、觀照、文字般若，「三菩提」是實相、實智、方便菩提，「三大乘」是理乘、隨乘、得乘，「三身」是法身、報身、應身，「三涅槃」是性淨、修淨、方便涅槃，「三寶」是法寶、佛寶、僧寶，「三德」則為法身、般若、解脫。❹⁰從三道的生死輪迴到證悟法身、般若、解脫三德，智顗說的便是由迷而悟的整個修證歷程，從這修證的過程之中，智顗也展開了對於貫穿在迷悟之間的諸法實相之理解。何以說諸法實相是貫穿在迷悟之間？因為迷悟雖然看似只是個人主觀的情境與境界，諸法實相不會因為眾生的迷悟而有所改變，但我們同時也必須

---

❸⁹　《大正藏》第 33 冊，頁 744 上。

❹⁰　十種三法的內容，《大正藏》第 33 冊，頁 744 上～746 上。

注意一點，從智顗的圓融思想來看，不是只有悟的時候所見的才是實相，迷的時候也是整個圓融實相之一部，所以三道乃是整個由迷轉悟歷程之中，一個不可或缺的過程，若沒有痛苦何須證悟如來清淨法身，若沒有煩惱何須開發般若智慧，若無業力流轉何須追求解脫？

再進一步看，十種三法，也是各自對應三諦來說：三道的苦道對應中道諦，煩惱道對應空諦，業道對應假諦；三佛性中的正因佛性是對應中道諦，了因佛性對應空諦，緣因佛性對應假諦；三德的法身是中道諦，報身是空諦，應身是假諦。是故一切諸法自身之中，無不具有空假中三諦，也具有各各的三法，而各各的三法之間是圓融的，各法與各法之間一樣也是圓融的，因此一切諸法無不圓融無礙，同為諸法實相。這便是天台宗所欲現出來的圓融理念，是以智顗才說「一色一香莫非中道」。❹

智顗的三因佛性說，是整個天台思想的一個環節，如果把這一環節擴大整全來說，就是天台的實相論，而天台的實相論所談的就是，一一事法之中，本來便已圓滿地具足其他一切諸法，這便是所謂的性具思想。

第二目　性具思想

性具思想的「性」字，說的不是只有「佛性」而已，但是既然「一色一香莫非中道」，故也可從佛性的角度來談。可是除了佛性之外，就算是瓦石糞土，又何嘗不能和佛性一樣，圓滿地具足一切萬物？

前面言及，一切諸法都有三個面向，對這三個面向，我們雖然可以分析地來說，但也不能忽略其為整全的關係，這既分殊又統合的關係，即為圓融的實相之表現。進一步來說，任一單獨的個法，絕非單獨的存在，而是互為因緣地為一全體性的存在，所以舉任何一法來說，除了三諦圓融的共通性質之外，諸法之間彼此的關係，其中存在著互涉互入的因緣結構，這樣的因緣結構，便是所謂的「具」的關係。法不孤起，只

❹　《大正藏》第 33 冊，頁 690 中。

要有任何一法存在或者呈現，其必然與之相關相涉同時並起的，便是整個緣起世界所有萬法。是故性具思想的重點，乃在揭示萬有之間的互為緣起，所以對「具」字的理解，不要只是從字義上去理解，而必須把它放在緣起的角度，透過天台的諸圓融思想，方能解其真義。

　　就以智顗著名的「一念三千」為例，他是就觀心而言一念心與三千世界之間「具」的關係：

> 夫一心具十法界，一法界又具十法界（成）百法界，一界具三十種世間，百法界即具三千種世間，此三千在一念心，若無心而已，介爾有心即具三千，亦不言一心在前一法在後，亦不言一切法在後。❷

智顗認為在修行止觀之際，所觀的境界乃有三千種之多，首先一心就其境界來分，有地獄、餓鬼、畜牲、人、修羅、天道等六凡以及聲聞、緣覺、菩薩、佛界等四聖，共十種階層的差別，但是地獄又有地獄的地獄界乃至地獄的佛界之別，餓鬼、畜牲等九界亦復如是。十法界各有十法界，便成百法界；百法界又各具「相、性、體、力、作、因、緣、果、報、本末究竟等」❸十個範疇，是為百界千如。百界千如又有業感所成的五陰世間，色心等五陰和合而成的眾生世間，以及眾生所居之山河大地的國土世間，百界千如合此三種世間，即是三千世界。然而三千世界和一念心非一亦非異，介爾有心即具三千；一心與三千世間的境是互具的關係，即如我們上述的因緣互具的緣起關係，因此我們不能說是先有三千世界，還是先有一心，一心與三千世界之間，是同時存在的關係。

---

❷　智顗，《摩訶止觀》，《大正藏》第 46 冊，頁 54 上。

❸　「十如是」出自鳩摩羅什譯的《妙法蓮華經》，見《大正藏》第 8 冊，頁 5 下。

所以智顗又說：

> 若從一心生一切法者，此則是縱，若心一時含一切法者，此即是
> 橫。縱亦不可，橫亦不可，祇心是一切法，一切法是心故，非縱
> 非橫非一非異玄妙深絕，非識所識非言所言，所以稱為不可思議
> 境意在於此。❹

「心生一切法」與「心含一切法」都是唯心論的想法，所不同者，「心生」
說的是心乃萬法之根源；「心含」則強調心對萬法的統攝性。但是不論心
生或者心含，這都是站在「心」為第一位的唯心論立場，兩種說法都無
法明白心境互具的實相原理。智顗之實相論所講究的是「法爾如是」的
原則，「心」、「境」不是一為因一為果的生起的關連，「祇心是一切法，
一切法是心」，心和一切法是平等的。雖然心和一切法的確是不同的事物，
但就「心」、「境」的差別而言，那只是它們存在樣式的不同展現，一個
在內一個在外；「心」、「境」看似敵對，然而就在「心」、「境」看似敵對
的狀態下，「心」、「境」展開共同的實相，故「心」與「境」之間是平等
的。「心」、「境」平等且又能夠既敵對又互具地結合在一起，這便是諸法
真正的本來面目。

一念心與三千世界是如是地互具緣起，其餘諸法又何嘗不是如此呢？
智顗之所以單舉一心與三千世界來談，正是掌握了世界觀之最大範疇來
談，把一般人心目中唯心或者唯物的心物問題，用他的圓融實相觀來加
以確解，同時也由此確立了性具思想的架構。

依照性具思想的理路來看，在佛性這個課題上遂引發了關於佛陀有
無善惡的問題，以及草木有無佛性的問題。

---

❹　《大正藏》第 46 冊，頁 54 上。

第三目　佛陀不斷性惡說

關於佛性善惡有無的問題，主要的資料乃見於智顗的《觀音玄義》，其問題乃在於探討三因佛性中的了因及緣因佛性有無善惡的課題，其中共有四項重要的設問及回答：**❹**

　　1.問：緣（因）、了（因）既有性德善，亦有性德惡否？
　　答：具。

這項回答明白指出緣因佛性與了因佛性具有性惡。但為何單挑緣、了二因來說呢？而不言正因佛性的善惡問題呢？因為從三法之相互類通的觀點來看，正因佛性就如如來法身，就如中道第一義諦一樣，居於圓融三法之首的絕對地位，所以正因佛性一定也是亦善亦惡，非善非惡的。但是緣、了二因，是屬相對性的資成正因佛性開顯之地位，故此二因也尚有善惡對待的情形。或者也可以反過來說，智顗設問二因之善惡問題，乃是為了彰顯正因佛性之非善非惡的圓融實相。

　　2.問：闡提與佛斷何等善惡？
　　答：闡提斷修善盡，但性善在。佛斷修惡盡，但性惡在。

本問答，用佛與闡提的差別，提出「性惡」與「修惡」的概念，闡提無修善，但性善在；佛斷修惡，但性惡在。「佛不斷性惡」乃成為天台性具思想的一大特色。

　　3.問：性德善惡何可不斷？

---

❹　下列引文見智顗，《觀音玄義》，《大正藏》第 34 冊，頁 822 下。

　　答：性之善惡，但是善惡之法門。性不可改，歷三世無誰能毀，
　　復不可斷壞。

性之善惡何以不可斷？因為「性」是本來即具的，「善惡」則為一道德價
值上的差別，一切眾生只能就其現實的行為而修斷善惡，卻不能對本來
如是之道德差別性有所毀壞。這點也顯示智顗的圓融思想，是立基於對
現實差別性之重視，而非一意地泯除一切差異而說法相圓融。

　　4.問：闡提不斷性善，還能令修善起。佛不斷性惡，還令修惡起耶？
　　　答：闡提既不達性善，以不達故，還為善所染，修善得起，廣
　　　治諸惡。佛雖不斷性惡，而能達於惡，以達惡故，於惡自在。
　　　故不為惡所染，修惡不得起，故佛永無復惡。以自在故，廣用
　　　諸惡法門化度眾生，終日用之，終日不染。

闡提不斷性善，可以成佛，已是一項共識，但是佛不斷性惡，還會生起
修惡──現實上的惡行嗎？依據智顗的理路，答案應該也是肯定的。可
是一位已然覺悟的、至善的佛陀，為何還會有惡行？這是多麼令人驚訝
且難以接受的事！智顗解釋：因為佛已通達惡法，不為惡法所染，所以
他是在用惡以度化眾生，例如入於地獄，便隨順地獄眾生所能認同的方
式來度化他們；或如面對軟弱者，以詈言激發其向上意志等；凡此各種
行為，雖看似修惡，其實乃是修善的表現。所以佛陀只是用惡，而非真
的起了修惡。

　　再回到三因佛性來看，緣、了二因本就指資成、顯了佛道的功能，
其目的不僅自度，更在度人。是以緣、了二因性德善惡問題的提出，正
為了表示佛法不離世間覺，吾人在一色一香之中，皆可體會中道，也能
夠隨處見到如來的法身、報身和應身，而眾生皆有正因佛性，在一切善

惡諸行當中，也無不具有可以幫助我們成佛的緣因與了因佛性。

第四目　草木有佛性說

天台宗「無情有佛性」的說法，是荊溪湛然根據本宗的圓融實相觀所開展出來的理論，其思想主要保留在《金剛錍》之中：

> 僕嘗聞人引《大智度論》云：「真如在無情中，但名法性；在有情內，方名佛性。」仁何故立佛性之名？余曰，親曾委讀，細撿論文，都無此說，或恐謬引章疏之言，世共傳之。❹❻

《金剛錍》的主旨，是對當時流行的思想進行批判，當時流行著一種觀點，認為在有情眾生中的真如叫佛性，在無情之物當中的真如是為法性。湛然極力批判此一觀點，以為這樣的說法不但無有經典上的根據，更重要的是，它將唯一真如分割為二，而造成隔別不融的情形，未能把握諸法圓融的實相。

從上述天台思想的論述來看，天台從來不反對諸法分殊性與差別性，但一切分殊與差別，在天台的思想家看來，也只有一種統合的圓融關係，因此湛然的批判，倒也不是反對有情、無情，法性、佛性的差別性，而是要人站在一個更高的觀點來看這一切分殊的互具圓融的性格。所以他又說：

> 斯等曾睹小乘無情之名，又見大乘佛性之語，亡其所弘融通之說，而棄涅槃虛空之喻，不達性、修、三因離合，不思生、佛無差之旨，謬傚傳習無情之言，反難己宗唯心之教，專引《涅槃》瓦石之說，不測時部出沒之意，如福德子而無壽命，弱喪徒歸。❹❼

❹❻　見《大正藏》第 46 冊，頁 783 上。

湛然所批評的對象，其實就是那些高舉「心」之優位性的唯心論者，這些唯心論者從來都不明白，心物之間是平等互起的，常以為「心生」或者「心含」萬物。但如就其「唯心」的主張來看，他們既然主張心外無境，卻又不能將一切收攝於心法之中，反而引用《涅槃經》中牆壁、瓦石為非佛性的權宜方便之說，❹以致無情瓦石等，便立在心法之外，成為無佛性者。如此一來，這些唯心論者即不能貫徹其唯心一元的主張，造成與自己唯心主張相矛盾的結果。

湛然以為這樣的唯心論者，是不了解「性佛性」及「修佛性」之不二而二，以及「正因」、「了因」、「緣因」三因佛性之一而三、三而一的道理，更沒有體察到《華嚴經》中「心、佛、眾生三無差別」的真實涵義，以及天台智者大師判五時八教所涵蘊的權實跡本的義涵，就像是迷路小孩，不曉得回家的路一樣。

既然心物平等且互為緣起，吾人又有何理由高唱唯心，又有何理由鄙視無情草木呢？是以草木有佛性說，提供了一種對世界作全體性思考的角度，使我們注意到了，草木瓦石也可能是如來的法身——因為他同於實相；也可能是報身及應身——因為他可以給我們教訓令我們度化。所以草木當然也具有正因佛性——因為「他」們就是整個世界實相之一環；也具有緣因及了因佛性，因為他們並非定為草木，在整個緣起世界之中，一切萬物莫不時時在變遷，刻刻在演化，如果突破我們固有的成見，誰知他們是不是也同樣具有智慧與願力？

---

❹ 《大正藏》第 46 冊，頁 785 上。

❹ 《大正藏》第 12 冊，頁 581 上：「善男子，為非涅槃名為涅槃，為非如來名為如來，為非佛性名為佛性。云何名為非涅槃耶？所謂一切煩惱有為法，為破如是有為煩惱，是名涅槃。非如來者謂一闡提至辟支佛，為破如是一闡提等至辟支佛，是名如來。非佛性者，所謂一切牆壁瓦石無情之物，離如是等無情之物，是名佛性。」

第五項　華嚴佛性思想

第一目　五教種性

　　華嚴宗與天台宗為中國佛教的雙璧，二宗的思想常是比較研究的好題材，因為這兩個宗派，同樣都強調「圓融」，主張「圓教」是為佛法最高的型態。相對於天台智顗，華嚴思想的大成者，乃是賢首法藏大師(643～712A.D.)。關於佛性思想方面，法藏有所謂的五教種性說。

　　法藏佛性說的目的，在將關於佛性之種種異說，收攝進同一標準之下，分別加以安立定位。他以一種判教的方式，將各種佛性說，在他的教相論下予以安置，這不僅消除了各種佛性理論的可能衝突，同時也有區分大、小以及究竟與否的意味。

　　他的判教方式，是就「解行因果」，也就是依照義理、修行法門的深淺及所證果位的高低來判佛教各宗的地位。他主張佛教的教法共有小、始、終、頓、圓五教的深淺差別。小教是指小乘聲聞教；始教又可分為相始教及空始教，相始教指唯識宗，空始教指的是空宗，因二者乃大乘初階，故稱為始教；終教指的是如來藏系，所謂「終」，是就名言所詮的範圍，而說其為大乘教義之終極；頓教指的則是離言絕相、頓顯真如的法門，就像世尊的拈花微笑，或是維摩詰居士的聖默然一樣；圓教則指果地的如來所自證的，諸法無盡緣起、無礙圓融的圓滿境界。

　　若就佛性思想來說，法藏對小乘教採取傳統批判小乘的看法，他說小乘教的主張是：

　　　除佛一人，餘一切眾生，皆不說有大菩提性。❹

---

❹　法藏，《一乘教義分齊章》，見《大正藏》第 45 冊，頁 485 下。

就始教來說，法藏認為始教主張有一類眾生無有佛性，這一類眾生就是所謂的一闡提：

> 即就有為無常法中立種姓故，即不能遍一切有情，故五種姓中即有一分無性眾生。❺⓪

至於眾生皆有佛性，乃至一闡提成佛的主張，則是就終教來說。他認為終教的說法，是立於真如上頭來說佛性，一切眾生不離真如法性，就像水有濕性，火有熱性一樣，一切眾生也有涅槃性，是故眾生皆可成佛的道理便可成立：

> 即就真如性中立種性故，則遍一切眾生皆悉有性故。《智論》云：白石有銀性，黃石有金性，水是濕性，火是熱性，一切眾生有涅槃性，以一切妄識無不可歸自真性故，定當得成阿耨多羅三藐三菩提。❺①

法藏所判五教的次第，乃是按照義理圓融的程度依序遞升；在這樣的評判過程中，當然先行預設了他的判準。雖然這項判準未必可以受到所有人的認同，尤其是各宗教徒必會不以為然，但這些評判使得教義的衝突被降低，也提供了一項明確的教義高低的指示圖，對於後代中國佛教徒之於佛教教義的理解，形成相當大的影響。

從佛性的問題來看，小乘之為小乘，即在於他們只承認除佛一人之外，其他一切眾生無佛性。始教雖將具有佛種性的眾生界擴大許多，然而始教之中依然保持一分眾生無佛性的觀點。終教之所以被稱為「終」

---

❺⓪ 《大正藏》第 45 冊。

❺① 《大正藏》第 45 冊。

教，則有一個「終點」的意思，是指此教為名言所詮義理之終點，也就是說在名言的界線之內，一切眾生皆有佛性已經無可再進者，因為再說的話，到底要說些什麼？而無論再說些什麼，依然是立於「眾生皆有佛性」的這個基礎上來說。故終教之「終」，其實就是終於名言界內，以「心真如」為最高義理之代表。根據這個基礎，方才構思，超脫名言思議之外、之上的頓、圓二教。

　　但法藏說終教是「真如性中立種性」，由於真如遍在諸法當中，因此說一切眾生皆有佛性。然而這佛性的範圍，並不擴及至無情的木石身上，法藏說：

> 以真如通一切法，今揀去非情，故約六處眾生數中，取彼畢竟真如理以為種性也。❷

所以法藏在終教中所說的佛性，是種可以成佛的能覺之性，就像《起信論》中所言的「本覺」，是真如隨緣與染和合之時，一心所具的能覺之性，它可以內熏眾生，成為覺悟成佛的本源，如依真諦譯的《攝大乘論》來說，則叫做解性賴耶，法藏說：

> 以真如隨緣與染和合成本識時，即彼真中有本覺無漏內熏眾生為返流因，得為（有）種性。梁《攝論》說為黎耶中解性，《起信論》中說黎耶二義中，本覺是也。❸

前面三教，顯示法藏對傳統佛教的理解，頓、圓二教則為己宗教法的展現，法藏說頓教：

---

❷　《大正藏》第 45 冊，頁 487 下。
❸　《大正藏》第 45 冊，頁 487 下。

> 唯一真如離言說相名為種性，而亦不分性、習之異，以一切法（由）
> 無二相故。❺❹

頓教的基礎是前面終教所說的心真如，但真如不是言說名相所能及的，
也不是一般理解思辨所能真實觸及的，因為真如是在能所一如的絕對之
境，也就是佛所證悟的當下所展現的圓融境相。故頓教所說之（佛）種
性，是離言絕相，超脫能、所，性種、習種等對待之唯一真如，只有通
過自覺自證，方能了悟。所以頓教的佛性應也就是「境智一如」的真如。
它不但是所知性的「實相真如」，也同時是能知性的「心真如」。

頓教之後，法藏說一乘教：

> 約一乘有二說，一、攝前諸教所明種性，並皆具足主伴成宗，以
> 同教故，攝方便故。❺❺

法藏把一乘教分為二種，即同教一乘及別教一乘；同教一乘指《法
華經》。《法華經》的特色是開權顯實、會三歸一，是以就佛性問題來說，
同教一乘解釋以前種性諸說，不過是方便教化的權教，如來唯以一佛乘
使眾生得滅度的道理，方為實教；權教的種性思想為「伴」，一乘實教的
佛性思想為「主」，具足主伴、兼收諸說而明其權實，便是同教的種性思
想。但除了具足主伴、分辨權實之外，法藏似乎並不認為同教之中，對
於佛種性有何明確的界定。

這種說法其實帶有某種程度貶抑天台思想的味道，意即天台所宗的
《法華經》，實際上並無關於佛種性的陳述，是以天台的佛性思想，縱有
根據，絕不出華嚴五教種性之中，但一定不會在《法華經》之內。一乘

---

❺❹　《大正藏》第 45 冊。
❺❺　《大正藏》第 45 冊，頁 488 上。

教種性思想，到了別教才被明確宣說：

> 二、據別教種性甚深因果無二，通依及正，盡三世間，該收一切
> 理事解行等諸法門，本來滿足，已成就訖。❺⑥

別教種性貫通因果，通於依報世界與正報世界，遍盡五陰世間、眾生世間及國土世間，乃至一切理、事解行，無不遍具別教種性。換言之，華嚴的別教種性，乃將萬法之真如，以佛性來替代，因而一切諸法，也同樣具有佛性的清淨的莊嚴本質，也具有寂靜、涅槃的本質。

　　法藏從教相差別上頭來談佛性，雖然不是人人都能接受他的判擇及定位的，但至少他提供給相異的諸說予以同時共存的基礎。尤其是對玄奘新譯唯識佛典「一分無性」，和舊譯佛典「眾生皆有佛性」之間的對立，他的判教至少提供了一種解釋。不過從別教種性的說法，他開啟了以真如佛性為基點而起萬法的圓融思想，這便是可與天台性具思想分庭抗禮，同為中國佛教理論之高峰的「性起思想」。

第二目　性起思想

　　天台的性具思想並非以佛性為主要的著眼點，而是著眼於萬法緣起互具的實相本性之上，但是華嚴的性起思想，則是特別就佛性的角度來述說。如來法身佛性緣起萬法的思想，其目的乃在解說如來所自證之果地的圓滿無礙的清淨世界，是以性起思想的特色，乃將一切差別性收攝到果地來加以泯除，所以並不如天台那樣重視諸法的分殊與差別性，因為分殊和差別，早在頓教之離言絕相之後已被揚棄。

　　「性起」一詞的經典根源是出自《六十華嚴經》的〈性起品〉，原本說的是經由無量正行而成正覺的如來，由其清淨本性所興起的果海大用，

---

❺⑥　《大正藏》第 45 冊，頁 488 上。

種種化現度化的莊嚴功德等。到了華嚴宗手中，依據此一理路，而去建構、陳述佛性緣起萬法的理論，把唯心思想的圓融性推至最高的頂端。《華嚴經探玄記》云：

> 從自性住，來至得果故名如來，不改名性、顯用稱起，即如來之性起。又真理名如名性，顯用名起名來，即如來為性起。❺❼

於一切眾生之中，佛陀象徵德性具足、智慧圓滿的精神人格，因此如來證悟法身之後，以其清淨佛性緣起一切諸法之時，整個宇宙便被舉至德慧雙全的地位。所謂的「性起觀」，即是證知無礙智慧的如來，以其慧光普照法界、圓映眾生，將之一起提升至與佛同等的觀法。因此，性起觀已不再是屬修證向上的證悟過程，而是居於佛果的如來向下開啟點化一切眾生，使眾生了解其與如來平等無差、本來即佛的實踐法門。

　　當如來性起之時，便彷彿月映萬川一樣，一月在天，而萬川同映月光，千江有水千江有月。是故佛陀立足於無盡事法中，點燃佛慧而遍照法界。而這光照萬法的光源，正在如來已然證悟真如一心，《妄盡還源觀》便說：

> 經云：森羅及萬象，一法之所印。言一法者，所謂一心，是心即攝一切世間、出世間法，即是一法界大總相法門體，唯依妄念而有差別；若離妄念，唯一真如，故言海印三昧也。❺❽

其實如來之一心與凡夫之一心，本質上並無差別，心就像是海洋一樣，凡夫之心因為無明風動，起了波濤，是故不能如實地映現萬物，而如來

---

❺❼　見《大正藏》第 35 冊，頁 440 中。

❺❽　見《大正藏》第 45 冊，頁 637 中。

之一心，則是去除了無明，心海平靜如鏡，故能如實映現諸法。所以華嚴之性起思想，將森羅萬象之萬法齊攝於一心，雖有唯心論的傾向，但是華嚴之唯心論並非將「心」視為生化萬有的第一因，而是點出緣起的法界當中價值與意義之所在，把如來的一心自性，視同舉起宇宙的槓桿，透過這把原本苦、空、非我的濁世，提升至同於無上涅槃的常樂我淨之絕對精神領域。故《探玄記》說：

> 若圓教中佛性及性起，皆通正，如下文辨。是故成佛具三世間，國土、身等，皆是佛身。❺❾

如來成佛之後，由此清淨佛性性起諸法，一切世間皆是如來法身，因此有佛出世，即以整個世間為其佛身。這樣的思想，把濁惡的塵世，轉化為清淨的佛境，把無明的愚癡眾生，一齊化為佛身，故性起思想的重要性，在為整個世界，舉起清淨佛性為明燈，藉以嚴淨森羅的萬象諸法。

那麼「性起」與「緣起」之間有何不同？基本上「緣起」是一切諸法起現壞滅的基本原則，「性起」也是一種緣起，只是性起是就如來果地上說，故性起萬法，皆是唯淨的；緣起則是就因地上說，因地上的緣起，乃是染淨和合的，不同於果地唯淨之性起。

此外還有一點，性起思想特別強調「一即一切，一切即一」❻⓿的圓融精神，「一即一切，一切即一」是著眼於世間無盡緣起之總相來看，所以謂無盡緣起，是指萬法彼此的因緣關係，是一種相即互入的關係，比如從一般的因果觀念來看，總是由因生果，但實際上，因果也具有這種相即互入的關係，無因則無果，但無果則因便不成為因。是故因果的區

---

❺❾　《大正藏》第 35 冊，頁 405 下。

❻⓿　《大正藏》第 35 冊，頁 119 中。

別，是就現象的時間先後序列來加以分殊，證悟絕對真如的智者，卻可以領悟「因賅果海，果徹因源」這無盡緣起同時性的絕對之境。

對於「一即一切，一切即一」的圓融性格，法藏用六相圓融的觀點來加以說明：

> 一即具多名為總，多即非一是別相，多類自同成於總，各體別異現於同。一多緣起妙理成，壞住自法常不作，唯智境界非事識，以此方便會一乘。❻

由於每一事物均為緣生，所以每一事物之存在與出現，均須各種不同的條件和依據（一即具多名為總），這些不同的條件和依據與所緣起的事物並不相同（多即非一是別相），這些條件事物由於彼此的同質性所以同為成一緣起物之緣（多類自同成於總），但是各個條件事物雖同成一緣起物，本身所具的特質並非不再存在，條件事物彼此間仍存在著差異性（各體別異現於同）。多緣成一，一又可為眾緣之一，以是之故，一多緣起全成萬物（一多緣起妙理成）。不過眾緣雖成一物，卻依然保持本身的特質，並不由於緣成生物變易自身（壞住自法常不作）。用「六相圓融」說緣起法，是菩薩就緣起法相的本質所設說的，雖然仍屬方便法門，但用以使人理解一乘教義之緣起法義，是從心識主體出發去攝收萬法緣起的方便法門（唯智境界非事識，以此方便會一乘）。

舉一房舍來說，舍是總相；樑柱瓦石是別相；樑柱瓦石同為成舍之緣，是為同相；然而樑柱瓦石不相同是為異相；樑柱瓦石緣成一舍即是成相；雖一舍，樑柱瓦石不改本色仍是樑柱瓦石，此即壞相。一切事物均具六相，六相圓融無礙，而事事物物之間亦具此六相，故一切諸法盡皆圓融無礙；任舉一法，定具其餘萬法，就像抽動網索一般，整個緣起

❻　《大正藏》第 45 冊，頁 508 下～509 上。

的大網也會因而收起。真如本心就是此一，萬法是為一切，是故「一即一切，一切即一」，如此乃是不捨世間而成佛，以如來的佛眼觀之，穢土即是莊嚴淨土，而眾生即是佛，這便是《華嚴經》中「心、佛、眾生三無差別」**❷**的意涵。

進修書目

1. 《大般涅槃經》，《大正藏》第 12 冊。

2. 智顗，《法華玄義》，《大正藏》第 34 冊。

3. 吉藏，《大乘玄論》，《大正藏》第 45 冊。

4. 法藏，《華嚴一乘教義分齊章》，《大正藏》第 45 冊。

5. 湛然，《金剛錍》，《大正藏》第 46 冊。

6. 安藤俊雄著，演培譯，《天台性具思想論》，臺北：天華出版社，1989 年天華 1 版。

7. 高峰了州著，慧嶽譯，《華嚴思想史》，臺北：中華佛教文獻編撰社，1979 年初版。

8. 賴永海，《中國佛性論》，高雄：佛光出版社，1990 年初版。

9. 釋恆清，《佛性思想》，臺北：東大圖書公司，1997 年初版。

10. 高崎直道等著，李世傑譯，《如來藏思想》，臺北：華宇出版社，1986 年初版。

---

❷　見《六十華嚴經》，《大正藏》第 9 冊，頁 463 下。

第七章　佛教的二諦說

「見真實而得解脫」，這是古印度思想的根本特色。印度的每個學派都在追求真理，也都各有其直接領悟真理的方法；能夠領悟到真理，即得自由解脫，否則，即受桎梏於無明煩惱之中。因此，古印度人的真理觀自始便有其宗教救度學上的意義。❶

佛陀是覺悟了真理的人，對佛教徒而言，與其說佛陀是真理的創造者、主宰者，毋寧說他是真理的發現者、體證者。佛陀一生的教法，正是他在人間教導眾生認識真理、體證真理，以去除無明煩惱，趣向解脫的歷程。

就一般性的詞義來說，相應於「真理」(truth) 一詞的梵文對等語不止一個，而其中最為早出的，當為 "satya"（「諦」）一詞。❷ 在佛教的傳統中，佛陀所宣說的「四聖諦」(caturāryasatya) 是最為明顯的用例。之後，由於對佛陀教法的論究與詮釋，「二諦」(satyadvaya) 說卓然成為一項獨立論題，從部派佛教到大乘佛教，他們都以各自的立場來詮釋二諦思想，並將二諦視為佛法的基本結構。其豐富的詮釋成果，值得我們探討說明，以了解佛教的真理觀及其教法的真意。

---

❶　詳見本書第五章第一節。

❷　參見萬金川，〈存在、言說與真理〉，收入氏著，《詞義之爭與義理之辯》（南投：正觀出版社，1998 年），頁 206～208。

第一節　二諦的意涵

第一項　「諦」的意涵

就字源學的觀點而言，"satya" 一詞的形構是由現在分詞 "sat" 附加了接尾詞 "ya" 而成的；現在分詞 "sat" 表示「存在的」，"ya" 則表達「關係性」之意。❸因此，satya 在字面上可以有「源自於存在」、「與存在有關係」的意思。就「存在的關係」而言，satya 最初是用來表示「言語與存在的對應性」，或者說，satya 一詞所指的，便是「言語」與「存在」的符應關係。❹由此衍生出：⑴從認識或言說層次上所說的「真理」，即「能詮的真理」；⑵存有論層次上的「真實」，即「所詮的真實」。

覺音（巴 Buddhaghosa）論師曾在《清淨道論》中說明 sacca（巴利文，即梵文 satya）有多義：

1. vācāsacca：話語之諦，亦即「話語的真實」。
2. viratisacca：離「垢」之諦，亦即「行為（離煩惱妄執）的真實」。
3. diṭṭhisacca：見解之諦，亦即「知見的真實」。
4. paramatthasacca：勝義之諦，亦即「涅槃與道」。
5. ariyasacca：聖之諦，亦即「聖智所行境的真實」。❺

---

❸　sat 派生自表述「存在」之義的動詞 √as (to be)，√as 所表述的「存在」，是指單純的、抽象意義的存在；變動的、具體意義的存在，通常以 √bhū 來表示。ya 接尾詞有表示隸屬性或關係的存在，也可以用來描述原語所擁有的某一抽象性質，並將原語視同為抽象名詞來使用。參見萬金川，〈存在、言說與真理〉，頁 216～225。

❹　〈存在、言說與真理〉，頁 219～220。

從以上所列五義之中，我們可以了解到「真理」豐富的意涵，它不只是認識或話語層面的真理觀，更是以倫理實踐為導向的真理觀，「真理」是要達成正知見、涅槃解脫與聖者的真實。這已超越字源學的本義或引申，表現出古印度真理觀的特質。

梵文 "satya" 最常見的漢譯為「諦」，此外，也有用「真」、「實」、「誠」、「善」等語來對譯此一梵文原語。「諦」，《說文解字》的解釋是：「審也，從言，帝聲」；「審」：「悉也，知審諦也」；「悉」：「詳盡也」。由此可知，諦的原義該是「審諦（於物）」、「諦視」之意，即仔細詳盡的觀察以分辨之。「諦」之「審」義，當是藉由意符（從言部）的言語所呈顯而完成的，由此而引申出「真理」的涵意，該是就認識論或言說的層次來理解。至於存有論的意涵，從字面上不容易看出來，該是由引申義或哲學的詮釋而得來的。❻

第二項 「勝義」的意涵

二諦，指勝義諦 (paramārthasatya) 和世俗諦 (saṃvṛtisatya)，亦名真諦、俗諦。從字源學的觀點來看，「勝義」的梵文原語為 parama-artha，它是一個複合詞；"parama" 為「勝」、「第一」、「最高」之義，artha 為多義性的梵語，至少含有三義：⑴意義 (sense, meaning, and signification)；

❺ 參見 *visuddhimagga*（巴利聖典協會版），pp. 496～497；葉均譯，《清淨道論》（下）（臺南：中華佛教百科文獻基金會，1991 年），頁 106～107；萬金川，《詞義之爭與義理之辯》，頁 214。本引文採萬金川先生的翻譯與解釋。

❻ 若以「實」來對譯 satya，那麼便是從存有論強調它「存在」之義；若以「善」來對譯，指的是「四諦之善」，所強調的是真理的效用；若以「真」或「誠」來對譯，強調的是「知」與「境」之間符應的關係，或與言說有關之判斷活動的真實。

(2)實情 (the true sense, the real state of the case, and the truth)；(3)外境或所取境，相對於內心而言的「對境」或「對象」(that which can be perceived by sense, an object of sense)。❼因此，「勝義」一詞可解釋為：(1)（從語言學的角度而言）最高意義的（存在）；(2)（從存有論而言）最高狀態（亦即最真實狀態）的（存在）；(3)（從認識論而言）至高的（無分別智的）對境。

「勝義」是複合詞，所謂複合詞是指兩個或兩個以上的詞彙所組成的新詞，又稱合成語。依梵文語法，複合詞有六種文法規則，譯作「六離合釋」或「六合釋」。當一複合詞具有二義以上，則以「六離合釋」判定它在文義脈絡中的用法。「勝義」依「六離合釋」，有三種解讀的方法：

1.「**依主釋**」：又譯「依士釋」，梵文為 tatpuruṣa。「依主釋」為「格的關係」之解釋，為名詞形＋名詞形的構成，前詞為後詞所依，例如「眼識」，依眼而生之識，故名眼識。又如「花容」、「山色」等詞都是依主釋的複合詞。「勝義」依主釋的解讀，便是「勝的義」，依「勝」而生之「義」，在佛教的教義，這便是「真如」。

2.「**持業釋**」：梵語 karmadhāraya，複合詞的前詞若是形容詞、副詞或名詞，前詞和後詞共同表示一個事物，稱為「持業釋」，又名「同依釋」。如「師子人」，即「如獅子樣的人」，獅子即為形容詞，「師子」和「人」共同來表示「師子人」這個對象，這便是「持業釋」的解讀法。「勝義」依「持業釋」，即如「勝」一般的「義」，依佛教的教義，這便是「涅槃」。

3.「**有財釋**」：梵語 bahuvrīhi，複合詞的全體如果具有形容詞的作用，為「有財釋」，如世之有財者之有財物也。如長臂，依有財釋的解讀，即「長臂的」，「具有長臂的」之意；有翼，即「有翼的」之意。「勝義」依「有財釋」，指的是「具有勝義的（存在）」，或「隨順勝義的」、「與勝義有關的」之意，依佛教的教義，所指的是「具（苦、集等，應知、應斷、

❼　參見萬金川，《詞義之爭與義理之辯》，頁 128～129。

應證、應修的）因果差別的道程」，或是「具（蘊、處、界等）諸法者」。❽

　　以上依字源學與語法學來解釋「勝義」的多種意涵，至於採用何義來確立「勝義」的意涵，這便是宗教、哲學的進一步詮釋，並非只是字源學、語法學的問題。

第三項　「世俗」的意涵

　　在中觀與唯識論典中，「世俗」(saṃvṛti) 與「言說」(vyavahāra) 常被視成同義詞，它們都表達了「言說」、「概念的言詮」以及「言語的表現」的意思。❾

　　然而，就「字源學」的觀點來說，"saṃvṛti" 的形構派生自 saṃ-√vṛ，"sam" 的意思是「周遍」、「完全」，而 "vṛti" 的意思是「遮蓋」(to cover up)、「封閉」(enclose)、「藏」(hide)、「覆蓋」(conceal) 之意，"saṃvṛti" 這個語詞的概念是「完全地遮蔽了一切事物的真實性質」，一點都沒有「言說」之意。❿關於這點，已有學者（荻原雲來等）指出："saṃvṛti" 的梵語是來自巴利語 "sammuti" 的梵語化，原型的 "sammuti" 本來具有「名稱、言語、言說」的意味。其詞構為 saṃ-√man，√man 之意為「思考」，與 √vṛ 表覆蓋義的語根意思並不相同。不過，佛教學者還是把巴利語 "sammuti" 梵語化為 "saṃvṛti"，因而同被視為具有「言說」義的同義詞。例如《瑜伽師地論・菩薩地》引用原始巴利經典來說明什麼是「世俗」時，相應於「世俗」一詞的巴利語，就是 "sammuti"，由此可見 "saṃvṛti"

---

❽　六離合釋的說明，參見《中華佛教百科全書》冊 3（臺南：中華佛教百科文獻基金會，1994 年），頁 1133～1136。

❾　參見安井廣濟，《中觀思想の研究》（京都：法藏館，1970 年），頁 158。

❿　參見 M. Monier-Williams, *Sanskrit-English Dictionary*, New York: Oxford University Press, 1988, p. 1116.

是 "sammuti" 的梵語化。⓫

　　總而言之，「世俗」的意思，若追溯自巴利文 "sammuti"，則有「言說」的意味；若直接從其梵文的形構 sam-√vṛ，則有「覆蓋（真實）」的意味，這兩種「字源學」的解釋，各有其語法的根據。不過，後來的佛教學者（如月稱《明句論》及護法一系的《成唯識論》）都把這二種意涵，同時視為「世俗」的語意。⓬

第二節　二諦思想的起源

　　原始佛教聖典中尚未有明文的二諦思想，但就漢傳《阿含經》以及南傳《五尼柯耶》⓭的內容而言，已粗略具有二諦思想的雛形。以下我們分四種類型來說明二諦思想的起源。

第一項　「了義經教」與「不了義經教」

　　《尼柯耶》中的「了義經教」與「不了義經教」的說法，可以說是二諦思想的濫觴。「了義」(nītārtha) 的動詞原型為 nī（巴 neti），有「引導」、「達成結論」的意思。依南傳佛教學者 K. N. Jayatilleke 的看法，⓮「了義」經教指的是「那些直接意義者」的經教；「不了義」（巴 neyyattha）

⓫　《中觀思想の研究》，頁 158～159。

⓬　參見長尾雅人，《中觀と唯識》（東京：岩波書局，1977 年），頁 40～46。

⓭　尼柯耶 (nikāya) 意譯為會眾、部派、部、類之意，南傳原始聖典有五部，稱為五《尼柯耶》，即《長部》、《中部》、《相應部》、《增支部》、《小部》等五部。

⓮　以下所述，參見 K. N. Jayatilleke, *Early Buddhist Theory of Knowledge*, London: George Allen and Unwin, 1963, pp. 361～368.

經教指的是「那些間接意義者」的經教。舉例來說，佛說：「比丘！有一個人。」這句話是「不了義」，因為實際上並沒有「人」的實體的存在，所以它的意義不能直接達成，還有待推論，以了解真正的意思。佛說：「無常、苦、空、非我」，這句話是「了義」，因我們可以直接達成結論，不須再推論。在南傳《增支部》中強調這兩類經教的區分，它說：

> 有兩種人誤傳如來（的意思），那兩種人呢？那些將不了義經教再呈現為了義經教的人，以及那些將了義經教再呈現為不了義經教的人。

引文中並沒有指出「了義」一定比「不了義」更具優位；錯誤的產生（誤傳），僅在於把「不了義經教」視成「了義經教」，或者相反之情形，把「了義經教」視成「不了義經教」。因此，在南傳《尼柯耶》中，「了義」與「不了義」的區分，只是在教育方法上的運用對象之不同而已，並沒有涉及「了義」比「不了義」更優位或更實在的問題。

　　K. N. Jayatilleke 認為，降及巴利語三藏的注釋時代，「了義經教」與「不了義經教」的區分才一轉而為「第一義的言教」與「世俗的言教」，或「第一義說」與「世俗說」的區別，終而形成日後所謂的「第一義的真理」（勝義諦）與「世俗的真理」（世俗諦）的二諦思想。

第二項　「如法」與「虛妄法」

　　佛教所教授的神聖真理，以四聖諦的形式表示，真實地、正確地知見四聖諦，被說為「如實知見」（巴 yathābhūta ñāṇadassana）。「如實知見」也就是「正見」（巴 sammādiṭṭhi），然而，如實知見的內容未必只限於四聖諦，有時是「緣起」，有時是「諸法無常、苦、無我」，《雜阿含經》常

說五蘊的無常、苦、無我，這便是如實知見的內容。如說：「於色當正思惟，觀色無常如實知（見）」。總之，如實知見的內容有很多種，因而其宣說的方式也不限於一成不變的形式，在種種形式下，總不離開佛陀的根本教法。所以說，在佛教的實踐道中，「如實知見」佔有重要的地位。❶

　　反之，為無明、欲愛所覆，不能如實知見正法，便是「妄見」、「不如實知」，這種對比，便隱含了二諦的雛形。如《中阿含經》所說：

　　　　比丘！此解脫住真諦得不移動。真諦者，謂如法也；妄言者，謂
　　　　虛妄法。比丘！成就彼第一真諦處。❶

引文中的「真諦」，即是「勝義諦」，它是指「如如」之法；「妄言」也就是一般所謂的「世俗諦」，它是指「虛妄法」。此「勝義」可說是一種「真實」，它是具有對治妄言之作用的「不虛誑的涅槃」。❶因此，由「如實知見」的角度，開展出二諦思想來（雖然它還相當簡略）。

第三項　「俗數法」與「第一義空法」

　　原始佛教的核心課題是「緣起」、「無我」，以這個角度去分辨法的假實，在《第一義空經》中已精要地說出：

　　　　有業報而無作者。此陰（眼陰）滅已，異陰相續，除俗數法。耳、
　　　　鼻、舌、身、意，亦如是說，除俗數法。俗數法者，謂此有故彼

---

❶　參見舟橋一哉著，許洋主譯，〈出家道與在家道中真理觀之相異〉，收入《法
　　光學壇》（臺北：法光佛教文化研究所，1996 年創刊號），頁 64～73。

❶　見《大正藏》第 1 冊，頁 692 上。

❶　見安井廣濟，《中觀思想の研究》（京都：法藏館，1970 年），頁 44。

有，此起故彼起。如無明緣行，行緣識。廣說乃至純大苦聚集起。又復此無故彼無，此滅故彼滅。無明滅故行滅，行滅故識滅。如是廣說，乃至純大苦聚滅。比丘！是名第一義空法經。❶⑧

在陰陰相續之中，沒有作者、受者，只有「俗數法」。「俗數法」意為假名的法；《阿毘達磨順正理論》（卷二十八）則稱為「法假」。法假或俗數法，指的是十二緣起的生死流轉與還滅之理，「法假」是就緣起法的施設言。十二緣起的生死與還滅，是對未解脫的凡夫說的；凡夫從緣起法悟入，可由滅無明而至於生死惱苦滅，於世俗說，此法是真實不虛的。但這是世俗諦，非第一義，故名俗數法。

　　「第一義空」的「空」，是無有我性之意。本經不許現象諸法實有作者、實有作用，故說「無我」（空）。這是原始佛教「無我故空」的解說方式。《第一義空經》從緣起論的立場安立空義，所提出的「俗數法」與「第一義空」，可說是後世二諦思想另一雛形。❶⑨

第四項　「世俗的言教」與「第一義言教」

　　我們在上節說過，「世俗」與「言說」常被視成同義詞，這種用法在原始佛教已見端倪，《中阿含・嗏帝經》說：

　　識隨所緣生，即彼緣說緣眼生識，生識「已說」眼識。如是耳、鼻、舌、身、意法生識。生識「已說」意識。❷⓪

---

❶⑧　《大正藏》第 2 冊，頁 92 下。

❶⑨　《第一義空經》本是部派所共誦的，但部派佛教對於如何解說五蘊勝義法中無有我性，則有不同的見解。參見印順，《性空學探源》（臺北：正聞出版社，1992 年修訂 1 版），頁 253～254。

引文中「已說」之相應巴利文，為 saṅkhaṁ gacchati（到名稱），saṅkhā 的意思為「名稱、稱呼」，與 sammuti（世俗、言說）同義。這也就是說，「識」是「因緣所生」，我們是就世俗的言說層次，把「緣眼、色生識」之「已生識」，稱為「眼識」；至於真實勝義則是無我、無實體的不可說者。❷這樣的解說方式，可說是世俗諦的原初涵意。

在《增支部》中，我們發現「勝義諦」已經運用來指稱佛教的了義經教：

> 所謂 「人」 指涉著世俗的言教 （巴 sammutikathā, conventional speech）而非絕對的言教（巴 paramatthakathā, absolute teaching）。尊貴的佛有兩種言教：亦即世俗的言教與第一義言教。此處，諸如（談到）人，存有物等皆（構成）世俗的言教；諸如（談到）無常、苦、無我等皆（構成）第一義言教。❷

可見早期原始經典中的「了義經教」／「不了義經教」的區分已發展成為「人（等）＝世俗的言教」／「無常、苦、無我（等）＝第一義言教」的模式，並為後來二諦思想的先驅。

第三節　部派佛教的二諦思想

原始佛教二諦思想的雛形，基本上是立基於實踐的目的。就實踐道或教法來說，二諦是認識論的真理還是存有論的實在？是教學方法上（語

---

❷　《大正藏》第 1 冊，頁 767 上。

❷　《大正藏》第 1 冊，頁 46。

❷　同⓮，頁 363；參見曹志成，《清辨二諦思想之研究》（中國文化大學哲學研究所博士論文，1996 年），頁 16。

言層次）的分辨或是正法的如實知見？這些問題是很難截然二分的。或者說，它們是「混成相融」的。到了部派時代，佛教傾力於對「法」（存有事物）的解析，對佛法的研究與闡釋，因此，二諦思想以一種系統性思考的方式出現，二諦成為對「法」本身的後設反省，因而發展出部派佛教「理境二諦」的思想。❷❸

在《彌蘭王問經》中，曾提到「勝義」與「世俗」的分辨：

> 大王，說它是「我」(aham̐)，它是「我的」(mama)，這些都是世俗（巴 sammuti，約定俗成的言說）的表示方式，並不屬於勝義（巴 paramattha，究竟意義）。❷❹

《彌蘭王問經》中二諦思想所討論的課題，原原本本繼承自原始佛教，但值得注意的是，將「勝義」、「世俗」明顯的並列與辨別，這已走向理論化的探討模式。部派時代這種理論化傾向，表現在兩個問題上：⑴對四聖諦本身的後設反省，⑵法的假實問題。

第一項　二諦的四家說法

《大毘婆沙論》提到，部派時代對四聖諦的分判，有四家說法：

---

❷❸　「理境二諦」就是把「諦」看作是二種真實，是以存有論的觀點來理解諦的意涵。勝義諦是指解脫的聖者所體悟的真理或境界，這一真理或境界，是真實不虛的，所以又稱為真諦；世俗諦是指世俗凡夫所見到的道理或境界，這些道理無非說到山河大地、心與物等皆是實有，所以其存在的狀態與層級，是「世俗有」，故又稱為有諦。

❷❹　見 *The Milindapañha*, Trenckner ed., London: The Pali Text Society, 1986, vol. 93, p. 160.

1.第一家說出世部的「俗妄真實」說——苦、集二諦是世俗現見的有漏事，是世俗諦；滅、道是出世的修證，是勝義諦。

2.第二家說假部的「聖道常住」的思想——苦、集二諦是世俗事，滅諦是以譬喻等來施設的，所以前三諦都是世俗諦；「唯一道諦是勝義諦」，這是聖者自知，不可以世俗來表示的。

3.第三家一說部的「說世出世皆無實體，但有假名」——苦、集、滅、道四諦，都是世俗諦；「唯一切法空非我理，是勝義諦」。

4.第四家有部論師自己所主張的「四諦十六行相」思想——四諦的事是世俗諦；觀四諦之境時所產生的十六種行相是「理」，是勝義諦。

《大毘婆沙論》的論師認為「男、女、住、行、瓶、衣等」一切常識所見的世俗事，都是苦、集二諦法，都是變遷無常的，所以名為世俗諦；至於滅諦，經中說它「如園、如林（之滅）」，世俗施設，所以是世俗諦；說到道諦，經中也以船筏、梯登、彼岸等形容之，所以也是施設安立，是世俗諦。因此就「事」而言，四諦皆是世俗諦，這是把「世俗」的意義擴大，與第三家的說法相同。但就勝義諦來說，第三家就最高的普遍理性立說，所以主張「一切法空、非我」的理性是勝義諦，而毘婆沙師所說的是「隨事差別的理性」，這是就差別法立說，因此建立十六行相隨事差別的理性，名為勝義諦。❷⑤

十六行相謂修行者在觀四諦時，內心於四諦各具四種行相，依《大毘婆沙論》卷七十七所說，其內容為：

1.**苦諦四相**：⑴非常，觀一切法為因緣所生，念念生滅，無恆存性，故非常。⑵苦，有逼迫性故苦。⑶空，依假的存在故空。⑷非我，無唯一之本體，即無實性故非我。

2.**集諦四相**：⑴因，觀一切惑業為生苦果之因故。⑵業，招集苦果

---

❷⑤　參見《阿毘達磨大毘婆沙論》卷一百五十二，《大正藏》第 27 冊，頁 399 下～400 上；印順，《性空學探源》（臺北：正聞出版社，1989 年），頁 119～131。

而令現故。(3)生，使苦果相續不絕故。(4)緣，為苦果之助緣故。

　　3.**滅諦四相**：(1)滅，觀滅諦為盡五蘊繫縛之真理故。(2)靜，無煩惱之擾亂故。(3)妙，超越三眾而無一切過患故。(4)離，脫離諸厄難故。

　　4.**道諦四相**：(1)道，觀道諦為入滅之道故。(2)如，契於正理故。(3)行，行趣涅槃故。(4)出，永超生死故。

　　四諦十六行相依事、理二諦的方式，認為四諦皆有世俗、勝義二諦，這便把二諦視為兩種不同的真實境界或道理。聖者所體證觀行的道理、境界為勝義諦，一般世俗凡夫所見到的道理或境界為世俗諦。

第二項　假實二諦

　　假實二諦是就存在的層級來區分，《大毘婆沙論》卷九十云：

> 然成就者、不成就者是世俗有，若成就性、不成就性是勝義有。……作者、受者是世俗有，業、異熟果是勝義有。如是成就、不成就性是勝義有，施設成就、不成就是世俗有。謂若身中有成就性名成就者，若彼身中有不成就性名不成就者。如樹等是假，色等四塵是實。如是補特伽羅是假，色等五蘊是實。❷⑥

毘婆沙師把「成就者、不成就者」、「作者」、「受者」、「樹」及「補特伽羅」等視為有生滅變易的世俗有；然而作為它們的構成要素的基體(upādāna)的因緣，如「成就性、不成就性」、「業」、「異熟果」、「色等四塵」及「五蘊的身心要素」等皆是「勝義有」，「假施設的世俗有」（如樹、補特伽羅等）必依「實有」的「勝義有」（如色等四塵、五蘊等）的「假實二諦」，這是毘婆沙師所特有的思想，並為《俱舍論》的二諦思想所繼

---

❷⑥　見《大正藏》第 27 冊，頁 463 中。

承。《俱舍論》提出這樣的觀點：

> 如是世尊說諦有四，餘經復說有二種：一、世俗諦、二、勝義諦。
> 如是二諦，其相云何？頌曰：「彼覺破便無，慧析餘亦爾；如瓶、
> 水世俗，異此名勝義。」論曰：若彼物覺，彼破便無，彼物應知
> 名世俗諦，如瓶被破為碎瓦時，瓶覺則無，衣等亦爾。又若有物
> 以慧析，除彼覺便無，亦是世俗，如水被慧析色等時，水覺則無，
> 火等亦爾。即於彼物未破析時，以世想名施設為彼，施設有故。
> 故名為世俗，依世俗理說有瓶等，是實非虛，名世俗諦 (saṃvṛti-
> satya)。若物異此，名勝義諦 (paramārthasatya)。謂彼物覺，彼破
> 不無，及慧析餘，彼覺仍有，應知彼物名勝義諦，如色等物碎至
> 極微，或以勝慧析除味等，彼覺恆有，受等亦然，此真實有故名
> 勝義。依勝義理說有色等是實非虛，名勝義諦。❷

如果對彼物的知覺，會隨著對象的破壞而不存在，或用智慧分析，彼物
的特性就會消失的話，稱為「世俗」；如果彼物的知覺，不會隨對象的破
壞而不存在，甚至，用智慧解析，彼物的知覺仍然存在的話，則為「勝
義」。這也就是說，不論其為何法，若以正慧分析，或以外力破壞，內識
對此法之執持同時即能捨棄之者，此法是世俗。如瓶，我們可以用力摔
到地上，使之破裂，因而原來的瓶的知覺就不存在，此即世俗；所謂勝
義，則與世俗相反，亦即此物的知覺，不論是用外力破壞，或用勝慧析
除，依然存在而不喪失，如是之物，名勝義。如色等物破碎為細分，最
後破析到極微，色等的知覺仍在，又如受等法分析到剎那，受等覺仍在，
由此可知，物質的色法與精神的受、想等皆是勝義之存在。如果以勝義
或世俗的角度來言說事物的存在，如說有色的存在或有瓶的存在，名為

---

❷ 見《大正藏》第 29 冊，頁 116 中。

勝義諦或世俗諦。《俱舍論》的二諦思想，是依據存在事物的假實為標準而建立的——假則失覺，實則不失覺。❷❽因此，《俱舍論》的假、實二諦乃依分析性、系統性的實在層級來劃分的「理、境二諦」。

　　由於說一切有部「法的實在論」的傾向，有部論師認為原始佛教實踐取向、隨機施教的二諦說不夠嚴密、組織化，再加上當時有關二諦與四諦之關係的說法紛歧，使得有部論師認為有必要對二諦思想加以抉擇整理與評斷簡別。這也使得部派佛教終於建立一套系統分明，以客觀實在的層級來劃分的「事理二境」、「理境二諦」的二諦思想。

第四節　《般若經》的二諦思想

　　《般若經》以「無所得」的實踐精神，高唱人空、法空的「自性空」思想，它否定部派佛教「法的實在論」的進路，不再著眼於「法」的詳細解析與論辯。《般若經》的思想家認為一切法都是不可尋求的。人與法皆是世俗的言說，「勝義」則是無我、無實體、超越言說的空性（相）：

> 如是！如是！須菩提，一切法皆不可說 (anabhilāpya)；須菩提，一切法空相（性）不可得說。❷❾

> 今以世間名字 (lokavyavahāra，世間世俗) 故有知有得，世間名字故有須陀洹乃至阿羅漢、辟支佛、諸佛。第一實義 (paramārtha) 中無知無得，無須陀洹乃至無佛。❸⓿

---

❷❽　參見釋日慧，《四部宗義略論講釋》（臺北：法爾出版社，1991 年），頁 66～68。

❷❾　《小品般若波羅蜜經》卷七，《大正藏》第 8 冊，頁 566 下。

❸⓿　《摩訶般若波羅蜜經》卷七，《大正藏》第 8 冊，頁 271 下。

引文中說到不可言說的「空性」、「第一實義」與可說的「世間名字」的
分別，對比部派時期把「人」視為「假施設」的「世俗諦」，把「法」的
實在要素視為「勝義諦」的二諦思想，《般若經》顯然開啟了另一新的二
諦思想的典範。

　　那麼，《般若經》的思想家如何建立他們的二諦思想？底下分四點加
以解說。

第一項　世俗法與第一義

> 須菩提！所有色、受、想、行、識……（乃至）一切種智等諸法，
> 於是聖法中皆不合、不散、無色、無形、無對一相，所謂無相，
> 以世俗法（世間的言說，laukikavyavahāra）故為眾生說解，非以
> 第一義。❸

引文中說到有關五蘊、十二處、十八界乃至一切種智等一切存在的佛陀
教說，都是由世俗法的立場而有的教說，並非第一義的教說。第一義乃
無所取、無所捨的「自性空」。這明顯地承續自原始佛教《第一義空法經》，
但以「自性空」的立場來詮釋原始佛教所強調的「無我」。由此可知，這
該是《般若經》二諦思想的古老形式。

第二項　「教二諦」的二諦思想

> 舍利弗！菩薩摩訶薩住二中，為眾生說法：世諦，第一義諦。❸

---

❸　《摩訶般若波羅蜜經》卷二十二，《大正藏》第 8 冊，頁 382 上。

引文中說到「世俗諦」與「勝義諦」皆是「教說」（dharmadeśanā，說法）的形式。此中，世俗諦意味著「言及世俗的教說」（不了義教）；勝義諦則意味著「言及勝義的教說」（了義教）。就《般若經》內在理路而言，「勝義諦」指「言及空性的教說」，「世俗諦」指「言及五蘊、十二處等的教說」。二諦即是為眾生說法的兩種方便教說。「諦」是就言教的意義而言，因此，《般若經》的二諦是「教二諦」，這對中觀學派有主導性的影響。

第三項　二諦為悟入空性的方便

> 如來所說，無盡、無量、空、無相、無作、無起、無生、無滅、無所有、無染、涅槃，但以名字方便故說。❸❸

> 舍利弗，二諦中眾生雖不可得，菩薩摩訶薩行般若波羅蜜，以方便力故，為眾生說法。❸❹

「方便」(upāya) 有多種意義，簡單地說，為了接引眾生的合宜方式，即是「方便」。因此，「方便」是就「涉俗」而言，相對地，「般若」是就「體真」來說。般若與方便，是成佛的兩大因素，沒有「方便」的「般若」，只是自了漢，沒有「般若」的「方便」，只是造就人天善業，對佛道來說，都是繫縛。❸❺就《般若經》的思想家來說，菩薩以「不可得」的精神來

---

❸❷　《摩訶般若波羅蜜經》卷二十五，《大正藏》第 8 冊，頁 405 上。

❸❸　《小品般若波羅蜜經》卷七，《大正藏》第 8 冊，頁 566 下。

❸❹　《摩訶般若波羅蜜經》卷二十五，《大正藏》第 8 冊，頁 405 上。

❸❺　參見印順，《印度佛教思想史》（臺北：正聞出版社，1993 年 5 版），

修習，因而契入空性，這便是般若的大方便。因此，「二諦」是在方便（無所得、無所有）的精神底下，為使眾生悟入空性的二種教說。

第四項　「世俗諦」與「勝義諦」相即的二諦思想

> 佛言：「菩薩摩訶薩以世諦故，示眾生若有若無，非以第一義。」
> 「世尊！世諦、第一義諦有異耶？」「須菩提！世諦、第一義無異也。何以故？世諦（的真）如，即是第一義諦（的真）如。以眾生不知不見是（真）如故，菩薩摩訶薩以世諦示若有若無。」 **㊱**

引文中說到，為了向眾生說法，佛陀有時說「有」，有時說「無」，有時說「無我」，有時說「有我」，這都是為了隨順眾生根器，對治性的教法，是世俗諦，並非第一義諦。然而「自性空」的第一義諦，並不是超離於世俗諦之外，另有一個「真實」（如），相應於般若智慧的勝義諦，與方便涉俗的世俗諦，兩者是不可分離的。反之，第一義諦深埋於世俗諦之中。因而，世俗諦的真如即是勝義諦的真如，兩者並無別異。但因凡夫日用而不知不見，才把二者視為截然對立，因此，才有「若有若無」不同的教法。這便是《般若經》「世俗諦」、「勝義諦」相即的二諦思想。

綜合以上四點解說，我們可以明白，《般若經》的二諦思想是「隨機施教」，以「無所得」為方便的「教二諦」，並非依實在層級來劃分的「假實二諦」，這與原始佛教的「教二諦」思想可說是一脈相承。

頁 101～102。

㊱　《摩訶般若波羅蜜經》卷二十二，《大正藏》第 8 冊，頁 378 下。

第五節　中觀學派的二諦思想

印度中觀學派的發展，從龍樹開始直至西元十一世紀，當代學者將如此漫長的發展過程分為初、中、晚期三個階段。第一階段約在西元二世紀至五世紀，以龍樹及他的及門弟子提婆的思想為中心；第二階段約在西元五世紀至七世紀中葉，❸這是中觀思想最多采多姿的階段，也是中觀學派思想開始蓬勃發展的階段，其特色表現在對《中論》的註解上；第三階段約在八至十一世紀，其特色在於中觀與瑜伽的合流，號稱「瑜伽行中觀派」。❸中觀學派從初期至晚期，綿延不斷的核心課題，就是二諦思想。因此，三論宗吉藏 (549～623A.D.) 大師認為《中論》、《十二門論》、《百論》等三書是以二諦為根本宗趣，更認為「二諦是佛法根本，如來自行化他，皆由二諦」。

第一項　龍樹的二諦思想

要了解龍樹的二諦思想，首先要了解它在《中論》章節中出現的脈絡。在〈觀四諦品〉中，第一至第六首偈頌，都是龍樹擬設的反對論者

---

❸　在印度思想史中，這個時代，是知識論的時代，尤其是陳那 (dignāga, 480～540A.D.) 與法稱 (dharmakīrti, 600～660A.D.) 的貢獻，使認識論與邏輯飛躍地發展。中期中觀派也以佛教邏輯與認識論的特性，概略區分為歸謬論證派與自立論證派兩個學派，所謂歸謬論證派 (prāsaṅgika) 即是應用歸謬法的學派之意，以佛護、月稱為代表；自立論證派 (svātantrika) 即是應用定言的論證，以清辨為代表。

❸　參見梶山雄一著，吳汝鈞譯，《印度中觀哲學》(臺北：圓神出版社，1993 年)；印順，《印度佛教思想史》(臺北：正聞出版社，1993 年 5 版) 第四章、第九章。

的見解。這個反對論者反對龍樹所說的空，因為「一切法空」將導致佛教教理體系（四諦、四果、三寶等）以及世間倫理信念的崩解。為了回答這樣的問難，龍樹在第七頌指出，反對論者所說的一切皆空是相等於虛無主義所說的「空」，是一無所有的意思，這便誤解了「空性」、「空性的功用」與「空性的意義」，所以才會生起對「一切法空」的質難，自尋煩惱。接著，在第八至第十偈頌中，龍樹展開他的二諦的論述，提出著名的二諦說。

　　第八頌：諸佛依二諦，為眾生說法，一以世俗諦，二第一義諦。

　　第九頌：若人不能知，分別於二諦，則於深佛法，不知真實義。

　　第十頌：若不依俗諦，不得第一義；不得第一義，則不得涅槃。❸

「二諦」是為了說明諸佛對真實的教法與實踐的面向。「諸佛依二諦，為眾生說法」，「諦」指的是語言言說，因此，不論是勝義諦或世俗諦，都屬於語言的範圍。「二諦」意味著佛陀教法的形式，即二種教導真理的方法。

　　龍樹提出二諦是教法，那麼二諦並不是指涉兩種真實存在的道理，也不是指兩種真實存在的對象（境），佛為眾生說空、說有，都只是一種言說的方便，目的乃在於救眾生於「有病」（執有）與「無病」（執空）之中，並非真有二理或二境的存在。因此，以《般若經》無所得為方便的實踐精神，龍樹的二諦思想反對部派佛教「假實二諦」的主張。

　　「世俗諦」原本的意思就是在世俗的言說的範圍之下所成立的真理，也就是一般日常經驗世界的言說真理，或是語言文字所表達的真理，「第

❸　《大正藏》第 30 冊，頁 32 下～33 上。

一義諦」指的是有關最高的、超越的、絕對的真理的言說。如扣緊《般若經》的「世俗法與第一義」的脈絡，在第八偈頌中，龍樹是把「言及四諦迷悟染淨的一切法的教說」看成是「世俗諦」，把「言及空性的教說」看成是「第一義諦」。❹

第九頌，在梵文原詩頌裡，「分別」並非動詞而是個名詞，這一頌的意思是「人若不知這兩種真理的區別（分別），便不知佛陀教誨中的甚深實義。」❹諸佛說法的依據來自二諦，如果不能知道二諦之間的分別，便往往會漏失佛說法的真義。所謂「不知這兩種真理的區別」，指的可能是把佛說的勝義諦當成世俗諦，把世俗諦當成勝義諦，或是把佛陀的權說當成實說，實說當成權說，那就無法掌握佛說法的真正用意。所以要清楚地了解二諦之間的差別，才不會誤解佛說法的真正意思。❹

在《大智度論》中，二諦亦以四悉檀 (siddhānta) 的方式來說明，這有助於我們了解第九頌的具體涵意。「悉檀」即確立的結論、道理，亦即立教的方式、原則、宗旨之意。四悉檀，即佛的四種說法的宗旨：⑴世界悉檀；佛順應凡夫的心情、願望，而說世界之法，使聞者歡喜。⑵各各為人悉檀；佛順應眾生質素的深淺，而說相應於不同眾生的法，而使之向善。⑶對治悉檀；佛對多貪欲者教以慈悲心，多愚癡者教以因緣觀，務求除去眾生的惡病。⑷第一義悉檀；彼眾生的能力成熟時，佛即說諸法實相，誘導彼等入真實的覺悟。❹四悉檀中前三悉檀相當於世俗諦，第一義悉檀則為第一義諦，而此四悉檀「皆是實，無相違背」。《大智度

---

❹　參見安井廣濟，《中觀思想の研究》，頁 179～180。

❹　參見梶山雄一，《印度中觀哲學》，頁 183。

❹　參見萬金川，〈從一個新的觀點來看龍樹的二諦思想〉，收入於《詞義之爭與義理之辯》（南投：正觀出版社，1998 年）。

❹　參見吳汝鈞編著，《佛教思想大辭典》（臺北：臺灣商務印書館，1992 年），頁 174。

論》做這樣的說明：

> 問曰：「第一義悉檀是真實，實故名第一，餘者不應實。」答曰：
> 「不然！是四悉檀各各有實。如如、法性、世界悉檀故無，第一
> 義悉檀故有，人等亦如是，世界悉檀故有，第一義悉檀故無。」❹

引文中明白指出，四悉檀就其各自的立教宗旨，皆是真實，實與不實端
視受教者的根器與教法運用的脈絡而定，因此，善加分別，就不至於誤
解佛陀的教法，這便是教二諦的言說方便。

　　第十頌中，我們要注意「俗諦」、「第一義」、「涅槃」之間的關係。
「俗諦」的梵文為 vyavahāra，即語言之意；「世俗諦」與「第一義諦」
都屬於語言的範圍。因此，「若不依俗諦，不得第一義」，也就是不依靠
世俗諦或第一義的言說，第一義便無法彰顯表現出來。❺

　　本來「第一義」是無法被描述的，是超言說的「諸法實相」，它無法
用思維或語言的方式來加以掌握，唯有通過冥想直觀的實踐，才能見到
真實。然而，我們仍可藉遮詮的方式（否定的表達方式），間接地來彰顯
實相的奧義。❻譬如說，「空」、「無相」、「無願」這三個三昧，便是透過
否定的方式，間接表達勝義的內涵。

　　「不得第一義，則不得涅槃」，如果不能彰顯或觀照第一義（諸法實

---

❹　見《大正藏》第 25 冊，頁 59 下。

❺　第十頌中的「得」字，在梵文裡是指「使某物顯現」的意思，「不得」即沒
　　辦法使某物顯現出來。

❻　參見萬金川，《中觀思想講錄》（嘉義：香光書鄉出版社，1998 年），頁 160。
　　用遮詮的方式來表達「勝義」，在三論宗嘉祥吉藏的思想中佔有重要的地位，
　　「破邪」即「顯正」，正是吉藏的方法論與真理觀。參見楊惠南，《吉藏》
　　（臺北：東大圖書公司，1989 年），第三章，頁 113～141。

相），當然就無法解脫而證得涅槃。因此，第十頌表達了俗諦→第一義→
涅槃的次第，這便呈現出二諦教的解脫觀。

第二項　清辨與月稱的二諦思想

比起龍樹，清辨與月稱的時代，中觀學派面臨著更強烈的挑戰——
內有唯識學派與部派佛教的論難，外有數論、勝論、正理學派、吠檀多
學派的挑戰。它們對中觀派「一切法空」與「只破不立」的方法皆強烈
表示不滿。因而在面對虛無主義的質難時，清辨與月稱重建了二諦的內
涵以回應對手的質難。以下簡述清辨與月稱二諦思想的新發展。

第一目　清辨的二諦思想

清辨採取新的詮釋進路，他把二諦論的重心放在「勝義諦」上，他
從梵文複合詞的解讀模式（六離合釋），提出「勝義」一詞的三種意思：

1. 既是「勝」又是「義」，「勝」與「義」是同位語的關係，兩者同
   顯一法體，即涅槃。
2. 「勝義」是指「最殊勝的無分別智的對象」，「最殊勝的無分別智」
   指的就是「空性之智」，而其觀照的對象，指的便是所謂的「真如」。
3. 把這個複合詞視為是形容性的詞語，由是而衍生出「隨順勝義的」
   或「與勝義有關的」這些意思。**❹**

清辨所說「勝義」的三種意思，又可區分為兩種不同類型的勝義：
一種是超越言說分別的「勝義」（指涅槃與真如）；另一種則是可以言詮、
帶有概念構作的「隨順勝義」空性的言說，聞、思、修所成慧，這些都
與勝義有關，因它們是了解勝義的方便。

---

❹　參見曹志成，《清辨二諦思想之研究》（中國文化大學哲學研究所博士論文，
　　1996 年），頁 99～102。

　　清辨認為「勝義諦」是指勝義的知識，勝義諦與世俗諦的關係就是它們各為兩種存在領域的言說教理與行持法門，二者在菩提道的次第上，有著暫時的、因果的牽連，逐漸的由一層次升進至另一層次。我們可以這樣表示它們的升進歷程：世俗諦→勝義諦 ⇔ 隨順勝義→勝義。

　　清辨提出「隨順勝義」的新觀念，它是一種可以藉由聞、思、修的工夫，而讓無明未除的凡夫能夠邁向勝義的路徑。換言之，清辨強調理性論辯（世間正智）以及不斷的學習歷程（累積福智資糧）對於達到勝義的不可或缺性。在清辨的二諦思想裡，他強調二諦之間的階梯性，所以他認為「勝義」和「世俗」之間有個「隨順勝義」，「勝義」有如房子的屋頂，「隨順勝義」有如通向屋頂的梯子，少了梯子，我們是沒辦法通向屋頂的，因此，「世俗」與「勝義」的鴻溝並不存在。

第二目　月稱的二諦思想

　　龍樹的二諦思想乃「隨機施教」的「約教的二諦說」，而依照月稱的看法，二諦乃是兩種真實之意，月稱這種想法被稱作「約境的二諦說」。「境」表示「認識的對象」，依認識的對象，探究存在的真實而得出兩種存在的層級，即「約境的二諦說」。月稱於《入中論》的第六章〈菩提心現前地〉中提到其二諦思想的意涵：

> 完全沒有錯誤而知道「兩種真理」（二諦）之本性的佛世尊說：心的慣性、胚芽等內在的及外在的事物的自性有兩種。即：世俗與最高真理。此中，後者是作為正確觀察事物之人們的殊勝智慧所顯現之對象，並不是作為它自體所成立的東西。這就是一個自性。另一個是由叫做「無明」的眼病膜覆蔽了智慧眼的一般人的虛妄認識能力所顯出的東西，這是成為一般凡夫的認識能力之對象的東西，而並不是伴隨有「自性」所成立的東西。是故，一切的東

西，存在有這「兩個自性」。在這兩個自性之中，正確的認識能力之對象才是真實，這就是「最高真理」的意思。❹

引文中，「勝義諦」（最高真理）是正確的認識能力所認識的對象；「世俗諦」（世俗真理）則是凡夫虛妄的認識能力所認識的對象。前者是由無分別智所親證的最高真實（空性、自性）；後者則是由無明所覆蔽的認識能力所見的對象。由此可知，月稱是採取「約境的二諦說」。然而，世俗諦是凡夫在無明之下所看到的「真實」，嚴格來說，在無明之下可以見到「真實」嗎？因此，「世俗」的「諦性」是有問題的。

月稱為了說明世俗諦的結構，提出了世俗的三義：(1)障真實性之義；(2)「互相依存而生起」的緣起義；(3)「世間的名言」義。在(1)義中，saṃvṛti 是「完全覆蓋」之意，所以，「世俗」與「無知」同義，因「無知」會把一切事物的真實加以覆蓋。在(2)、(3)義中則表達了月稱對「世俗」所涉及的「世界結構」的看法。對月稱而言，世俗由於「緣起」──觀待因與緣之條件而生起，而緣起具體的姿態，乃是透過「世間名言」來呈現。不過，對月稱來說，諸佛的教說，始終是為達到最高真理（勝義諦）的「方便設施」，而最高真理本身是不可言詮的。這也就是說，月稱固然重視「世俗的結構」，但此結構仍以「障真實性」為根本性格，因此，唯有捨去世俗諦，方可發現「真實」。

由上可知，清辨與月稱在回應中觀派是虛無主義的質難下，他們各自採取不同的詮釋進路。清辨透過勝義與隨順勝義的區分，肯定聞、思、修三慧的方便作用，並表現出對世間理性知識的尊重；月稱則以世俗的三義擴大「世俗」的涵義，建立起「世俗的結構」，以避免破壞「日常生

---

❹ 引文見梶山雄一等著，《中觀思想》（臺北：華宇出版社，1988 年），頁 179～180。偈頌體的漢譯，請參考法尊法師譯講，《入中論講記》（臺北：佛教書局，1985 年），頁 50～53。

活的世界」。但因月稱以「障真實義」為首出，在世俗諦中根本見不到真實，所以，世俗和勝義之間有著一道不可跨越的鴻溝，這和原始佛教或龍樹的二諦思想是有距離的。

第六節　唯識學派的二諦思想

　　唯識學派（又名瑜伽行派）與中觀學派共同繼承《般若經》的大乘精神，不過他們的詮釋進路並不相同。中觀學派直就「一切法自性空」的觀點詮釋《般若經》「無所得」的實踐精神；但唯識學派認為如果不善辨諸法的假實的話，「一切法空」的思想容易落入「否定一切法的作用」的「虛無主義」之中。因此，唯識學派從世俗諦中去探究，以為「一切唯名」是不徹底的，不能說世俗法都是假名。他們的理由是「依實立假」，要有實在的事物，才能建立假法。所謂實在的事物，唯識宗並不是走部派佛教「法的實在論」的路數，而是收攝到我們心識的實在，所謂「萬法唯識」，因此，唯識學派是以「意識優位」的哲學為出發點，建立其二諦思想。然而二諦思想並非唯識學派的根本課題，「三性」思想才是根本真實，「二諦」在唯識思想中被收攝到「三性」，成為補助性的原則說明。❹

　　早期唯識「三性」的思想是透過「假言自性」與「離言法性」這一對概念獲得初步的表達。❺ 如上節所說，龍樹的「勝義」是指「諸法實

---

❹　參見工藤成樹，〈中觀與唯識〉，收入高崎直道等著，李世傑譯，《唯識思想》（臺北：華宇出版社，1985 年），頁 310～316。

❺　「自性」(svabhāva) 是存在的性質的意思，並非指不變的實體。svabhāva 的字根 √bhu，是指變動的、具體意義的存在，或動的、相對的存在，和 sat 指抽象意義的存在有所區別。舉例來說，佛教緣起的教說：「此有故彼有」(asmin sati, idaṃ bhavati)，前者的「有」是表達「某種條件狀態存在的抽象概念」，而後者的「有」，則是指「動態而具體存在的事相」。

相」的內證境界，是語言無法表示的真實存在，然而離言現證的「勝義」，
若不透過假名安立的「教」（俗諦）來表示，則眾生無法受用，故龍樹以
「空」這種遮詮的方式稱之，希望能消解有情對「法有」、「自性」的執
著。可是，中觀末流卻形成對「空」的執著。為了對治「空」的妄執，
唯識學派著重世俗的解說，以「三性」的思想開悟眾生。

第一項　早期唯識經典的二諦與三性

　　《解深密經・勝義諦相品》與《瑜伽師地論・本事分・真實義品》
中分別提出「離言自性」（離言法性）和「假言自性」這對新的理論概念。
「離言自性」表示「勝義」，超越一切尋思，故名離言；然此離言的證悟，
非一切皆無，而是見「法性真如」的實相，這便防止了頑空的執著。至
於「假說自性」，就是依「離言自性」的現證而假說的「言教」。可見，
這兩者所表示的內容，都是與勝義的悟境有關的，而且與《般若經》「以
名字方便故說」的精神相契合。❺¹

　　依這個理論線索，我們可以明白早期的「遍計所執性」的意思。遍
計所執性，梵文 parikalpitasvabhāva，是純粹或完全（pari，遍）被分別
(kalpita) 的性質 (svabhāva) 的東西之意；即諸法是由「識」的分別作用而
表現為差別性的東西。此所謂「分別」，是指概念化的作用，即基於語言
概念的抽象化、實體化，而將「對象」一一與其他存在物作區別的認知，
因此，其差別相，純粹是一種言說，並沒有這樣實體性能夠相應，故「遍
計所執性」應翻譯成「分別性」，較能反映它的原意。❺²

　　若從早期「遍計所執性」的本身意義來看，它是中性的「言說」之
意，這中性的「語言」，隨說者與聽者的智慧而成為「有執」的顛倒與

---

❺¹　參見趙國森，《解深密經導讀》（香港：密乘佛教會，1995 年），頁 99～100。

❺²　《解深密經導讀》，頁 88。

「無執」的清淨，因此，《瑜伽師地論・攝抉擇分》提出這樣的「三性」的定義：

> 謂諸法自性略有三種：遍計所執自性者，謂諸所有名言安立之諸法自性，依假名言數數周遍，計度諸法而建立故。依他起自性者，謂眾緣生他力所起諸法自性；非自然有，故說無性。圓成實自性者，謂如前說。❸

引文中說到三性的涵義：(1)「遍計所執性」，這是指那些透過名言來加以安立的東西，它是藉名言的力量經常地來分別計度其存在者。(2)「依他起性」，這是指那些需透過主要條件（因）與次要條件（緣）和合的他力所生起的諸法者。(3)「圓成實性」，這是無分別智所觀行者且作為無分別智的境界、認識對象者，也就是「真如」。

　　由上可知，《瑜伽師地論》的三性思想，主要是就「語言」的角度來加以定義的，「遍計所執性」是要透過語言來加以表達的「假言自性」；「圓成實性」（真如）則是超乎言詮的「離言自性」。早期經典對三性的這種觀點，我們可以表列如下，以便參照：

名稱／經典	《瑜伽師地論・攝抉擇分》❸	《解深密經・一切法相品》❸
遍計所執性	謂所有的名言安立諸法自性	一切法假名安立自性差別，乃至為令隨起言說
依他起性	眾緣生他力所起諸法自性	一切法緣生自性
圓成實性	謂諸法真如	一切法平等真如

---

❸　見《大正藏》第 30 冊，頁 656 下。
❸　見《大正藏》第 30 冊，頁 656 中～下。
❸　見《大正藏》第 16 冊，頁 693 上。

從這兩處有關三自性的內容來看，兩者基本上是一致的，遍計所執性即俗諦，圓成實性則為勝義，這兩者所表示的內容，都是與勝義的悟境有關。至於依他起性，就不能根據二諦的思想找到與之關聯的依據，必須由凡夫執著「遍計所執相」（言說分別相），故有流轉的惑業苦，這樣才能說明依他起性的淵源。因此，對於緣生的諸法，在早期的經典中特別強調它是雜染的諸法，也就是這個意思。

第二項　《攝大乘論》、《辨中邊論》中的二諦與三性

中性的「言說」既可成就「假說的言教」，也可視為「執著的顛倒」，在往後唯識思想的發展中，更多地說著眾生對語言妄執的一邊，所以「遍計所執性」逐漸失去「假立的言說」的中性性質，而變為專指「對假立的言說之執著」。這種情況，可以從《攝大乘論・所知相品》得到說明：

遍計所執相，謂於無（實）義，唯有識中，似（實）義顯現。❺❻

《攝大乘論》並不是以「語言」，而是以「義（境）」作為遍計所執性的討論對象，這種心內所起的「境」，是語言、概念的根本，凡夫由於對心內「非實有的境」起實有的執著，繼而，以語言把所執的實境具體表示出來，因此，這些語言也就成為種種執著的戲論，而稱為「遍計所執相」，故這種顛倒的執著，其外境「永不可得，猶如空華」。

「遍計所執性」由以語言為中心的三性思想，轉向以「境」、「識」關係為中心的三性思想，這是唯識學派理論體系化的完成，二諦思想因而也被收攝至三性思想中，這在《辨中邊論・真實品》有更清楚的論說。

《辨中邊論・真實品》對於三自性在那一種意義下，我們承認它是

---

❺❻　見《大正藏》第 31 冊，頁 138 上。

真實，有如下的解說：

> 許於三自性：唯一常非有，一有而不真，一有無真實。
> 論曰：即於如是三自性中：遍計所執相常非有、唯常非有，於此性中許為真實，無顛倒故；依他起相有而不真、唯有非真，於依他起許為真實，有亂性故；圓成實相亦有非有，唯有非有，於此性中許為真實，有空性故。❺

凡夫對非有的似實境起種種的顛倒執著，非有執為實有，其所呈現出來的特性，其實只是遍計所執罷了。因此，「遍計所執相」無顛倒地顯示所計著的事物是不存在的（常非有），從這個角度，說「遍計所執相」是真實的；「依他起相」是依他緣（識）而生起，本身雖是緣起的存在，但並不是獨立自主的真實，因為它有「亂性」之故。「亂性」即分別性，謂識自身分別而起，依他緣，而成為現象的世界，就依他起性表達現象的生成而言，說它是真實，至於圓成實相超越有無，亦有非有，亦無非無，因它恰當表示空性的存在，在我空、法空之後，所顯的圓滿成就的諸法實性，所以是真實。在《辨中邊論》中，我們可清楚看出「三性」為根本真實，它是其他真理的根基，至於真理的範圍，則收攝在境識的關係中來討論。

　　《辨中邊論・真實品》以三性收攝二諦，使二諦立基於三性的思想，同時也拓展了二諦的內涵：

> 粗細真實，謂世俗、勝義諦。云何此依根本真實？頌曰：
> 應知世俗諦，差別有三種，謂假、行、顯了，如次依本三。
> 勝義諦亦三：謂義、得、正行，依本一無變，無倒二圓實。

❺　見《大正藏》第 31 冊，頁 468 下。

論曰：世俗諦有三種：一、假世俗；二、行世俗；三、顯了世俗。此三世俗，如其次第，依三根本真實建立。勝義諦亦有三種：一、義勝義，謂真如，勝智之境名勝義故。二、得勝義，謂涅槃，此是勝果亦義利故。三、正行勝義，謂聖道，以勝法為義故。此三勝義，應知但依三根本中圓成實立。❺⁸

「粗細真實」是就世俗諦與勝義諦而言，粗真實就是世俗諦，細真實則是勝義諦。在此，《辨中邊論》將世俗與勝義二諦各分為三種。

三種世俗是：⑴假世俗，就是遍計所執性。世間一切事物本無定實，而世間隨其情見，強為立上種種名字，如房舍、器物等，這都是隨情計所安立，只是假名（約定俗成的言說），並不存在與名字相對應的實體，凡人計著假名為實有，故名「假世俗」。⑵行世俗，就是依他起性。依識的表別作用、因緣和合而生起世間萬法，此世間一切事物不是依名生義的遍計所執，所以依世俗諦，它是「存有」，但此存有，只是眾緣合和生起的事物，並無實體性，以為它是客觀實有，此種心識的分別，就是「取行世俗」。⑶顯了世俗，這是依圓成實性而立。「圓成實性」雖然超乎分別與言說，但它隱藏在世俗裡。它一方面隱藏，另一方面又顯現，也就是說「勝義」可以以「世俗」的身分顯現，所以還是可由「空性」、「真如」、「涅槃」等不同名稱加以表達，（遮詮的方式）以指引我們、幫助我們體悟勝義，故名「顯了世俗」。❺⁹

三種勝義是：⑴義勝義，為最殊勝的根本無分別智的對象，也就是真如法界。⑵得勝義，就是斷除煩惱所證得的涅槃。⑶正行勝義，就是證得涅槃的正確行為，即道諦。此中，前二者為無為法的圓成實性，正

---

❺⁸　《大正藏》第 31 冊，頁 469 中～下。

❺⁹　「顯了世俗」和月稱「障真實義」的世俗，正好形成明顯的對比，唯識學顯然肯定世俗具有開顯真實的作用。

行勝義則屬於不顛倒（沒有錯誤認識的有為法）之圓成實性。唯識宗以「正行勝義」、「顯了世俗」來溝通「勝義諦」與「世俗諦」，使兩者呈現雙向的關聯（相即），這顯然影響到清辨「隨順勝義」的思想。

二諦說在中國也有多面向的發展，如吉藏以雙遣辯證法所建構的三論宗的四重二諦；窺基以四種真俗對辨的形式，建構了唯識四重二諦；智者大師依藏、通、別、圓四教建構了七重二諦，這都呈現出二諦的辯證發展的思想類型。然因形式較為繁複，已超過本書的範圍，有興趣的讀者，可以就本章的基礎，自行研讀專書，相信對中國佛學的方法論與真理觀，將有一番新的體會。

進修書目

1. 印順，《印度佛教思想史》，臺北：正聞出版社，1993 年 5 版。

2. 印順，《性空學探源》，臺北：正聞出版社，1992 年修訂 1 版。

3. 釋日慧，《四部宗義略論講釋》，臺北：法爾出版社，1991 年。

4. 萬金川，《詞義之爭與義理之辯》，南投：正觀出版社，1998 年。

5. 萬金川，《中觀思想講錄》，嘉義：香光書鄉出版社，1998 年。

6. 趙國森導讀，《解深密經》，臺北：全佛文化事業公司，1998 年。

7. 高崎直道等著，李世傑譯，《唯識思想》，臺北：華宇出版社，1985 年。

8. 楊惠南，《吉藏》，臺北：東大圖書公司，1989 年。

9. 窺基，《大乘法苑義林章》，《大正藏》第 45 冊。

10. 安井廣濟，《中觀思想の研究》，京都：法藏館，1970 年。

第八章 佛教的語言觀

古印度思想是個重視語言的文化。在哲學傳統中，印度上流知識階級把他們的語言稱為雅語，認為這是梵天所造的語言，故又稱為梵語。「梵」(brahman) 這個語詞本來意味著「神聖的知識」，也意味著作為其語言表現的讚歌、咒語，它們蘊藏著讓諸神歡喜，且能滿足人們願望的神祕力量。婆羅門教主張「祭祀萬能」，在儀式過程中，祭祀官誦出的語言扮演重要角色，「梵」就是由此語言靈力思想出發，終於被視為宇宙的最高原理。

然而，佛教卻反對這種語言神祕化的傾向，更對「祭祀萬能」提出嚴屬的批判，因此，要了解佛教的思想，我們必須對佛教的語言文化背景有所了解，才能正確把握佛陀世間教化的精神所在。

另一方面，印度古來多數的思想家經常強調語法學在他們知識體系中的重要地位。這是因為，在印度的思想舞臺上，當一個語詞的意義是訴諸語法學或字源學的語義解釋時，這往往表達了解釋者希望自己的觀點是建立在一個嚴密科學的基礎上；當然，這對詞義的釐定與概念的澄清起了一定的作用。[1]在佛教內部不同宗派對經典各有不同的理解與詮釋，字源分析已成為批判他宗的利器，然而，字源分析往往預設了各派的哲學立場，如同梶山雄一所說：「各學派即依其哲學而各各提出其獨斷的語義解釋。因此，真正的論爭並不是語義而當關係到哲學了。」[2]因

[1] 萬金川，《詞義之爭與義理之辯》（南投：正觀出版社，1998 年），頁 19～21。

[2] 梶山雄一著，吳汝鈞譯，《印度中觀哲學》（臺北：圓明出版社，1993 年），

此，要了解佛教的教義，就不能忽略佛教的語言面向與哲學義理之間的密切關係。

第一節　原始佛教實效論的語言觀

世尊成佛後，曾作七七日的禪思，享受解脫的法樂。世尊感到正法的深奧、眾生的愛著，而有不想說法的傳說。這時，世尊默然不語，他懷疑這樣的開悟經驗是否能夠溝通表達：「我所證得此法，甚深、難見、難解……」它超越人類的語言與思維，若硬要在此凡夫的世界宣說，也只會導致對真理的侮辱並使人們犯下毀謗真理的罪過。因而為眾生說法不過是徒勞無益之事，還不如默然安住其中，速入涅槃。──佛陀如是想。

此時，梵天神適時出現，殷勤的請佛說法，他指出：「世尊！願為說法，……應得了知！」如果佛陀不說出他體證的真理的話，那麼它就會湮滅埋沒，這是對人類最大的損失。接著，梵天提出說法的可行性：

> 譬如于青蓮池、赤蓮池、白蓮池；或如青蓮、赤蓮、白蓮有生于
> 水中，長于水中，不出水面，沈于水中而繁茂者；或如青蓮、赤
> 蓮、白蓮有生于水中，長于水中，住于水面者；或如青蓮、赤蓮、
> 白蓮有生于水中，長于水中，出住水面，不為水所染者。

如同生在池中的蓮花，有的沒入水中，有的才要達到水面，更有的超出水面而開花。人類也一樣，可能有智慧卓越之人，能夠藉著教說的指引，如理作意，體證這不可言詮的開悟真理，雖然這種人很稀少，但不是完全不存在。因此，對於這樣的人，是要給予教說的。

由於梵天神的勸請，佛陀終於改變初衷，踏上說法傳道之途。之後

頁 117。

四十五年（或四十九年）間，不斷地給予不同根器眾生以不同的教說，佛陀的教法也因而傳開來。❸

　　上述伴有梵天神的故事或許不是歷史的史實，卻寓有古老傳說的深意。佛陀行傳的作者，敏銳地捕捉到佛陀悟道後的安住靜默，並重現了佛陀不可說的神祕（密契）體驗。對於這種神祕體驗，超越言說，難以表達。但為了隨機教化，言說未嘗不可作為工具，指引著世人體驗真理，達到「聖默然」的默會冥知。「默然」與「言說」互為遮顯，成就佛陀的慈悲教化。

　　此外，對於不可解的形上學問題，佛陀也是保持「沉默」的態度。從原始佛教經典來看，當問者提出以下的質問時，佛陀都不給予答覆：世間常？世間無常？世間有邊？世間無邊？如來死後無？如來死後有？命身異？命身一？……像這樣的問題，共有十四個，佛陀都不正面答覆，把它擱置，稱為「十四無記」。

　　世親的《俱舍論》對「無記」問題作了原則性討論，他的解釋有助於我們對佛陀「十四無記」中默然思想的理解。

　　《俱舍論》認為「在形式上」，回答某一問題可有四種不同的方式：

　　1.可以直接回答的問題。

　　2.在回答之前必須先加以分析的多重性問題。

　　3.以反問回答的問題。

　　4.根本無法回答的問題。

　　對於這四種方式，《俱舍論》加以一一論列，而十四無記就是屬於根本無法回答的問題。❹「無記」(avyākṛta) 指無法敘述或說明的見解，因

---

❸　以上所述及引文，參見《南傳大藏經》「律藏大品」，第 3 冊 P.T.S.，頁 7～13；亦見漢譯《過去現在因果經》，《大正藏》第 3 冊，頁 642；《佛本行經集》卷三十三，《大正藏》第 3 冊，頁 805；長尾雅人，《中觀と唯識》一書亦有相關的討論（東京：岩波書局，1978 年），頁 158～159。

為它超越經驗的認知，根本得不到真實的解答。既然無法認知，那就是語言的界限，說「是」說「非」，都只是語言的遊戲、理性的幻想，而非真實的言說。❺

　　佛陀是個實效主義者，實效主義所說的「真」，是指它有「效用」，故對於無法分辨且無效用的純粹哲學問題，佛陀認為這類問題即使窮其一生也無法理解，我們不需把精力時間花在上面，反而忽略了人生最切要的問題。就如中了箭的人，如果他不趕快醫治傷口，卻急著問：是誰射我的？他的長相如何？他屬於什麼階級？……這是無意義的，恐怕在知道答案之前就一命嗚呼了。❻

　　這麼說來，佛陀的「默」與「言」，實隱含了兩層意思──(1)我們無法以語言描述涅槃的境界，不可說的密契經驗超乎語言；同時，我們也不可能用語言回答根本無法回答的問題，語言只能說其可說，不可說之處，我們只能默然。(2)語言具有工具的價值，它可以用來描述，用來教導，用來表達與溝通，但語言有其限制，在極限處，語言必須停止作用；沉默使得言說不致失焦，而保持著理智的清明與言說真正的效用。因此，佛陀的默然並不意味著不可知主義，而是實效主義，是佛陀對人類有限的知性能力之透徹了解，以及對語言的效能與界限的清楚認知，由此所呈現出來的語言觀，我們可稱之為實效主義的語言觀。

　　佛陀的教法，最能表現原始佛教語言觀的特色，他以緣起、無我、三法印、四聖諦等「法的語言」教導眾生厭離欲著，透過身心的修習，拋棄長久執持且珍愛的我見，證入無我，得涅槃。

---

❹　見 T. R. V. Murti 著，郭忠生譯，《中觀哲學》（臺北：華宇出版社，1985 年），頁 70～71。

❺　有關十四無記的討論，請參見本書第二章。

❻　佛陀的實效主義，參見本書第二章；另參見楊惠南，《佛教思想發展史論》（臺北：東大圖書公司，1993 年），頁 39～45。

「法的語言」雖不是究竟的真實本身，然而眾生如果沒有「法的語言」的指示，恐怕會誤入「我語取」❼的歧途。為了引領眾生正確的解脫之道，「法的語言」有如指月的「指頭」，這指頭雖然不是月亮本身，但是沒有「指頭」，我們也沒有辦法看到「月亮」（喻究竟真實）所在。因此，佛陀的語言與一般產生錯誤見解的語言不太一樣，它具有啟發性與教導性的功能。❽

佛陀的教法，結集成佛教的聖典，其形式大體可分成十二種文體——「十二分教」，我們說明如下：

1. **修多羅（sutta，又稱契經）**——將佛陀所說的教法簡潔地集成數行乃至數十行的長行，多指經典中的散文部分。

2. **祇夜（geyya，又稱應頌、重頌）**——將前面散文中所敘述的部分，以十部經結為一頌，重新以韻文來提示、諷誦的部分。

3. **記說（veyyākaraṇa，又稱授記）**——以問答的形式，對於深隱的事理給予清楚確定的闡揚之文體。❾

4. **伽陀（gāthā，又稱諷頌）**——非直接敘說，而是在總結句文時所說，或以二句、三句、四句、五句、六句來說明的韻文。

5. **優陀那（udāna，又稱自說）**——佛陀不請而說的文體，它是為使得有情聽眾能夠安任勝義，而有此自然而說的教法。

6. **本事（itivuttaka，又稱如是語）**——敘述佛弟子過去世的因緣，從前代展轉傳來，不顯明說話的人、地、事為其特色的文體。

7. **本生 (jātaka)**——特指世尊的前生故事。它記載了佛陀在過去世中所具有的菩薩行——它是由現在所發生的事情說到過去生中的一

---

❼ 「我語取」，又作我取、我愛，即對於以為我是有、我是存在著的論點的執著，由此而生起煩惱。

❽ 參見佛使比丘，《生活中的緣起》（嘉義：香光書鄉出版社，1995年），頁23。

❾ 參見印順，《印度佛教思想史》（臺北：正聞出版社，1988年），頁35。

件事情，如說：「當時的某某人，就是我（世尊）」的文體。

8.**方廣**（vedalla，又稱毘陀羅）──一種廣說種種大乘甚深法義，藉由方正廣大來顯示義理的幽深，以廣破無知之文體，後為大乘法的通稱。

9.**未曾有法**（abbhutadhamma）──記述佛、菩薩化現的種種珍貴、不可思議力、神力、奇蹟之文體。

10.**因緣談**（nidāna，又稱緣起）──共通於如來的說法，而特別有關戒律本文成立的緣由故事，它是針對某場合、某聽眾、某件事情而來的，是有人請問而回答的教說。

11.**譬喻**（avadāna，又稱阿波陀那）──有二義：一個是故事被用以教訓，指佛及聲聞弟子光輝的事跡與故事；另一個是故事被用作譬喻，指佛陀藉由譬喻之類比而使隱晦經義明瞭的文體。❿

12.**論議**（upadesa）──對於經典、論典要義的問答討論，就是論議，此也可說是對經典的探討與解說。此有二義：一是作為各經典的提要之「本母」；另一個是阿毘達磨──它是對經典加以整理、探究、抉擇。⓫

以上為佛陀教法的形式（文體）──十二分教，其中修多羅、祇夜及記說是經中的主要部分，後代佛教的派別也是由十二分教演變發展出來，例如由「本生」、「方廣」演變出大乘菩薩思想出來；又由「譬喻」的文體啟發了「有部譬喻師」及「經部譬喻師」；再由「論議」演變出阿毘達磨佛教的論師傳統（如有部）以及瑜伽行派的論師傳統。

從語言政策的觀點來看，佛陀在世之際便禁止弟子以梵語來傳播其教義，而是聽任比丘們以自己的語言來誦習佛語，故在當時曾有出身婆羅門家的夜婆及瞿婆兩比丘勸請佛陀統一使用雅語，其言：

❿　《印度佛教思想史》，頁 47～48。

⓫　《印度佛教思想史》，頁 50～51。

「世尊！今諸比丘名異、姓異、生異、族異而出家，諸比丘以各
自之言詞污佛語。世尊！願我等將佛語轉為雅語。」佛世尊呵責：
「諸愚人！汝等為何願我等將佛語轉為雅語耶？……」呵責、說
法已，告諸比丘曰：「諸比丘！不得將佛語轉為雅語，轉者墮惡作。
諸比丘！許以各自言詞學習佛語。」⓬

佛陀設置此一戒禁的真正動機為何？經典上並沒有明確的記錄。我們或
許可以推想，佛陀為勸化世人而行腳各地，其所到之處，風俗習慣不一，
言語有別。而當時的闍陀語（梵語）是上層婆羅門僧侶所使用的語言，
它已是階級的語言，唯有某些知識特權才會精確使用，因此，它助長了
階級偏見，也強化了我慢的執著，為了打破種姓制度之下語言的階級性，
平等與廣泛地宣揚佛教的教理，使各個階層都能聽得懂佛法，故使用當
地民眾的日常用語來傳教；同時，由於各個階層都聽得懂佛法，故在度
眾的實際效果上，也使佛教能大眾化和普遍化。⓭

第二節　部派佛教語言的實在論

原始佛教採取實效主義的語言觀，但尚未提出語言的哲學理論。至
部派佛教，對一切法加以分類，建立起法的存在範疇，語言的意義理論
始成為討論的課題。

一般來說，意義理論大致可分三種類型：一、指涉論，它把一個語

⓬　漢譯《南傳大藏經》第 4 冊（高雄：元亨寺妙林出版社），頁 186 (P.T.S. 139)。
　　「雅語」（chandas，《吠陀》之用語）。

⓭　參見印順，《原始佛教聖典之集成》（臺北：正聞出版社，1994 年修訂 3 版），
　　頁 44～49；水野弘元著，劉欣如譯，《佛典成立史》（臺北：東大圖書公司，
　　1996 年），頁 47。

文表式 (verbal expression) 的意義視同它所指涉的東西，或者認為語文表
式的意義和它的指涉關聯是等同的；二、意念論，它認為語文表式的意
義就是與該表式結合著的意念 (idea)；三、行為論，它將語文表式看作是
激發人們言辭的刺激與（或）言辭在人們行為中所引起的反應。❹在這
三種類型中，部派佛教（特別是說一切有部）所關切的是語言與外在世
界（對象）的關係，所以其語言的概念建立在指涉論的基礎上。

　　說一切有部認為語言必須具有相應的指涉（被指涉項），否則便無意
義。換言之，對於任何有意義的語文表式，我們必須基於它所指涉的事
物才能理解它的意義。因此，說一切有部認為如果「空性」、「無自性」
這類的語詞是有意義的，它們必須具有相應的指涉；但是，如果它們能
夠有這類指涉的話，則「一切事物都是空的」顯然是無法成立的。同理，
如果不能確認「名實相應」的觀點，當我們說：「請拿一壺水來」時，我
們如何能遂所願而不會拿錯東西呢？❺因此，說一切有部認為必須承認
「指涉論」的意義理論。

　　再者，說一切有部提出了「有實得有名，無實不得名」的主張——
他們認為只要有名言概念，終極地說，就有彼等所依以成立的東西存在。
因此，名言概念並非完全是主觀的，它亦有其客觀的依據。例如兔角、
龜毛一類的名詞，雖然缺乏客觀的指涉，因而是一無意義的「空辭」；但
是，這些名言所以會產生，卻是基於「兔」、「角」、「龜」、「毛」而來。
說一切有部認為這些語詞或概念顯然並非杜撰，因為它們都有其相應的
實在物。這樣的思路進一步的發展就是說一切有部「人空法有」的思想
（「我」這概念所指涉的不變實體雖不存在，但是「我」概念所依據的色
等五蘊卻是實有），「人空法有」顯然是一種「假必依實」的思惟路數。❻

---

❹　見 W. P. Alston 著，何秀煌譯，《語言的哲學》（臺北：三民書局，1974 年 3
　　版），頁 17～18。

❺　參見萬金川，《龍樹的語言概念》（南投：正觀出版社，1995 年），頁 15～16。

這種思惟路數若落在「意義理論」來看，就是有部對法的分析所提出的「五位七十五法」，這些範疇並非只是言說上的東西，或主觀上的虛構，它們事實上反映出「存有」的結構。所以，對一切有部而言，「名稱」與「事物」之間終極地可以發現一種一一對應的關係。❶

　　說一切有部主張意義的指涉論，由此推衍出「語意的實在論」。它把能詮的「名身、句身、文身」看成色、心之抽象的存在體。名身、句身、文身三者中的「身」字，是眾多的意思，表複數名詞；「名」指事物之名，為單語，如「色」、「聲」、「眼」等語詞；「句」是句子，是可以完整表達意思的句子，如說「諸行無常」；「文」是作為聲音要素的音節或字母。❶一切有部認為名身、句身、文身是一種非心非物的有為法──心不相應行法的存在。「心不相應行法」(cittaviprayuktadharma)，「不相應」，就是「不相似」的意思。它無緣慮作用，不與心及心所相應；它沒有質礙性，不與色法相應；它有生滅變遷，也不與無為法相應。因此，「心不相應行法」，完整地說，應是「色、心不相應行法」，它的意思是：並不與六種心法相應而生起。也就是說，它們並不是附屬於眼識、耳識、鼻識、舌識、身識、意識六種心法。同時，它們也不附屬於色法，它們是獨立存在於心（所）法和色法之外的一種存在物。❶

------

❶　說一切有部建立指涉論與法的實在論，其深意乃在依法有而明人無我，由觀察、辨別法的實在而趣入法，藉以脫離頑強的我執。參見本書第五章第三節。

❶　《龍樹的語言概念》，頁 25～26。

❶　「名、句、文」在部派佛教中的解釋並不一致──如大眾部認為佛的一切是無漏，自然地發出無漏的聲音，所以名、句、文是教體；說一切有部中，有的主張名、句、文為教體（《俱舍論》），有的主張以有漏善為教體，名、句、文則被視成無記（《婆沙論》）。另外，經量部則以名等是假法，聲體則是實有。

❶　參見窺基，《大乘法苑義林章》，《大正藏》第 45 冊，頁 251 上～254 下。唯

　　總之，說一切有部「有名得有實、無實不得有名」的立場，在語言
哲學中，意味著一種「語意實在論」——「一個有意義的語文表式即意
味著它代表了某種相應於它的實在物（vastu=dravya，亦即所謂的實有）」。
這也就是說，照這種思想來看，「氈」如果是一個有意義的名稱，則它所
指涉的對象（亦即「氈法」）就必須是一個實際存在於外界的事物；如果
外界實際沒有「氈」這個事物存在，則「氈」這個名稱的出現即是不合
法的，也就是說在此種情況下，「氈」這個名稱是無意義的。由此，亦可
以看出說一切有部名實對應中的「假必依實」的「指涉論」之思想。[20]

第三節　《般若經》但名無實的語言觀

　　佛陀的教法，最初是由「結集」保存下來。「結集」是共同誦出的意
思，其中包括會眾審定通過的程序。佛在世的時候，教化信眾，只憑口
說，並無著述，佛弟子也沒有將大導師的言教記錄下來。所以，遺教結
集是全由弟子記誦而成的。經典依靠口誦傳承的習俗，並非始自佛教，
而是古代印度社會普遍的現象，婆羅門的聖典，皆以記誦的方式流傳，
原因在於，婆羅門徒認為用文字寫下的東西，不如頭腦記憶的東西確實，
而且一旦被偷，或遇到水、火災就會消失，而記憶的內容就沒有這種憂
慮。更重要的是，婆羅門教主張婆羅門至上，他們的教理絕不能洩露給
賤民知道，所以不宜將聖典書寫下來，以免不小心被賤民閱讀，或被一
般人的腳踐踏，而使經典遭受冒瀆侮辱。

　　佛陀宏揚教法，主張賤民也有資格領受佛法，絕不像婆羅門教那樣
在乎把抄寫的東西讓人看到或看懂。然而，從原始佛教發展到部派佛教，

　　識學認為「心不相應行法」是依色、心等三法假立，為「假法」，說一切有
　　部則視「不相應行法」為存有的範疇，為實法。

[20]　參見萬金川，《龍樹的語言概念》，頁81。

經典只是出家人口語相傳的專門傳授，此時尚不需要書寫。可是，當經典傳到不同語言的地方，如果不改換為當地語言，可就很難記憶了。也許是為了把經典正確地留給後人，才出現抄寫的事實。從歷史的事實來看，佛教最先以文字書寫經典，自從大乘經典成立以來，便有抄寫的風氣，經中更強調抄寫經典的種種功德，這或許是因大乘標榜在家佛教，沒有專業人士來使教法存續，在家眾皆有營生之業，不可能專心去研究佛法，為使大乘教法普及社會大眾，故竭力強調經典抄寫、讀誦及解說的功德，以使人產生信仰，並使經典能流傳到後代。❷

　　同時，佛教的語言政策也有了變化。原來，印度到西元初葉，一般使用的還是各地的俗語。可是，二、三世紀以後，純粹的梵語逐漸成為一般的公用語，佛教的經典也受此影響而梵語化。早期佛教的經典使用俗語，如盛行於印度西南部的阿槃提的上座部，使用此地的日常用語——毘霞闍語（巴利語屬於毘霞闍語的一支）；南印度的大眾部使用普拉克利特語傳持《般若經》；西北印度是梵語的故鄉，因此，主要盛行於西北印度的說一切有部則使用梵語，到了二、三世紀之後，佛教的經典則改用正確的梵語，這就是受到當時梵語普遍化的影響。❷

　　在這樣的時代背景下，作為大乘根本經典的《般若經》，並不認同部派佛教的語言實在論。一方面，《般若經》拋棄繁瑣的析空觀，不再以「法有」來說「無我」，直接就緣起來說空，強調「無住」、「不執著」的實踐

---

❷　大乘佛教運動後來也發展出僧團的制度，擁有出家的專業人才，他們必須擔負經典的研究、教理的解說、學說的組織與指導教化等任務，但在這群專業人才出現前，大乘佛教並沒有這樣傑出的指導人物與後繼者。參見水野弘元著，劉欣如譯，《佛典成立史》（臺北：東大圖書公司，1996 年），頁 86～93。

❷　見水野弘元等著，許洋主譯，《印度的佛教》（臺北：法爾出版社，民國 77 年），頁 111～112。

精神；一方面把經典中的語言當作工具，不斷地指稱一切法只是假名，並不是實有，以破除人們的執著。因此，其語言觀便要在假名論的脈絡來理解。以下分成二點來說明。

第一項 一切法但名無實

《般若經》宣稱「一切法但名無實」，其用意在否定說一切有部的「逐名求實」的思想。說一切有部尋求「名稱」與「對象」一一對應的關係，以確立語言的實在性，《般若經》則指出語言並不指涉真實的對象：

> 一切事物只是因著名稱，順著言語的習慣而被談及的。然而，言語的習慣並不指涉任何真實的事物，它既非從任何真實的事物而來，而其自身也不是什麼真實的事物。一切事物是離開言語習慣的，離開言說的，它們無法以言說的習慣指示出來，也不能用言說的方式加以表出。[23]

一切事物的真實狀態是處於空（緣起）的狀態，它本身就在生成變化，無常壞滅。而名稱所以可能成立卻是基於相狀特徵而來，相狀特徵是種靜態不變的特性，這種特性只存在於語言中，所以當我們以語言去指稱事物，以為事物存在（靜態不變的存在，具有本質或實體的存在），事實上這只是依心的分別作用，以語言指稱出來的特性，並不是事物存在的真實。而語言本身也不具有實在性，因為語言是人類發明的符號，符號

---

[23] 引文見萬金川，《龍樹的語言概念》，頁 37，萬教授的語譯乃根據荻原雲來校訂 *Abhisamayālaṃkārālokā Prajñapāramitāvyākhyā*，師子賢造《現觀莊嚴光明般若釋》並《八千頌梵文原典》，頁 894～896；另勘同施護譯本，《大正藏》第 8 冊，頁 667 上。

的存在需要有符號的使用者、符號的接受者與符號所代表的事物等三個
條件，當順著言說的習慣，依社會生活方式，使用者和接受者共同接受
符號的用法，並建立起符號與符號之間的關係，這時便約定俗成，建立
起語言的世界，並以之來指稱外在世界的存在。然而語言和它所代表的
事物之間，並沒有任何內在必然的聯繫，甚至語言也因約定俗成的關係，
缺乏一個基礎來穩定自己，常隨著時、空因素而變化改易。

　　然而當我們使用語言時，因語言的特性使然，總要停住在對象上作
靜態的把握，因而生起執著。所以，在這種情形下，《般若經》不斷強
調著：

> 譬如「我」(ātman) 這個語詞，雖然它為人們所言及；然而，畢竟
> 由「我」這個語詞所指述的事物是無法被成就的。既然一切事物
> 是沒有固有本性的，那麼，那個既無法被認識到，也無法被成就
> 的「物質的存在」(rūpa，色）又是什麼呢？感覺（vedanā，受）、
> 表象（saṃjñā，想）、意欲（saṃskāra，行）又在何處呢？而那個
> 既無法被認識到，也無法被成就的「思維」（vijñāna，識）又是什
> 麼呢？所以，那缺乏固有本性的一切事物都是無法成立的東西。❷❹

對於說一切有部而言，「自我」只不過是假立的東西，它只是五蘊和合而
成的假構物，並不具有實在性。但是，他們卻認為五蘊中的任一蘊都是
有其固有的本性。所以，依照他們的看法，諸如色、受、想、行、識等
語詞都是實有所指的，因為它們都具有自性。《般若經》順著緣起論的思
路，認為「凡緣起即無自性」，一切事物都缺乏固有的本性；因此，這些
名稱所指涉的那些所謂具有固有本性的事物，其實只是主觀上的虛構，

---

❷❹　《龍樹的語言概念》，頁 41，據荻原梵本頁 110～112 語譯，另勘同施護譯
　　本，《大正藏》第 8 冊，頁 591 上。

它們只是言語上所安立的事物，透過約定俗成才存在的事物。㉕

第二項　究竟真實超乎語言

　　《般若經》主張一切法但名無實，那麼凡可以用語言來表達的，都不具有實在性，即使是佛、菩薩，也只不過是個名稱而已，並不能執著為實有，「從一切法的但名無實，悟入一切法不可得，無生，無二無別。這是重於體證，而不是重於說明的。」㉖因此，《般若經》所闡發的教義，是採取神祕（密契）主義的路徑，認為佛教真意的獲得，只能依靠深入的冥想（智的直觀），不能依靠知性的分析。對《般若經》而言，究竟真實，亦即所謂真實的相狀，其實並非假借任何人之手所安立的，它是法爾如是的，它並不依存於任何事物。此如日本學者梶山雄一所指出：

　　　　對於神祕家來說，冥想是探究真實的唯一真正的方法。真正存在的東西是怎樣的呢？倘若把注意集中於某一對象而冥想之，其名其形即行消沒。思維的東西，表象的東西，知覺的東西全皆消失，最後留下的最高真實，這是不生不滅、不來亦不去、亦非所作的東西、亦不變化。……就最高真實而言，事物皆空，不為任何相狀所攀附，這表示《般若經》的神祕家並不信任人們的言語。㉗

《般若經》的思想家對語言不信任的態度，導源於事物的真實狀態無法

㉕　《龍樹的語言概念》，頁 42。

㉖　見印順，《初期大乘佛教之起源與開展》（臺北：正聞出版社，1981 年），頁 727～728。

㉗　梶山雄一著，吳汝鈞譯，《佛教中觀哲學》（臺北：圓明出版社，1993 年），頁 16～17。

透過語言來把握，他們反對語言的實在，是因為要遮斷對語言的執著；因此，對任何一個語文表式而言，與其關注該語文表式在認識論意義上的真假，不如關注該語文表式在教化上是否「善巧」。他們把語言視為方便到彼岸的工具，因此，判斷語言的意義，不能離開使用語言的情境，不能不考慮符號的使用者和接受者之間的關係和意圖，這種語言觀影響了後來大乘佛學的發展，並在中國的禪宗得到徹底的實踐。

第四節　中觀學派的唯名哲學

　　龍樹的語言觀，基本上是順著《般若經》「但名無實」的思想，進一步加以理論化的建構與說明。在龍樹之前，大多數哲學家都同意：意義乃語詞與對象之間的一種關係。如果語詞並不能符應於對象，則它將成為不可靠與錯誤的；唯有在它能符應於對象時，它才是可靠與真實的。那時對語詞所指涉對象的性質有二種不同的見解：一者主張語詞所關聯的指涉項 (referent) 是個別的事物 (a particular)，如正理學派；一者主張語詞所代表的指涉項是普遍的事物 (a universal)，如彌曼差派。不管怎樣，這些思想家都主張：一個字詞的意義就是它所指涉的對象。換句話說，一個語詞只有在它能夠代表著一個對象時才是有意義的；如果不同的語詞代表著相同的對象則將具有相同的意義。這種主張我們稱之為「意義的指涉理論」或「名實相應說」。如前所述，部派佛教也主張這樣的語言觀。然而，中觀學派「一切法空」的立場則反駁上述的意義理論。依龍樹的看法，語詞與名稱本身都非實在，它是空的，沒有一個字詞由自身就可以具有意義。❷❽龍樹認為語言的意義並非有一存在的根據，而是社會約定俗成的。當代中觀學者穆蒂 (R. V. Murti) 云：

---

❷❽　參見鄭學禮，"Mādhyamika, kant and Wittgenstein"，收於臺灣大學《哲學論評》第 5 期，頁 71～72。

對於中觀學派而言，語言是一套符號的約定系列，而這一套符號的約定系列和外於此約定的任何指涉、事實或實在都沒有關係。一個語詞或概念，其意義只是來自另一個語詞或概念，這也就是說我們無法逾越這一套符號約定系統的藩籬。「一般的理解」（世俗，saṃvṛti）被稱為是「世間的言語習慣」(lokavyavahāra)，這也就是說「一般的理解」只是相符於我們語言上的約定，而言說並沒有揭示的功能。㉙

同樣，史提連格 (F. J. Streng) 也指出：

對於龍樹來說，他否認一切的語詞是藉由指涉某些外於語言系統的事物而獲有其意義。依龍樹之見，他認為在一個語句裡，語詞之間的關係，其成立只是基於實用上的價值，而非來自於它表徵了事物在存有論意義下的狀態。㉚

由此可知，龍樹認可語言的「約定論」，駁斥「名實相應說」。

這也就是說，龍樹是以這樣的方式，來看待語言的意義：伴隨著世俗共通的言語習慣，是有語詞及其所指，有概念與其所代表的「能詮—所詮」的關係存在；但是，在這種言語習慣的表達中，這層關係的真實性質並非立基於「語言」與「實在」一一對應的基礎之上而一成不變。任何一種「能詮」與「所詮」之間關係的安立，都是在社會約定俗成的

㉙　T. R. V. Murti, "Saṃvṛti and Paramārtha in Mādhyamika and Advaita Vedānta" in *The Problem of Two Truths in Buddhism and Vedānta*, ed. by M. Sprung (Dordrecht, 1973), p. 21.

㉚　F. J. Streng, *Emptiness: A Study in Religious Meaning*, New York: Abingdon Press, 1967, p. 141.

脈絡中完成，它本身只是人們相互主觀的產物。語言本身代表著一種生活方式，它是在某種「語言遊戲」(Language-game)❸❶的場合裡進行；藉著「世間言語」（日常語言）所形構的「語言遊戲」有很多種，因此，「能詮」與「所詮」的關係並非穩若磐石的；相反地，它們在本質上即充滿著流動易變的性格。

　　龍樹語言約定論的主張，立基於《大品般若經》的立場，進一步對「三假」的概念，❸❷提出明確的解說：

> 菩薩應如是學三種「波羅聶提」(prajñapti，假施設、假名)。五眾等法是名法波羅聶提；五眾因緣和合故名為眾生，諸骨和合故名為頭骨，如根、莖、枝、葉和合故名為樹，是名受波羅聶提；用是名字取二法相，說是二種是為名字波羅聶提。復次，眾微塵法和合故有粗法生，如微塵和合故有粗色，是名法波羅聶提；從法有法故，是粗法和合有名字生，如能照、能燒有火名字生，更有名字，如樑椽瓦等名字邊，更有屋名字生；如樹枝樹，葉名字邊有樹名生，是為名字波羅聶提。行者先壞名字波羅聶提到受波羅聶提，次破受波羅聶提到法波羅聶提，破法波羅聶提到諸法實相

---

❸❶ 「語言遊戲」是由語言哲學家維根斯坦 (L. Wittgenstein, 1889～1951) 所提出的觀念。維根斯坦認為命題的意義基本上取決於我們怎麼使用這個命題，語言的意義在於使用，因此，他提出「語言遊戲」一詞，目的在強調語言是一種活動，一種生活方式。遊戲的多樣性，正如同我們使用語言的多樣性一樣，因此，一個語詞有許多用法，用指示定義法或意義指涉論並無法確定語詞的涵意。參見維根斯坦著，張新方譯，《哲學探討》（臺北：海國出版社，1980 年）23 則，頁 13～14。

❸❷ 《大品般若經》立「三假施設」，是針對部派佛教的，而呂澂更認為「三假」的概念，不僅是〈三假品〉的中心，而且也是《大品般若經》全經的中心。見呂澂，《中國佛學思想概論》，頁 102。

中；諸法實相即是諸法及名字空般若波羅蜜。㉝

假名，是基於世間中共同的言語習慣，為了實用的目的，以達成溝通上的效果，施設而成的「名言概念」。依中觀學派的見解，所謂「假名」即是指在主客對立的認識活動裡，透過名言概念的表現，去詮表本質上具有不決定性的（無自性的）事物，並且由於這種詮表過程，而使得事物彷彿具有決定性。因此，「假名」在說明我們的概念並不是「實在」的摹本，只是概念的假構，即所謂的「假名有」。㉞

何以名為「受波羅聶提」（受假）？因為實際上它們是由「存在的要素」（法）所組合而成的，和合而有，並無自性，所以名為受波羅聶提。何以名為「名字波羅聶提」（名假）？因為只是語言的施設，並無實在性。何以名為「法波羅聶提」（法假）？因為這些基本的存在要素（五蘊等），仍然只是緣起的存在，仍然是不能具有自性、自相的。三假的說法，使語言的真理內涵完全落空，它否定了語言與真實世界存在必然的聯繫，所有用語言表達的概念，都是不可執著的，因此，龍樹提出修行之道的次第，依序破除名假→受假→法假的執著，而證入諸法空性的實相境界。

以「如來」（從真理而來的覺者）為例，證入諸法實相，則「如來」也只是假名：

空則不可說，非空不可說；共不共叵說，但以假名說。㉟

依梵本語譯如下：

㉝ 見《大智度論》，《大正藏》第 25 冊，頁 358 中～下。

㉞ 參見萬金川，《龍樹的語言概念》，頁 53～69。

㉟ 《大正藏》第 30 冊，頁 30 中。

（對於「如來」而言，）不可以說（祂）是空的，是不空的；也不可以說（祂）是（空與不空）兩俱，或（空與不空）兩離，「如來」只是基於「假名無實的概念」而被說及的。❸❻

依龍樹「假名」的概念，「如來」也是「言語的假構」，在言語之外並不存在如來的實體，基於這個觀點，透過言語並不能使我們把握到任何真實的事物。故凡是假名，皆不可執著，「如來」亦不可執著。

依龍樹的語言觀，語言是否失去效用呢？那也不是。龍樹所主張的語言觀，是以空性為本。龍樹認為「空性」一語並不指涉語言之外的一個實在物：

若有不空法，則應有空法；實無不空法，何得有空法？大聖說空法，為離諸見故，若復見有空，諸佛所不化。❸❼

依梵本語譯如下：

如果某些事物是不空的，那麼就可以有某些〔為「空性」一詞所指涉的〕所謂「空的事物」存在；然而，並沒有任何事物是不空的，那麼怎麼會有〔為「空性」一詞所指涉的〕所謂「空的事物」存在呢？透過諸勝者（諸佛）所講述的「空性」，乃是對一切偏失立論的捨離而言，而那些「空性」的偏失立論者（亦即視「空性」一詞所指涉的對象是「有」或「無」的人），諸勝者一直都說他們是不可救藥的人。❸❽

---

❸❻　見萬金川，《龍樹的語言哲學》，依梵本 MK.22.11《中論・觀如來品》第二十二品，11 頌）語譯。

❸❼　《大正藏》第 30 冊，頁 18 下。

語言作為教法，正是在約定論的立場才能顯示出它的效用，如果執著語言的實在論，反而是偏失的立場，不能達成離執的作用。因此，對於教義，我們要依據勝義諦、世俗諦二諦的教法，加以分辨，而不誤用語言，那麼語言便可發揮救度學上的功能，語言可具有導入勝義諦的工具價值。❸❾龍樹在《大智度論》中明白提出運用語言的四種無礙的智慧（四無礙智）：⑴法無礙，於教法無滯礙；⑵義無礙，通達教法所表示的意義內容而無滯礙；⑶辭無礙，通達諸法語言而無滯礙；⑷樂說無礙，以上面三種智慧自在地對眾生宣示教法。❹❶由此可知語言的效用是被承認的，雖然它不具有積極論謂「實在」的功能。

第五節　唯識學意念論的語言觀

　　唯識的語言觀，基本上也是順著《般若經》「但名無實」的思想而來，只不過中觀學派以空性為本，貫通整個語言理論，唯識學派的學者卻要追求語言的基礎，他們主張意識是語言意義的起源及根基。底下，我們分三點來說明。

第一項　否斥「名實相應」的語言觀

　　如前所述，《般若經》與中觀學派皆批判「名實相應」的語言觀，唯識學派也不例外。唯識宗的論典——《顯揚聖教論》便提出「名（稱）義（對象）二互為客」的道理，來批評「名實一一對應」的說法：

---

❸❾　見萬金川，《龍樹的語言哲學》，頁 16，依梵本 MK.13.8～9 語譯。

❸❾　有關二諦思想，請參見本書第七章。

❹❶　參見《大正藏》第 25 冊，頁 246 中～247 中。

⑴若義自體如名有者，未得名前，此覺於義應先已有；⑵又多名故，一義應有多種自體；⑶又名不定故，義之自體亦應不定，何以故？及此一名於所餘義亦施設故。又復此名為於有義轉，為於無義轉耶？若於有義轉者，不應道理，即前所說三因緣故；若於無義者，即前所說二互為客，道理成就。❹

引文中以三個理由批評「名實相應」的思想：

1. 在名稱前，不存在認識的作用：如果「名稱」與所指涉對象一一對應的話，眼前如果有一茶杯，我們在不知「茶杯」的「名字」時，應該仍能認識它就是茶杯才對。實際上，在沒有名稱的情況，對象的認識是無法產生的。

2. 一個事物有多個名稱：如果名稱與所指涉的對象是一一對應的話，那麼一個事物，當它有多個名稱（如「杯子」、"cup" 等）時，它所對應的對象也應有多個，如此則成為「多體」，事實上，事物可以有許多不同語言的名稱，但並沒有多體，可見名稱與所指涉對象並不是相稱的。

3. 同一個名稱可以有多種意義：以「健康」為例，「健康」可指身體的狀態，如身體健康；也可指心理的狀態，如心理健康；也可用來表示「有益於……健康」，如健康食品、健康操；也可指一抽象的名詞，如「健康就是財富」。因此，「名稱」與所指涉的對象並非一一對應。

第二項　意識為名言意義的源頭

如果「名稱」（能詮的名）與「對象」（所詮的義）並非一一對應的

---

❹　見《大正藏》，第 31 冊，頁 557 下。

話，那麼有詮表作用的「名稱」與「所詮」的「對象」又如何產生？對唯識學派思想家而言，他們認為意識是語言產生意義的源頭，語言則是表達意念的外在符號。他們提出「意言」、「名言」一對概念，認為「意言」(manojalpa) 才是「名言」產生的內在原因，這便接近「意念論」的語言哲學。在此我們引一段意念論的代表人物洛克 (John Locke, 1632～1704A.D.) 的說法，以幫助理解：

> 儘管人們有著千變萬化的思想可用以增益他人和增益自己，愉悅他人和愉悅自己。不過這些思想隱存胸中，不為他人所見，自己也無法弄清晰。沒有思想的交流，則不可能獲取社會的安樂和利益；因而人們必須拿出一些外表可見的記號，來將構成思想的「意念」(idea) 傳達給別人。……所以我們可以把人們如何拿文字來做為意念的記號，不看成是我們發出的音與某意念之間的自然關聯。因為，若這樣視之，則人類將只有一種語言而已；而是把它看成一種有意的安排，我們隨意地以某一個字做為某一個意念的記號。❷

依據這種理論，什麼使得一個語文表式具有意義呢？那是因為它在傳知達意中恆常被用來作為某一意念記號的緣故，語詞的意義就是它的意念，語詞最直接的功用是代表談話者心中的意念。因此，語言的意義不在於「名」、「義」之間的關係，而在於與意念的結合，這種結合關係是約定俗成的。

唯識學派的「意言」乃意識中潛在的言詞，因此可等同於「意念」；「名言」則是具體的、顯在化的言詞，也就是「意念」外在化的言說符號。「意言」與「名言」兩者相依相輔形成了日常的言語活動。❸又因名

❷ 間引自 W. P. Alston 著，何秀煌譯，《語言哲學》，頁 33～34。

稱言說，可以分別一切法相，可以溝通人與人間的思想觀念，可以著書立說，產生文化。所以一切名稱言說，自然而然成為人類共認的習慣，而具有熏習的力量；由此熏習所成的種子，在《攝大乘論》裡，統攝為「名言熏習種子」，在《成唯識論》中則表現為「名言習氣」。

「意言」與「名言」所以被統攝為「名言熏習種子」、「名言習氣」，那是因為二者皆具有「能」、「所」的二元對立結構：能取、所取，能思、所思，能詮、所詮，能指、所指，能熏、所熏，這種「能」、「所」關係根源於「識」的作用和認知的結構，具體化、外在化之後，則在語言中表現出來。

在唯識學中，名言種子可分兩種：

名言有二：一、表義名言，即能詮義音聲差別；二、顯境名言，即能了境心心所法。❹

「表義名言」是依音聲上的名、句、文身等言語、名相概念，來詮表色、心等諸法的體義，而在心上浮出的相分熏習的種子。表義名言的熏習，只限於第六識的尋、伺二心所。❹

「顯境名言」就是了別外境的心法和心所法，這是由見聞覺知的作用所熏的種子，它雖然不依名言，但其功能有如名言的詮表，所以叫做顯境名言。❹只要具有「能」、「所」的結構，都可包含在顯境名言，因

---

❹　「名言」、「意言」之間的因果生成關係及其互為作用的結構，其詳細的說明請參見早島理，〈唯識的實踐〉，收入高崎直道等著，李世傑譯，《唯識思想》（臺北：華宇出版社，1985 年），頁 228～247。

❹　見《成唯識論》卷八，《大正藏》第 31 冊，頁 43 中。

❹　「尋」就是尋求，這是令心於言說的境界，粗略地推求的心所；「伺」就是伺察，這是對於言說的境界，加以詳細推求的心所。

此它遍及心法與心所法。

這麼說來，「名言種子」的涵意相當廣泛，唯識學依因果同異的流類，又稱之為「等流習氣」。❹《攝大乘論》以十一識概括人類的意識活動，其中有九識起於「名言種子」。十一識為：⑴身識（五色根）；⑵身者識（染污意）；⑶受者識（無間滅意）；⑷彼所受者（所取的六塵）；⑸彼能受識（能取的六識）；⑹世識（時間的識）；⑺數識（計算數目的識）；⑻處識（器世間）；⑼言說識（依見聞覺知而起的語言）；⑽自他差別識；⑾善趣惡趣死生識。其中⑴到⑼是由「名言熏習種子」而現起的。換言之，由唯識觀點，不管是依根、境、識三事所顯的主觀側面的認識機能的諸要素（此為前五識），❹還是時間、數目、空間或言說皆是「名言熏習種子」。易言之，一般人的認識活動與語言活動都是透過「名言熏習種子」的力量而成為可能。

第三項　由等流法界的正聞熏習所產生的「意言分別」

唯識學派將語言分成兩種：一種是凡夫的語言，凡夫由於對「非實有的境」起實有的執著，繼而以語言把所執著的實境具體表示出來，因此，對假立的言說起執著，而成「虛妄分別」。❹二是聖者教法的語言，它是「等流法界」所流出的「十二分教」。此「等流法界」乃世尊親證離

❹　參見楊白衣，《唯識要義》（臺北：文津出版社，1984 年），頁 57。

❹　「等流」的「等」是相似義，是名於因（種子）的，「流」是流類義，是名於果的。由因中流出果時，因果相似，稱為「等流」。凡由善因引善果，惡因引惡果，無記因引無記果者，就是屬於等流習氣。

❹　見印順，《攝大乘論講記》（臺北：正聞出版社，1981 年），頁 182～184。

❹　此所謂的「分別」是指概念化的作用，這是由識的分別作用而構成的差別相，純粹是一種言說，並沒有一一對應的實體，若對之起執，以為有相應實體，這就是虛妄，因此說虛妄分別。

言說相的「清淨法界」，因悲心的激發，憐愍救度一切苦惱有情，於是就從「內自所證的清淨法界，用善巧的方法，宣說出來。這雖不就是法界，卻是法界的流類，並且也還平等、相似。眾生聽此清淨法界等流正法的影像教，也就熏成了出世的清淨心種。」例如玉山，有很多人未去過，為了使未去過的人能夠欣賞玉山之美，因此拍了玉山之照片，讓其他的人了解並興發起遊覽玉山之念頭。同樣，等流法界的「正聞熏習」也是如此，「清淨法界究竟是怎樣，眾生沒有親證到，但由佛陀大悲顯示出來，眾生聞此清淨法界等流的正法，也就熏習成清淨的種子了！」❺⓪又由此正聞熏習所熏成的清淨種子，可以使雜染的凡夫由染污轉向清淨的機會，亦即可以使「虛妄分別」轉變成「意言分別」。此意言分別也就是心的覺觀思惟，它包含了能知覺、能意識的「見識」本身以及「佛所體證的教法言說」的「相識」兩部分。如依《攝大乘論》「悟入所知相」的見解，則「意言分別」與「三性說」有如下的轉依關係：

1. 作為主體、客體二分的現象世界（義相），其實是意言本身的顯現，如此了解，乃能悟入「遍計所執性」。

2. 悟入意言只是以分別心識為性，也就是悟入「依他起性」。

3. 最後，連「唯識」之「想」都沒有（不抱有唯識之想），便是悟入「圓成實性」。於是，不管是作為「對象」或作為「唯識」，意言都絕對沒有任何的顯現——也就是，「境」不可得，「識」也不可得的「境識俱泯」就是悟入「圓成實性」。❺①

經由以上三點說明，我們可以說唯識學派接近於意念論的語言觀，他們發現心意識乃語言意義的源頭，語言乃意識自我表達的工具。凡夫於假說我法起種種執著，但聖者的教法也可經由熏習，而得到無執的清淨，使得凡夫轉染成淨。

---

❺⓪　《攝大乘論講記》，頁 137。

❺①　《攝大乘論講記》，頁 331～333。

第六節　禪宗的語言觀

　　佛教傳入中國，經由格義、容受、變革與開創，終於形成中國化的佛教，與中國傳統文化相融合。此中，最具有代表性與創新宗旨的，當非禪宗莫屬。禪宗以「不立文字，教外別傳；直指人心，見性成佛」開宗明義，以「無相為體，無住為本，無念為宗」為修行法門，融攝如來藏與般若學，成就自家的心性論。而禪宗對語言的批判與運用，最為多元，呈現出多采多姿的風貌。底下我們分別就禪宗所吸收的中國思想成素、禪師對經教的態度、禪宗的語言形式與教法，及禪宗語言觀對後世的影響四個面向，說明禪宗的語言觀。

第一項　玄學的土壤──言意之辨中的語言觀

　　魏晉玄學的主要課題，都集中在有關「性與天道」之類的本體論問題上面。魏晉「言意之辨」其實包含兩個不同的層面：(1)在本體論的範圍，對名言表達的功效和限度的考察。以荀粲和荀俁「言不盡意」的辯論為代表；(2)在語言學的範圍，對一般名言與意義的關係的探討。以歐陽建「言盡意」的主張為代表。綜合這兩個層面，「言意之辨」是魏晉玄學家對於名言與意義關係不同層面的探究，它呈顯了玄學的語言觀。❷

　　就玄學的主流而言，荀氏兄弟的論辯，對玄學的主旨提出根本的挑戰。「言不盡意」，「意」主要是指「性與天道」等本體，至於「言」的意涵，荀氏兄弟則有不同的看法。荀俁依《易傳》所說，區別「言」、「象」、「辭」，「言不盡意」，所以「聖人立象以盡意，……繫辭焉以盡言」，正

---

❷　見岑溢成，〈從品鑒人物到言意之辨〉，收入王邦雄等著，《中國哲學史》（臺北：國立空中大學，1995 年），頁 333。

因為一般的語言不能達「意」，才需「立象繫辭」以作盡意的手段。但從荀粲的立場來看，根本就沒有「言」、「象」、「辭」的功能區別。「立象繫辭」也不能表達「象外之意」、「繫表之言」，所以是無效的手段。❸

　　荀粲不僅認為傳統經典（六籍）「不能完全」表達性與天道，甚至主張六籍「完全不能」表達性與天道，凡有所表達，都只是聖人的糠秕，與「性與天道」不相應。然而，魏晉思想家一般所說的「言不盡意」，「盡」是充分與否、完全與否的問題，而不是「完全不可表達」的問題，反之，正因為在某種程度可以表達，才有「盡」與「不盡」的探究。❺

　　就「言不盡意」的方法論來反省，是否有某種異於一般語言的特殊符號系統，或某種詮釋的方法，能夠解釋說明「意」的表達問題？這個問題，在王弼「得意忘言」的方法說明中，得到比較徹底的解決。

　　王弼以為「言」和「象」，不過是表「意」的工具，它們都不是「意」本身。因此，在表達與接受的過程，「言」、「象」可作為中介的語言、符號，但一旦得「意」，「言」、「象」就應該忘記：

> 是故存言者，非得象者也；存象者，非得意者也。象生於意，而存象焉，則所存者乃非其象也；言生於象，而存言焉，則所存者乃非其言也。然則忘象者，乃得意者也；忘言者，乃得象者也。得意在忘象，得象在忘言。故立象以盡意，而象可忘也；重畫以盡情，而畫可忘也。❺

---

❸　荀粲以為「蓋理之微者，非物象之所舉也。今稱『立象以盡意』，此非通於意外者也；『繫辭焉以盡言』，此非言乎繫表者也。斯則象外之意，繫表之言，固蘊而不出矣。」《三國志‧魏書》卷十〈荀彧傳〉裴松之注引何劭為其所作傳文。

❺　《中國哲學史》，頁 328～329。

❺　《周易略例‧明象》，見樓宇烈校釋，《老子周易王弼注校釋》（臺北：華正

「言」與「象」都是表「意」的工具，就好像「筌」（魚笱）是捕魚的工具，捕到了魚，就可以忘掉魚筌；得了「意」，「言」、「象」自須忘卻。如果還執持不忘，以為非此筌就捕不到魚，非此「象」就得不到「意」，以為工具與目的之間有一一對應的關係，那便忘掉工具之所以為工具，不在於它是唯一的方式（工具是可替代的），而在於它是合用的。如果執著「言」、「象」不放，工具成為目的，便遮蔽了「意」，使「意」固蔽在單一的「言」、「象」之中，那是不能得「意」的。因為「意」是超越於所有的「言」、「象」，「言」、「象」也唯有自居於工具的性格，才能指向「意」。換句話說，正因「言」、「象」本身不是完滿自足的，它才不會封閉在自己的符號體系，而必須指向「意」，成為合用的工具，以建立「言」、「象」和「意」之間約定性的關係。所以說，「忘言忘象，以得意」，因為唯有忘言忘象，才能確認言、象的工具性格，使「意」彰顯開來。也因為忘言忘象，言、象才可以成為表「意」和得「意」的最佳工具。所以說「盡意莫若象，盡象莫若言」。

王弼「得意忘言」的方法論詮釋，不但契合於玄學的宗旨，可用以解決形上本體的表達與理解問題，也使得玄學建立了自己獨特的詮釋方法與語言觀。

經過了玄學思想的洗禮，對語言的方法論的反省，結合了體用、本末的議題，成為中國思想界言意觀的基調。這在佛經傳譯和佛教中國化的歷程中，起了相當大的作用。❺⑥

江東禪學吸收了玄學的精神，「得意忘言」、「得魚忘筌」的思想顯然影響到中國禪宗對語言的看法——將語言與經典視成取魚的筌，指月的指頭，一旦得了魚，見著月亮（喻覺悟），筌與指頭（喻語言與經典），

　　書局，1983 年），頁 609。

❺⑥　參考湯用彤，《魏晉玄學論稿・言意之辨》論及玄學言意之辨對魏晉南朝佛學的影響。

自然不可執著，無所可用。玄學的言意觀結合了般若中觀思想的語言觀，形成禪宗對待語言的特有的態度，這種態度決定了禪宗與經教的關係，也造成了禪宗特有的說法形式。

第二項　立言說與不立言說

禪宗對語言的看法，也呈現在禪師對經典或經教的態度。基本上他們有兩種不同的態度：尊教與慢教，就是立言說與不立言說，教禪一致或教禪別行。從禪史的發展來看，這也就是從「藉教悟宗」到尊教與慢教的分歧。

第一目　藉教悟宗

佛教對語言的觀念，無論是般若中觀的「但名無實」，或是唯識學派的「唯名無義」，都不能充分肯定語言的功能。然而，各宗莫不以充滿重重論證，卷帙浩繁的經論，發揮其自家義理。唯有禪宗，走出經論傳統的繁瑣，回歸原始佛教質樸的宗風。

禪宗雖標榜「不立文字」，號稱「教外別傳」，但尋諸禪史：在六祖慧能之前，達摩主張「藉教悟宗」，❺並以四卷《楞伽經》傳法，二祖慧可奉《楞伽》以為心要，三祖僧璨則引進般若三論的思想和方法，四祖道信重視《文殊說般若經》，五祖弘忍兼收並蓄，重視《金剛經》、《楞伽經》、《文殊說般若經》方便融合，一直到神秀「方便通經」，都表明了禪不離教。❺而《壇經》記載慧能要人不可謗經，不可執著於不立文字。

---

❺　藉教悟宗，「教」是經教，指經典而言；「宗」是宗旨，指眾生內在的真性，「藉教悟宗」，即藉著經典的教法，以悟入佛教的宗旨。

❺　參見印順，《中國禪宗史》（臺北：正聞出版社，1988 年 5 版），頁 331～332；洪修平，《中國禪學思想史》，第三章〈從禪學到禪宗〉。

一直到六祖，禪門的傳法傳心，都與經教的言說離不開關係。

第二目　尊教與慢教

立言說與不立言說，相應於傳法的宗旨和方式，也就是尊教和慢教的問題。在「藉教悟宗」的立場下，禪師們對經教仍表現出敬重的態度。曹溪門下，荷澤神會在傳授禪法時，要人「依佛語，信佛教」，要人「廣讀大乘經典」。神會以經教為方便，立佛知見，不破言說，奠定了「教禪一致」的宗風。

再者，如宗密所謂的：「經是佛語，禪是佛意」，認為「經教」與「禪觀」都是體得真理的方法。「經教」出於「自心」，藉由語言文字來方便理解；禪宗（觀）則指向我們自己圓滿覺悟的心。換言之，任何教派與經典，都可以視為禪宗的向上一著；一切法門，莫非是禪，如果能覺悟自心本性，則一切佛教經典，不過為自己一心的註腳罷了。這是「教禪一致」論者對待經教的態度──「佛經可以作為吾人自心的一個註腳」。❺❾

然而禪宗後來的發展，卻演變成呵佛罵祖、非經毀教的地步，這與禪門強調內省自證、擺脫依恃，以及「不立文字」的語言觀的極度發展有關。

禪宗宗旨本就重視體驗，不住知解，在「教外別傳」的標榜下，更加傾向於內證，逐漸發展為破言說，發展得更為徹底，甚至以為神會這種以言說為方便者，仍是「知解宗徒」。極端的作法便如黃檗所強調的「不將一法與人」。洪州、石頭門下，便是如此離教傳禪，發展了「不立言說」的風氣。因此主張「不立言說」或「教禪別行」者，對經教採取否定的態度，堅持：「經典的固有言說，只是理論言詮，與本心自性不相干，不

---

❺❾　參見日種讓山著，芝峰譯，《禪學講話》（臺北：文津出版社，1985 年），
頁 25～31；印順，《中國禪宗史》（臺北：正聞出版社，1988 年 5 版），
頁 331～338。

能使人真正悟入」的觀點，禪悟與經典的知識畢竟是兩回事。

　　然而即使是主張不立言說，禪師們在教導後學的方法中，仍不可能
完全摒棄言說。依傳法的方便，如何以不立言說的方式，運用語言文字，
達到以心傳心的效果，這樣的考量，形成了禪宗特有的接引方式，造就
了禪宗語言的特殊性。

第三項　情境論的語言觀

　　依「教外別傳」的宗旨，禪宗形成迥異於經教的說法方式，這些接
引學人的方式，全有賴於語言（廣義的語言）當下的情境而定。語言是
情境的函數，其運用語言的方式，可以說完全是在開悟解脫的目的下，
以參禪的情境為中心的方便教化，並且也只有依恃著當下情境，言說才
可被理解。至於「參」「話頭」、「參」「公案」等等「不離文字」的「文
字禪」的形式，也是因應著這種參禪情境發展出來的。

第一目　語言表達形式與教法

1.禪宗語言的表達形式──禪問答與公案

　　禪宗的語言表達方式大致上有兩種：一個是以口頭語言來表達的「禪
問答」；另一個則是透過書寫語言來表達的「公案」。

　　「禪問答」可以視作「禪的提問與回答」。其形式有多種，在此，我
們略舉三類來做說明。

　　⑴無視脈絡而加以作答者。看似答非所問，如趙州從諗與僧人的問
　　　答。據《五燈會元》卷四所載：有人問：「如何是祖師西來意？」
　　　趙州答曰：「庭前柏樹子」；或如青原禪師與學者的問答：「如何是
　　　佛法大意？」禪師答：「廬陵米作麼價？」這都是跳脫問話者原來
　　　的理路脈絡，打破學人的知解執著，直指眼前看似平常不過，最

易錯過卻是最具體的日常經驗，落實到「平常心是道」的體會。

(2)反覆地提問者。如黃龍慧南有名的「生緣」、「佛手」、「驢腳」的「黃龍三關」。據《五燈會元》卷十七所載，慧南室中常問僧曰：「人人盡有生緣，上座生緣在何處？」正當問答交鋒，卻復伸手曰：「我手何似佛手？」又問諸方參請宗師所得，卻復垂腳曰：「我腳何似驢腳？」三十餘年，示此三問，學者莫有契其旨。❻⓿慧南設此三關的目的是強調禪境不可言說，只可自悟，要參禪者識心見性，自成佛道，不應該尋文追義，死於句下。因此，反覆提問，打斷學者的思惟，當下勘驗學者入道深淺。

(3)對於言語的問題而以拍、喝等非言語的手段來加以回答。如《古尊宿語錄》卷四載，臨濟義玄在黃檗希運處，三度問佛法大意，三度被打，待其了悟後，也以棒喝方式來說法，並謂：「不可向虛空裡釘橛去。」這更是認為言語不能提供究極的答案，甚至以言語來提問根本就是問錯了，棒喝的方式就在提供轉向的思考。

歸納起來，「禪問答」有下述三點的特徵：(1)不論在邏輯上，還是行為上，它都超越一般人的理性世界，指向超越的、無執的實相智慧。(2)禪師雖是超越的、獨善的，但他並不隔絕於世間的事務之外，禪問答經常就日常身邊的事物來回答，表現了出世間法不離世間法的精神。(3)禪問答看似迂迴曲折，卻往往即境示人，直指本來面目，這才是真正切要直接的回答。❻❶

「公案」原指官府判決是非的案例，禪宗借用它來專指前代祖師的

---

❻⓿　「生緣」句大意是說人皆由因緣轉生而來，「佛手」句是說人即是佛；「驢腳」句則說人與其他眾生也無二。但慧南並不是要人回答字面上或佛理上的意義，而是要人「直下薦取」、「當處超佛越祖」。參見洪修平，《中國禪學思想史》(臺北：文津出版社，1994 年)，頁 293。

❻❶　星川啟慈，《禪と言語ゲーム》(京都：法藏館，1993 年)，頁 13～19。

言行範例。把禪師的言行錄稱之為「公案」，也就是把古禪師的言行視為判定是非、衡量迷悟的準則。宋代開始盛行「公案」，並且透過「公案」而創立了新的禪學形式。

對禪師言行的領會，也就是對禪的精神的把握，言行包含了整體情境的意義，而不是義理的抽象知解。文字禪的代表性人物善昭禪師認為，禪師的言行是「隨機利物」，即依據不同的對象而教禪，學禪者則要透過對禪師的言行而去「各人解悟」。因此，禪師雖以文字語言教禪，但並不是要學者皓首窮經，研讀經典，而是在一言一語之下的頓悟，參禪者所要達到的「心明」和「智達」，就是在言語投機的問答之中體現的。❻因此，在禪宗重要文獻《五燈會元》中，收錄了公案約一千七百則，如南嶽磨磚、趙州無、雲門餅、萬法歸一、念佛是誰等，就是特別重視師徒問答中的情境與用語，透過禪語（又作玄語）的參悟，追求對禪境的直接體驗。

2. 禪宗的教學方法

禪宗的教學方法相當活潑，為了呈顯「教外別傳」的宗旨，其教學方法不同於尋常思考，不合一般的邏輯，初讀者甚難理解。不過，我們還是可以將禪宗的教學方法歸為兩大類：一類為「言語法」，另一類為「直接法」。「言語法」可略舉六種方式說明：⑴悖理法，⑵消融法，⑶牴觸法，⑷阻斷法，⑸複述法，以及⑹呼喝法。「直接法」，係指以身體動作作直接的展示，例如以姿勢、棒打擊、演示等動作，來指引學者。我們這裡以「言語法」的六種方法為例，來說明禪宗的教學方法。

⑴悖理法

即故意說出違背常理的語言，以打斷學者的日常思惟。如傅大士的詩：「空手把鋤頭，步行騎水牛；人從橋上過，橋流水不流。」「空手」

---

❻　參見魏道儒，《宋代禪宗文化》（河南：中州古籍出版社，1993 年），頁 76～78；鈴木大拙，《禪風禪骨》（臺北：大鴻出版社，1992 年），頁 137。

怎麼「把鋤頭」?「步行」又如何「騎水牛」?「橋流水不流」,這是怎樣的場景?詩句儘是悖理,在顛顛倒倒中,打破了人們的慣性思惟,越過常識的層面,掃蕩思考的積習,逼向非概念思惟的無分別智的境界。

(2)消融法

即是「有」、「無」、「是」、「非」二元對立觀念的否定與消融。我們的理性容易陷入「非有即無」、「非此即彼」、「非空即有」的二元論思惟模式。然而禪宗認為,真理可在既非肯定亦非否定的情形之下求得。禪宗有時會以生動而看似違反矛盾律的句子來打破凡夫二元對立的思考方式,讓理性在二元對立矛盾的困局中,自己突破自己。雲門禪師有一次舉起拄杖對大家說:「是什麼?若喚作拄杖,入地獄如箭;若不喚作拄杖,喚作什麼?」德山宣鑑說:「道得三十棒,道不得也三十棒!」這些看似矛盾的句法,逼使人從知性的迷宮走出來。禪師用「殺」、「活」與「不殺不活」等句超越「有」、「無」等二分法。在此極端的情境中,思惟頓時蹈空,學者別無選擇地直接面對當下的無從言說、無從思考的體驗,去逼出一切形式的最終目的——體驗自性。

(3)牴觸法

即禪師對他自己或別人曾說過的話加以或明或暗的反駁——一種隨立隨破的言說。對於同樣一個問題,禪師有時答「是」,有時答「否」,有時甚至對某個眾所周知的事實,提出全面的否定。例如:道吾是藥山惟儼的法嗣,繼承了藥山的衣缽,但當五峰問他還識不識藥山老宿時,他卻冷冷地答道:「不識!」當五峰再次問道:「為什麼不識?」他更明白地答:「不識!不識!」除了有力地否定這個大眾常識所知的事實外,他更拒絕說明任何不識的原因。這種問答的方式,著眼於培養以直觀不執著的方式掌握心靈深處的內在真理。

(4)阻斷法

即禪師以一不相干的回答,阻斷問者的思惟的方法。例如有一和尚

問趙州：「經云：『萬法歸一。』一歸何處？」趙州答道：「我在青州做一領布衫重七斤。」這是以阻斷式的陳述來回答「一歸何處？」的問題。又有一和尚問首山禪師：「如何是佛法要義？」他吟了如下的詩句：「楚王城畔，魯水東流。」這是以略帶詩意的陳述句來回答「如何是佛法要義」的問題。以上皆是禪師以日常語言中的謎樣語、詩意語的回答來開導弟子，岔開其理路，阻斷其邏輯推理，即時制止學者在這些問題的思考中陷入理障。

⑸複述法（重述法）

一般而言，對初學者，若不斷重覆其言談中的話語，有時會像鸚鵡式學語，但有時亦可能藉回聲的反響而再體驗到語言的內在意義。這時，意義不在於重覆的語言本身，而是在覺悟同樣經驗的吾人內心之中，此即複述法的意義。例如：有一位名叫德韶的禪者，有一天隨眾參見了法眼禪師，當法眼升座時，有僧出問：「如何是曹源一滴水？」法眼答云：「是曹源一滴水。」問者被此重覆句弄得不知所措，而偶然在旁諦聽的德韶，則「大悟於座下」，而使「平生凝滯渙若冰釋」，乃至脫胎換骨，完全成了另一個人。在禪師眼中，圓滿境界，十分現前，何待擬議，何待形容，當下便是；悟則全體即悟，更不能增減一分，這是只能作同一複述的原因。

這也說明了：禪不可以停滯在觀念或概念中。以語言表現體驗本身，但不可在語言中尋求禪的妙意，乃是偉大的啟發藝術，只有經過多次的嘗試及廢然而返之後始可體悟而得。

⑹呼喝法

禪師對於來問的問題，不提出可以理解的答案，只發出一聲呼叫或猛烈的「大喝」，這種教學的特殊方法，叫「呼喝法」。這種方法，運用得最為得法，最有效果的，是臨濟義玄大師，且在後來成為臨濟禪的特點。與德山禪師善於用棒以教導學人，共同構成當時禪宗接機的主要手

段，號稱「臨濟喝」、「德山棒」。某次臨濟問他的弟子樂普：「一人行棒，一人行喝，阿那個親？」樂普答云：「總不親！」臨濟又問：「親處作麼生？」樂普發出一聲「喝！」臨濟便舉棒打了樂普一下。這種棒喝的手段，單刀直入，隨機靈活，也使語言的用法達到和動作（棒）一樣的效果，達到一種從知性的困局解救出來的截石斷流的效果。❻❸

第二目　機語、活法與「文字禪」

禪宗將「說似一物即不中」的精神發揮到極致，認為真如的境界、當下的體驗，根本不可言詮，因而發展出上述種種表達和教學的方式。禪師為強調自證自悟所表現出來的奇言異行，經過輾轉流傳，成為毀棄經教的禪僧們習禪的基本資料；這也是禪門「語錄」、「公案」等形成的由來。這些語錄、公案等，成為禪門學授之間的寶貴資產，並隨著禪師融合各派宗風的努力，發展出對這些文字資料飽學遍參的風氣，也就是「文字禪」的流行。

而在文字禪的參解之中，為了保有禪門「不立文字」的語言立場，並防杜悖離解脫的目的，禪師們不斷地強調語言文字之外的體會，在學授之際，講求「活句」與「活法」。要求表達上的靈活透脫、當機即是，以及理解上的奇特解會、「不死於句下」，而使得禪門問答常充滿機鋒相對或是似非而是的弔詭。禪家常說的「死蛇弄得活」，就是這種精神。

正因為表達要「活」，所以禪師們的說法，往往是旁敲側擊的、否定的「遮詮」的方式，而較少正面的、直接的「表詮」的說明。又因為在理會時要求「活」參，所以學者的應對也豐富多端、充滿機趣。中國傳統中的「言外之旨」，在這裡發揮到了極致。

---

❻❸　以上所述，參見鈴木大拙著，徐進夫譯，《鈴木大拙禪論集：歷史發展》（臺北：志文出版社，1992 年），頁 246～271。鈴木大拙稱第四類方法為「肯定法」，筆者以為有欠妥當，故改稱「阻斷法」。

禪宗「不立文字、教外別傳」，但在種種的說法方式中，似乎也認為「究竟真實」可以間接透過「活用的語言」（活句）來顯示，允許「語言」是「究竟真實」的暫時性「通道」。因此，禪宗超乎語言又不離乎語言，在這種方法的自覺中更加善用語言。

另一方面，禪宗語言乃啟發性、誘導性語言而非理論建構的語言。禪宗的語言，並不是一套理論性系統，而是隨對話者的根器而施教的啟發性、引導性的語言。它重視對話者的存在參與——透過問答、棒喝與公案等語言方便，促使對話者或受教者能真正參與並領悟到話中的真理。禪宗啟發性、誘導性的語言緊扣著禪門解脫的目的而來，因此是以語言的功能性為主導，在這當下，凸顯禪悟的主觀性和隨機性。

禪宗的語言，大都運用生活經驗中的日常語言，敘述簡單切要。例如：「麻三斤」、「乾屎橛」等皆是日常的語詞，「平常心是道」更是撥除曲折的概念迷霧，清晰明確地直指論點核心。禪宗之所以重視日常語言，而不採用莊重、嚴肅的宗教文體，是因為「道不遠人，遠人非道」，呈顯「究竟真實」的「宗教語言」不能離乎日用常行的語言而獨存，因而「究極真實」不是彼岸之事，而是深埋在日用常行之中，隨處會心，即是禪意。

第四項　禪宗語言觀對後世的影響

在歷史的發展中，禪宗對中國文化發生了重大影響。它的語言觀，深具啟發性，宋代之後，各個文類的理論，或多或少都烙印上了禪學的痕跡。尤以詩歌、詩學為然。無論是就詩歌語言本身創構的問題，或是言意關係的探討，在「以禪論詩」、「以禪喻詩」，以及詩論對禪學術語的借用中，都呈現了開創性的觀點。

宋代禪學發展出「文字禪」的形式，對詩、禪交流提供了更多的資源。在士人的禪悅傾向下，詩歌句法的講求，也有如叢林機鋒相對的「活

法」、「活句」的模式，在詩歌語言的構作上，講求「胸中活句」的靈活透脫，而在鑑賞上，重視「言外之旨」的奇特解會。或如詩人借用了參（文字）禪的精神，在「學詩如參禪」中，從「有法」、「無法」到「活法」的辯證歷程，反省了創作本質和語言的關係，甚至正面地認可了語言法則的價值。

　　詩人作詩講「悟入」、講「妙悟」，在創作經驗上，強調理路、概念的排除，這些思想雖出自詩歌美學的觀點，而與上述禪宗的說法和表達方式有種種精神上的妙合，因而借用了禪學的觀念，以呈顯詩歌在「言」、「象」之外的極致價值。詩人「參」詩的活動，「悟」詩的思惟，出自詩禪面對語言時相似的情境和態度，其中或著眼於美學目的，或著眼於語言功能，由於著眼點的不同，並借助了禪學語言觀當中所蘊含的辯證的思考，發展出詩學辯證的旨趣。

　　除此之外，因應其教學宗旨，禪宗經典所採用的語錄體形式，也取代了正式的論述，廣泛地流行起來。宋代詩話的濫觴，便是從運用了這種明白如話的體例開始。就連強烈反對禪宗的理學家的著述，也運用了語錄的方式，所謂「儒其行而釋其言」，由此可見禪宗在語言形式上的影響。

進修書目

1. 水野弘元著，劉欣如譯，《佛典成立史》，臺北：東大圖書公司，1996 年。

2. 萬金川，《龍樹的語言概念》，南投：正觀出版社，1995 年。

3. 梶山雄一著，吳汝鈞譯，《佛教中觀哲學》，臺北：圓明出版社，1993 年。

4. 高崎直道等著，李世傑譯，《唯識思想》，臺北：華宇出版社，1985 年。

5. 印順，《攝大乘論講記》，臺北：正聞出版社，1981 年。

6. 印順，《中國禪宗史》，臺北：正聞出版社，1988 年 5 版。

7. 鈴木大拙著，徐進夫譯，《鈴木大拙禪論集：歷史發展》，臺北：志文出版社，
   1992 年。

8. 周裕鍇，《中國禪宗與詩歌》，高雄：麗文文化出版社，1994 年。

9. 窺基，《大乘法苑義林章》，《大正藏》第 45 冊。

10. 安井廣濟，《中觀思想の研究》，京都：法藏館，1970 年。

第九章　佛教的修行觀

　　修習佛法離不開信、解、行、證。佛陀的教化，解離不開行，行離不開解，對佛法的知見都以行、證為目的。因此，所有佛法的語言知識，都與修行相關。若就佛學的分門來看，包含戒、定、慧三學，或稱三增上學。「增上」(adhi) 是有力的、能夠提引向上的意思，這三學不是一般知識性的思辨學問，而是世尊親證佛道的體驗，經由教說用以指引愚痴眾生解脫輪迴之路的總綱。在第二章中，我們提到世尊四諦、八正道的思想，八正道即為滅苦止集的道諦。八正道亦可用三學來加以統攝：正語、正業、正命是增上戒學 (adhiśīla)；正念、正定是增上定學 (adhicitta)；❶正見、正思惟是增上慧學 (adhiprajñā)；正精進則是遍通三學。❷是故，八正道與三學並沒有本質的差異，所不同者，八正道提出了修習佛法的方法，而戒、定、慧三學，乃為佛學的總綱，不論世尊本人或者後世佛學的演進發展，皆依戒、定、慧三學的規模來進行。

　　戒、定、慧三學有著相依相因的關係，所謂「由戒生定，由定發慧」，三學圓滿，才可能達到真正的解脫；捨戒難得定，捨定難發慧，捨慧則不得解脫。然而戒、定、慧三學的修行次第，應當同時並進，不是說戒具足才可修定，定具足才可修慧，因為三學是相輔相成的。定力強、智慧深，可以強化持戒的毅力；戒清淨、定力足，可以加速智慧的開發；智慧深、戒清淨，則定力自然加強。是以修持三學，當重視三學的圓融

---

❶　增上定學或譯「增上心學」，citta 原意為「心」。

❷　參見印順，《成佛之道》（臺北：正聞出版社，1992 年修訂 1 版），頁 175～176。

發展，更要注意，三學的目的，不在世間學問的增長，乃在於身心智慧的真實鍛鍊，掃除無明煩惱。

　　本章依世間文字解說三學的內容，希望讀者對佛教的修行論有正確的知見，進而以此方便，深入經藏，得法味。就本書的整體內容來看，我們已經談過四聖諦、緣起、無我、佛性、二諦等思想，這些都是慧學的內容，為了避免重覆，本章介紹慧學時，著重在慧學修行的具體規範、次第與階位，其他相關的內容，請參見本書相關章節。

第一節　戒　學

第一項　釋　名

　　戒學 (adhiśīla) 是戒律之學，但什麼是戒律？戒與律有何差別？這些問題對初學者來說，可能會有些模糊難明之處。在此，先作一簡單的名義解釋，把關於戒學的名相先作釐清，好為進一步的討論作準備。

　　1.戒，śīla，音譯尸羅：戒即歸依佛教者所應守的規範，《大智度論》：

　　　好行善道，不自放逸，是名尸羅；或受戒行善，或不受戒行善，
　　　皆名尸羅。❸

戒，就其原意來說，就是止惡行善的意思，它不是指固定的戒律條文，而是於身、口、意上的修持，能夠防止惡業的形成，促成善業的成就，淨化自己的內心。所以《增一阿含經》中，阿難便說：

---

❸　見《大智度論》，《大正藏》第 25 冊，頁 153 中。

諸惡莫作，諸善奉行，自淨其意，是諸佛教。❹

由於止惡揚善僅為一原則性的宣示，是一般道德實踐的要求。它為世尊制戒的基本原則，其範圍遍及所有的人，並非佛教信徒所特有的修持。後來世尊隨緣制戒，逐步訂立了身口意上的禁戒條目，佛教所特有的戒律這才出現。

2.**律，vinaya，音譯毘奈耶、毘尼耶、毘尼**：意譯為調伏、滅、離行、化度，指佛所制定有關比丘、比丘尼應遵守的禁戒。「律」包含：(1)一條一條的學處，集成波羅提木叉（prātimokṣa，別解脫戒）；❺(2)有關僧團集會、安居等特有的制度的規定；(3)僧團處理內部紛爭的辦法；(4)要求出家眾行為（儀法）方面的合式與統一，如行、住、坐、臥、穿衣、行路、乞食、受用飲食等規制。

3.**戒律**：戒與律原是兩個不同的名相，有不同的意義，而「戒律」

❹　《增一阿含經》，《大正藏》第 2 冊，頁 551 上。這一偈文可以視為佛教反對教條主義傾向之萌芽，同時亦可視為大乘佛教戒學基本精神之表現。

❺　關於律藏的形式，在世尊時代，出家弟子有了不法之事，世尊就制立「學處」（結戒），有一定的文句；弟子們傳誦憶持，再犯就要接受處分。「律」是漸次制立的，在佛的晚年，有「百五十餘」戒的傳說，是依所犯的輕重次第而分為波羅夷、僧伽婆尸沙、波逸提、波羅提提舍尼、眾學五部。佛滅後優波離所結集的「律」，主要是稱為「戒經」的「波羅提木叉」，隨事類而標立項目，將一項一項的事編成偈頌，是以戒條為主而不加以詳細解說的律典。而後在第二結集到部派分化時，「波羅提木叉」已有了分別，即對一條一條的戒，分別制戒的因緣，分別戒經的文句，分別犯與不犯。後來重戒的部派，更進一步的類集、整編，成為各種「犍度」（或稱為「法」、「事」）。參見印順，《初期大乘佛教之起源與開展》（臺北：正聞出版社，1988 年），頁 180～182；楊惠南，《佛教思想發展史論》（臺北：東大圖書公司，1997 年），頁 210～213。

併用，意謂維持佛教教團之道德性、法律性的規範。亦即「律」指為維持教團秩序而規定的種種規律條項及違犯規律之罰則，屬於形式的、他律的。「戒」指內心自發性地持守規律，屬於精神的、自律的。然而戒與律並非分離而行，而是平行地共同維持教團之秩序。❻

　　4.**律儀**，saṃvara，**音譯三婆邏**：意譯為護、防護、禁戒，即能防護身、口、意之過惡者，名為律儀，義淨註：

> 由受歸戒，護使不落三塗，舊云律儀，乃當義譯，云是律法儀式。
> 若但云「護」，恐學者未詳，故兩俱存，明了論已，譯為護，即是
> 戒體無表色也。❼

由「去惡」這點來看，律儀和戒二者的意涵頗為相近，但依義淨的註來看，律儀應是受戒之後，依於戒法儀式而有防止過惡的一種力量；義淨說，這就是戒體。因為這種力量是無形又不顯於外，在身中恆轉相續，故稱為無表色。

　　5.**止持戒**：持戒稱為止持，因其不作惡，為消極的禁止戒。

　　6.**作持戒**：應當要作，便得要作，否則是犯戒，稱為作持，為積極的作善戒。

　　7.**性罪**：本質性的罪惡，無論在何種時空背景下皆是惡的。

　　8.**遮罪**：在佛陀制戒之後，違犯戒條的罪，通常屬於輕罪。

　　9.**戒法**：佛所制的不可殺、不可盜等等一切法規，為修行者的規範與禁戒。

---

❻　見《中華佛教百科全書》第 5 冊（臺南：中華佛教百科文獻基金會），戒律條，頁 2562。

❼　義淨譯，《根本說一切有部百一羯磨》，《大正藏》第 24 冊，頁 455 下～456 上。

10.**戒體**：師弟相承的無表色（外表上沒有呈現出來的行為）功德，經由作禮乞戒等儀式而引發內心持戒的功能，具有防非止惡的力量，修行者經過戒師授戒之後方才有之。

11.**戒行**：持戒所表現出來的行為。

12.**戒相**：持戒所成就的德相。

第二項　戒律的起源與傳承

佛教最初的戒律，是世尊所制的，然而世尊剛成道的最初數年，尚未制戒，《大智度論》云：

> 若佛出好世，則無此戒律，如釋迦文佛，雖在惡世，十二年中亦無此戒。❽

這是說生於美好時代的佛陀，無須制戒；生於五濁惡世的世尊，在其成道的最初十二年中，也未制戒。最初制戒的因緣，依據《五分律》的說法，是由於迦蘭陀 (kalandaka) 長者子須提那（巴 sudinna）出家之後，因為父母求其傳續宗祠血脈的壓力而與俗家妻子發生淫行，世尊方以十種利益為諸比丘結戒：

> 何等為十？所謂僧和合故，攝僧故，調伏惡人故，慚愧者得安樂故，斷現世漏故，滅後世漏故，令未信者信故，已信者令增廣故，法久住故，分別毗尼梵行久住故。從今是戒應如是說，若比丘行婬法，得波羅夷不共住。❾

---

❽　《大正藏》第 25 冊，頁 395 下。

❾　《五分律》，《大正藏》第 22 冊，頁 3 中～下。

也就是說，世尊為了⑴令僧團和合無諍；⑵使僧伽有一致的生活規範；⑶使惡人知其行為之過惡而能戒除；⑷使犯過心生慚愧者能藉由懺悔改過，得到安樂；⑸斷除現世煩惱（漏）；⑹斷除未來世的煩惱；⑺使尚未信仰佛法者，由於僧團律儀莊嚴、身心清涼而生信心；⑻使已經信仰佛法者能更增廣其信心；⑼為使佛法久住人間；⑽為使思惟戒律，令清淨梵行可以時時獲得實現。根據上述十項理由，遂使世尊開始制戒。第一條戒律，即針對須提那之行為所制的淫戒，世尊規定比丘若是犯了淫戒，即為觸犯波羅夷罪 (pārājika)，犯戒比丘必須還俗，擯除僧團之外，不得與僧團共住。波羅夷意為極惡，犯波羅夷罪，據說死後會淪入地獄道，受種種苦。

如來制戒是因時、因事而制，在其初成道的十二年之間，之所以未曾制戒，乃是由於佛道初傳之際，出家弟子都是真誠信奉佛道，虔心修行之輩，到了後來，僧團的成員日趨複雜，出家的動機也沒有那麼地單純，所以弟子出現了不當的行為，破壞了僧團的和諧或名譽之際，像須提那這樣，引生了個人與世間人的煩惱（對僧團的質疑、毀謗，對世人來說就是一種煩惱），世尊為使此人及餘人不再犯此過錯，所以逐漸增設戒律，一直到世尊離開人世為止。

世尊對於戒律一直保持彈性與開放的態度，因為制戒的目的是在防護世間的煩惱。戒律的內容除了因時、因事外，為了順應當時各地的風俗與道德標準，也有因地制宜的必要。所以《五分律》說：

> 佛言：雖是我所制，餘方不以為清淨者，皆不應用；雖非我所制，餘方必應行者，皆不得不行。❿

世尊認為戒律並非絕不可違背的法律，戒律也不以是否佛所制作為

---

❿　《大正藏》第 22 冊，頁 153 上。

其成立的必要條件，只要清淨——可以去除煩惱，皆當視同佛戒而加以遵守。因為是否引生煩惱，常與各地的道德觀念與風俗習慣有著密切的關係，因此，對於戒律有「或開或遮」的彈性運用。

所謂開遮是指開放（許可）與遮絕（禁止），在不同的情況下，同一行為是禁止或是允許，這便得視當時的情形而定。戒律不同於法律，法律是以懲罰來防制犯罪，而戒律的目的有如制戒十利所述，乃為了保持僧團與僧人的心靈清淨，令煩惱無由生成，其在現世最大的懲罰只有擯出僧團令其還俗而已。除此之外，犯戒的情形大多只要真心懺悔便可，並未有其他的懲罰，甚至僧侶之間在事過境遷之際，也不可再行提起。由此可見戒律的目的，純粹是以淨化人心為最終考量。當然，戒律最大的懲罰，不在現世，而在來世，在這點上，佛教乃是依循印度傳統的輪迴思想而來，認為犯戒之人死後會落入地獄、餓鬼、畜牲等三道，受三途之苦，若是小罪，倒還可藉由懺悔得免罪，若是犯了重罪，則懺悔或可除遮罪，不能除性罪，也就是說，罪行或可得到原諒，但是將來還是得承擔這惡業的果報。是以犯戒者的懲罰不由他人，而是由自身業力感召之故。

世尊所制的戒律，由於是因時、因地、因事而制的，所以會隨著僧團的成員與所處的地區有所出入。如來入滅之初因有比丘公然地說，今後沒有了世尊的約束，便可任意而為了。這樣的言論激發了長老摩訶迦葉 (mahākāśayapa) 的危機感，為使世尊正法常住人間，便由摩訶迦葉主導，選拔五百位弟子代表，於王舍城外的七葉窟召開佛典的編集大會，史稱第一結集，或五百結集。結集的內容首先是關於僧團生活規則方面的律藏，這是由持戒聞名的優波離 (upāli) 背誦戒律的內容，經大會認可而確立。然後才是關於佛陀所傳教義結集的經藏 (sūtra)，以及用以釋經的論藏 (abhidharma) 之結集。經、律、論三者合起來即所謂的三藏 (trip-iṭaka)，佛陀入滅之後，這三藏的結集所保留下的佛法，便代表世尊常住

於世，成為教團修行、生活的最高指導原則。

從三藏的結集順序來看，我們也可以理解戒律對於僧團之重要性與優先性，但是僧團的衝突也往往因為戒律的問題而來。世尊對於戒律的彈性處理，至其入滅以後，也成為僧團戒律廢弛的一種隱憂，以致當阿難提起佛陀入滅前的囑付：「小小戒（微細戒）當捨」時，由於大家不明白世尊所言的小小戒之內容，阿難便被摩訶迦葉斥責。在結集會議上也由於缺乏對小小戒內容的共識，乃由迦葉裁決：

> 隨佛所說當奉行之，佛不說者此莫說也。若捨細戒者，諸外道輩當生謗言：如來滅後，微細戒諸比丘皆已捨竟，瞿曇沙門法如火烟焰，忽生已滅。❶❶

此一記載顯示出對戒律觀點最早的分歧，也可說是後來部派佛教分裂的最早因緣，因為部派分裂的重大原因即在於戒律問題。❶❷在世尊初滅的第一結集中，著重精嚴戒律、維持僧團的紀律、保護僧團的形象，以應付世尊滅度後，可能隨之而來的挑戰與苛察，嚴守戒律便成了維繫佛法住世的重責大任。是故微細戒（小小戒）的問題，尚不成重要的問題，便暫時被擱下。

然而，佛教傳播日廣，戒律還是得因應各地區僧團生活而有差異，是以各地各派所傳的戒律逐漸出現了不同，就所傳的戒律而言，今有漢譯傳世的，就有如下的分別：❶❸

1. 上座部：

(1)根本有部：《根本有部一切有部律》（印度西北境迦濕彌羅新薩婆

---

❶❶　《毘尼母經》，《大正藏》第 24 冊，頁 818 中。

❶❷　關於教團分裂的因素及過程，參見第二章〈佛陀、佛教與佛法〉。

❶❸　見釋聖嚴，《戒律學綱要》（臺北：法鼓文化事業公司，1998 年修訂 4 版）。

多部）

⑵有部：《十誦律》（中印度摩偷羅薩婆多部）

⑶化地部：《五分律》（彌沙塞部）

⑷法藏部：《四分律》（曇無德部）

⑸飲光部：《根本解脫戒經》（迦葉遺部）

2.**大眾部**：《摩訶僧祇律》

3.**大乘菩薩戒本及戒經：**

⑴《菩薩瓔珞本業經》

⑵《梵網經》菩薩戒本

⑶《瑜伽論》菩薩戒本

⑷《菩薩地持經》戒本

⑸《菩薩善戒經》戒本

⑹《優婆塞戒經》戒本

第三項　戒律的內容

戒律既是針對七眾弟子而設，七眾弟子又可簡別為出家與在家弟子兩大類，所以戒律的內容，可以分為在家戒與出家戒兩類來談，至於大乘思想興起之後方有的菩薩戒，乃是通於在家與出家眾的，因此本文另立一類來說。

第一目　在家戒

在家戒共有四種：⑴三歸依；⑵五戒；⑶八關齋戒；⑷菩薩戒。❶

1.**三歸依**

---

❶　參見釋聖嚴，《戒律學綱要》，前三種戒，見頁 55～163；菩薩戒，見頁 233～364。

　　三歸依，即是歸依佛、歸依法、歸依僧。有人認為三歸依雖不是戒律卻是戒律的根本，❶因為歸依三寶是成為佛教徒的基本條件。但一個人假使親近佛教、崇仰佛法，但一直未行歸依，那麼這樣可不可以算是位佛教徒？

　　這個問題必須就歸依的定義以及三寶的內涵分別來說。歸依，梵文namas，或譯南無、歸命，意為禮拜崇敬的意思，所以歸依三寶便是禮拜、崇敬三寶之意。至於這歸依是否必定要有某種儀式？依照推論在佛度五比丘之前，僧寶並未具足，所以歸依三寶若有一定的形式條件，也當是後起的吧。而且若就世尊寬容的精神來看，歸依的儀式，應是非絕對必要的，而是否真心歸依，倒是更重要之事。

　　歸依的儀式或形式可以保持彈性，只要是內心真實地禮敬三寶，發心歸依便可，但是所歸依的對象，卻絕對不能含糊。有許多自認為佛教徒的人，不管是否行了歸依的儀式，由於弄不清所歸依的對象，甚至神佛不分，這些人是否可以稱為真正的佛教徒，實在大有可議之處。而他們所信仰的是否是正信的佛教，更值得商榷。簡單來說，佛、法、僧三寶，佛寶是正覺解脫的世尊；法寶是佛所證悟可以解脫生死的正法；僧便是僧伽，是可以傳揚如來正法的佛弟子集團。

　　歸依三寶的方法重在發心是否真誠，歸依三寶，絕不是只歸依三寶的表相而已。歸依佛寶，不能淪為對佛像的迷信與崇拜，以為凡事只燒香拜佛便會有神蹟出現；歸依法寶，要懂得諸法緣生，不要妄執我、法，要能了悟諸法空性，這才是如來的正法；歸依僧寶，是對傳播正法者的禮敬，而非盲目地崇拜任一法師，世尊亦曾說過「依法不依人」。換言之，所謂歸依三寶，不是把自己交給佛、法、僧便沒事了，相對的，三寶是生死海中的明燈，它雖然指引了方向，可是要由海中渡上岸頭，還是得靠自己的努力，否則世尊何須教導弟子要依法不依人，要有正智，要盡

❶　《戒律學綱要》，頁 56。

形壽來修行？

2.五戒

五戒是不殺生、不偷盜、不邪淫、不妄語、不飲酒。這五戒的前四戒，大體上，在各宗教、各民族當中皆有，因為這是極為普遍的道德要求，至於第五項不飲酒戒則是較為特別。在早期先民的歷史中，酒在各民族的生活或者宗教儀式裡，常是不可或缺的重要物品，而宗教與文化逐漸進步的過程中，也少見如佛教一樣主張戒酒者。這是佛教特別強調智慧清明的重要性，反對飲酒是因為飲酒會令人昏沉迷亂，會令人心神迷失。相對的某些特別重視酒的祭典，如古希臘的酒神祭，或者印度《吠陀》時期的蘇摩祭，這些祭典都認為酒具有神奇的力量，飲酒可以更接近神靈。然而佛教顯然對此並不表贊同。

不過在五戒中，犯不飲酒戒，只有遮罪，但犯了其他四戒，則除了遮罪外還有性罪，因為殺、盜、淫、妄等四罪，屬於根本惡，是佛法與世法皆不允許的。五戒看似簡單，可是落實在現實生活中，仍有相當複雜的問題存在，以下我們便大略介紹：

⑴殺生戒：殺人為重罪，殺異類為輕罪。在動機上，故意殺人所犯之罪，不可因懺悔而消除；意外、過失致人於死者，可以悔罪或不得罪。故意殺人，但未達殺人目的者可以悔罪。故意殺異類屬於可悔罪。殺生的方法，不一定要親自動手才叫殺生，舉凡能夠致人或者異類死亡的都叫殺生，例如教唆自殺、教唆他殺、令人殺人，都是殺生。殺生罪最重者，為殺父母及殺阿羅漢。

⑵偷盜戒：明知是他人的財物，起了偷盜的念頭，以種種方法，例如竊取、侵佔、搶奪、詐騙、侵吞等，把別人的財物據為己有，或者加以損壞，或者把它從甲地移往乙地，只要這東西的價值超過五錢以上，❶便犯偷盜戒，且是不可悔的。但如果所取之物在

---

❶ 這是世尊根據當時印度摩竭陀國的國法所制，但五錢到底現值多少，則是

五錢以下，或偷盜未遂則屬可悔。偷盜是絕對禁止的，不可以任何理由違犯。別人的財物，除非經過他人的允許，或者因為彼此情誼深厚，知其必當允許而先取；或者一時暫借，或者誤以為無主物，或者因為心神喪失之故，否則一概不能不予而取。

⑶邪淫戒：除了夫婦之間的性關係之外，其他不為國家法律及社會道德所允許的性關係，皆屬邪淫。在印度傳統的習俗中，不倫之戀、近親相姦、同性戀、獸交等皆不允許，但在家居士出錢嫖妓是允許的，在家女居士則不能與丈夫之外的任何人行淫，假使受到強暴之時，若有一念淫樂的感受者，也算犯了邪淫之罪。邪淫戒反映了當時的男女地位之差別與社會通行的道德習俗，在今日如果只允許男性嫖妓必會招來男女不平等的抗議，又如同性戀的課題也有不同的看法，然而戒律可否修正，則有待深思。

⑷妄語戒：妄語是指虛妄不實的言論，它又可分為大妄語、小妄語、方便妄語等三個層次的差別。大妄語是對能夠理解你的語意的對象，蓄意欺騙，向對方說自己所尚未達到或見到的境界、異象，如未證果說已證果，未見菩薩、天人等，強說已見，企圖獲取名聞利養者，便是屬於大妄語；除此之外，其餘一切妄語，都是小妄語；而菩薩為了救護眾生可作方便妄語，即今之所謂善意的謊言。

⑸飲酒戒：制飲酒戒的原因，在於酒精會令人心神喪失，因而做出許多惡行來。所以戒酒不是只戒那些有酒名的事物，其餘會令人心神喪失之物，都應戒除，是以今日眾多迷幻藥品，都是應當戒除的。但是酒若是作為藥用，則是佛所不禁；就像嗎啡也一樣，如果是用來治病，是可以允許的，不過不論酒或嗎啡，皆應依醫師囑付而使用，不能依自己的欲求，譬如覺得難以忍受日常生活

個疑問。

的壓力，終日只想逃避於醉鄉，這便不是正途了。

3.八關齋戒

所謂八關齋戒是世尊為在家弟子所設，令其在陰曆每月的八、十四、十五、二十三、二十九、三十日等六天，至僧團居住的地方行一日一夜的短期出家，在這一日夜中須持七戒及持齋（過午不食），防止身、口、意的惡業惡行，關閉身心的惡道，故稱為八關齋戒。其內容是五戒加上(6)不著香花鬘，不香油塗身，不歌舞倡伎，不故往聽觀。(7)不坐臥高廣大床。(8)不非時食（過午不食曰持齋）。又受八關齋戒者，因一日一夜持不婬戒，故得稱為淨行優婆塞或淨行優婆夷。

這種短期出家，是出家生活與在家生活的一種折衷，對於無法出家者，因為短期出家身心遂得以暫時的調伏，亦可以增長善根，也可以體會出家生活的真實情形，更可以藉由在家人的親身體驗，增加其對僧團生活敬重與佛陀教法的信心。

第二目　出家戒

出家戒有五種：(1)沙彌及沙彌尼戒；(2)式叉摩那戒；(3)比丘戒；(4)比丘尼戒；(5)菩薩戒。❼

1.沙彌及沙彌尼戒

沙彌 (śrāmaṇera)、沙彌尼 (śrāmaṇerī)，是指未滿二十歲或者受戒的等級最小的男女出家眾。由於出家之人未必皆是年幼即便出家的，故方始出家受戒的第一個階段，即為受沙彌或沙彌尼戒，又因其內容是相同的，是故合在一起來說。

對一個出家人來講，沙彌或沙彌尼戒可以說是出家的基礎教育，唯有通過了這些教育之後，方才可以進一步去受那完整具足的比丘戒與比丘尼戒。受了具足戒方成為正式合格的出家人，因而受具足戒之後，便

❼　前四種戒參見釋聖嚴，《戒律學綱要》，頁 167～279。

有了別於天生自然年歲的戒臘，相對於此而言，沙彌或沙彌尼簡直像是還在母胎中的階段。

　　沙彌、沙彌尼戒共有十條：(1)不殺生；(2)不偷盜；(3)不非梵行（不淫）；(4)不妄語；(5)不飲酒；(6)不著香花鬘，不香油塗身；(7)不歌舞倡伎，不故往聽觀；(8)不坐臥高廣大床；(9)不非時食；(10)不捉持生像金銀寶物。

　　這十戒中的前九戒同於在家的八關齋戒，只是把八關齋戒的第六條分為兩項，然後再加上第十條不捉持生像金銀寶物。不過八關齋戒是一日一夜的持守即可，沙彌、沙彌尼戒須終身持守。前面九戒無庸再談，所謂生像指的就是金銀，生色是金，像色是銀，故第十戒就是禁戒手持錢幣、金銀珠寶等。

　　比丘禁止手持金銀，這是教團第一次分裂的導火線，**⓲**但倒也形成戒律的共識。然而隨著時代的發展與社會的演進，絕對不碰觸金銀財物是難能之事，因此放寬來說，便是要出家人不要執著於身外的財物，致使心隨物轉而役於物即可。

2.式叉摩那戒

　　式叉摩那（巴 sikkhamānā）是女眾成為沙彌尼之前的一個觀察期。早期婦女出家並不需經過式叉摩那這個階段；然而有一出家即成為比丘尼者，卻又不耐出家生活而還俗，又曾經有過出家比丘尼，出家之前即已受孕，出家後生下孩子，招致了世俗的譏謗，以為是比丘尼在出家後犯了淫戒，破壞了僧團的清譽。為了避免出家不久旋即還俗，以及已孕女眾出家所導致的不必要誤會，所以世尊規定在成為比丘尼之前須有兩年的觀察期，一方面是增加調適的時間，一方面觀察女子是否受孕，所以才特別定立式叉摩那戒。**⓳**

　　式叉摩那戒的內容，除了包含沙彌、沙彌尼的十戒之外，另加六法

⓲　參考第二章〈佛陀、佛教與佛法〉。

⓳　參見印順，《成佛之道》（臺北：正聞出版社，1994 年），頁 183～184。

的禁戒；六法是：❷⓪

(1)與知其對己有染污心的男子身相觸：謂明知彼男子以淫欲意而來，而與之髮下、膝上相摩觸者。

(2)盜人四錢以下乃一針一草：盜四錢以下的財物。

(3)故斷畜牲命：故意殺害牲畜的生命。

(4)小妄語：除大妄語外，其餘一切妄語，都是小妄語。

(5)非時食：日影過中而進食。

(6)飲酒：酒精一滴沾唇，也是飲酒。

這六法的禁戒其實是由五戒變化而來，再加上「非時食」而成。式叉摩那六法應指屬於微罪的部分，五戒中如與男子相觸但尚未行淫不算犯淫戒；盜人五錢以上才算犯了偷盜戒；不殺生戒中，殺異類生是輕罪；小妄語是輕罪；飲酒戒如飲藥酒算不得破戒。是以式叉摩那法是對關於五戒的微細行有更加嚴格的限制。犯了式叉摩那法，必須在僧團中重新一白二羯磨，❷①重受六法兩年。也就是說凡是觸犯六法者，必要重新經過式叉摩那的階段，才可以成為正式的比丘尼。但此一制度在印度實行不嚴，在中國或許從沒實行過。

3.比丘戒

比丘戒的內容在各部的說法略有出入，但數目上大致相同，都說比丘戒有二百五十條。就內容來分，則比丘戒可分為八類、五篇、七聚、六果等，這是指八類條文、五等罪行、七項罪名及六種果報。這當中，八類、五篇、七聚三者頗有重覆，故僅就八類來說。至於六果，則是犯

---

❷⓪　式叉摩那六法，各律本所說的內容不一，今依《四分律》而說。

❷①　授戒的作法。白者表白，向大眾表白自己受戒的事。一白即讀一次那表白的文字。羯磨，譯作作業，即授戒作業之義，亦是一種表白授戒的文字。在表白之後，復由授戒師手上接過羯磨文，連續唱頌二回，以徵求同意，稱為二羯磨。

了這些戒律會入於六種不同的地獄,這一點在此也略而不談。

八類條文包含:

(1)四棄 (波羅夷 pārājika):四種應擯出教團的行為,指的就是犯了五戒中的前四種殺、盜、淫、妄四根本戒。

(2)十三僧殘(僧伽婆尸沙 saṃghāvaśeṣa):對十三種殘傷僧團淨法者,如情節較輕的男女不當行為或不聽勸誡之類的處罰規定,只能保留其教團成員的資格,然尚可依懺悔救濟。

(3)二不定法 (aniyata):二種沒有一定罪名的罪,可能是波羅夷、僧殘或者捨墮,依個案以定處罰的輕重。

(4)三十捨墮 (尼薩耆波逸提 naiḥsargikaprāyaścittika):三十種蓄取了不應蓄取之物,應捨給僧團,此戒係警惕因貪心而囤積無用的物品,因而助長生死之業,墮入三塗 (地獄、餓鬼、畜生)。

(5)九十單墮 (波逸提 prāyaścittika):九十種會墮入地獄的罪,但因無物可捨故名為單墮。

(6)四悔過法 (波羅提提舍尼 pratideśanīya):四種特定的戒條,犯過者應即面對一人告白悔過。

(7)一百應學 (尸沙迦羅尼 śikṣākaraṇīya,是突吉羅 duṣkṛta 的異名):一百種應學之法,這是指言語及行為上的小過失。

(8)七滅諍法 (saptādhikaraṇaśamathā dharmāḥ):七種止滅僧團四種諍議 (言、覓、犯、事諍) 的方法,以和合僧團。❷

---

❷ 《四分律行事鈔資持記》卷中云:「四諍是病,七滅是藥。⋯⋯(1)詳法是非,定理邪正,彼此諍言,遂成乖違,故名言諍。以現前、多人語二滅滅。(2)內有三根,伺覓前罪,舉來詣僧,遂生其諍,故名覓諍。以現前、憶念、不癡、罪處四滅滅。(3)具緣造境,違教作事,名之為犯,因評此犯而致紛紜,名為犯諍。以現前、自言、草覆三滅滅。(4)評他已起羯磨,彼此不和,遂生其諍,故名事諍。以一切滅滅。」見《大正藏》第40冊,頁258中。

4.比丘尼戒

比丘尼戒的數目，一說有五百戒，但依五種律本來看，數目都不到五百，中國佛教較為通行的《四分律》中，比丘尼戒有三百四十八條，與比丘戒一樣分為八類：八棄、十七殘、三十捨墮、一百七十八單墮、八悔過、一百應學、七滅諍法。比丘尼戒基本上即是以比丘戒為基礎，再加上當時印度傳統風俗習慣中對於女子行為舉止的要求，是以比丘尼戒中，當然會反映出當時印度婦女在社會中的行為準則以及社會地位。由此我們也可以知道佛教對於出家女眾的要求，的確要嚴於出家男眾。

第三目　菩薩戒

就戒律而言，菩薩戒的出現是在大乘菩薩思想興起之後的事。菩薩 (bodhisattva) 意為覺有情，這個「覺」包含自覺與覺他，所以覺有情就是上求佛道，下化眾生之有情，是故不論出家、在家，不論男女老幼，甚至是天人鬼神乃至畜牲，只要能行菩薩道，都可以是菩薩。菩薩道的主要內容是六波羅蜜 (pāramitā)，六波羅蜜為布施、持戒、忍辱、精進、禪定、智慧波羅蜜。「波羅蜜」意為「到彼岸」，六波羅蜜即是菩薩以布施等六種方式，實踐至極致，便可以渡到彼岸，獲得解脫。例如菩薩行布施波羅蜜，不捨身命，願布施一切與一切眾生；行忍辱波羅蜜，即便身受刀劍割截亦不起瞋恨；行精進波羅蜜為行一切波羅蜜所須之態度；而持戒、禪定及般若波羅蜜則分別相應於戒、定、慧三學。菩薩所持之戒，可說是六波羅蜜中的戒波羅蜜，但它是包含七眾所持戒而超越七眾的，因此菩薩所持之戒律稱為菩薩戒。

菩薩戒的內容簡單來說，即所謂的三聚淨戒：

1.**攝律儀戒**：持一切淨戒，無一淨戒不持。

2.**攝善法戒**：修一切善法，無一善法不修。

3.**饒益有情戒**：度一切眾生，無一眾生不度。

　　這三聚淨戒說來不像是禁戒的戒條,而更像是菩薩對自我願力之廣大、修行之深刻、行為之清淨的自我期許,它包含了一切自度度人的善法,此即含攝了四弘誓願:「眾生無邊誓願度,煩惱無邊誓願斷,法門無量誓願學,佛道無上誓願成」的精神,三戒等同前三誓願,而三戒之目的在於成就佛道,故又等於第四誓願。《梵網經》說菩薩戒:

　　　是諸佛之本源,菩薩之根本;是大乘諸佛子之根本。❷❸

這便說明菩薩戒為菩薩道之根本,是成佛之根本。因為菩薩戒不僅是指那些可數的戒法,如比丘的二百五十戒;菩薩戒更在意那不可數的,凡可以去除煩惱令得清淨的淨行。就菩薩戒而言,七眾戒法所有的固當遵守,但七眾戒法所無的,一切淨行律儀也皆在信守範圍之內。

　　菩薩戒雖建立在既有的戒律之上,然而傳統的戒律所重者在於「戒行」,菩薩戒的特色則在於「戒心」。戒行之目的在防止身口意惡業的發生,戒心則是淵源於「小小戒可捨」的傳統,為了慈悲眾生之故,在特定的狀況之下可捨戒行,因為戒律的持守,依照菩薩思想來看,絕不止於消極的止惡便罷了,發心受菩薩戒者,除了追求成佛之外,更要度化眾生,為了度化眾生不惜身命,甚至如地藏菩薩自願入於地獄。是故受菩薩戒者,不可為惡自是應然,但更得要積極地為善。而在善惡相雜的現世之中,某些惡事的造作,是一種不得已的手段,如果為了眾生而取走一位狂人的性命,就菩薩戒而言,當然還是會有殺生所招致的果報,但是為了拯救眾生的緣故,在這樣的兩難之際,菩薩會毅然地捨去戒行,情願己身遭受報應,也要救度眾生,故菩薩戒著重心意、動機上是否能夠信守三聚淨戒的大願。

　　所以菩薩的三聚淨戒,除了持一切淨戒之外,要修一切善法,更要

---

❷❸　《梵網經》,《大正藏》第 24 冊,頁 1004 中。

度一切眾生。持一切淨戒的最主要功能在於自利，因為不作惡業的直接受益者是自己；修一切善法則是自利之外還可利他，因為修行善法的功德既是利益自己，也是利益他人；至於度一切眾生則是純粹利益他人，眾生得度與否和我是否得度並無直接的關連，但是菩薩的發心、菩薩戒的精神，即是建基於利益一切眾生的誓願上，❷這是菩薩之所以為菩薩的原因，也是大乘之所以為大乘的理由。

三聚淨戒是菩薩戒的根本，若就具體的戒法（攝律儀戒）而言，菩薩戒最須嚴格遵守的有十條重戒，根據《梵網經》來說，即：(1)殺戒；(2)盜戒；(3)婬戒；(4)妄語戒；(5)酤酒戒；(6)說四眾過戒；(7)自讚毀他戒；(8)故慳戒；(9)故瞋戒；(10)謗三寶戒。❷

這十條重戒，是受菩薩戒者的性罪，違之即會退失本位，招致果報，墮於三惡道中。十條重戒的前五條同於五戒，這是七眾皆當持守的；第八條戒貪，第九條戒瞋，第六、七、十等三戒，共同點皆在戒毀謗，只是毀謗的對象不同而已。因為菩薩發心在於利益他人，不論毀謗對象是誰，皆會使人生起瞋恨之心，是以菩薩戒特別注意戒謗。

---

❷ 菩提心有二，一為「緣事菩提心」，以四弘誓願為體：(1)眾生無邊誓願度，是為饒益有情戒。(2)煩惱無盡誓願斷，是為攝律儀戒。(3)法門無量誓願學，是為攝善法戒。(4)佛道無上誓願成，由具足成就前三行願，而證得三身圓滿之菩提，亦更廣益一切眾生。二為「緣理菩提心」，指安住諸法寂滅的中道實相，而成上求佛道、下化眾生的願行。此二種菩提心相當世親《菩提心論》中的行願、勝義菩提心，但《菩提心論》另立「三摩地菩提心」，即與身口意三密相應之密教五部（佛部、金剛部、寶部、蓮華部、羯磨部）諸尊法的祕密觀法。又，《大乘起信論》舉三種菩提心，即：(1)「直心」，心常質直，離諸諂曲，能行正法，即是菩提之心。(2)「深心」，於正法心生深信，復樂修一切善行。(3)「大悲心」，悲愍一切受苦眾生，常思救護，令其安樂。

❷ 《梵網經》，《大正藏》第 24 冊，頁 1004 中～1005 上。

除此十條重戒之外，《梵網經》中尚有四十八輕戒，由於條目繁複，在此略而不談。

第二節　定　學

戒學乃是定學 (adhicitta) 的基礎，「由戒生定」這句話不是說，只要持戒必能生定；而是說，持守淨戒而修定學，這時所獲的定力，才不會是基於不良動機下而成就的邪定。

漢譯「定」，相應於此的梵文共有七種名稱：❷

1. 三摩呬多 (samāhita)，譯為等引。即遠離惛沉、掉舉（浮動），引發身心的平等安和之意。

2. 三摩地 (samādhi)，譯為等持，或音譯作三昧。即心安住一境而不動，即心平等攝持之意。

3. 三摩鉢底 (samāpatti)，譯為等至。謂修此定者，會有大光明現前，輕快殊勝，已至身心平等。

4. 馱那演那 (dhyāna)，譯為靜慮，或音譯作禪、禪那。謂澄神審慮、專思寂想，即鎮靜念慮（分別）之意。

5. 質多翼迦阿羯多羅 (cittaikāgratā)，譯為心一境性。謂攝心一境，策勵正勤而修習，即將心集中於一對象之意。

6. 奢摩他 (śamatha)，譯為止、正受。謂止息諸根惡不善法，能滅一切散亂煩惱，即離邪亂之想念，止心寂靜之意。

7. 現法樂住 (dṛṣṭadharmasukhavihāra)，謂修習禪定，離一切妄想，身心寂滅，現受法喜之樂而安住不動，即於現在世經由淨定、無漏定等享受定之法樂。

在上述七種定中，三摩地（等持）、質多翼迦阿羯多羅（心一境性）、奢

❷　見惠沼，《成唯識論了義燈》，《大正藏》第 43 冊，頁 753 中。

摩他（止）、現法樂住等四種都屬於有心定，三摩呬多（等引）、三摩鉢底（等至）、馱那演那（靜慮）通於有心及無心定。所謂有心定及無心定是就定之階段而言，有心定包含色界及無色界的四禪八定；無心定則唯有二種，即無想定及滅盡定。然而不論修定修至何種階段，都不算是進入涅槃寂滅的解脫境，這由世尊求道的過程來看是至為明顯的。

　　簡單來說，定就是心神集中的一種狀態，這種狀態是可以透過訓練而達到的，在印度的《吠陀》文化中，修定而與真理（或說與梵）相應，就稱為瑜伽 (yoga)，但是佛教認為單只修定，尚未足以證悟解脫或者涅槃的真理，所以定仍然只是解脫過程中的一個重要的手段而已。

第一項　修定的方式

　　修定的方法非常之多，只要是針對惛沉、掉舉，也就是針對心之散亂而加以攝持的方法，都可歸之於修定的方法。古來以五種觀法對治五類煩惱，名為五停心觀，南傳佛教的《清淨道論》則有四十業處的說法，說明修定所用的方法及觀想的對象，二者頗有相近之處。

第一目　五停心觀

1. **不淨觀** (aśubhāsmṛti)，藉由觀想自、他色身之不淨而息止貪欲之心。

2. **慈悲觀** (maitrīsmṛti)，觀想經由與樂拔苦而得之真正快樂，以對治瞋恚煩惱。

3. **緣起觀** (idaṃpratyayatāsmṛti)，又作因緣觀、觀緣觀。乃觀想順逆之十二緣起，以對治愚癡煩惱。

4. **界分別觀** (dhātuprabhedasmṛti)，又作界方便觀、析界觀、分析觀、無我觀。乃觀想十八界之諸法悉由地、水、火、風、空、識所和

合，以對治我執之障。

5.**數息觀** (ānāpānasmṛti)，又作安那般那觀、持息念。即計數自己之出息、入息，以對治散亂粗細之思惟，而令心念止持於一境，為散亂之眾生所修者。

五停心觀中，印順法師尤其提出不淨觀與持息觀，以此二者為攝心修定對治欲貪散亂的主要方法。❷

不淨觀的觀法有九想：⑴青瘀想，觀想死屍經過風吹日曬出現青瘀等相；⑵膿爛想，觀想死屍腐爛生蟲蛆之相；⑶蟲噉想，觀想蛆蟲、鳥獸之食屍；⑷膨脹想，觀想死屍之膨脹；⑸血塗想，觀想死屍之膿血溢塗；⑹壞爛想，又作想相蟲食，觀想皮肉之破裂、腐爛；⑺敗壞想，觀想皮肉爛盡，僅存筋骨，七零八落；⑻燒想，觀想死屍燒為灰燼；⑼骨想，觀想死屍成為一堆散亂之白骨。

不淨觀之九想的目的，在於破除對自我以及他人色相之貪執。心神散亂的因素絕大部分是由於欲念過多的緣故，欲念最先繫縛者，便在色身上，修不淨觀以離欲，這可以算是修定之初階。

修定的另一重要方法，即為持息觀，或稱數息觀，即專心一意於呼吸的出入而修定。不過雖說是「數息」，但數息觀所包括的內容，不僅僅是數息而已，其中又包含了其他五種方法，合稱為六妙法門：❷⑴數，數息從一至十以攝心；⑵隨，一心專注隨息出入，而不計數，直至心息相依；⑶止，凝寂其心，不依息或數，身心俱寂而不起雜念；⑷觀，於定中觀身心五蘊皆無自性；⑸還，還思能觀心之心非實，所觀之境亦空，而明境智俱泯、我法皆空之要；⑹淨，心無所著，息諸妄垢，斷惑證真。

若細論數息的方法，又有十六種觀法，稱為十六特勝(或十六勝行)：⑴念息短，心神粗雜散亂時，則呼吸短促；在短促呼吸中，集中心

---

❷　《成佛之道》，頁 202。

❷　參見智顗，《六妙法門》，《大正藏》第 46 冊，頁 549 上～555 下。

念，作意識分明之呼吸。

⑵念息長，集中心念，觀心微細而呼吸亦長。

⑶念息遍身，知身是空，作氣息出入全身毛孔之觀想。

⑷除身行，心意安靜，消除粗重之氣息。

⑸覺喜，心得到歡喜。

⑹覺樂，心喜則身體得到安樂。

⑺覺心行，知從喜心可能引起貪心之禍。

⑻除心行，即滅貪心，除這類粗雜之感受。

⑼覺心，除去粗受，覺知心知不浮沉。

⑽令心喜，心沉則令之振起生喜。

⑾令心攝，心浮則將之攝歸於靜。

⑿令心解脫，捨離心之浮沉而解脫。

⒀無常行，知心寂靜，諸行無常。

⒁斷行，知諸行無常而斷煩惱。

⒂離行，斷煩惱，生厭離心。

⒃滅行，厭離而得滅一切行。

　　十六特勝若以其對治的對象來分類的話，正好對應四念處。四念處乃指以身、受、心、念等四者為所觀之對象；觀「身」不淨，同前之不淨觀，由此進而觀「受」是苦，再觀能感諸受的「心」是無常，終觀諸「法」是空。若以十六特勝來說，前四對治氣息，故為身念處；其次四項對治感受，故為受念處；再四對治心識自身，則為心念處；末四對諸法空性，是為法念處。這四念處觀，說來是介於定學與慧學之間，如就其對治行者之亂心而言，是可以將之視為定學，若就獲得正智正見來說，則可歸為慧學。在此姑且將之歸為定學。

第二目　四十業處㉙(kammaṭṭāna)

1. **十遍處** (dasa kasiṇāni)，指地遍、水遍、火遍、風遍、青遍、黃遍、赤遍、白遍、光明遍、限定虛空遍。此法乃觀色等十法，各周遍一切處而無間隙，然後觀諸法皆是因緣假有，本性空寂。

2. **十不淨** (dasa asubhā)，指膨脹相、青瘀相、膿爛相、斷壞相、食殘相、散亂相、斬斫離散相、血塗相、蟲聚相、骸骨相。同五停心觀的不淨觀，用以對治貪欲。

3. **十隨念** (dasa anussatiyo)，指佛隨念、法隨念、僧隨念、戒隨念、捨隨念、天隨念、死隨念、身至念、安般念、寂止隨念。隨念為憶持不忘之意，故十隨念即念念以佛法僧等十法為依止。佛、法、僧是三寶；戒指戒律；捨是布施功德；天指行正信，命終當生諸天；死隨念是指專心思諸法空寂，起滅皆是幻化；身至念是專心思考色身是何者所為、從何處來、為誰所造、命終當生何處；安般念即專心繫念於息之出入，同五停心觀的數息觀；寂止隨念，止息一切心、意、想，恆專一心入於三昧，謂之寂止隨念。

4. **四梵住** (cattāro brahmavihārā)，指慈、悲、喜、捨，四心以各別對治瞋、害、嫉、慢等四心。

5. **四無色** (cattāro arūpā)，指思惟空無邊處、識無邊處、無所有處、非想非非想處等四無色界，滅除一切對外境之感受與思想的修行。

6. **食厭想** (āhāre paṭikkūlasaññā)，觀世間飲食由不淨之因緣而生，而想其不淨，藉由遠離對食物之貪著而統一精神。

7. **四界差別** (catudhātuvavatthāna)，觀人身由四界（四大）所成，由此而明一切非我、我非四大，由此而遠離我執及法執。近五停心觀的界分別觀。

㉙　參見楊郁文，《阿含要略》（臺北：東初出版社，1993年初版），頁205～207。

第二項　定的位階──九次第定

上述五停心觀與四十業處，都是修定的方式，其內容約略相同。以下則是論述入於定中之後，更加細微的精神鍛鍊之方式，甚至已不再止於是一種精神專一的方法，而是專一精神之後，內在精神世界建構之作用；其方式是透過對於心理內在細微之煩惱的消除（斷惑），進而展現精神離苦除惑後的圓滿自在之狀態（證真）。入定有深淺的區別，共可分為九個階段，稱為九次第定，其中又可分為有心定與無心定兩大類，有心定即為四禪八定等八種定境，屬無心定的則只有滅盡定一種，前八定境是屬於根本定，而滅盡是聖者才能證得的寂靜境界。

第一目　有心定

有心定包括四靜慮（四禪、四色界定）與四無色定，合為八定（八等至）。根據佛教的世界觀，世界由欲界、色界與無色界等三界構成的：一般有情眾生所居的世界，因為充滿了淫欲、情欲、色欲、食欲，故稱為欲界；欲界之上，存有遠離淫、食二欲，化生而成的有情眾生，以其仍然具有物質性（色），故此界稱為色界；色界之上，有唯有受、想、行、識四心而無物質之有情所住之世界，在這世界中是純粹的精神性的存有，此一世界稱為無色界。

1.四靜慮

四靜慮（四禪），尚停留於色界中，也就是尚受到物質的繫縛，故稱為四色界定。《俱舍論・分別定品》將四禪總分為三類、十八支（十八禪支）。❸ 三類，即指對治支、利益支、自性支三類。「對治支」指能用以對治（斷除），及由對治所達到之心理活動或狀態；「利益支」，則係進入

❸　見《大正藏》第29冊，頁146下～148上。

相應境界之主觀感受。上述一切活動及感受，均於心一境性之禪定狀態中進行，則稱之為「自性支」。

十八支，則指四禪各自所攝之對治、利益、自性支的內容數目之總合。如初禪 (prathamadhyāna) 雖已離欲界之惡不善法，而感受到脫離欲界「喜」、「樂」之利益支，但仍有尋（粗分別）、伺（細分別）之心理活動，尚須加以對治，故有對治尋、伺之對治支，有心一境性之自性支。至二禪 (dvitīyadhyāna) 時，尋、伺已斷滅，形成信根，稱為「內等淨」（對治支），由此所得之喜、樂，乃對此禪定自身之感受，故稱「定生喜、樂」（利益支）。三禪 (tṛtīyadhyāna) 捨去二禪之喜、樂，住於非苦非樂之「行捨」境地，以「正念」、「正知」（對治支）繼續修習而產生「離喜妙樂」（利益支）；四禪 (caturthadhyāna) 捨三禪之妙樂，稱為「捨清淨」，唯念修養功德，稱為「念清淨」（對治支），由此得非苦非樂之感受（利益支）。總上初禪所攝之五支、二禪所攝之四支、三禪所攝之五支、四禪所攝之四支，合為十八支，如下所列：

	初禪	二禪	三禪	四禪
對治支	尋、伺	內等淨	行捨、正念、正知	捨清淨、念清淨
利益支	喜、樂	定生喜、樂	離喜妙樂	非苦非樂之感受
自性支	心一境性	心一境性	心一境性	心一境性

上述四種靜慮，是為根本定。根本定的加行階段（即入門前之準備階段）稱為近分定。然初禪之近分定亦稱為未至定，故四禪各自的加行階段共有一未至定、三近分定（也可稱為四種近分定）。四禪本身則稱為四根本定。初禪之根本定仍有尋、伺之作用，故稱有尋有伺定。初禪之根本定與第二禪之近分定中間又有中間定，稱為無尋唯伺定（無尋而僅存伺）。第二禪之近分定以上則總稱無尋無伺定。至於入第四禪時，因已

脫離八災患（即尋、伺、苦、樂、憂、喜、出息、入息等八種能動亂禪定之災患），故稱第四禪為不動定。相對於此，四禪以下則稱有動定。

初禪		二禪		三禪		四禪	
未至定	根本定	近分定	根本定	近分定	根本定	近分定	根本定
有尋有伺	無尋唯伺	無　尋　無　伺					
有　動　定						不動定	

於初禪得滅除語言，二禪以上滅除尋（對事物的粗略思考）、伺（微細的思考作用），而四禪滅除憂、苦、喜、樂等諸受。又初禪無鼻、舌二識，二禪以上五識皆無。

2.四無色定

四無色定，即精神境界入於無色界，超越了物質，不再受到物質的束縛，滅除了一切對外境之感受與思想的修行，達到清淨無染、虛空靜寂之純粹精神境界：

(1)**空無邊處定** (ākāśānantyāyatana)，可滅除三種心識作用：一、與眼識和合之可見且有對象性的心識作用；二、與耳鼻舌身四識和合之不可見但有對象性的心識作用；三、與意識和合但不可見且不具對象性（無表色）的心識作用，而入無邊之虛空想，體驗空間之無限性。

(2)**識無邊處定** (vijñānānantyāyatana)，捨棄對外在空間的體驗，專以內在心識為緣，入於心識無邊之境界。

(3)**無所有處定** (ākiṃcanyāyatana)，捨去識無邊，滅除識想，安住於無所有之行相。

(4)**非想非非想處定** (naivasaṃjñānāsaṃjñāyatana)，又稱非有想非無想
　　處定，捨離無所有之行相，思惟非想（無粗想），進而捨非想，達
　　於非非想（有微細想）。

第二目　無心定

　　前面的四禪八定，即便到了最高的非想非非想處定，還是有細微的
心識；無心定則為滅除心、心所之定，它又分為無想定 (asaṃjñi-samāpatti)
與滅盡定 (nirodhasamāpatti)。凡夫及外道誤認無想定為入涅槃而修習之
定，實際上它是屬於第四禪；滅盡定則是佛與阿羅漢，滅盡六識心、心
所之禪定。

　　無想定為外道凡夫所得，滅盡定則為佛及阿羅漢遠離定障所得，即
以現法涅槃之勝解力而修入者。聖者遠離無所有處（四無色界的第三界）
之煩惱，其定之境地可喻為無餘涅槃 (nirupadhiśeṣanirvāṇa) 之寂靜；故為
入無心寂靜之樂者，乃依修此定，即可生無色界之第四有頂天（即非想
非非想天）。

　　不過滅盡定雖可比為無餘涅槃的寂靜境界，但畢竟不等於無餘涅槃。
因為縱使心神專一至於滅除一切心識、心所的滅盡定狀態，但是所謂「無
餘涅槃」，乃是徹底滅除一切煩惱，不再有任何一種由「意」所化之「意
生身」繼續生死輪迴，因而即使入滅盡定，生於無色界之有頂天，這仍
然是在三界之內，而未脫於三界之外，也就是並未達到絕對的解脫境界。
由此可知生死解脫，絕不可單憑修定可得，否則釋尊何必苦行修定之後，
毅然決然的將之棄捨，而於菩提樹下，尋求正覺證悟之大道，這便是慧
學之所以重要的理由了。

　　深刻的正定，由之可開發釋尊所闡釋的慧學，因為慧學的內容是在
說明世尊所證悟的諸法實相，如果沒有深刻的定力作為基礎，即便對慧
學有所知解，卻不能身心全然依之，不一會便被世俗的眾多雜念給排擠

掉了。故學定者，不可忘卻本來的目的，乃在開發智慧、了脫生死，反而執著依定力而來的神通力，甚至賣弄神通謀求名利供養，這不但是遺忘了如來本懷，更是犯了大妄語戒，修定者不可不戒。

第三節　慧　學

第一項　慧之名義

慧，prajñā，音譯「般若」，在漢譯佛典也有譯為「遠離」（《放光般若經》）、「明度」（《六度集經》）、「清淨」（《大品般若經》）的，而以譯為「智慧」最為常見，但也有單稱為智，或單稱為慧的時候。然而 prajñā 原文含有豐富的意涵，與中文的「智慧」一詞無法完全對譯，故漢譯經典之中，也常保留「般若」的譯音。

在佛教經典中，還有許多概念也被認為是慧的異名，❸ 例如：觀、思、見、智、方便、光明、覺、正見、正思惟、擇法等。在這些相近的概念，般若（prajñā，慧）、闍那（jñāna，智）及毘鉢舍那（vipaśyana，觀）三者，被認為是慧學中最重要的三個概念。智 (jñāna) 嚴格說來是慧的一種作用，它原是指了知、思惟而言，慧 (prajñā)，則是特別就了知一切諸法的正智而言，但經典中常常智慧合稱。至於觀 (vipaśyana) 則是修慧的方法，也是獲得智慧的原因，它是在定心之中，對於所對之境界，予以觀察、尋思，以如實知見諸法實相的方式。

與「慧」相近的概念很多，本節儘量簡要地加以解釋，因為這些都是慧學 (adhiprajñā) 的範圍。又因本章所說的慧學是特別就修行而言的，是以關於各種智慧的解說，以及從一般的俗智走向解脫正智的過程與方

---

❸　印順，《學佛三要》（臺北：正聞出版社，1992 年修訂 1 版），頁 160。

法，便是本節所要敘述的，而修習慧學所能獲得的清淨與果位，在這裡也要略加介紹。

第二項　慧之分類

第一目　二種慧

1.世間慧與出世間慧

世間慧是對世俗性、一般性的真理之了別認知，出世間慧是對解脫真理以及諸法實相的明見了悟。前者是不圓滿、會引生煩惱的智慧，後者則是由之可得解脫的圓滿智慧，故二者又稱為有漏慧與無漏慧。

2.般若與漚和（upāya，方便）

般若與方便，即所謂的事理二智、權實二智的對立，這在諸經論之中，有種種異名，在《維摩詰經》譯作「慧」與「方便」；《般若經》也稱為「道智」與「道種智」，唯識則稱為「根本智」與「後得智」；《佛性論》稱為「如理智」及「如量智」。上述二智都是聖者所具有的智慧，不同於一般世俗的智慧。其中「慧」、「實智」、「道智」、「如理智」、「根本智」等，指證知真如法性的智慧，是自證空性的智慧，而「方便」、「權智」、「道種智」、「如量智」、「後得智」等，則指覺照萬法、方便化他的智慧。二智的區分，指出聖者自證化、他兩個層面皆須兼顧，方才是具有智慧圓滿。

第二目　三智

1.生得慧、加行慧、無漏慧

「生得慧」是一切眾生與生俱來的認識、理解的能力，這種能力在生物之間有繁簡程度的不同，在人之間，則更因為後天的教育、啟發以

及文化的薰陶不同，也有不同程度的展現。「加行慧」和生得慧的啟發是不同的，它是依於對佛法的堅固信念，經過一番精誠的修持，而在清淨的心中所湧現出來的智慧，細分又可以分為聞、思、修三慧。「無漏慧」是指經由加行修持之後，所引發之斷煩惱、證真理的智慧，這也是慧學的最終目的。

2.聞所成慧、思所成慧、修所成慧

這三種智慧是屬於上述「加行慧」的範圍。聞所成慧是指聽聞佛法而生起的智慧；思所成慧是指由自己的思惟、抉擇法義而生起的智慧；修所成慧是依聞思所得的智慧，在定心中觀察、思惟諸法實相，藉由修習止觀而得的智慧。聞、思二慧固為修慧的因緣，但三慧之中，修慧才是真實可靠的，亦即智慧須由親身體證實踐，且須止觀雙運，才是真正的智慧。

3.根本無分別智、加行無分別智、後得無分別智

能夠證悟法性、如實知見諸法實相的智慧，稱為「根本無分別智」；能證此根本智的修行之善巧方便，稱為「加行無分別智」；證得根本智後所引發的，可以了了察照一切萬法的智慧，稱為「後得無分別智」。

4.世間智、出世間智、出世間上上智

「世間智」是指外道凡夫所具有的分別事相的能力，此智有執著世間之「常」的傾向。「出世間智」是指聲聞、緣覺等二乘聖者所具有的觀諸法無常、苦、空、非我的智慧，此智則有執世間之「斷」的傾向，是故二乘聖者重在捨離世間。「出世間上上智」則是大乘所獨具的智慧，它是超越二乘的智慧，故雖然出世，卻能掌握空有無礙的實相真理，不若二乘之只強調偏真的空寂。

5.一切智、道種智、一切種智

「一切智」，即了知「諸法即空」之智，因為聲聞、緣覺二乘捨離心切，故其能證此智，也常滯於此，故此智被視為二乘聖人所得之智。「道

種智」，又作道種慧、道相智，即了知一切諸法種種差別之道法；因為菩薩悲心深厚，「無量法門誓願學」，是以此智被目為菩薩之智。「一切種智」，又作一切智智，即通達法空相與種種差別相之智，不滯空有，且又空有圓融，悲智雙運，故此智被視為惟有諸佛可得的佛智。

6.文字般若、觀照般若、實相般若

隋代淨影寺慧遠之《大乘義章》，立三種般若，即「文字般若」、「觀照般若」、「實相般若」。「文字」雖非般若，但為能詮解般若之方便，又能令人生起般若，故稱「文字般若」。「觀照」，謂慧心能夠鑑別、了達諸法實相，此能觀之慧心即為般若，故稱觀照般若。「實相」，為觀照所知之境界，其體雖非般若，而能生起般若，故稱實相般若。總此三種般若，能觀為觀照般若，所觀為實相般若，資成之方便是為文字般若。❸

第三項　慧之實踐

第一目　修慧之方法──觀

在佛法之中，「止」、「觀」(vipaśyana) 常常並稱，但「止」的梵文是śamatha（奢摩他），是「定」的一種，在止觀的修習中，要先能止定心念，才能觀察諸法，是故須先修「止」，才能起「觀」。

在《阿含經》所觀的對象為：（五）蘊、（十二）處、（十八）界、（二十二）根、四諦、（十二）緣起。蘊、處、界、根等四項，總括起來，即為有情的身心（特別是「心」的部分）；四諦為苦、集、滅、道等四項真理；緣起則為無明、行、識等十二支緣起。這些所觀的內容，在本書的第三章〈緣起思想〉、第四章〈佛教的心識論〉及第七章〈佛教的二諦說〉都有詳細的論述，因而在此不再贅述。但我們可以指出，《阿含經》中觀

---

❸　慧遠撰，《大乘義章》，《大正藏》第 44 冊，頁 669 上。

法的特色，乃在藉由對於內外一切諸法的觀察，證悟諸行無常、諸法無我、一切行苦等三種法印，而以涅槃寂靜為終極追求之目標。

　　例如，觀五蘊，就是觀吾人身心乃為五類不同的物質及心理結構聚合而成，聚合之物必有其離散之際，由此可以明瞭身心之無常；而心靈亦由不同的心理元素所聚成，以此知心識之無我。觀處、界、根大致同此。至於四諦、十二因緣，這是佛學思想中，極其重要的理論，也是慧學觀法的主要對象，總的來說，不外是從不同的角度，來證成三（四）法印。

　　其實上述這些觀法，只是《阿含經》中的內容而已，除此之外，般若中觀學的空觀、瑜伽行派的唯識觀，乃至中國佛教天台之圓頓止觀、華嚴的法界觀，這些都是慧學觀法的進一步發展。也就是說，其實佛教義學，幾乎都可歸屬於慧學的部分，因為所謂慧學就是透過觀察一切萬法，包括自身以及外境的真如實相，經由對於萬法的正知，遠離顛倒妄想，去除無明，啟迪智慧，獲得解脫。然而慧學的部分涵蓋得太廣，所以在此我們僅略舉阿含觀法之一二，來說明慧學實踐方法的特色。

　　此外，還有一點必須加以說明的是，在定學中曾經提到的五停心觀與四念處，也都屬於觀法之一種，但是何以列為定學而不列在慧學之中？五停心觀是不淨、慈悲、緣起、界分別、數息，其中不淨、慈悲、數息三者，明顯是要調伏心念上的煩惱而設計的，至於緣起及界分別二者，在此也是重在破除心理上的執著；換言之，定學的目標重在破除心理性的紛擾與執著，而慧學的目標，則是在導正知見上的顛倒妄想，是以定學與慧學之間有所分別，但是就內容而言，定、慧二學的確會有部分重疊的現象。

第二目　修慧之次第──七清淨中之五清淨

　　依《清淨道論》來說，戒、定、慧三學，其實是一體的；若以樹為

喻，戒、定二學猶如樹根，慧學則為樹體，沒有根便不可能有樹的存在，是以戒、定二學成就了「戒淨」及「心淨」，是為慧根，慧學所成就的其餘五種清淨則為慧體。❸

慧學所成之五種清淨為：見清淨、度疑清淨、道非道智見清淨、行道智見清淨、智見清淨，分述如下：

1. **見清淨**：能夠深入地觀察名色（精神和物質），如實地知見名色之無常非我，了知一切諸法只是名色的和合，沒有人、我，不墮入常見或者斷見。

2. **度疑清淨**：確認名色所成的因緣，了知只有因果沒有作者與受者，超越三世因果的十六種疑惑，而達清淨。這十六種疑惑是：⑴我於過去世存在嗎？⑵我於過去世不存在嗎？⑶我於過去世是什麼？⑷我於過去世怎麼樣？⑸我於過去世從什麼變成什麼？⑹我於未來世存在嗎？⑺我於未來世不存在嗎？⑻我於未來世將是什麼？⑼我於未來世將怎麼樣？⑽我於未來世從什麼變成什麼？⑾我是存在的嗎？⑿我是不存在的嗎？⒀我是什麼？⒁我怎樣活？⒂我從何處來？⒃我將到何處？破除這十六種疑惑，認知一切只是因果相續而起的名色，諸法之中，並無真實的作者與受者。除此之外，度疑清淨乃指確知一切世間法的因果，此稱為得法住智，得法住智者，必定可以入於聖智，但本身尚不是聖智。

3. **道非道智見清淨**：以無常、苦、無我三相，思惟一切名色所成諸法，名色之雜染相為「非道」，名色之無常、苦、無我則為「道」，亦即明了世俗諦與聖義諦不受繫縛的智慧，是為道非道智見清淨。

4. **行道智見清淨**：這是以八種觀智觀無常、苦、無我，❹遠離一切

---

❸ 參見釋護法、陳水淵，《清淨道論導讀——涅槃的北二高》（臺南：法源中心，1988 年），頁 85～105。

❹ 八種觀智是：⑴生滅隨觀智——安住當下觀察諸法生滅；⑵壞隨觀智——觀察諸行唯是壞滅；⑶畏怖現起智——觀一切諸法之壞滅起大畏怖；⑷諸

雜染，再以第九種隨順智隨順菩提分法進入空、無相、無願三解脫門。

　　5.**智見清淨**：此為開始進入涅槃境界的聖智，細分的話，又可依四果來加以區分。

第三目　四果

　　佛教修行的果位，若依大乘來看可分為聲聞 (śrāvaka)、緣覺 (pratyek-abuddha)、菩薩 (bodhisattva)、佛 (buddha) 四個階位，❸但就原始佛教及部派佛教的果位來看，則只有須陀洹 (srotaāpanna)、斯陀含 (sakṛdāgāmin)、阿那含 (anāgāmin)、阿羅漢 (arhat) 四種：

　　1.**須陀洹（初果）**：意為「入流」，即入於聖者之流的意思，故此果又名入流果或預流果。得此果者最多須經七次輪迴，便可滅盡一切諸苦。此果斷盡三界見惑（觀念、思想上的迷惑）。

　　2.**斯陀含（二果）**：意為「一來」，故此果又名一來果，證此果的聖者，只須再經歷一次來往人天的輪迴，便可完全解脫。此果除斷三界見惑，又斷欲界思惑（一譯修惑，指感官肉體的迷惑）之一部，因此不再受生欲界。

　　3.**阿那含（三果）**：意為「不來」，即證此果者不受生欲界，而生於色界及無色界，於彼處得最終之涅槃。此果又名不來果或不還果。此果

過患隨觀智──見三界如火宅，一切充滿了危險；(5)厭離隨觀智──見三界如火宅，一心只想逃離；(6)欲解脫智──不留戀世間，唯願解脫；(7)審察隨觀智──把握無常、苦、無我三相，迅速脫離；(8)行捨智──捨離諸行，隨觀無常起無相解脫門；隨觀苦而生起無願解脫門；隨觀無我而生起空解脫門。此八種觀智前二主觀無常，三至五觀苦為主，餘則觀無我為主。又第八行智生起三解脫門，但第九隨順智才真正進入三解脫門。

❸　嚴格說來，聲聞、緣覺是就根器及得道的方法而言，聲聞是聞教得度，緣覺則指觀因緣而得度；菩薩則強調其上求佛道、下化眾生的悲心願力，而真正的解脫者只有佛。反倒是四果才較確切地描述修證之果位。

斷三界見惑及欲界思惑。

4.**阿羅漢（四果）**：意為「殺賊」，殺煩惱賊之意。證此果者滅盡一切煩惱，不再受生三界，解脫一切煩惱，入於不生不滅的涅槃境界。此果斷三界一切見惑及思惑。

進修書目

1. 印順，《成佛之道》，臺北：正聞出版社，1992 年修訂 1 版。

2. 印順，《學佛三要》，臺北：正聞出版社，1992 年修訂 1 版。

3. 釋聖嚴，《戒律學綱要》，臺北：法鼓文化事業公司，1998 年修訂版。

4. 《四分律》，《大正藏》第 22 冊。

5. 世親，《俱舍論·分別定品》，《大正藏》第 29 冊。

6. 智顗，《六妙法門》，《大正藏》第 46 冊。

7. 楊郁文，《阿含要略》，臺北：東初出版社，1993 年初版。

8. 釋護法、陳水淵，《清淨道論導讀——涅槃的北二高》，臺南：法源中心，1988 年。

9. 釋惠敏，《戒律與禪法》，臺北：法鼓文化事業公司，1999 年。

10. 菩提比丘編著，尋法比丘譯，《阿毘達摩概要精解》，高雄：派色文化出版社，1999 年。

11. 傑克·康菲爾德著，新雨編譯群譯，《當代南傳佛教大師》，臺北：圓明出版社，1997 年。

12. 釋昭慧，《律學今詮》，臺北：法界出版社，1999 年初版。

第十章　佛教的慈悲觀

第一節　慈悲的意涵

第一項　慈悲的語義

　　慈悲原為二個獨立的概念，最初佛教只強調慈，稍後才慈悲並稱，形成一個完整的概念。慈 maitrī（或 maitra），代表「朋友」或「親愛的人」；悲 karuṇā，意為「哀憐」、「溫柔」、「有情」。對於朋友，我們親愛對待；對不幸者，我們溫柔地予以哀憐。所以龍樹的《大智度論》對慈悲的定義，是從「朋友」之間的友愛與「哀憐」的悲憫這兩種含義衍生而來，他說：

> 慈名愛念眾生，當求安穩樂事以饒益之。悲名愍念眾生受五道中種種身苦、心苦。❶

慈就是愛護眾生的意思，所以常常謀求安穩快樂之事，希望能夠豐富饒益利濟眾生；悲就是憐憫眾生的意思，憐憫眾生輪迴於五道❷之中，受種種生理與心理之苦。龍樹在此以「愛」定義「慈」，以「憐」定義悲，

---

❶　見《大正藏》第 25 冊，頁 208 下。

❷　五道指地獄、餓鬼、畜牲、人道、天道，六道則加上修羅道。

而後他將慈悲的對象及範圍堅定地擴至一切眾生的身上，進而界定大慈大悲的含義，他說「大慈」就是與樂，「大悲」就是拔苦：

> 大慈與一切眾生樂，大悲拔一切眾生苦；大慈以喜樂因緣與眾生，大悲以離苦因緣與眾生。❸

因而慈悲的定義就是「拔苦與樂」。

第二項　慈悲的地位

慈悲在小乘佛教中，原為五停心觀❹之一，五停心觀是一種對治個人心性弱點的修行方法；慈悲觀是對治瞋恚心多之人，因為瞋恚心較強者，心中易充滿憤怒、不滿，修慈悲觀可以柔和其心，對治其性格上的缺點，因而可以避免瞋恚所帶來之無明過失。如果是悲憫心本來就很強的人，修慈悲觀則可能會加重他愛戀執著的心，因此慈悲觀並不是絕對的修行法門。

慈悲除了是修行的方法外，小乘佛教中也賦予慈悲某種咒力性格。《阿毘達磨大毘婆沙論》卷八十三：

> 住慈定者，刀、毒、水、火皆不能害，必無災橫而致命終。❺

這是相信慈悲具有某種神奇的力量，可以保護生命抵禦外敵，將慈悲的

---

❸　《大正藏》第 25 冊，頁 256 中。

❹　五停心觀為不淨觀 (aśubhāsmṛti)、慈悲觀 (maitrīsmṛti)、因緣觀 (idaṃpratyay-atāsmṛti)、界分別觀 (dhātuprabhedasmṛti)、數息觀 (ānāpānasmṛti)。

❺　見《大正藏》第 27 冊，頁 427 上。

力量予以神化，其背後則隱含了道德和福必須一致的預期。

《俱舍論》繼承福德一致的要求，在慈悲之外又加上喜捨，合此四德稱為四無量心。《俱舍論》卷二十九：

> 無量有四，一慈二悲三喜四捨。言無量者，無量有情為所緣故，引無量福故，感無量果故。❻

「無量有四」是指有慈、悲、喜、捨四種無量心；名之為「無量」是由於有情眾生其數無量，無量眾生作為慈、悲、喜、捨的對象，我們與一切眾生以喜樂——慈，拔除一切眾生的痛苦——悲，見一切眾生離苦心歡喜——喜，於一切眾生捨怨捨親心平等——捨，當我們以慈、悲、喜、捨面對一切眾生之際，便能感得無量的福德果報，因此稱此四心為四無量心。

四無量心原本是一種修行的法門，也是一種德性，到了佛陀崇拜的趨勢大興之際，大乘佛教為了區別凡夫的慈、悲、喜、捨與佛陀的慈、悲、喜、捨，以為慈、悲、喜、捨為共法，以佛陀之大慈、大悲、大喜、大捨為如來之不共法，南本《大般涅槃經》卷三十二：

> 善男子，大慈大悲名為佛性。何以故？大慈大悲常隨菩薩如影隨形，一切眾生必當得大慈大悲，是故說言一切眾生悉有佛性。大慈大悲名為佛性，佛性名為如來。大喜大捨名為佛性，……❼

經文中把大慈大悲比作佛的本性。為什麼呢？因為菩薩必有大慈大悲之心如影隨形地具存在心中，時時刻刻地與一切眾生樂，拔一切眾生苦，

---

❻　見《大正藏》第 29 冊，頁 150 中。

❼　見《大正藏》第 12 冊，頁 556 下。

而一切眾生也定當獲得大慈大悲之心，因為一切眾生皆有佛性。至於大喜大捨亦復如是。

此處經文的「佛性」有菩薩的佛性與眾生的佛性兩個不同層次的含義。菩薩的佛性是屬已證悟者所體現出如來的本質，眾生的佛性則是未證凡夫所尚未體現的如來的體性，一為實現狀態，一為潛能狀態。把慈、悲、喜、捨四無量心由修行法門的地位（四無量心其實歸納起來可以慈悲為代表），提升至菩薩與眾生的佛性的地位，而以這大慈大悲之實現，即為佛性的體現，這代表大乘佛教對於「慈悲」的重視，甚而大乘佛教認為證悟成佛的途徑，不透過「慈悲」的實踐則無以達成。

第三項　慈悲所預設的生命觀

佛家慈悲的對象是普及一切眾生的，同時也不論眾生與我關係為親、為中、為怨。所謂親、中、怨就是親近、普通以及我所怨恨之人。對於自己的親人，對於親近的朋友，我們很容易可以拔苦與樂，對以慈悲，但對中人或者怨敵，我們為什麼要慈悲？在許多情況之下，慈悲似乎並不那麼容易實踐。譬如常有人說：「對敵人慈悲，就是對自己殘酷」，「當你對加害人慈悲，對被害人可能就不慈悲」，「對牲畜慈悲可能就對牧者不慈悲」；利害之間本就彼此相互衝突。

然而慈悲精神的背後預設了另類不同的觀點，即佛家基本的緣起思想。據經典記載，❽世尊最初修道的動機，是源自於他對眾生之間彼此相殘的殘酷真相而起的。生長在宮中的世尊，一日出宮看見農人在烈日之下驅牛耕田，雖然疲累饑渴仍不得休息，而耕牛背負著牛軛被役使、被鞭打，從牛軛所壓傷的傷口與鞭笞的傷口上流下了鮮血，鮮血滴下土壤不久便長出蛆蟲；而被翻開的田土也暴露出種種小蟲，這些小蟲便成

---

❽　見《佛本行集經》，《大正藏》第 3 冊，頁 705 下～706 上。

為鳥類的食品。眾生彼此相殘相食的場面，令世尊感受到強烈的痛苦與悲憫，因為他由此領會到痛苦是一切眾生共同的經歷，為了離苦，世尊便引發了求道與解脫的想法。但世尊之求解脫，不只是為了自己，也為了一切眾生，因為眾生的痛苦與解脫，其實是休戚與共，因緣關連，因為世間眾生被一個無形的因果鎖鏈所束縛，不解開這一束縛，眾生便無由從痛苦之中獲得解脫。

再從因果輪迴的角度來看，眾生難以斬斷的因果關係除了眾生之相殘相食之外，還有的就是深植印度文化中的輪迴觀念。就輪迴觀念來說，眾生在生死的大海中不停地輪迴流轉，今日為父子的，昔日可能是怨敵；今日為仇敵者，來日可能轉生為父子；除了人類之外，一切眾生之間的因緣關係也是如此。所以佛家戒葷茹素，就是因為眾生在無窮的輪迴之中，彼此都曾經或者可能成為親屬，因此一切眾生都對我有恩；在這緣起的世界當中，「我」不停地隨著因緣變換身分，具有不同的思維，有不同的生命型態，所以依據緣起觀，所謂的「我」絕不是永恆的存在，這就是「無我的人生觀」。由緣起無我的人生觀，佛家要人互助，要人知恩報恩，也要人慈悲為懷地對待眾生。

第四項　慈悲的自利與利他

眾生緣起平等的觀念，促使慈悲精神的興起，在解脫道上，慈悲不僅是修行的法門之一，大乘佛教更認為慈悲就是佛性，因此慈悲便成為個人修行解脫的重要條件，甚至就大乘佛教而言是首要條件。然而在小乘佛教之中，慈悲的地位並不是那樣地具有絕對性的地位，在《阿含經》當中，一再為世尊所強調的是：「無常、苦、空、無我」的觀念，透過對「無常、苦、空、無我」的正知，凡夫便能「我生已盡，梵行已立，所作已作，不受後有」，證得阿羅漢，所以小乘佛教重視的是智慧。但是大

乘佛教認為，若只有智慧而沒有慈悲，那就會流於獨善其身，這樣而證悟解脫的阿羅漢只是獨覺的自了漢。

　　大乘佛教認為佛陀的精神，絕對不是教導眾生只為了自己的利益著想，不是只要自己得解脫就夠了。如果是這樣的話，如來便不會悲愍眾生；在他證道之後也不會教導眾生獲得解脫的途徑。因此自利不是如來的精神，慈悲利他才是如來的本懷。而且當自利與利他互相衝突之時，大乘佛教乃以利他為先，甚至還放棄自利的解脫，以實踐絕對的慈悲為目的。而原始佛教所強調的智慧解脫，反成為實踐慈悲救度的手段。《大智度論》卷二十七即說：

> 慈悲是佛道根本。所以者何？菩薩見眾生老病死苦、身苦、心苦、今世、後世苦等諸苦所惱，生大慈悲救如是苦，然後發心求阿耨多羅三藐三菩提；亦以大慈悲力故，於無量阿僧祇世生死中，心不厭沒，以大慈悲力故，久應得涅槃而不取證。以是故，一切諸佛法中，慈悲為大；若無大慈大悲，便早入涅槃。❾

　　正如我們上面所說的，慈悲在《大智度論》中被認為是佛道的根本，菩薩在觀察一切眾生生命當中的苦難，生起了大慈大悲之心想要令眾生解脫一切諸苦，為了要救眾生之苦，所以菩薩發心願得無上正等正覺（阿耨多羅三藐三菩提 anuttarasamyaksaṃbodhi），要以大智慧來實踐其大慈大悲。然後這發心菩薩在無量時空的生死輪迴大海之中，不論經過多少次輪迴，也不論轉生為何種生命型態，菩薩始終憶持不忘原本的一念慈悲，而且無怨無悔，心不懈怠；到了證悟之後，也因為慈悲眾生的緣故，早該證入涅槃卻不證入，情願隨著眾生在生死海中流轉輪迴。故說佛法當中，以慈悲為最大，若不是因為大慈大悲的緣故，菩薩早就入於涅槃，

---

❾　《大正藏》第 25 冊，頁 256 下。

獲取自身的極樂了，何必還要救度眾生？

第二節　慈悲與菩薩思想的關聯

大乘的興起等於慈悲思想的興起，慈悲思想的興起也等於說是菩薩思想的興起，因為慈悲就是菩薩的本質。但是大乘菩薩的觀念並未出現在《四部阿含經》中，在大乘經典出現之前，雖已有一批《本生經》專談本生菩薩的故事，但本生菩薩指的是世尊無數輪迴的前生，這些《本生經》的故事其實並不是佛陀所說的，❿而是後世基於對佛陀的崇拜，讚歎佛陀的願行所創作出來的。本生菩薩的故事很受庶民的歡迎與認同，這些故事滿足了崇拜者的心情，同時也表現了佛陀偉大的人格特質，同時也為大乘菩薩的興起預立了基礎。《本生經》中本生菩薩唯有一人，就是世尊，但是大乘經典中的菩薩則數目是無限的，於是大乘菩薩成為大乘修行者普遍的人格理想典範，從而逐步建立起大乘佛教以慈悲為中心的基本特質。

第一項　本生菩薩的慈悲

本生菩薩的慈悲，可說是以「布施」為核心，在《本生經》中屢屢讚歎佛陀在前生所行布施的功德，其中最著名的如捨身飼虎與割肉餵鷹的故事。⓫這些故事把慈悲的精神予以絕對化，連行布施者自己的生命，都可以毫不吝惜地捨棄，自己可以忍受生理與心理的一切痛苦。慈悲布施的絕對化，其實也是象徵對於「我」及「我所」的徹底揚棄，這可視

---

❿　見水野弘元著，許洋主譯，《印度的佛教》（臺北：法爾出版社，1988 年初版），頁 131。

⓫　見《菩薩本生鬘論》，《大正藏》第 3 冊，頁 332 中～334 上。

為佛陀「無我」精神在世俗人事上的具體表現。然而換個角度來看，那樣慈悲布施，連自己的妻子或者自己的生命都可以布施出去，而且僅僅是因為一念慈悲，並未對布施的後果，或者布施的利弊加以考量，顯然是不近人情，而且有些匪夷所思的。因此後世大乘經典對此必須予以說明，說明菩薩何以能夠行如此之慈悲布施，菩薩為何要如此行布施。

事實上，正如我們所說的，《本生經》故事的創作，乃是源自佛陀崇拜而來，因此把佛陀加以神化以顯揚其絕對的慈悲，這是崇拜對象神聖化的結果，所以讀者並不需要對本生故事的表面含義太過認真執著，乃至加以倣效。但是本生菩薩慈悲的行徑，令我們想到菩薩的慈悲，並不存在著任何界限，而且其背後也預設了眾生平等的觀念。沒有界限的慈悲，不惟今生或者來世，乃至無窮的來世，菩薩都要以慈悲對應眾生；眾生平等的慈悲，則不只對人慈悲，對猛虎飛鷹等非人的禽獸，也要平等地予以慈悲。因此菩薩的慈悲，絕對不是功利主義 (utilitarianism) 式的道德，也不是以人為本位的慈悲。

第二項　大乘菩薩的慈悲

布施的方式到了後世，被較細密地予以分辨，《大智度論》卷十四：「布施有三，一為財施，二為法施，三為無畏施。」❷財施就是財物的施與，就是救助貧苦；法施就是將佛法說與人知，以佛法度人之意；無畏施則是救人厄難，令人無所畏懼的意思。由此可知大乘菩薩慈悲布施的內容，已由財物逐漸轉向佛之教法，而以解脫為慈悲的最終目的。若以一句話來概括大乘菩薩的慈悲，則可以說大乘菩薩的慈悲就是悲智雙運的慈悲。

龍樹認為，慈悲是智慧的根本，《大智度論》卷二十：

---

❷　《大正藏》第 25 冊，頁 162 中。

　　大悲是一切諸佛菩薩功德之根本，是般若波羅蜜之母，諸佛之祖
　　母。菩薩以大悲心故，得般若波羅蜜。得般若波羅蜜故得作佛。❸

這是說，慈悲是般若波羅蜜 (prajñāpāramitā) 之母，而般若波羅蜜是諸佛
之母，故慈悲可說是諸佛的祖母。

　　六波羅蜜為布施、持戒、忍辱、精進、禪定、智慧（般若 prajñā）波
羅蜜。六波羅蜜是大乘菩薩修行解脫的法門，所謂的「波羅蜜」是梵文
pāramitā 的譯音，意為「到彼岸」。六波羅蜜即指六種可以渡過生死煩惱
大海到達清淨解脫之彼岸的法門。一般大乘思想是以般若波羅蜜為成佛
得度的最重要法門，其餘五種法門若不以智慧（般若）為本的話，則未
必能夠渡過生死海，但龍樹則更進一步論說，智慧的獲得乃以慈悲為本。
這即意謂，原本本生菩薩以布施為核心的慈悲觀，變成慈悲與智慧並重
之悲智雙運的慈悲觀。慈悲是智慧根本的意思，並不是否定智慧在解脫
上的重要性，而是就追求智慧的動機或者目的而說。智慧（般若）波羅
蜜是成佛的重要法門，然而成佛的動機與目的，即在於慈愍一切眾生，
以及想要救度一切眾生的一念慈悲上。所以彌勒菩薩說：

　　於所應作利有情事，策勵思惟方能修作，未能任性哀愍愛念。❹

　　因此，慈悲與智慧之於大乘菩薩而言，便如車之雙輪、鳥之雙翼，
缺一則不能運行自在，所以本生菩薩的故事中，那些徹底而絕對的布施，
便獲得了智慧作為其布施的規範，而不再是任意隨情的哀愍之情。換言
之，大乘菩薩的慈悲觀，已逐漸呈現其合理性的發展方向。
　　大乘菩薩慈悲的特質，除了慈悲對象的普遍性、無條件慈悲的絕對

---

❸　《大正藏》第 25 冊，頁 211 中。

❹　《瑜伽師地論》，《大正藏》第 30 冊，頁 554 上。

性，還有悲智雙運的合理性之外，大乘菩薩的慈悲所具有的最特別之特質，就是超越慈悲意識，也就是超越道德意識的慈悲。何謂超越慈悲意識、超越道德意識的慈悲？以佛家的話來說，就是三輪體空的慈悲——施者是空，受施者是空，所施物也是空。施者是空，因此不起傲慢，沒有能施者的優越感；受施者是空，因此對受施者沒有愛憎親疏之別，不會有差別待遇；所施物是空，因此不會吝惜所有的資財、眷戀自身的安樂或愛惜自己的身命。❶⑤大乘菩薩的慈悲，其實不只不是功利主義 (utilitarianism) 的道德，三輪體空的慈悲觀同樣也不是一種本務論 (deontology) 的道德律令，而是在洞察諸法無常、苦、空、無我之際，對於愚痴眾生所懷抱的具有智慧之光的偉大同情，這種同情並不興起革命式的激情，要求立即消除社會的不公和人民的不幸，大乘菩薩的慈悲是視生命如夢幻泡影，因悲憫眾生無明渾然不覺，所以要陪眾生入於生老病死的幻夢之中，同時在夢境中苦口婆心地喚醒眾生的慈悲，這樣的慈悲與其說是倫理學性質的慈悲，倒不如說是宗教性的慈悲，而其背後強烈預設了的空 (śūnya) 思想為基礎。

第三節　三種慈悲

慈有三緣，一緣眾生，二緣於法，三則無緣。……眾生緣者，緣於五陰，願與其樂，是名眾生緣。法緣者，緣於眾生所須之物而施與之，是名法緣。無緣者緣於如來，是名無緣。慈者多緣貧窮眾生。如來大師永離貧窮受第一樂。若緣眾生則不緣佛。法亦如

---

❶⑤　無著對三輪體空的慈悲做這樣的說明：「經云：菩薩應如是行布施，乃至相想亦不應著。此顯所捨之物，及所施眾生並能施者，於三處除著想心。」見《金剛經論釋》卷上，《大正藏》第 25 冊，頁 875 下。

是。以是義故，緣如來者名曰無緣。世尊！慈之所緣一切眾生，如父母、妻子、親屬，以是義故，名曰眾生緣。法緣者不見父母、妻子、親屬，見一切法皆從緣生，是名法緣。無緣者不住法相及眾生相，是名無緣。❶⑥

《大般涅槃經》這段話旨在說明，依三類因緣而有三種慈悲：眾生緣慈悲、法緣慈悲和無緣慈悲。三種慈悲說明慈悲的心理或者動機，當中最高者自然是無緣慈悲，因為無緣慈悲就是前面所說的三輪體空的慈悲，它是超越慈悲的慈悲。下面我們便一一敘述三種慈悲的內涵。

第一項　眾生緣慈悲

> 眾生緣者，緣於五陰願與其樂，是名眾生緣。……慈之所緣一切眾生，如父母、妻子、親屬，以是義故，名曰眾生緣。❶⑦

眾生具色受想行識等五陰，就眾生身（色陰）、心（受想行識四陰）兩方面來予以安樂，這叫做眾生慈悲。另外就眾生之間的關係，如父母、妻子、親屬等關係來行慈悲，這種局限於親疏關係的，也叫眾生緣慈悲。

　　眾生緣慈悲，可以說是基於「人之常情」而起的慈悲，儒家之「愛有等差」的思想，與之相近，儒者認為行仁須由親始，所謂「推己及人」的思惟方式與眾生緣慈悲的心理動機相似，然而也不能遽以論斷儒家之仁只侷限於眾生緣慈悲，例如孔子也說：「親親而仁民，仁民而愛物」，張載《西銘》也說：「民吾同胞，物吾與也」，這些都是儒家能夠擴充仁

---

❶⑥　《大正藏》第 12 冊，頁 694 下。
❶⑦　《大正藏》第 12 冊，頁 694 下。

愛之心超越家庭本位而普及眾生及萬物的例證。然而起於人之常情的慈悲或者仁愛，也極有可能會囿於「人情之私」，或者侷限於家庭本位，或者隨順個人好惡，而未能大公無私地予一切眾生樂，拔一切眾生苦，所以眾生緣慈悲很容易有其限制。

第二項　法緣慈悲

> 法緣者，緣於眾生所須之物而施與之，是名法緣。法緣者，不見父母、妻子、親屬，見一切法皆從緣生，是名法緣。**⑱**

眾生緣慈悲是給予能令眾生身心安樂之物，法緣慈悲則指給予眾生所需之物，其範圍超過身心安樂的要求，只要眾生所必須的，可以免除痛苦的，能得安樂之一切資具，都在法緣慈悲所布施給予的範圍。

法緣慈悲的思惟方式，並不是由「推己及人」或者「親親而仁民」，這種向外輻射的擴充實踐方式，實行這種慈悲者，心中並無父母、妻子、親屬等親疏之別，而是就「諸法緣生」的角度，視眾生平等無差，以一種無差別的態度來對眾生與樂拔苦。

「諸法緣生」的意思是指存在的一切諸事物以及生命，都由無限的因緣而起滅，一切存有彼此互為因緣、互成因果，在無限的因果輪迴之中，每一眾生在無限時空中，或為親子或為怨敵，然而不論親子或者怨敵，怨親之間仍有著一看不見的因緣纏繞彼此，所有的因緣乃支撐「存有」之為此時此刻之「存有」的條件。是以自因緣觀來看，怨親是平等地與「我」相關聯的；眾生不論是怨是親，對行法緣慈悲者而言，都須平等相對，不能有所差別。如果說眾生緣的慈悲，可歸屬一般人倫道德，

---

⑱　《大正藏》第 12 冊，頁 694 下。

那麼法緣慈悲就當歸於宗教性的道德。人倫道德的慈悲，有著親疏之別，是需要擴而充之的道德；宗教性的道德，則是本來就普及於一切眾生，是毋需等待推而廣之方能普遍化的道德。

第三項　無緣慈悲

> 無緣者緣於如來，是名無緣。慈者多緣貧窮眾生。如來大師永離貧窮受第一樂。……無緣者不住法相及眾生相，是名無緣。❶❾

相對於眾生緣慈悲與法緣慈悲之「有所緣」（有原因、條件）的慈悲，無緣慈悲就是「無所緣」（沒有原因、條件）的慈悲。一般慈悲的對象是貧窮眾生，對於貧窮眾生與樂拔苦稱之為慈悲；無緣慈悲其慈悲的對象乃是如來，但如來是覺悟者，永離貧窮痛苦，早登極樂之境，何以能夠與樂拔苦？沒錯！正因吾人不能對如來與樂拔苦，是以對如來行布施慈悲之時，實際上等於無任何慈悲可行，而眾生正是尚未證悟的如來，因此對眾生行慈悲時，也不可以說是在行慈悲。因此無緣慈悲，就是不執著於法相（存在的差別相）以及眾生的差別相，乃至不可存在慈悲的意識而行慈悲。所以我們說無緣慈悲是超越了慈悲、超越了道德的慈悲。

　　無緣慈悲既是放棄了慈悲的意識來行慈悲，故其必定會以三輪體空的慈悲精神，揚棄施者、受施者、所施物的分別來行慈悲。以無緣慈悲來行慈悲者，沒有施者的傲慢，去除了受施者的親疏分別，也不會吝惜所施之物，甚至連行慈悲這個行為都不存在於意識當中，這樣才是真正的無緣的慈悲。

　　眾生緣慈悲是一般人倫道德的慈悲，法緣慈悲是宗教性博愛的慈悲；

---

❶❾　《大正藏》第 12 冊，頁 694 下。

法緣慈悲雖是基於佛教緣起思想才有的慈悲，但是其結論尚止於宗教的
倫理要求的層次。無緣慈悲則是立基於佛教空觀的慈悲，無緣慈悲是唯
佛教才有的慈悲，是能施者與所施者自他不二、能所兩忘的慈悲，以無
所施而施、無所與而與的方式來行慈悲。就行為來說雖有所施與，就意
識上則完全泯除施者與受者的區別；但這卻也非口說慈悲而毫無所施的
偽善，而是以一種施受平等的態度來行慈悲。行慈悲者不覺在行慈悲，
他完全尊重受施者自身能覺的佛性，以平等的態度來對待眾生，就像《法
華經》中常不輕菩薩那樣，就算受到愚癡眾生的詬罵捶打，依然禮敬眾
生，稱其必當成佛。 ❷⓿

　　無緣慈悲的基礎，是由於觀察到諸法實相 (tattvalakṣaṇa)＝空 (śūn-
ya)＝如來 (tathāgata) 而起的慈悲。龍樹在《大智度論》中說：

> 無緣者，是慈但諸佛。何以故？諸佛心不住有為、無為性中，不
> 依止過去世、未來世、現在世。知諸緣不實顛倒虛誑故，心無所
> 緣。佛以眾生不知是法實相，往來五道，心著諸法分別取捨。以
> 是諸法實相智慧，令眾生得之，是名無緣。 ❷①

這裡肯定無緣慈悲是諸佛所具之慈悲，因為諸佛之心不住著於任何一法
之中，不論是由因緣造作而有生滅的有為法 (saṃskṛtadharma)，或者非因
緣造作而無生滅的無為法 (asaṃskṛtadharma)，也不論存在於過去、現在
或者未來的三世一切諸法；諸佛知道一切差別的諸法，皆因眾生不實顛
倒虛誑的執著方才顯現，因此諸佛心無所緣，毫不執著於差別對立。諸
佛真正的慈悲，並非救助眾生此時此刻的痛苦，而是要令眾生了解眾生
的痛苦是源於不知諸法實相，是由於無明而有輪迴五道的痛苦，是因為

---

❷⓿　見《妙法蓮華經‧常不輕菩薩品》，《大正藏》第 7 冊，頁 50 中～51 下。

❷①　《大正藏》第 12 冊，頁 209 下。

眾生心執著諸法差別，愛其所愛，恨其所恨，樂其所樂，苦其所苦，才會有這無窮無盡的痛苦。諸佛的慈悲，乃是要徹底解決眾生痛苦的根源，開啟眾生了知諸法實相的智慧，而實相＝空相，因此諸佛的慈悲又稱為無緣慈悲。

第四節　慈悲與空思想

第一項　慈悲的基礎

第一目　同情

　　眾生緣慈悲、法緣慈悲、無緣慈悲，三種慈悲的內涵雖然未盡相同，卻有相同的起源，皆源自對於眾生身受之苦的同情，這就像孟子所說的惻隱之心、不忍人之心一樣。所謂同情就是共同的情感，共同的意識，它可分為兩個層面來說，一是設身處地來想像眾生所受的痛苦，對其痛苦感同身受；另一則是思考自己也是眾生之一，現在即使尚未受苦，將來則也會有受苦的可能性，所謂「兔死狐悲，物傷其類」就是這個意思。

　　世尊追求解脫的動機，就是在觀察眾生相食相殘之時，先是敏銳地感受眾生所受的苦，然後思索出「痛苦是生命的本質」（眾生皆苦）這樣的結論。因此慈悲乃是源於對「生命就是痛苦」而興起的偉大的同情。

　　「同情」是否是人類所共有的自然情感，是否普遍地具存於一切人心之中？這對中國哲學而言，就是孟子性善論與荀子性惡論爭執的焦點。佛教事實上並未對「同情」是否是一先天道德情感進行討論，這就佛教的觀點而言，乃是極其自然的；因為佛教從世尊開始即對這類根源性的問題不感興趣，佛教只就現象本身而論現象，並不談現象之上的本體，

所以關於「同情」，也就不會超越現象來加以討論，更不會有「良知本體」
這類的概念出現。換言之，慈悲這種偉大的同情，乃是一種素樸的悲憫
之情，或許不是每個人都具有，但有偉大心量的人，自然能夠以其廣博
的心量，觀察到眾生的痛苦；心量越廣者，慈悲越廣，所能容納的痛苦
就越多，也就更願意對眾生與樂拔苦。

與慈悲相對的情感是麻木；麻木的人絲毫無法感受到他人所受的痛
苦，因此麻木之人無法行慈悲，甚至因為感受不到痛苦，所以可以對其
行殘酷之事。有些人雖可以感受到他人之苦，卻缺乏共同意識，無法對
他人之痛苦感同身受，反而殘酷地因他人之痛苦而感到快樂，這種人也
是無法行慈悲之人。因此我們可以說：沒有同情之人即無慈悲之人。

第二目　輪迴

輪迴思想是印度文化思想中一個極為重要的特色。在印度的思想家
之中，除了唯物論者外，沒有哪派哪教的思想不先行預設了輪迴思想為
其基礎，即使反對傳統婆羅門教思想的世尊，對於輪迴的觀念，可以說
是並未批判地加以接受。因為輪迴被認為是生命之中的事實，眾生相食
相殘，互相傾軋的痛苦不是一時出現而已，而是無始以來生命的本質即
是如此，個體生命所受的苦也並非一時、一世而已，而是只要輪迴多久，
就有多久的痛苦。

對於輪迴無限之苦的體認，加深了慈悲之心量，因為慈悲本就是面
對痛苦之時所興起之偉大的同情，當我們面對無可迴避並且是瀰天蓋地、
令人無所逃於天地之間的痛苦之時，如果他不逃避、不麻木，那麼他就
會具有廣大的慈悲之情。不過輪迴倒也不全然只有負面的意義，因為輪
迴雖使眾生受盡無窮痛苦，但來不及在這世得到解脫獲得正智的眾生，
在每一次輪迴之初，又重新得到解脫的曙光，又再次得到證悟的可能。
從這個觀點來看，佛教也可說是強烈的樂觀主義。故佛教雖以悲觀始，

卻以樂觀終。然而這其實不是佛教所獨具的特質，而是印度思想的共同特質。[22]

　　佛教的慈悲精神並不止於悲憫的情感而已，因為輪迴無限延伸了眾生苦痛的悲觀，與在無限來世中永遠不失解脫證悟可能的樂觀，這兩種層面的涵義同時具足於輪迴概念之中，所以前者的悲觀所引發的悲憫之情，於後者的樂觀中轉化為如何令眾生獲得正智解脫的慈悲行。因此，佛教的慈悲，便自同情的情緒中超拔出來；慈悲行者不再是以情緒去感受這些痛苦，而是運用智慧去觀察。慈悲行者不但能夠清楚感受到他人的痛苦，甚至比當事人都還清楚，也比當事人還清楚其痛苦的原因與根源，如此之慈悲行者，才真能適切地對應眾生，適當地與樂拔苦。

第三目　緣起性空的無我智慧

　　慈悲的另一個基礎則是緣起性空的無我智慧。同情心與輪迴觀，屬於印度文化宗教思想中的共同內容，並不能算是佛教的特質。達賴喇嘛說：「真正的慈悲，也稱為理智的愛。」[23]達賴喇嘛所說的理智，就是緣起性空的無我智慧。基於緣起性空的無我智慧，這才算是佛家真正的慈悲，也是諸佛的慈悲。

　　何謂緣起性空的無我智慧？諸法因緣而生，因緣而滅，其性本空，法無自性故稱為「法無我」，人無自性故稱為「人無我」。能夠體會人無我、法無我，就是不執著的智慧，不執著人（主體）及法（客體）之有無、生滅，以一種不著兩端的中道觀點來看這世界，不因有而喜，不因無而悲，不因死而悲，不因生而喜，隨時保持清淨不受煩惱、不為無明所蒙蔽的狀態。能觀諸法無我的智慧，必然已超越了悲喜之情，同時也

---

[22]　見 S. C. Chatterjee, D. M. Datta 著，李志夫譯，《印度哲學導論》（臺北：幼獅文化事業公司，1982 年 4 版），頁 14～15。

[23]　達賴喇嘛著，葉文可譯，《慈悲》（臺北：立緒出版社，1996 年初版），頁 51。

超越了人我以及物我的區別。在緣起法之中，一切存在的諸法，彼此相
依相待，並未有一法高於另一法，或者獨立於另一法之外而存在，因而
行慈悲者絕不優於受施者，二者與所施之物都是依於因緣而存在，所以
慈悲的行為一樣也是施者、受者、所施物三因緣所成的結果，慈悲本身
也是因緣所成，故慈悲本身也是緣起性空的存有。

以諸法畢竟空觀念來行慈悲，就是所謂的「無緣慈悲」。無緣慈悲是
佛教悲智雙運的慈悲，它已完全揚棄慈悲的道德意識，是依智慧而行的
慈悲。無緣慈悲是沒有任何悲情的慈悲；諸佛行無緣慈悲之時，雖憐憫
卻不哀傷，雖然同情卻不跟著哭泣。真正能行大慈悲普及於一切眾生者，
如果無法克服憐憫心所引發的哀傷，那他將如何抉擇判斷怎樣才真是對
眾生拔苦與樂？

慈悲眾生除了心量要廣大、要能體認眾生之苦外，還要具有智慧去
判斷，並要有勇氣去實行對待眾生的真正慈悲之行。但是愚痴的眾生，
卻不一定領情，就如同叫病童吃藥，病童只覺藥苦，未必明白藥能治病。
因此如何實踐慈悲，佛家的基本原則是以緣起性空、諸法無我為準繩，
以斷除生死輪迴為目的，以獲得正智解脫為宗旨。所以諸佛的慈悲，除
了憐恤貧窮眾生的痛苦，令鰥寡孤獨廢疾者皆有所養之外——那僅及於
眾生緣及法緣慈悲，諸佛的無緣慈悲是入於如夢、幻、泡、影，如露亦
如電的人生中，去喚醒每個眾生內在的佛性，使不受無明之苦，要眾生
開發自身的正智，透過自己的力量，得到真正的解脫。

第二項　慈悲與空思想的對立與調和

不過，諸佛依據緣起性空的無我智慧而來之無緣慈悲，在諸法空相
與慈悲之間，存在著某種實踐上的困難。《大智度論》說：

> 若諸法皆空則無眾生，誰可度者？是時悲心便弱。或時以眾生可
> 愍，於諸法空觀弱。若得方便力，於此二法等無偏黨，大悲心不
> 妨諸法實相，得諸法實相不妨大悲。生如是方便，是時入菩薩法
> 位，住阿鞞跋致地。❷

慈悲之實踐，若是空觀較強者，純從諸法空性的角度來看，以為眾生畢
竟是空的，是不真實的存在，如此一來便失去了慈悲救度的對象，既然
沒有救度的對象，悲憫之心頓時滅弱，以為慈悲是徒然之舉，是毫無意
義的行為。而悲憫之心強的，在憐憫眾生之時，易於受到感情的牽絆，
便難以保持緣起性空諸法無我的智慧。如果能夠悲智雙運，不偏任何一
邊，具慈悲心時不妨能觀諸法緣起實相的智慧，直觀諸法實相之際也不
妨大悲心的生起，這樣的話，便已經達到菩薩的位階，進入菩薩阿鞞跋
致 (avinivartanīya) 地 (不退轉地)，從此以後，不會退墮於生死輪迴之中。
　　就龍樹上面的話來看，悲智雙運是菩薩才能實現的慈悲，由此可見
其艱難的程度。但龍樹對悲智雙運的理想，也只舉出其困難處，並未提
出如何能夠使慈悲和觀空的智慧同時具存，因而對此我們有必要再加以
說明。
　　所謂「諸法皆空則無眾生」一句，顯示出一般人對於空觀常有的誤
解，以為空＝無＝不存在；事實上空是緣起有，也是指在特定時空因緣
條件下無實體性的存有，我們不能以諸法空性，就說諸法是不存在的，
最多只能因為諸法是在特定時空因緣條件下無實體性的存有，而稱諸法
為不實的假有。一般以「空」為「無」者，其實是一種虛無主義的想法，
「諸法皆空則無眾生」，被解為直接將眾生的存在取消，把眾生的存在視
為虛妄不實。若眾生完全不存在，不管是在過去、在現在或者在將來，
從未有任何眾生存在過，那麼關於眾生之苦當然也不存在，對眾生之慈

❷　《大正藏》第 12 冊，頁 264 上。

悲同樣也不存在。如此一來，不但慈悲是不需要的，甚至連一切諸法也都是沒有意義的，因為什麼東西都不存在。佛教的空思想，顯然並非主張這種虛無主義的斷滅論。

「諸法皆空則無眾生」有另一層意義：從現象的角度來說，一切諸法以及所有的眾生，都是現象有，但從究竟的角度來看，一切諸法除了現象之外，並無永恆的實體存在，因而說諸法及眾生是空，但這不否定現象性的存有，就像夢境醒時，夢頓成為假，但在夢之自身，仍有相對性的真實，而在夢中所感受歡喜悲欣也依然會觸動我們的心靈。我們不能因為生命的結局是「空」，便完全無視過程之「有」。

是以悲智雙運的第一步，便是要擺脫虛無主義的精神；其次則要正確認識空不礙有的緣起性空思想，因眾生之「有」而興起悲憫，因諸法之「空」而興起智慧，以慈悲為開端，以智慧為結局，以憐憫眾生的緣故，而求令眾生一齊渡過解脫的彼岸。悲智雙運的慈悲，不是隨著眾生執著於現象的得失，痴迷於人世的苦樂，而是要令眾生超脫生死的苦樂，要令眾生齊獲正智證悟諸法實相的慈悲。「我」也是眾生當中之一，故慈悲眾生也是對自我的慈悲，在自他不二當中，就如維摩詰居士所說：「以一眾生病是故我病。」㉕慈悲眾生令眾生證悟得解脫，就是令自己證悟得解脫；眾生不悟，自我也就不能證悟。所以地藏菩薩說：「地獄不空，誓不成佛。」㉖這二者正是大乘菩薩慈悲精神的極致表現，也是悲智雙運慈悲思想的結局。

㉕　《維摩詰所說經》，《大正藏》第 14 冊，頁 544 中。

㉖　《地藏菩薩本願經》云：「我今盡未來際，不可計劫，為是罪苦六道眾生廣設方便盡令解脫，而我自身方成佛道。」見《大正藏》第 13 冊，頁 778 中。

第五節　慈悲的培養與實踐

第一項　認識痛苦的本質

佛教把痛苦分為三種性質：苦苦 (duḥkhaduḥkhatā)、壞苦 (vipariṇā-maduḥkhatā)、行苦 (saṃskāraduḥkhatā)。三苦不只是性質不同，也有層次上的差別。苦苦 (duḥkhaduḥkhatā) 是指身心上所直接感受到的痛苦，譬如疾病、傷害、沮喪、憂鬱等。苦苦是任何人都會經歷到的痛苦，是最直接也最普遍的痛苦感受，但因為這些痛苦是最直接的，所以感受到痛苦的人，常常誤會痛苦只是感性層面的東西，只是一種生理自然反應，或者情緒性的心理反應。這樣的觀點把痛苦的內涵簡單化了。痛苦如果只是生理的自然反應而已，那麼使用麻醉藥、迷幻藥，或是縱欲狂歡，都應當是追求快樂的正當行為。而痛苦若只是情緒性的心理反應，麻木自己的情緒，閹割掉自己的感覺，對一切人、事都不加以關心、在意，那麼就應當是證悟涅槃了，但那樣的人和機械又有何不同？

或又有另一種看法。生理之外的痛苦既然是一種情緒，那麼痛苦和快樂本質都是相同的。我們或許不能完全去掉痛苦，但這也表示我們可以隨時追求快樂，只要儘量保有快樂，就可以儘量避免痛苦的情緒。這種對於痛苦的看法，可以說普遍為現代人所接受，所以現代人以追求快樂的方式來克服痛苦，當你心情陷於哀傷、憂愁、沮喪、不滿、憤怒等種種痛苦之時，你可以用娛樂、旅遊、購物、閒談等種種方式來沖淡你的痛苦。然而依照佛教的觀點，這些消除痛苦的方法，只是壓抑痛苦的感受，或者選擇逃避痛苦的手段，並未正視痛苦自身。

眾生是包含身心二方面的存有者，這是無庸置疑的，以佛教的名相

來說，身心即是色、受、想、行、識等五蘊的和合，因此，對於身心所受的痛苦，無可否認，但把痛苦的本質局限於生理及心理情緒層面，乃是不了解痛苦的真正本質。同時，若以為只要對治身心的痛苦，便能解決一切痛苦，這也是一種錯誤的見解。佛教認為除了苦苦這一身心直接感受到的痛苦，還有不是直接由身心感受到的壞苦，壞苦 (vipariṇā-maduḥkhatā) 是因快樂消逝或者變易而形成的痛苦。譬如愛別離苦、老病死苦、富者變貧窮、由愛變成不愛之苦，這類變易無常的痛苦都屬於壞苦。壞苦雖是引起苦苦的原因之一，例如老病死苦的過程，會產生生理的痛苦；富者變窮或愛變不愛也會產生心理情緒上的痛苦，但苦苦是指身心直接對痛苦的感受，壞苦則多了一個過程，是經過對於「無常」變易的體認之後所產生的痛苦，是透過生死、得失、喜悲、榮辱的變化，才產生的痛苦。因此若說苦苦是純感性的痛苦，那麼壞苦便是基於理智認知無常之後所產生的痛苦，故壞苦可說是一種理智所引發的痛苦。

苦苦與壞苦雖有層次之不同，但是一樣都指那些可以經過身心所感受到的實際痛苦，其中壞苦更可以是苦苦的原因。然而再深入追究壞苦的根源，則「無常」更是壞苦的原因。諸行無常，是佛教三法印之一，「無常」的確也是眾生都可以經歷到的一項經驗性的事實：一切都在改變；古人慨歎「是非成敗轉成空」、「浪花淘盡千古英雄」、「朝如青絲暮成雪」在在說明世事無常的事實。因此基於「諸行無常」法印，佛教在苦苦與壞苦之外，另立行苦，行苦 (saṃskāraduḥkhatā) 就是指就諸行無常這個客觀事實所引生的痛苦；行苦是其他諸苦的根本原因，也是痛苦的本質。

諸行無常的「行」(saṃskāra)，泛指一切因緣造作的事物，佛教認為所有的存在無不因緣而生，是以諸行便指一切的存在物。一切事物都有其局限性，是以「無常」。「無常」乃相對「常」而言，「常」在時間上指的是永恆，就狀態而言則是圓滿的狀態，所以「無常」就是不永恆與不

圓滿的狀態。在宗教上，既永恆又圓滿的唯有自立自存的全能上帝，可是佛教自始至終，一直都對這樣的上帝採否定的態度。連上帝都被否定了，那更意謂對「諸行無常」的確立。

「諸行無常」是佛陀觀察一切萬法之後所得到的結論，它被稱為法印，意謂這是佛陀所悟的真理，且為一切眾生修道過程中所能自行印證的準則。因此它是一種客觀的事實，而非主觀的痛苦感受。因為「諸行無常」乃是一切痛苦的根源，《阿含經》常說：「無常故苦」，便是這個意思。所以在苦苦與壞苦之外，另立行苦，正說明痛苦的本質即是無常。

「行苦」乃是完全超越主觀意識而論「苦」，「諸行無常」的「行苦」，其實就是存在的本質——變易、不永恆、不圓滿，同時這即是一切痛苦的最後根源。所以「行苦」的意涵就是：痛苦乃是一切存在的本質。一切眾生都是無常的，即使六道中的天人，當其福報享盡之時也要衰亡，也要落入輪迴。❷一切無情之物，一樣也是無常的，所不同者在於，有情眾生有苦苦及壞苦這些主觀的痛苦感受，而無情物卻只有無常之苦。無情物的無常之苦，和有情物的無常之苦，本質上完全相同，這便是「行苦」。

佛教對於痛苦的理解，不只注意到現象或者感受而已，「諸行無常」的行苦，透露了存在的本質即是痛苦——無常。通過此一具有普遍性的體悟，佛陀悲憫一切眾生，悲憫眾生生存在這無常的世間，以無常危脆的生命，去執著一樣無常的事物，引發了種種苦苦與壞苦，卻毫不明瞭如何去除這些痛苦，而只是飲鴆止渴地追求更多的快樂，卻總是引來了更多的痛苦。

但是嚴格來說苦苦與壞苦的根源，並不直接就是「諸行無常」的行

---

❷　天人報盡時，會出現五種衰亡的現象：衣服垢膩、頭上花萎、身體臭穢、腋下汗出、不樂本座（或說玉女離散），然後經歷死亡，再入輪迴。這五種現象即所謂的天人五衰。

苦，而是因為眾生無明，不了解「諸行無常」的客觀事實，強要執著，不肯放棄事物有常的妄想，所以才導致與主觀意願、感受相違的苦苦與壞苦。是以「諸行無常」不必然等於「苦」，而是當「諸行無常」與眾生的無明妄執相結合時，「行苦」便成為眾生苦苦與壞苦的根源了。

第二項　認識自他不二的緣起法

佛教的緣起思想，除了揭示「諸行無常」的認知，令吾人認識「苦」乃是一切眾生的共同處境之外，緣起思想也另有一個含義，即揭示了一切存有之間互相依賴、彼此依存的關係。而透視存有之間緣起相依的關係，這也是培養慈悲的另一個方法。

對於眾生皆苦的體會，其目的在於從同情心來培養慈悲。對於自他不二的緣起法的認識，則著重就智慧面來培養慈悲。同情心的深廣一半是與生俱來的，一半則有賴後天的教導。如果觀察幼童的行為，我們可以看到，每個幼童都有不同的氣質，也表現出不同的行為；有些孩童就像世尊幼時一樣，會愛惜弱小，但有些孩童，則會捉弄、虐待動物，但只要經過教導，教導以同理心去設想這些被凌虐動物所受的痛苦，幾乎每個孩童都會興起不忍及慈悲之心。

緣起相依思想對眾生的教育意義，即在透過了解眾生彼此相依相存，任一眾生都對吾人有長養的恩德，有扶助的恩惠，所以眾生就像我的父母、我的兄弟、我的姐妹、我的親人、我的朋友一樣，其實不只眾生與我的關係是如此，天地宇宙間的萬物，都是「我」出生之緣起條件，所以我們不但要愛護眾生，對無情萬物也應充滿感激之情。

對天地萬物皆懷感恩之心，對一切眾生視若我之父母親人，如此則必當理解推己及人的道理；因為每個人最親愛的就是自己的父母，對其他人或者我們會以為是不相干的，是沒有關係的，但對父母卻沒有人會

願意讓自己父母受苦，而不願令得安樂。如若有那種極端唯我論的個人主義者，連父母和自己的關連都不重視，那麼緣起思想也可如此推演：天地萬物乃是「我」之為「我」的因緣條件，所以一切眾生便如我的手足，我的眼目，我的肝膽，沒有人可以離開其他存有而獨立存在。眾生沒有父精母血，沒有陽光、空氣、水，就不會有生命；寒帶的住民如果沒有動物的皮毛乳酪，便要受到飢寒；世人沒有植物穀類則大半會餓死。一切諸法萬有之間的存滅是相互關連的，由此可知，當我們在殘害萬物傷害眾生之際，其實也等於在傷害自我。眾生之所以不覺如此，乃因為眾生都只注意到狹隘的個我，不能以萬物互為緣起的觀念來觀照萬物。

　　一旦我們真能如此地觀照萬物，我們便可放棄個人的自我本位，認識到自我和他人其實是一體的、自他是不二的，所以我們有可能以一種「無我」的心態，捨棄自身的利益而去謀求他人的福樂。因為「我」被解消了，只存在於一無盡的緣起脈絡中，大乘菩薩所以不求個人解脫，是因為真正的解脫只有當一切眾生都解脫之時，才能實現。這正是地藏菩薩立誓：「地獄不空，誓不成佛」的真實涵意。

　　實踐大乘菩薩慈悲的最大難關在於破除「我執」，這包括兩個層面，一是對自我的執著，另一則是由之衍生而來的對「我之所有」的執著。自他不二的緣起法破除了自我的局限性，把小我轉換為大我，但是也可能形成因為認為一切萬物是我，而對於一切事物的貪執眷戀，變成更大的我執。所以「無我」觀要和「無常」觀結合起來，因此龍樹才說，慈悲要和空觀平等運用，方不會悲心太過或者悲心不足。

第三項　無我的慈悲觀

　　透過痛苦的認知體悟，吾人培養了慈悲的同情心理；同情不只對於親人，還要擴及於一切眾生。❷然而同情眾生只是實踐慈悲之基礎；至

於從緣起法領悟到自他不二、眾生一體的事實，則是在理智上說明了必須慈悲眾生的理由。在實踐慈悲行的過程中，最難的還是要去除以自我為中心的我執。

　　大乘菩薩的慈悲，是無緣慈悲，我們不可抱著以「我」為中心的意識來行慈悲、同情心，或者打破自他分別形成另一個大我，這兩種觀念都還是「有所緣」（有條件）的；而且，若是基於「我」而須慈愛「我」之所有的父母、手足這樣的意識型態來實踐慈悲，如此則變成以「泛我」為基礎的慈悲。大乘菩薩的無緣慈悲，必是絕對無我的慈悲。

　　無我的慈悲除了要打破人我的區隔，以怨親平等乃至眾生平等的態度來實踐慈悲之外，無我的慈悲，還必須以三輪體空的精神來實踐慈悲，無施者，無受者，無所施物，也就是說慈悲的菩薩，必須完全拋棄慈悲的觀念及意識，以超越慈悲之方式來行慈悲。畢竟菩薩慈悲眾生的最終目標，並非只為了眾生去除主觀的苦苦與壞苦等感受，而在為眾生拔除最究竟之行苦，給予眾生至上的涅槃之樂。

　　不過此一究竟慈悲的實踐，依然有其實際上的難題：超越慈悲意識的慈悲，既然不以去除眾生主觀的苦苦與壞苦等感受為最後目的，便會造成慈悲行者與無明的受施者心意上的衝突。例如慈悲行者知道飲鴆不能止渴，但饑渴的無明之人，卻只求暫解饑渴之苦，那管得了所飲的是毒藥還是清泉。對於一般凡夫而言，菩薩的究竟慈悲，是種玄想性的慈悲，凡夫認為菩薩如果有能力但又不去除眾生所受的苦苦與壞苦這些主觀的痛苦，菩薩的慈悲就不是真慈悲。無怪乎有人批評大乘佛教的願力雖高，但實踐力卻弱，便是由此之故。

　　但是反過來想，菩薩的慈悲若是以去除眾生主觀的痛苦為目的，那麼菩薩所應修行、所應追求的便不是智慧，而該是神通；因為無限神通

❷　因為眾生才有苦苦及壞苦，無情木石並無此二苦，所以我們並不慈悲對待木石。

力，才能滿足眾生的心願，才能有求必應，立即解除眾生身受之苦。如果菩薩的慈悲是這種慈悲的話，那佛教便不再是佛教，而是比其他神教還要萬能的神教。這同時也否定了佛教所主張的因緣法，破壞了因果報應的基本律則。但畢竟一般人多是凡夫，所以大乘菩薩的究竟慈悲因而常常隱而未顯，對菩薩的信仰則常淪於一般功能性的信仰，信者所追求的不是究竟解脫，而是現世生活的救濟。行慈悲者也往往只著眼於拯救眼前身心之苦，未能對大乘菩薩的慈悲作進一層的體認與實踐。

進修書目

1. 龍樹造，鳩摩羅什譯，《大智度論》卷二十，《大正藏》第 25 冊。

2. 《六度集經》，《大正藏》第 3 冊。

3. 寂天造，釋如石譯，《入菩薩行譯注》，臺北：藏海出版社，1995 年 3 版。

4. 明昆三藏持者大長老著，敬法比丘譯，《南傳菩薩道》（上）、（下），高雄：正覺學會，1999 年初版。

5. 印順，《學佛三要》，臺北：正聞出版社，1992 年修訂 1 版。

6. 中村元著，江支地譯，《慈悲》，臺北：東大圖書公司，1997 年初版。

7. 十四世達賴喇嘛著，葉文可譯，《慈悲》，臺北：立緒出版社，1996 年初版。

8. 水野弘元著，許洋主譯，《印度的佛教》，臺北：法爾出版社，1988 年初版。

9. 釋昭慧，《佛教倫理學》，臺北：法界出版社，1995 年初版。

10. 李明芳，《大乘佛教倫理思想研究》，高雄：佛光出版社，1989 年初版。

第十一章　生死智慧與終極關懷

第一節　一般的生死觀

　　生死問題是一切宗教的大問題。吾人因何有生？為何有死？在生之前，在死之後，吾人存在嗎？還是並不存在？這些問題並不是只有宗教家或者宗教信徒才會追問的，而是只要目睹過死亡之人，在他內心的深處，都會不由自主地興起種種關於生死的諸般疑問。相傳釋迦牟尼佛出家的因緣之一，便是當其為悉達多太子時出遊，親眼目睹老病死的現象而引發。❶

　　悉達多第一次看到死亡與葬禮，死亡的現象大大地震動了他的心靈，因為「死亡」就是離開人世，無論父母、親人都無法再見到死者，而死者也無法再見父母、親人。讓我們想像一下躺在墓地的死者，孤零零地一個人處在他的棺木之中，至親至愛的人，在喪禮結束之後，就算再留戀，遲早也會離去，所有的生者都要去過他們人世間的生活，有陽光，有活力，有喜，有悲的生活；只有那棺中之人，一個人被留在墓穴的棺木之中，身上布滿細菌，爬滿蟲蟻，流出膿汁，化為枯骨。印度以火葬為主，火葬雖沒土葬那般令人對於地底幽冥產生想像與畏懼，但喪禮結束之後，生者與死者一樣陰陽兩隔，再也見不到彼此了，因此，死亡最可怕之處就是生者與死者註定要被隔絕的孤獨。

　　由他人之死亡，悉達多進而思考到自己至親至愛之人的死亡，乃至

❶　見《佛本行集經》，《大正藏》第 3 冊，頁 719 下～721 上、722 上～723 上。

自身的死亡。凡人終有一死，既然要死，何必有生？生死問題深深地衝擊了悉達多的心靈，同時也形成了他走上追求解脫之道的重要原因。

死亡是無可避免的，而生在世間，彷彿也是無可選擇的。而在生前死後，究竟是怎樣的世界，或者會有怎樣的境遇，這問題吸引千古以來眾生的心靈。一般人對生前死後世界之遐想，大體不出以活著的現世為基礎，多數人總是想像死後仍有死後的生命，這死後的生命即所謂的靈魂。而靈魂如何在另一個世界過活，另一世界的景況又是如何，則隨著不同的種族、文化、宗教而有不同的說法。對於相信有死後生命者，我們泛稱為「有靈論者」，其對於生死的觀點則稱為「有靈論之生死觀」；相對於此，不信有死後生命者的觀點，則稱之為「無靈論之生死觀」。

第一項　有靈論之生死觀

有靈論就一般大眾而言是被普遍接受的一種觀念，無靈論觀念的信仰者，相對來說是極為少數的，這或許是導源於對絕對死亡、徹底虛無的恐懼，轉而為對死後世界的一種情感性的期待。而後透過宗教的詮釋、生命經驗的體驗與反省，例如夢境、記憶、個人先天的差異以及其他心靈與意識的神祕經驗，遂漸認為心靈是獨立於身體之上的存在，以為心靈可以在肉體死亡之後繼續存在，這便是靈魂不滅的觀念。靈魂繼續存在的方式大致有兩類，一為輪迴轉生；一為靈魂生活在另一世界，這世界完全不同於人間，就其所受苦樂不同，而名為天堂或地獄。不過這兩類觀念並不相扞挌，反而有互補之功。

第一目　輪迴轉生

轉生與輪迴 (saṃsāra)，實際上並非完全相同的概念，❷但基本上二

❷　「轉生是靈魂從一個活體轉移到其他的活體，相對於此，輪迴則是重複生

種觀念都須以靈魂不滅為立論的前提。「轉生」思想源自太陽崇拜，可以埃及為代表，「輪迴」則源自印度，❸其相異處在於「轉生」沒有「輪迴」那種生死往復、不斷流轉的特質；而「輪迴」不像「轉生」那樣強烈「人本位」的立場。就輪迴觀而言，一切眾生靈魂的本質是相同的，生而為那類眾生，是依個人在生前所造的業 (karman) 而定，而今生生命中的業，又決定下一生的輪迴境遇，因此輪迴是沒有終止的，除非你得到了最究竟的解脫。「轉生」則指人死後靈魂化身別的生物，而且所化身的生物通常會具有飛翔特質，例如化身為鳥，如此方能飛向太陽，與太陽神在一起，而且這也符合靈魂飄渺不定的想像，古代的埃及人便持這種看法。❹

　　「轉生」意謂靈魂在肉體死亡之後所具有的另一種存在型式，凡是死者，他的靈魂會以另外一種生命型式繼續存續下去。轉生是人死後都會呈現的普遍情況，不會有因個人的行為而喪失轉生權利這樣的情形發生，它不像「輪迴」觀念，預設了「業報」這種倫理思想，可以說是呈現了一種極為樂天的生死觀；反過來說，這意謂「轉生」觀念尚未與嚴肅的道德觀念有所牽涉。

　　輪迴觀念始於印度《梵書》(brāhmaṇa) 時期，但至《奧義書》(upaniṣad) 時期方始完備。《百段梵書》云：

> 為善者當受善生，為惡者當受惡生，依淨行而淨，依污行而污。❺

死，意味著『像火輪的旋轉』一樣沒有止息的時候，與『流轉』的意義相同。可是，這兩者經常被人混淆，認為起源於印度的『輪迴』與緣起於古代太陽崇拜的『轉生』是同一回事。」參見石上玄一郎著，吳村山譯，《輪迴與轉生》（臺北：東大圖書公司，1997 年初版），頁 20。

❸　希臘的畢達哥拉斯 (Pythagoras) 也主張輪迴說，據說也是受到印度的影響。

❹　《輪迴與轉生》，頁 77～78。

❺　間引自高楠順次郎、木村泰賢著，高觀廬譯，《印度哲學宗教史》（臺北：臺灣商務印書館，1983 年臺 4 版），頁 223。

輪迴思想與善惡道德結合在一起，這是輪迴思想的基本特徵。《梵書》時期對於靈魂所輪迴的境界，如後世所謂的六道，那時尚未完整建立起來；關於靈魂如何從輪迴中解脫的問題，也還不明瞭。不過從輪迴思想興起之後，「輪迴」便逐漸被接受而成為印度之生活與文化思想的一個普遍的共識，在印度傳統的思想家中，除了順世派 (cārvāka) 這類的唯物論者外，大都站在輪迴思想的基礎來談生死問題。

《奧義書》的輪迴思想有兩個不同階段，❻一是《吠陀》時代，認為人死後靈魂會生於另一世界的想法結合而成的「五火二道」。關於這個說法，我們稍後再談。另一個說法，則是指靈魂❼在此世的生命結束之後的境況：

> 死亡時，自我 (ātman) 聚集其自身內的知覺與機能，而死後，其先前的知識、所為經驗伴隨。死亡時肉體毀壞只是為了在此世或另一世界重建一個新的、美的形體。❽

是以從輪迴的觀點來看，生與死是不斷循環的歷程。印度人認為處於輪迴的生命都是不完美的，因此我們不必先對輪迴觀所預設的「靈魂不滅」感到高興，正因為靈魂是永恆不滅的，所以，在不完美的世界中，以同樣不完美的生命型態，接受永恆的輪迴，正表示眾生所遭逢的痛苦也是無限的。

為何眾生的生命是不完美的？因為生命與輪迴的動力，即來自眾生的意欲與意欲所展現的行為，這些意欲與行為所造成的一切影響，不論

---

❻ 參見 S. Dasgupta 著，林煌洲譯，《印度哲學史 1》（臺北：國立編譯館，1996 年初版），頁 76～80。

❼ 印度哲學稱此為 ātman，意為「自我」。

❽ 《印度哲學史 1》，頁 78。

是可見或不可見，就叫做業 (karman)。眾生的意欲大多是盲目的，以盲目的意欲指導行為，造成了眾生諸多苦難；這盲目的意欲，又可稱為無明 (avidyā)。無明是生命之盲目衝動，也是輪迴的原因，因此想要擺脫輪迴無窮的生死之苦，那便只有去除無明一途。印度人普遍相信，每個眾生的靈魂──自我 (ātman)，來自於梵 (brahman)；梵是宇宙的創造者，是萬物的根源，祂是全知全能的上帝，眾生的自我 (ātman) 也來自於梵，本質也與梵相同，但因為無明的緣故，自我與梵分離，因此不再具有與梵相同的全知全能，同時陷入生死輪迴之中而不自覺。因此所謂「解脫」，就是自我能夠回到梵，達到梵我合一的狀態。對大部分印度人而言，梵我合一乃是人生與宗教上的終極目標。

第二目　地獄、天堂的來世觀

與轉生及輪迴略有不同的生死觀，即是死後靈魂會居住於一定的住所的來世觀，而居住的處所則依個人生前的善惡來決定，為善者生於天堂，為惡者入於地獄。生天堂者得永恆之至樂，生地獄者受無盡痛苦之折磨，天堂與地獄遂為死後靈魂之最後歸宿。

這類的想法，是結合道德觀念而形成的來世觀；賞善罰惡相符合，正義若是不能在今世獲得，也要在來世實現的要求，而地獄天堂這類的看法，在世界各種民族及宗教上，都是極為普遍存在的。前面我們曾經提及印度「五火二道」之說，這個說法是傳統的天堂地獄與輪迴思想結合的另一種型式。「五火」指的是人死後所經歷的五個輪迴階段：⑴人死火葬，靈魂先進入月亮；⑵然後變成雨；⑶雨下到地上變成食物；⑷食物被吃變成精子；⑸精子進入母胎而後出生。五火之道即是輪迴之道，也稱為「祖道」(pitṛyāṇa)，相對於此的解脫之道，即所謂的「神道」(de-vayāna)，它是指人死後靈魂進入梵 (brahman) 中，梵我合而為一，不再輪迴於生死之際；故祖道及天道即所謂的「二道」。❾

佛教就形式而言，也出現過類似的來世觀，例如六道輪迴便近於此處的祖道，極樂淨土便近於神道。然而佛教的觀點與婆羅門教的二道說仍存在著絕大的差異，其一，佛教反對不朽的靈魂，不變的自我；其二，佛教的極樂淨土乃是朝向最後解脫的中途站而非終點站，淨土不等於最後解脫；其三，佛教反對像「梵」這樣的宇宙創造主或者宇宙本體。因此我們無法將佛教的觀點定位為「有靈論之生死觀」。

第二項　無靈論之生死觀

相對於「有靈論」，認為肉體死亡之後並不存在任何獨立於肉體的精神體，這種觀點我們姑且稱之為無靈論。主張無靈論者，大致上都是基於唯物論 (materialism) 的觀點，認為物質性的肉體就是生命的全部，就如同機械一樣，機械之能活動與否，關係在於機件結構是否正常，如果機械故障，便不能運作，就如同死亡一般。然而這種唯物主義的機械論 (mechanism)，很容易引起一項質疑：沒有意識之物質如何能產生意識之活動？「意識」，尤其是「自我意識」的存在，至少是每個活著的人類所不可否認的事實，而意識存在與否正是生者與死者的一項重大區別；就如植物人之所以為植物人，正因為其意識不清，若其腦部的精神活動完全失去，則等於醫學上所謂的腦死。

現代唯物主義的機械論者，對於上述的觀點，認為可以用現代的電腦科技的例子來加以反駁。唯物論者基本上認為，所謂的「精神」不過是一種肉體活動的生命現象，並無法獨立於肉體之外，因此精神意識都是腦部的活動現象。這就像電腦，如果一部電腦功能正常的話，它會計

---

❾　「五火二道」思想見於《廣林奧義書》(bṛhdāraṇyaka) 及《歌者奧義書》(chā-ndogya)，二者皆屬於古《奧義書》。它代表印度古《奧義書》對輪迴與解脫的看法，它同時也表現出一種對於自然世界生命之循環互依的樸素見解。

算，會根據內部的程式抉擇、判斷，會指揮工具，具有一些初階的智慧，但這是就目前科技而言，誰又知道，未來的電腦不會具有像人類一樣的思考、情感、意志等複雜的精神活動？若有那麼一日，唯物論者是不是將更振振有詞地說：所謂的靈魂，不過是電腦內部的中央處理器 (CPU) 而已。

第二節 佛教的生死觀

有靈論與無靈論是針鋒相對的二種觀點，但是除了這兩種觀點之外，佛教提出了另類的想法，展開了不同的思考。面對靈魂有無的思考，其根本原則還是立基於佛教的緣起思想來進行的，從而發展出佛教自己的生死觀。不過要注意的是，佛教生死觀有其發展與演變的歷程，原本釋迦牟尼對於死後有無靈魂的看法，是採取中止判斷的立場，因為釋尊以為這類的問題無助於解脫。❿

大體上來說，佛教的生死觀是在幾個基本觀念的基礎下來建構發展的：一是無常，其次是無我，三是輪迴。

第一項 無常

「無常」就是會壞滅。佛教認為一切存在的事物都是會壞滅的，這

---

❿ 《箭喻經》，《大正藏》第 1 冊，頁 804 上～805 下。本經記載鬘童子詢問世尊：「世有常，世無有常，世有底，世無有底，命即是身，為命異身異，如來終，如來不終，如來終不終，如來亦非終非不終」等十個問題，但世尊對這些二律背反 (Antinomy) 的正反命題，都不予正面回答，而以有人受毒箭之傷為喻，來比喻這些命題與解脫（治毒）無關。佛教史稱此為十無記問答。

當然也包含了精神性的存有，如靈魂（鬼）、諸神；如果真的有這類的事物存在的話，那麼鬼神也不是永恆的。世尊在《箭喻經》中不對命終之後是否存有的問題作答，避免陷入非此即彼的二分法的論諍之中，但若就「無常」的觀點，諸法變動不居，是一項明顯的經驗事實，就如人之有生有死這個事實一樣，在這「無常」的背後想像有個永恆的東西存在，是逾越了經驗而假設了「假必依實」、「無常必依於常」這樣的前提來推論。

佛教認為，我們固然不能否定精神活動的確異於肉體活動，且精神與肉體在某種程度上可作分離，就像修行瑜伽 (yoga) 或者禪定者所經驗的，但是這至多只能證明精神的存在，並不能據此得到「靈魂不滅」以及靈魂永遠維持著「自我同一性」的結論。肉體隨時都在衰老、腐朽、變異，人的自我意識也不斷在改變、發展，那麼，有什麼理由說，靈魂是永恆不變的？

第二項　無我

佛教認為永恆不滅、自我同一的靈魂，印度人稱為阿特曼 (ātman) 的那東西並不存在。佛教承認心識這類精神活動與肉體之間的異質性，原始佛教認為一個人分由色、受、想、行、識等五蘊結合而成，而識又分為眼、耳、鼻、舌、身、意等六種識，但是在五蘊六識之中，沒有那一個部分等於「我」(ātman)，也沒有任何一部分之中含有所謂的「我」。《雜阿含經·五陰誦》中所謂的「非我，不異我，不相在」 ❶ 的意思是：五蘊不等於「我」，但是五蘊結合起來運作，便有「我」之精神活動，因此說「不異我」；可是這並非就指在五蘊之中含有「我」，或者在五蘊之上

❶　「非我，不異我，不相在」一句，在《雜阿含經·五陰誦》中隨處可見，因為經文一再地說明，五蘊與我之間的關係。見《大正藏》第 2 冊，頁 5 上～6 中。

有個超越五蘊的「我」來統攝五蘊，因此說這二者「不相在」。

　　「非我，不異我，不相在」就是對「自我」的否定，但不要誤會這裡的「自我」否定，是對自我意識 (self-consciousness) 的否定。「無我」是對永恆不朽的靈魂我 (ātman) 的否定，是對 ātman 之永恆不變的自我同一性的否定。

第三項　輪迴

　　輪迴是佛教生死觀的另一項基本原則。我們曾經說過，在印度思想中，除了順世派 (cārvāka) 這些唯物論者之外，各派都接受輪迴的思想。但是傳統印度思想中，輪迴的主體就是那個不滅的靈魂我 (ātman)。可是佛教既然主張「無我」，否定靈魂不滅，否定永恆的自我同一性，那麼不就喪失了輪迴的主體？如此一來佛教要說明輪迴之如何可能的問題，便需要有一番轉折。

　　佛教的輪迴觀，基本上應該定位為「無我的輪迴觀」；所謂「無我」就如上述，不是對自我意識 (self-consciousness) 的否定，而是對永恆不朽的靈魂我 (ātman) 的否定，是對 ātman 之永恆不變的自我同一性的否定，如果未能先行了解此一佛教輪迴觀的特質，便會難以區別佛教與其他輪迴思想之間的異同，也會誤解歷代經典及僧人對於建構、詮釋佛教輪迴思想所作的努力，而將之與普通的輪迴思想合流。

　　「無我」的觀念並不與自我意識衝突，也不與死後靈魂完全相矛盾，「無我」乃是否定靈魂具有常住不變的性質，也就是否定自我 (ātman) 具有常住不變的自性 (svabhāva)。這樣的前提使得輪迴的詮釋有很大的空間。是以在這個前提下，佛教思想各個階段的發展，雖都提出了他們各自的輪迴觀，❶基本上，他們都沒有違背「無我」的基本原則。

---

❶　有的學派甚至放棄了關於生死輪迴的主張，或不予討論，如印度的中觀學

第三節　無我的輪迴觀

第一項　原始佛教之業力輪迴觀

　　印度傳統的輪迴觀認為，自我與業是輪迴思想的兩大要素。自我是造業的行為者，同時也是業力的承載者；而業力則是引導自我輪迴的方向，決定來生處境的唯一因素。因此傳統輪迴觀，有顯明的道德要求傾向，同時善惡有報的道德律與生活原則，依此輪迴思想才得以確立。

　　佛教的輪迴觀並不反對傳統輪迴思想含蘊的道德原則，其採行輪迴思想的理由，相信有部分也是基於道德要求而來的。然而佛教主張「無我」，便去除了傳統輪迴思想二大要素之一，因此歷來皆有人質疑「無我的輪迴觀」之可能性。

　　佛教所謂的輪迴，不是個體自我靈魂的輪迴，而是生者所造之業力在輪迴。就像是一滴水，每一滴水有染有淨，內在具有不同的物質。當每滴水匯入大海之時，大海泯除了每滴水的差別，卻保留了每滴水的雜質，這個大海就像是業力的大海，潮起潮落，波濤洶湧。我們不要局限於個體的自我來看輪迴，輪迴乃是一切生命所匯成的業力大海，在作無始無終的無限循環運動。

　　個別生命的精神與意識，乃是隨著色身崩壞之際而消解，這也就是說，所謂的「自我」也會隨著死亡而毀滅，而死亡後唯一留存的只有「自我」之意欲在其生時所造之業力。然而源於意欲的業力，只是盲目意欲所形成的勢力；業力復與其他業力相互夾雜，或者互相結合而增強其勢力，或者彼此抵消而減弱其勢力，但不論是增加或者減弱，眾生所造之

派 (mādhyamika) 與中國的禪宗。

業是形成生命意志盲目衝動的根本動力，它影響了新的生命的發展方向。這並不是說，業力等同靈魂，業力就像大海，它蝕刻了海岸，它造就了沙灘，也造就了港灣。換言之，原始佛教的業力輪迴，只提到生命輪迴的動力，並不承認輪迴的主體，新生生命就像承受海浪衝激的一塊岩石，在承受業力之際，成為如此而不如彼的形狀；所不同者，岩石完全是被動的承受者，而生命自身則充滿能動性。因此當業力與新生生命之色身相結合之際，「無明」這一盲目的生命意志首先生起，然後逐漸形成所謂的自我意識，而後又重覆造作新的業力，再次引導生命的輪迴與再生。這就是原始佛教業力輪迴的基本看法。

　　由於業力輪迴觀只言及輪迴的動力，又完全捨棄了個別自我的觀念，所以是徹底的「無我」，因此也就不會有關於「自我同一性」的問題，但業力輪迴的觀念，疏忽了一個問題：業力如何與新生生命相結合？為何這個生命要承受這些業力而不承受那些業力？又，不同個別生命的業力是完整地被繼承，還是部分地被繼承？新生生命可以繼承不同個體之業力嗎？

　　業力輪迴觀取消輪迴主體，堅持「無我」的原則，其目的是在於去除「我執」此一根本無明。一切生命的共同特質，就是對於自我生命的執著與戀慕，這是生之意志，是每一眾生與生所俱的，然而一切煩惱與痛苦也因此而來；因為生之意志是盲目的衝動，眾生依此盲目意志而行為造業時，通常都是以「自我」為中心，謀求個人的生存、利益與幸福，卻不知因而常常傷害了別的生命；眾生皆以自我為核心，於是彼此之間互相鬥爭、傷害，遂不知煩惱業越積越深，不但無益於自己，反使怨憎煩惱日益加多。所以業力輪迴觀的提出，旨在破除以「自我」為中心、為出發點的想法，而以一切眾生為著眼點，透過業力淨化的方式，令生命輪迴朝向善的方向運轉。

第二項　部派佛教「中有」之爭

　　業力輪迴觀堅持徹底「無我」的主張，對於個別生命之業力之間的承受關係的確有所忽視，不但引起了印度各派思想的反對，也引發了佛教內部的爭論。這項爭論的主要焦點在於：若沒有一承受業力的輪迴主體的話，便會發生善惡不報的道德危機，破壞道德行為的因果法則；而且這將難以說明眾生死生相續的輪迴究竟如何能夠進行。

　　當然這樣的疑惑，源於教內與教外或多或少都有的「有我」的心態。教外的思想家固毋論，教內也不免引發相關的論諍，這便是關於「中有」有無之論諍的原因。

　　所謂「中有」(antarābhava) 就是指死後生前的存在狀態。以「人」為例，部派學者認為，人之存有可分為四個階段，托於母胎之際稱為「生有」，生而為人稱為「本有」，及其臨終為「死有」，死後至下次入胎之間，稱為「中有」。但不是每個部派都同意「中有」的存在，❸因為佛雖說三界五道（或六道），並未立中有界或中有道，如《成實論》便說：

> 若中陰有觸，即名生有；若不能觸，是則無觸，觸無故受等亦無，如是何所有耶？❹

意思是說：若「中有」是種生命體，就應該有感覺，那便等同「生有」，故沒有立「中有」的必要；若沒有感覺，就同於虛無，「中有」便根本不

---

❸　木村泰賢認為主張無「中有」的，是大眾部、化地部及分別論者；南方的上座部主張有「中有」。見木村泰賢著，演培譯，《小乘佛教思想論》（臺北：天華出版社，1980 年初版），頁 583～584。

❹　《成實論》，《大正藏》第 32 冊，頁 256 下。

存在。因此無「中有」論者主張，業報並不需要經過「中有」此一中間型態方能實現，尤其依照經說：「有業報，而無作者，此陰滅已，異陰相續。」❶這是說，此生的作業者其五陰已盡時，「自我」便已隨著五陰的毀壞而消失，只殘留業力影響到新生的五陰相續發展下去。基於此一「無我」的原則，「中有」的存在被認為是不需要的。

然而另類看法認為，「中有」說可以解釋眾生往昔所造之宿業何以被托付於某一眾生之上，也可以說明六道眾生受生的原因。眾生在死後，由於未必立即托胎受生，故在投胎之前仍存在著某種微細的細身，這便是「中有身」。「中有」以香味為食物，又名乾達婆 (gandharva)，這大約是受到《吠陀》神話的影響而有的觀念。他因生前業報的緣故，會呈現所將受生的六道眾生的形狀，只是較為微細，不是常人所能得見。如受生為人，「中有」便如小兒，受生為牛便如牛的形貌。「中有」存在的時間，有至多七日，七七日或時日不限等說法，當其前世業力與今生父母相應之時，便在父母和合受孕之際投入其中，與精血結合再次受生。

由上觀之，「中有」說的出現，是為了說明個別生命秉業受生的理由，「中有」說可以較清楚地說明個別生命之前世今生業力輪迴的情況，但「中有」說也因而與傳統的靈魂說，難以區分其間的差別。而且若想要守住原始佛教「無我」的性格，則必須對「中有」的本質加以定位。但部派對「中有」的看法未有統一的定見，且「中有」說的確是有所遷就於世俗一般的見解，割捨不下死後的自我才被提出，這很難避免「有我論」的色彩。這個問題到了後來西藏佛教中，有較詳細的解說和詮釋。

第三項　中觀對生死的超克

在佛學發展的歷史上我們知道，龍樹 (nāgārjuna) 的中觀思想在重振

---

❶　《雜阿含經》，《大正藏》第 2 冊，頁 92 下。

原始佛教「空」的思想上，具有劃時代的地位與意義。就「空」的思想來看生死觀，我們可以說他的態度是以「空」的思想來對生死問題加以超越，也就是以勝義諦之無生滅對世俗諦之有生死進行超越。

首先，我們必須知道龍樹的真理觀，是所謂的二諦觀，二諦就是世俗諦 (saṃvṛtisatya) 與勝義諦 (paramārthasatya)。「諦」是真理的意思，世俗諦談的是世間的真理，是現象的真理；勝義諦談的則是出世間的真理，是超越現象的真理。

在世俗諦，龍樹承認傳統十二因緣的緣起理論。❶❻無明、行、識、名色、六入、觸、受、愛、取、有、生、老死等十二支，由無明而行而識，乃至老死稱為生死流轉；由無無明乃至無老死稱為涅槃還滅。生死流轉就是輪迴，是世俗諦所說的；涅槃還滅就是解脫，則屬於勝義諦的範圍。生死流轉的現象，龍樹從不加以否定，但對這輪迴流轉的世俗諦，龍樹在兩個方面上有其獨特的看法。第一是關於一般人所預想的輪迴自我的問題，其次則是涅槃與輪迴之間彼此關連的問題。關於輪迴主體的問題，龍樹認為過去、現在乃至未來的「我」是不一不異的，《中論·觀邪見品》先說不一的理由：

> 過去世有我，是事不可得，過去世中我，不作今世我。若謂我即是，而身有異相，若當離於身，何處別有我。離身無有我，是事為已成。❶❼

龍樹認為，抱持著過去世中已存在現在的「我」，這樣的見解是錯誤的，因為「我」是不斷在流變的，「我」與一切萬法一樣，都是因緣所生，都沒有不變的自性。所以在過去世中的「我」，不可能等於今世的「我」。

---

❶❻　《中論》，《大正藏》第 30 冊，頁 36 中～36 下。

❶❼　《大正藏》第 30 冊，頁 37 上。

如果有人抱持這種看法，那他必須回答這個問題：過去世與現在世的「我」既然同一，何以身體形相會有不同的差別？例如過去「我」可能是畜牲，今世得以生為人，變異的難道只是身體而已嗎？龍樹質疑這些以為離開身體另有一個「我」獨立存在的觀點，龍樹認為，「我」是不能離開身體而獨立存在的，而且他認為這個道理是早已成立的事實。

　　若說「我」不能離開身體而存在，那麼可不可以說身體即等於我。龍樹對此也提出反駁：

> 若謂身即我，若都無有我，但身不為我，身相生滅故，云何當以受，而作於受者。**⑱**

龍樹認為，如果身體等於「我」，若是離開了身體，便沒有「我」；但身體這個相有生有滅，是無常的，而一般所謂的「我」則是輪迴的主體，因此會生滅的身體，怎麼會是「我」？換個角度來說，我們又怎能把身體，此一為自我所領受的受法，就當作領受這身體去從事各種行為活動的自我──受者，來看待呢？這混淆了受法與受者的差別，以及自我是身體之能受，而身體是自我之所受，此一能所關係的差別。

　　再從受法與受者的區別來談，何以離開身體之外，並無「我」能夠獨立存在：

> 若離身有我，是事則不然，無受而有我，而實不可得。**⑲**

「受法」指身體，是發出行為的資具，而行為所造成、所留下的影響，即是業力。「受者」指自我，是承受業力的主體，這個主體並非永恆不變

---

⑱　《大正藏》第 30 冊，頁 37 上。

⑲　《大正藏》第 30 冊，頁 37 上。

的，相反的，自我隨時不斷地隨著業力在改變。因此，若離開身體，輪迴主體便失去了受法，沒有受法也就沒有受者，身體與自我之間，是互相依存的關係，離開身體，自我無法被獨立建立起來。因此龍樹對自我與身體之間的關係，提出了如下的見解：

今我不離受，亦不即是受，非無受非無，此即決定義。❷⓿

龍樹以為自我與受──身體之間的關係是不即不離的，我們不可以說身體是我，也不可以說離開身體有獨立的我。「非無受非無」一句應作「非無受非無我」，❷❶即肯定我與受是相互依緣而起的，是彼此依存的，最後龍樹斷定他自己的這個看法，是關於自我與身體之關係的決定性義理。

龍樹精細巧妙的論證，如果加以整理，我們可以舉出其主要意涵：自我從過去到現在乃至未來，並不是完全同一的，然而同樣也不可以說過去、現在及未來的我，是不同的。因為「自我」實際上是由受法與受者兩部分組合而成，說「自我」可以離開身體而獨立存在，這是只取受者，而忽視受法的重要性；同樣的，若說「自我」等於身體，則是只取受法而無視於受者，兩種看法皆有疏失的地方。所謂的「自我」，實際上必須放在特定時空及因緣條件下來說，現在的「我」，是在現在的因緣條件下所呈現的「我」，過去的「我」與未來的「我」乃至每個剎那的「我」，都有其每一剎那的因緣條件，所以「我」從來就不是永恆不變的。過去、現在、未來，每個剎那的「我」，不斷地承受前一剎那因緣條件所作之業力，而形成此時此刻的「我」，同時也影響了下一剎那的「我」，因此過

---

❷⓿ 《大正藏》第 30 冊，頁 38 上。

❷❶ 見吳汝鈞，《龍樹中論的哲學解讀》（臺北：臺灣商務印書館，1997 年初版），頁 516。

去、現在、未來的「我」雖不完全相同，但因其相續性的緣故，我們也不能說其完全相異。這個說法保障了業報輪迴的合理性，避免了某甲作業某乙受報的情況產生，同時龍樹用相似性、連續性的「我」，取代了永恆不變的實體性的「我」，為「有我」與「無我」的衝突，開創了另個面向的思考角度，❷這可謂龍樹中道思想的具體表現。

　　然而關於輪迴主體的課題，是在世俗諦上朝向勝義諦邁進的過程，尚還不是勝義諦本身之表現。龍樹對於涅槃的詮釋，方屬於對生死輪迴所進行之超越。《中論・觀涅槃品》：

> 無得亦無至，不斷亦不常，不生亦不滅，是說名涅槃。涅槃不名有，有則老死相，終無有有法，離於老死相。❷

　　「涅槃」是什麼？龍樹說涅槃不可「得」，因為涅槃是不可獲取的對象。涅槃無可「至」，因為它也不是一個有形體的目標。涅槃不是虛無斷滅的「斷」，也不是永恆不變的「常」，涅槃不像現象界的諸法有其生滅，涅槃是超越現象無生亦無滅的一種精神境界。涅槃不是一種現象「有」(bhāva)，因為凡是現象有，必有壞滅的老死相，從來沒有一個現象有，能夠免除壞滅的老死相。

　　唯一能夠超越老死的，唯有已經證悟涅槃的如來。所謂超越老死並不是指身體超越老死，而是證悟涅槃的如來，他在精神上已經克服老死的煩惱，不再受老死之苦的折磨。涅槃 (nirvāṇa) 的原義，本來就是息滅煩惱之火的意思。《中論・觀涅槃品》云：

---

❷　所以龍樹才又說：「如過去世中，有我無我見，若共若不，是事皆不然。」《大正藏》第 30 冊，頁 38 中。）此即對「有我」、「無我」定見之否定。

❷　《大正藏》第 30 冊，頁 34 下～35 上。

如來滅度後，不言有與無，亦不言有無，非有及非無。如來現在時，不言有與無，亦不言有無，非有及非無。❷

證得涅槃的如來，其色身並不會轉化為永生不滅的神靈之身，如來亦會滅度（死亡），但如來肉體死亡之後，我們不可以說如來存在，或如來不存在，也不可以說如來既存在又不存在，也不能說如來既非存在也非不存在，因為一切言詮，所能指涉的都是現象性的存有，而涅槃是超越現象的境界；若我們不可以用言詮來掌握涅槃，那麼我們也就同樣不可以用言詮去掌握滅度後的如來，因為如來已經證悟了涅槃。我們不僅不可以言詮掌握滅度後的如來，即便如來在世尚未滅度之時，我們也不能以言語去掌握他，因為如來之入涅槃，是在其生前，是在這世間，不是在死後，也不是在另外的世間。

這便提示了龍樹對於世間之生死與出世間之涅槃之間一個非常重要的看法：

涅槃與世間，無有少分別，世間與涅槃，亦無少分別。涅槃之實際，及與世間際，如是二際者，無毫釐差別。❷

涅槃和世間在範圍上彼此沒有什麼不同，因為就其邊際 (koṭi) 而言，二者是同一的。這段話反覆地陳說這個意思，但就涅槃之清淨與世間之煩惱而言，涅槃與世間的性質卻完全相反。龍樹的意思是，清淨之涅槃，必須在煩惱的世間中獲得，而非離於世間可在另一世界獲得永恆的清淨涅槃。世間的一切眾生，都具有生滅的色身，因此也就無可避免地會有壞滅的老、死相。然而以如來為師，如來是在超越生死煩惱之後，證悟不

---

❷　《大正藏》第 30 冊，頁 35 下。
❷　《大正藏》第 30 冊，頁 36 上。

生不滅、不斷不常的涅槃，這證明了生死是一種可以克服的煩惱，同時我們不要心存妄想，以為涅槃可以克服肉體的生死，若存了這樣想法的，那便是把涅槃與世間割裂為兩端，離於世間而求涅槃了。

龍樹中觀思想的特點，在以勝義空之精神對於世俗之生死進行超越，對於輪迴主體「我」與「無我」之間的矛盾，龍樹提出了很重要的調和方法，即三世乃至多世之中的「我」是相似而非相同。基此「相似我」的觀念，佛教輪迴主體的問題，有了比較合理的解釋。「相似我」不是一永恆不變的自我，而是一業力相續的個體，這個觀念避免了恆常不變的「自我」，也免除破壞業報因果法則的危機。但龍樹對於業力如何相續的問題，相續的業力如何成立三世相續的「自我」等問題，並未進一步發展，到了唯識學派才承繼這個觀點，予以發揚光大。

第四項 唯識學的業種與阿賴耶識

唯識學者認為，阿賴耶識 (ālaya) 是三世輪迴的主體，阿賴耶識就是種子識，它不是像靈魂那樣的主體，因為阿賴耶識只是一種能力，它能夠聚合業力的種子，因而它是一業力種子的聚合體；它也能令這些業力種子成熟，變現出個體生命，甚至變現出山河大地等物質世界。

阿賴耶識不是自我，所謂的「我」是由阿賴耶變現出個體生命時所出現的永恆妄執，它是由恆常伴隨阿賴耶而出現的末那識妄執阿賴耶為自我才出現。由於阿賴耶具有攝藏業力種子使業力得以相續的能力，因此龍樹沒有說得完整的業報輪迴問題，在唯識學中得到完善的說明，然而這也容易導致一項誤解，以為業力能夠輪迴相續者，即等同於自我。但如就前面所提到的龍樹「相似我」的觀念看，阿賴耶承續前世業力、令業力異熟為今生之現行，並能保藏業力至於來世，這正是龍樹「相似我」觀念的具體表現。換言之，我們可以說唯識學的種識觀念，承繼龍

樹對於輪迴主體的看法，並且令之發展完全。

　　單就生死問題來看，中觀思想與唯識思想，還是有一些差異處。龍樹的中觀思想著重於觀諸法緣起之假有性；既然世間的諸法不真實，所以生死的現象也不真實。所謂的「不真實」，不是指沒有生與死的現象，相反的，生死現象是不可否認的「事實」，但這個「事實」若就諸法空性的觀點來看，它同時也是不真實，因為一切生死是基於因緣而呈現的現象，生死自身不可能獨立自存。「事實」是就現象而言，它是屬於世俗諦的範疇；「真實」則指超越現象的境界，那是個不生不滅，不常不斷，不可思議的境界，即龍樹勝義諦所欲指涉的世界。所以生死是項「事實」而非「真實」，生死的現象是假有而非實有，而龍樹面對生死的態度，即以勝義空去超越世俗的生死。

　　唯識學者的基本態度，並不贊成龍樹畢竟空的思想，他們認為外境固然是緣起性空，但境由識起，故境無而識有。外境雖然如同夢幻般地生滅，生命不斷地輪迴生死，作為萬法根本的阿賴耶識卻是無始以來便已存在。唯識學者認為，如果沒有阿賴耶識這無始以來的根本識的話，那麼輪迴如何可能？業報如何可能？涅槃解脫如何可能？因為阿賴耶就是生命的根本，是輪迴業報的主體。❷❻

　　比較中觀與唯識的差異，我們發現，中觀打算超越生死，對於生死問題企圖藉由精神與智慧的修養來消解掉生死煩惱。對龍樹而言，生死問題是無明之下的煩惱；但對唯識學來說，生死煩惱雖然是種現象，但是他們更在意持續生死、承繼輪迴的因素。這些因素單以空性視之，會解消掉其繁複的內容與變化，更無從理解生死輪迴之進行與發展的詳細過程。如果說，中觀思想側重在勝義諦上，那麼，唯識學該當是側重於

---

❷❻　《瑜伽師地論》提出阿賴耶必定存在的八種理由，此處我們則僅就其作為一輪迴業報的主體性來說，但是此一主體並非永恆不變的實體性自我。見《大正藏》第 30 冊，頁 579。

世俗諦了。

　　不過唯識對於世俗諦的重視，給了現象世界的因緣更詳細的解釋。唯識的最終目的，仍是要證悟涅槃，獲得解脫，這與中觀思想並無相異之處，只不過唯識確立阿賴耶輪迴主體的性格，阿賴耶是雜染的，因為眾生一切行為造作所形成的業力種子或善或惡都被保留在其中；但阿賴耶也可能是清淨的，只要有清淨的業力種子流入其中，清淨業種雖不能使染污種子消失，但只要有越來越多的清淨種子，染污種子就越來越難以成熟變現，整個阿賴耶識會越來越清淨，直到所有染污業種都被清淨業種所代替，且完全實現其清淨業種的勢力時，這時阿賴耶識便轉化成為大圓鏡智 (ādarśajñāna)，原本妄執有我的末那識則成為平等性智 (samatājñāna)，第六識則成為妙觀察智 (pratyavekṣaṇājñāna)，前五識轉為成所作智 (kṛtyānuṣṭhānajñāna)，此即所謂的轉識成智。由此可知，唯識學真的是以「識」為其思想的中心，不論生死輪迴或者解脫證悟，一律都是立於心識的基礎上說，其對生命內在的主體之反省可說是非常的深邃，但這仍然是一種「無我論」——反對有一永恆不變自我——的性格。

第五項　禪宗之大死一番而後甦

　　上述佛教生死觀，從原始佛教、部派佛教一直到大乘佛教的中觀、唯識學派，各派的理論性格極強，當然我們不可以說理論只是理論，與實踐毫不相干，因為佛教思想的理論，本來就是指導實踐的理論。但中國佛教有一個宗派，他們完全不在意任何文字性的理論，也不以任何理論傳道，而是以生命本身來證成、表現真理，這就是禪宗。

　　相傳禪宗源始於釋迦牟尼靈鷲山說法，當天上的大梵王送了一朵金色的蓮花給世尊，世尊接受了這朵蓮花之後，輕撫著花瓣默然不語，徒眾皆不明所以，唯有迦葉尊者破顏微笑——他了解世尊默然無語的旨意。

世尊便對眾人說：

> 我有正法眼藏，涅槃妙心，實相無相，微妙法門，不立文字，教
> 外別傳，總持任持，凡夫成佛，第一義諦，今方付屬摩訶迦葉。❷

自此以後，便形成禪宗獨有的特色：「不立文字，教外別傳」。

「不立文字，教外別傳」的禪宗，就是以體悟及實踐為其宗旨，對
於理論的分析與辨駁等，皆不在意。然而其所體悟與實踐的，大體不出
「諸法空性」與「眾生皆有佛性」這兩個範疇。❷因「諸法空性」，故六
祖說：「菩提本無樹，明鏡亦非臺，本來無一物，何處染塵埃。」因「眾
生皆有佛性」，故說：「即心是道，見性成佛」。

禪宗的精彩處，表現在實際上對待生死的態度：

> 須是大死一番，卻活始得。❷

「大死」，即是放下身心一切的執著，不執著生，不執著死，不執著解脫，
也不執著輪迴，這時他便已令「自我」──那個無明煩惱的根源死去了。
死去了那無明的自我之後，便能以一個活活潑潑的心靈去體現毫無執著、
自由自在的境地。這時，清淨無礙的自我便活了起來。所以「大死」之
後方有「大生」。對於肉體的生死，禪師們完全不縈於懷，不但不縈於懷，
他們甚至談笑自若，乃至把自己的死亡當作一場表演，用以啟示他人，
打破一般人對於生死的執著與恐懼。以下我們便舉出幾個例子，以說明
禪師們面對生死的態度。

---

❷　參見《大梵天王問佛決疑經・拈華品》，《卍續藏》第 87 冊，頁 326。

❷　見楊惠南，《天女散花》（臺北：文殊出版社，1989 年初版），頁 129。

❷　《碧巖錄》，《大正藏》第 48 冊，頁 179 上。

　　龐蘊居士將要入滅的時候，選好了入滅的時辰，要自己的女兒靈照出門看看太陽是否已經日正當中，如果時間到了就進來通知他。靈照出門看看，然後回去向她的父親龐蘊說：「現在已經日正當中了，但卻出現了日蝕。」龐蘊奇怪怎會突然出現日蝕，便出門去看看，發現並沒有日蝕。回到室內，靈照已搶先坐上自己的座位入滅。原來，靈照知道父親已經準備入滅，卻刻意要提早父親一步入滅。龐蘊見到女兒入滅，並不感到哀傷，只笑說女兒太過敏捷，居然識破他的機關。過了七天，龐蘊也入滅了。他的妻子聽到這個消息便罵道：「這個愚痴的女兒和這個無知的老頭，怎麼這麼忍心，不通知一聲就走了。」然後去告訴正在耕田的兒子斷會這個消息，他的兒子嘆了口氣，站著就入滅了。他的母親便說：「這傻兒子怎麼那麼痴呢！」而後飄然不知所蹤。❸⓿

　　這個故事，重點不在龐蘊一家誰的道行最高，而在他們面對死亡之時，所表現的那種從容自若談笑生死的態度，要死便死，毫不拖泥帶水，這便是禪宗面對生死一貫的瀟灑態度。

　　另一則故事更明顯傳達出禪宗面對生死，將之轉化為一種藝術的生活表現，以自己的生死來啟發教導眾生。鎮州普化和尚為臨濟之友，將要入滅，入於市中，向人乞一件直裰。有人要給他披襖或布裘，他都不要。臨濟聽到這件事便派人送他一口棺木，普化便笑說：「臨濟這個傢伙太多嘴了。」收下這口棺木而對眾人辭行，說：「普化明天要去東門，將要在那兒入滅。」第二天，鄉人好奇地跟著法師出城，法師便嚴屬地對眾人說，今天日子不好，明日才在南門往生。隔日鄉人又再相隨，法師又說明天才在西門往生。第三天跟隨的人便少了許多，但法師又說明天一定在北門度滅。鄉人以為又是一場騙局，第四天便不再有人跟隨了。這時法師自己才抬著棺木，出北門，敲著木魚跳入棺中而逝。❸❶

---

❸⓿　《指月錄》，《卍續藏》第 143 冊，頁 107 下。

❸❶　見《指月錄》，《卍續藏》第 143 冊，頁 135 下。

　　直裰是僧衣的一種，是偏衫與裙子的綴合，披覆了身體的大半，所以普化乞求直裰，其實要的是棺木，他用乞直裰的方式來暗示他的死亡，可是沒有人理解他的行為，唯被臨濟說破，所以他才罵臨濟多嘴。然後他好似兒戲般地宣示要往東門入滅，要去西門入滅，要去南門入滅，好奇的人們每次都想跟著去看這老和尚到底要怎麼死，結果都像是一場騙局，每次他又不死了。最後他說要去北門入滅，便沒有人跟隨，以為這個老和尚又在說謊騙人了，結果他卻真的入滅。普化的行徑就像是一齣行動劇，他叫人以好奇的心等待死亡，當每個人都被他死亡的預言所欺騙，不再在意死亡之時，他卻又突然死亡；這就像是死神來臨的時候，常不會按時而來，等到你稍加鬆懈，他便以不及掩耳之勢突然出現。

　　生命就像一場幻夢，也像是一場戲，我們在看戲的時候，常會忘記自己也在戲中。看別人死亡時，卻常忘記自己也會死亡的事實。對於禪師而言，就因為他們看破這點，他們隨時可以從戲中抽身出來，讓自己的生命隨時戛然而止，同時以死亡的表演來暗示他們所領悟的這個事實。禪師對生無所戀，對死無所畏。生死對大多數人而言，是件大事，但對禪師而言，這是最後的一場表演。有的禪師演出幽默，有的奇特，有的莊嚴，但不論是誰，對死亡完全沒有畏懼之情，他們對死亡來臨時，全然是一派瀟灑的態度，這便是禪宗生死智慧的具體體現。

第六項　西藏之中陰救度

　　西藏的中陰說，若論其淵源可說是來自部派的「中有」說，但它又吸收唯識的業種心識觀以及空思想、佛性思想，成為佛教生死觀之一大綜合。《西藏生死書》中說，所謂「中陰」不只是指死後到再生之間的狀態，人存在的四個階段，每個階段都有其中陰，因此便有四種中陰：此生的「自然」中陰，臨終的「痛苦」中陰，法性的「光明」中陰，受生

的「業力」中陰。㉜

　　部派所說的「中有」，或者一般人理解的靈魂，近於受生的「業力」中陰。索甲仁波切在《西藏生死書》中對於「中陰」如此描述：

> 因為生命只不過是生、死和過渡期的永恆流動而已，因此中陰經驗無時無刻不發生在我們身上，變成我們心理結構的基本部分。㉝

「中陰」其實是指心識的基礎，是最根本的心識狀態。當生命處於極不確定的階段，中陰便會浮現，同時由於極不確定，因而便有更多的機會與可能隨之出現。就西藏人而言，中陰是持續存在而為生命之根本，但中陰境相的浮現卻只在某些特定的生命情境中才會出現。當中陰境相出現時，往往是中陰選擇更好機會的時候，尤其是在臨終到受生這個階段更是重要，因而會有《中陰聞教得度》（或譯為《西藏度亡經》）這部經典出現，教導如何修行以期中陰能夠獲得度脫。

　　在此生的自然中陰中可分為三種境相：處胎時的本然中陰，夢時的夢境中陰與入定的等持中陰。㉞關於這三種中陰，《西藏度亡經》一書說得並不多，索甲仁波切則指出：

> 它們都是心的不同狀態和不同實相。……不管我們存活著或去世後，當我們從一個中陰進入另一個中陰，意識會相應改變；我們可以透過修行，很切身地認識這些改變，最後則完全掌握。㉟

㉜　索甲仁波切著，鄭振煌譯，《西藏生死書》（臺北：張老師文化事業公司，1998 年初版），頁 141。

㉝　《西藏生死書》，頁 143。

㉞　見蓮花生大士原著，徐進夫譯，《西藏度亡經》（臺北：天華出版社，1997 年2 版），頁 104。

換言之，中陰乃是一種深層的意識，當我們活著及清醒的時候，它會被表層的意識及思考所障蔽，故隱而不顯，所以生前死後中陰才會明白呈現，而平時作夢之時，意識的束縛解消了，深層意識浮現，中陰表現其敏感的特性，時而特別清醒，時而特別混亂，同時意識發揮其造作世界的能力，故構築了千奇百怪的夢境。

睡夢中的夢境中陰是混亂而沒有自制力的，入定時的等持中陰則是以禪定的力量令心住於安定寧靜的禪境之中，令其體認心性圓滿的本質，同時觀察現象諸法唯識緣起的特質。當禪修者完全掌握心性與諸法的實相之後，他便成了解脫者，就像佛陀一樣。如果不能如此，則由於其生前已了解中陰的特質，故在其死後，中陰也比一般凡夫更易得到解脫。

至於處胎的本然中陰究竟是什麼景象？《西藏度亡經》與《西藏生死書》皆未言及，這是否意味本然中陰是種缺乏選擇可能的中陰？目前且先略而不談。《度亡經》中提出死亡至再次受生的三個中陰階段：臨終、法性（實相）、受生。在這三個階段，中陰都有解脫輪迴的機會，所以《度亡經》基本上便是一部指導死者如何通過死亡之路，如何避免輪迴的指導書。在生前要勤於讀誦，記憶其所教導的每個階段與每個法門，臨終則要由親人或者上師在其遺體旁讀誦，死後中陰方可依生前記憶或者讀誦的內容逐步而行。因此，西藏人可說是極重視死亡，不避諱死亡，而且時時都在準備面對死亡。

當死亡真正來臨之時，臨終的中陰會面臨兩個階段，第一個階段是死亡過程中，色身及意識逐步分解時的痛苦和幻像；**❸❻** 然後便會出現一種明光，達賴喇嘛說：「這個意識是最內層的微細心。我們稱它為佛性，這是一切意識的真正來源。這種心的連續體，甚至會延續到成佛。」**❸❼**

---

❸❺ 《西藏生死書》，頁 145。

❸❻ 《西藏生死書》，參見頁 311～319。

❸❼ 《西藏生死書》，頁 319 引文。

這個明光不是外來的，而是眾生本有的智性、佛性。如果臨終中陰能在此時迎向明光的話，即得解脫；如果錯失了這個階段，則會進入法性中陰的階段。臨終中陰大約有三天半到四天的時間。

　　但是大部分的中陰都會因為貪戀塵世，錯失明光初現證悟本來佛性的時機，這時中陰便需經歷死後七七四十九天的中陰境相。首先七日出現的是喜樂部的聖尊現前，然後七日是忿怒部諸尊出現。然而不論是神聖而值得敬畏的喜樂部諸尊，或者令人恐懼害怕的忿怒部諸尊，這時都應認清：

> 而今實相中陰現在我前，種種怖畏之念我皆不管。願我了知此皆神識反映。願我了知此皆中陰幻影；際此了一大事機緣來臨，願我無畏喜怒諸尊——我識所現。❸⁸

這說明了中陰所現種種境相，都是心識自身的反映，而實相（法性）中陰所現的喜樂部與忿怒部諸尊，其實同樣是心識（或說佛性）光明的變現，而非天外神佛前來救度。但是處於中陰境相的心識，往往不能了解這一點，當他面對喜樂部的諸尊時，就像久處洞穴乍見光明不敢逼視一樣，因而失去認證光明本性的時機；而當他對於自己的過往業力感到愧咎時，原本所面對的喜樂部諸尊，頓時轉變為忿怒部諸尊，更由於畏懼的緣故，中陰愈加逃避證悟本性的契機。

　　經過上述實相（法性）中陰的十四日之後，便進入受生中陰的階段。這時實相中陰的光焰逐漸消退，亡者便具有了一個類似血肉之軀的身體（在此之前為光身——以光為身軀），他便類似一般人所認知的鬼魂，但他一樣是一種心識的幻影。此一幻化的色身的特色是：

---

❸⁸ 《西藏度亡經》，頁 105。

> 感覺官能無不具，無所障礙任運行，具諸業感神通力，淨眼可見
> 同類形。**㊴**

「感覺官能無不具」是說中陰具有一切的感官機能，如果生前是聾瞎，
這時又能完全作用。「無所障礙任運行」指此時的中陰身可以穿石入金毫
無阻礙。然而你會有一些奇妙的神通，例如一念之間便可到達所欲前往
的地，還有其他幻化的神通力，這就叫做「具諸業感神通力」。將要受生
同道的眾生，彼此可以互相看見，至於禪修得清淨天眼者，也可以用禪
定中的淨眼看見他們，這便是「淨眼可見同類形」。

　　處於類似鬼魂狀態的受生中陰，會見到、聽到家人及親友的哭泣，
明白自己已死的事實，這時便會生起莫大的苦惱和恐懼，然後受到自己
生前業力的壓迫，出現種種駭人的幻覺，忽而羅剎食人，忽而山崩地裂，
忽而怒海奔騰，最後出現閻摩法王一一審視你生前的善行與惡行。而後
六道之光**㊵**現前，受生中陰便開始投生的歷程。

　　受生中陰由於業力的牽引，便會投身於某一道光色中，受生為六道
之一的眾生，但《西藏度亡經》也提供於此時關閉胎門，或者選擇胎門
的方法。關閉胎門，即在最後一刻重新體認本來清淨的心性，了解這眼
前所見一切不過是心識因於業力的無明幻化，如此便能中止受生，斬斷
輪迴。如果因為無始以來的業習太重，以致無法關閉胎門，這時你便須
學會善於選擇胎門：上者可以求往生於西方極樂世界阿彌陀佛座下，從
一朵蓮花當中化生；下者則入於母胎，重返人間。若是連這些選擇都無
力為之，那麼只有隨順業力，輪迴於六道之中了。

㊴　《西藏度亡經》，頁 222。

㊵　「暗白色的光，來自天道；暗綠色的光，來自阿修羅道；暗黃色的光，來
　　自人道；暗藍色的光，來自畜牲道；暗紅色的光，來自餓鬼道；霧煙色的
　　光，來自地獄道。」見《西藏生死書》，頁 241～242。

西藏中陰救度的思想所提供的是一種自力救濟的理念，要我們在生前便為死後作準備，從臨終、死後而受生，每個階段都有自力行救贖的可能，只要身處中陰境相的眾生，能夠體悟本來清淨的本性——這是佛性思想的表現。其實更應認清的是，所謂輪迴與解脫，生命與死亡，都不過是意識之流的不同顯現——這是唯識思想的傳統。至於中陰所顯現的一切境相，其性本空，本來空寂——這則是源自空思想而來的。

中陰救度的理論，吸收佛教思想的重要要素，轉化為面對死亡的實踐指南，同時對於生死、輪迴、解脫的原因、理由及方法，提供了清楚的指導方針。當然無可否認的，關於中陰境相的描述，西藏經典中免不了許多背景文化的因素，如果我們去除其間的文化差異性，我們是否可以找到一種描述死亡經驗的普遍方式？對於心識與世間之間的關係是否會有進一步明瞭？對於生命與死亡的看法會不會更符合佛法的道理？這些問題都有待進一步思考及反省。

第四節　佛教生死觀的終極意義

生於此界（人間）死於他界（天堂或地獄），然而對於相信輪迴者而言，死亡不意味此界（人間）與他界（天堂或地獄）之絕對隔絕，輪迴把此界與他界結合成一個整體性的宇宙，生命在這當中，只有型態的變換，沒有絕對的毀滅。印度人對生命作如斯之理解，但卻非樂觀地欣喜於生命之不朽，而是悲苦地感懷獲得永恆寧靜之艱難。無窮的輪迴代表了無限的痛苦，因此他們致力於捨離，以求獲得永恆之平靜。

佛教思想出現在如此的氣氛下，基本上帶有捨離的傾向。然而它與印度傳統的輪迴思想最大的不同點在於，佛教反對有靈論的思想，而傾向於無靈論。傳統輪迴觀須定立一輪迴主體，佛教則以緣起無我的思想來解釋此一輪迴主體的性質，以「相似我」來代替「絕對我」，在有靈論

的生死觀與無靈論的生死觀之間，開創了佛教獨特的生死觀，同時兼顧「輪迴」以及「無我」兩項原則。

　　兼顧「輪迴」以及「無我」兩項原則是相當困難的事情，在這當中，自然有些折衷，因此歷代佛教的生死觀呈現出不同的面貌，基本上即是為了兼顧這兩項原則而有不同的詮釋。而在這諸般詮釋之中，我們認為龍樹的說法，給予佛教生死觀一項重要的基礎，使得兼顧「輪迴」以及「無我」兩項原則變得可能。

　　在原始佛教的業力輪迴說中，支持輪迴卻對於輪迴主體採否定的態度，世尊在世時對這個問題談得不多，只有原則性地指出諸法緣起無我的原則；部派學者對這麼抽象的答案不能感到滿足，而有「中有」有無之諍。可是一旦主張有「中有」，豈非成了「有靈論」而違背了「無我」的原則？龍樹看出「無我」與「輪迴」的衝突處，提示了「相似我」的概念，主張「我」是不斷在流變的，主張「我」也是因緣所生，主張「我」並非一永恆不變主體；所謂的「我」是身體與感受在此時此刻之當下所具現的「自我意識」，它是無時不刻都在改變的，但是每一刻的「我」都有其相似性彼此關連延續，因此「無我」乃否定絕對不變的「我」，而非否認每一剎那的「自我意識」，更非否定前後剎那「我」之相似連續——這保障了因果業報的可能性。

　　龍樹巧妙地解決「輪迴」與「無我」的理論衝突，但關於輪迴主體的問題，並非其最在意的，其最終目的乃在超越生死之勝義諦，即涅槃之證悟。涅槃是超越現象與言詮，唯有涅槃才可以超越生死，而涅槃與世間卻無有分別，換言之，生死即是涅槃，超越生死不是肉體離開人間，活在天堂，而是熄滅煩惱，清涼無罣礙地任運於人間。龍樹展現了一種完全入世的生死觀，他說明了生死煩惱的根源不在肉體的可壞性，而在於心靈的無明與妄想，他述說了以人間為道場的大乘佛教思想。

　　繼承龍樹世俗諦「相似我」觀念，而有重大發展的即是唯識思想。

唯識思想立業識種習說，由阿賴耶執持業種習氣的觀點，給予輪迴主體之相續性以明確之肯定，但因「種子如瀑流」，故否定了永恆不變的主體。唯識學因而開創了足以與中觀思想前後輝映的詮釋系統。

然而不論中觀或者唯識，印度佛學都相當重視理論的建構，生死觀到了中國的禪宗，則完全將之生活化而且藝術化了，以一種灑脫的姿態將生死之悲痛與沉重加以轉化，將中觀所謂「生死與涅槃，無少許分別」具現於生命當中，不懼生死，不欣涅槃。

西藏的生死觀具有禪宗的灑脫，但在理論上則結合了中觀、唯識與佛性思想，較諸禪宗更具宗教性，其《中陰聞教得度》（《西藏度亡經》）所帶來的影響，令西藏人在活著的時候，便不斷為臨終得度作準備。因此他們不但不畏懼死亡，且能以積極的態度面對死亡，因為他們以死亡為解脫之重大契機。然而解脫之契機不在於他力之救度，雖然其對中陰境相的描述，有諸尊的救度，實際上能否解脫則完全在於自我是否體悟本來清淨的心性本性，故得救與否全在於自己。

重視人間，在人間生死，也在人間成佛，這是佛教思想的特色。小乘佛教雖有厭離世間的傾向，但是世尊依然是在人間證悟，在人間說法，也在人間入滅。佛教對於生死問題的各種解釋，不得不說是依於人的疑問而作的詮釋與回答，因此關於死生之種種說明，都可以說是某種方便，這些方便無不是要開啟一般凡夫以「無我」來面對生死的智慧。一旦「無我」，死亡的恐懼便成虛妄之事，因為死亡的恐懼源於自我斷滅的畏懼；一旦連自我都不存在的話，那還有什麼好怕的呢？但相對來說，徹底「無我」的一無所懼，也會造成道德上的危機，所以保持輪迴果報之說便成為道德要求上的必要條件了。

因此，「無我的輪迴」便成為佛教思想的一大特色。「無我的輪迴」是相對「有我的輪迴」而說的，前者是解脫者的體悟，後者則為一般凡夫的見解。一般凡夫始終執著實體性的概念，認為萬物眾生之背後，皆

存在個永恆不變的實體，因此也就會執著「自我」具有不滅的靈魂。不滅的靈魂，不滅的自我，使得「解脫」的方式朝向追求自我發展，對佛教而言，這樣的方式是求脫反固，因為對自我的執著乃是輪迴的動力。佛教認為想要中止輪迴，必須減低輪迴的動力，易言之，就是要減少我執。生死輪迴像是一場又一場的戲或夢，越把戲夢中的人生當真，戲夢便變得越真也越久，也就越難從戲夢中清醒過來。因此想要自輪迴當中解脫出來，便得要放掉對於戲夢人生的執著，體悟「自我」原是無明的妄執，這樣才能從戲夢之中清醒過來，打破自我中心的迷思，超越人我的區別，展現絕對圓滿的不可思議之自在境界。就像六祖慧能所說：「本來無一物」，佛教的生死觀告訴我們：生死輪迴原來是無明所起的塵埃。

第五節　臨終關懷

前面我們所談的內容，重點大都集中在佛教對「生死」這個重大問題的各種洞察與慧解，這些思想的觀念與內容，最後當然要化作我們面對死亡之時的實際行為指導方針，引領我們處理自身以及他人之死亡，這便是今人所謂「臨終關懷」的實踐課題。

如前所述，佛教主張「無我的輪迴」，不承認有不變自我的存在，是故面對死亡之際，便要保有這樣的慧解。然而「無我論」對於一般人而言是艱深的，甚至會引起虛無主義的誤解，深懼死後一無所有。是以要修習無我的正見，勘破對「自我」的妄執，使之具有不畏生死的解脫智慧；至於其方法，則有佛教學者提出「覺性照顧」的主張。除此之外，淨土法門的虔誠信仰，也不失為一種通行的佛教臨終關懷。

第一項　覺性照顧❹

「全人」、「全家」、「全程」、「全隊」是安寧照顧 (Hospice) 之「四全」。一般說到「全人照顧」時，大都是指「身、心、靈」完整的醫療照顧。於是，產生了「靈性照顧」(Spiritual care) 的理念與運動。但是，「身、心、靈」並不足以涵蓋人類生命所有的面向。佛教以有情為中心，以五蘊考察生命的構成，由此而發展出來的照顧，有別於「靈性照顧」，可稱之為「覺性照顧」(Care of awareness)。其原則是依於佛教緣起無我的觀念而來，其方法則是佛教所修習的「四念住」法門：

> 學習認識自己身、受（包含五蘊之後三類：想、行、識）、心、法等四方面，使「覺察性」（念，awareness, mindfulness，略稱為「覺性」）敏銳且穩定（住）。❷

四念住（四念處）在本書第九章〈佛教的修行觀〉中，主要是把它放在定學中來談，其內容為：觀身不淨，觀受是苦，觀心無常，觀一切法空。在此惠敏法師將之運用於淨化臨終者的心念，他舉出其修習要點：❸

1. **身念住**：培養有關身體性變化之覺性，以訓練覺察力的集中。
2. **受念住**：覺察身心感受、苦樂之生起、變化、消失，練習區別屬於「我的」感覺與一般感覺之不同，以處理不當之情緒。
3. **心念住**：覺察各種善惡心境的生滅，以處理不當的心態。

---

❹　參見釋惠敏，〈靈性照顧與覺性照顧之異同〉，收於《戒律與禪法》（臺北：法鼓文化事業公司，1999 年），頁 201～211。

❷　《戒律與禪法》，頁 209～210。

❸　《戒律與禪法》，頁 210。

4.**法念住**：對於真理建立起覺察的習慣，破除錯誤見解，從生死煩
惱中解脫。

這四念住是佛教修行方法的運用，其實佛教的戒、定、慧三學無不
是為了對治生死煩惱而提出的修習法門。因此，想要了脫生死，必須有
日積月累的功夫，具有正確的慧解與堅毅的心志，才能在臨終之際，無
懼以對。❹

第二項　淨土法門

對於一般人而言，最為簡單易行的臨終關懷，當為淨土宗的念佛法
門。淨土宗的念佛法門源於《無量壽經》中的彌陀本願：

> 設我得佛，十方眾生，至心信樂，欲生我國，乃至十念，若不生
> 者，不取正覺。唯除五逆，毀謗正法。

> 設我得佛，十方眾生，發菩提心，修諸功德，至心發願，欲生我
> 國，臨壽終時，假令不與大眾圍繞現其人前者，不取正覺。

> 設我得佛，十方眾生聞我名號，繫念我國，殖諸德本，至心迴向，
> 欲生我國，不果遂者，不取正覺。❺

彌陀本願共有四十八項，是法藏比丘（阿彌陀佛之前世）所立下的誓願，

---

❹　有關佛教的臨終關懷，其基本的核心理論與實踐程序，各宗派都可提出適
　　應自家的作法與主張（如由《西藏生死書》可發展出臨終關懷的議題），因
　　此，「覺性照顧」可說是佛教對臨終關懷基本的反省與實踐。

❺　《無量壽經》，《大正藏》第 12 冊，頁 268 中。

這些誓願為自己成就佛道設定四十八個前提，展現菩薩普度眾生的慈悲願力，其中上述三項本願與淨土法門有密切的關聯。

第一項是說：我（法藏菩薩）若要成佛，前提是：如果一切眾生衷心相信，並且樂於往生我的國土（淨土），念我佛號至於十聲，而不能往生者，我就不要成佛。但犯殺父、殺母、殺阿羅漢、破壞僧團、出佛身血這五項罪行者，以及毀謗正法者除外。

第二項願力是：我要成佛時，若一切眾生發起菩提心，修積各種功德，一心盼望往生我的國土，而我不能在他臨終時，與許多聖者出現在他們面前時，我就不成佛。

第三項願力是：如果有眾生聽聞我的名號，一心繫念我國，稱念我的名號，想要依此功德往生我國，而不能如願者，我就不成佛。

彌陀本願，代表阿彌陀佛對於眾生的承諾，上述三願，提供念佛往生淨土的根據。若就臨終關懷的課題來看，基於對菩薩願力的信仰，稱佛名號或者修積功德，一心往生佛國淨土，這樣的法門，對於普遍的大眾而言，更加方便易行而有親和力。雖然往生淨土並不是修行的目的，淨土只是朝向究竟解脫的中途站，但是對於一般人而言，淨土的承諾，更易令臨終者心安。在臨終時，一切放下，全心歸向西方淨土，遠離生死的恐懼，使阿彌陀佛的慈悲之光將臨終者全部含容起來，這種宗教的心理救贖，也是人生最後歸宿的抉擇吧！

進修書目

1. 龍樹著，鳩摩羅什譯，《中論》〈觀邪見品〉、〈觀涅槃品〉，《大正藏》第 30 冊。

2. 蓮花生大士原著，徐進夫譯，《西藏度亡經》，臺北：天華出版社，1997 年 2 版。

3. 索甲仁波切著，鄭振煌譯，《西藏生死書》，臺北：張老師文化事業公司，1998 年初版。

4. 石上玄一郎著，吳村山譯，《輪迴與轉生》，臺北：東大圖書公司，1997 年初版。

5. S. Dasgupta 著，林煌洲譯，《印度哲學史 1》，臺北：國立編譯館，1996 年初版。

6. 釋惠敏，《戒律與禪法》，臺北：法鼓文化事業公司，1999 年初版。

7. 傅偉勳，《死亡的尊嚴與生命的尊嚴》，臺北：正中書局，1993 年初版。

8. 肯內斯‧克拉瑪著，方蕙玲譯，《宗教的死亡藝術》，臺北：東大圖書公司，1997 年初版。

9. 田代俊孝編，郭敏俊譯，《看待死亡的心與佛教》，臺北：東大圖書公司，1997 年初版。

10. 瓜生中、澀谷申博著，江支地譯，《名僧生死觀》，臺北：立緒文化事業公司，1996 年初版。

梵文巴利文對照總表

＊以下使用荻原雲來《梵和大辭典》（以下簡稱梵和）、林光明主編《漢梵佛教語大辭典》（以下簡稱漢梵）、雲井昭善《パーリ語佛教辭典》（以下簡稱パーリ）、佛光山編《佛光大辭典》。

本書頁碼	中文	梵文	巴利文
2	法	dharma （梵和 p.631）	dhamma （パーリ p.341）
4	毘流離	virūḍhaka （梵和 p.1239）	viḍūḍabha （パーリ p.801）
4,22	解脫	mokṣa （梵和 p.1067）	mokkha （パーリ p.730）
4,22,358	輪迴	saṃsāra （梵和 p.1373）	saṃsāra （パーリ p.850）
4,51,373	涅槃	nirvāṇa （梵和 p.693）	nibbāna （パーリ p.483）
4,20	梨俱吠陀	ṛgveda （梵和 pp.288, 1275）	
4,20	蘇摩吠陀	sāmaveda （梵和 pp.1275, 1462）	
4,20	夜柔吠陀	yajurveda （梵和 pp.1072, 1275）	
4,20	阿闥婆吠陀	atharvaveda （梵和 pp.28, 1275）	
4	摩訶婆羅多	mahābhārata （梵和 p.1017）	
4	羅摩衍那	rāmāyaṇa （梵和 p.1126）	
5,21,22,134, 192,253,361	梵	brahman （梵和 p.936）	字同梵文（パーリ p.662）
19,182,327	佛，佛陀	buddha （梵和 p.926）	字同梵文（パーリ p.655）
19	釋迦牟尼	śākyamuni （梵和 p.1320）	sakyamuni （パーリ pp.854～855）
19	釋迦	śākya （梵和 p.1320）	sakya （パーリ p.854）
19	牟尼	muni （梵和 p.1050）	字同梵文（パーリ p.726）

19	瞿曇	gotama （梵和 p.436）	字同梵文（パーリ p.322）
19	悉達多	siddhārtha（梵和 p.1470）	siddhattha（パーリ p.949）
19	世尊	loka-jyeṣṭha（梵和 p.522）	loka-jeṭṭha （パーリ p.768）
19,182,342	如來	tathāgata （梵和 p.522）	字同梵文（パーリ p.522）
19	阿彌陀佛	amitābha （梵和 p.120）	字同梵文（パーリ p.124）
19	燃燈佛	dīpaṃkara （梵和 p.585）	dīpaṅkara（パーリ p.411）
19	薄伽梵	bhagavat （梵和 p.943）	bhagavant（パーリ p.667）
19	正遍知覺	samyak-saṃbuddha（梵和 p.1438）	sammā-sambuddha（パーリ p.920）
19	善逝	sugata （梵和 p.1476）	字同梵文（パーリ p.960）
19	遍知	sarva-jña （梵和 p.1411）	
19,31,181	阿羅漢	arhat （梵和 p.133）	arahant （パーリ p.127）
19	天人師	śāstṛ （梵和 pp.1326〜1327）	satthar （パーリ p.878）
20	迦毘羅衛國	kapilavastu （梵和 p.315）	kapilavatthu（パーリ p.255）
20	淨飯王	śuddhodana （梵和 p.1340）	suddhodana （パーリ pp.362,967）
20	拘利國	koli	
20	摩耶	māyā （梵和 p.1033）	字同梵文（パーリ p.716）
20	達羅毗荼	draviḍa （梵和 p.618）	
20,21,182	種姓	varṇa （梵和 p.1176）	vaṇṇa （パーリ p.776）
21,134,359	奧義書	upaniṣad （梵和 p.266）	
21	正統	āstika （梵和 p.220）	
22	非正統	nāstika （梵和 p.670）	
22	摩竭陀國	magadha （梵和 p.983）	字同梵文（パーリ p.686）
22	憍薩羅國	kośala （梵和 p.381）	kosala （パーリ p.298）
22,361,359	業	karman （梵和 p.323）	kamma （パーリ p.776）
22,43,74,134,135,265,360,361,364,365	自我	ātman （梵和 p.188）	attan （パーリ p.40）
22,64,361	無明	avidyā （梵和 p.150）	avijjā （パーリ p.135）
22	阿育王	aśoka （梵和 p.159）	asoka （パーリ p.148）

22	王舍城	rājagṛha （梵和 p.1121）	rājagaha （パーリ p.752）
22	舍衛城	śrāvastī （梵和 p.1355）	sāvatthī （パーリ p.944）
24	不蘭迦葉	pūraṇa kāśyapa （梵和 pp.795,803）	pūraṇa kassapa （パーリ p.640）
24	末伽梨瞿舍	maskarin gośālīputra （梵和 pp.1010,1327）	
24	阿耆多翅舍欽婆羅	ajitakeśakambala （梵和 pp.16,1327）	ajitakesakambala （パーリ p.23）
24	婆浮陀伽旃那	kakuda kātyāyana （梵和 pp.307,1327）	kakuda kaccāyana （パーリ p.243）
24	散若夷毘羅梨子	saṃjayin vairaṭṭīputra （梵和 pp.1327,1389）	sañjaya belaṭṭhīputra; sañjaya belaṭṭhiputra （パーリ p.868）
24	尼乾子	nirgrantha jñātiputra （梵和 pp.687,1327）	nigaṇṭha nātaputta （パーリ p.466）
24	靈魂	jīva （梵和 p.505）	字同梵文（パーリ p.362）
24	耆那教	jaina （梵和 p.503）	
25	伐馱摩那	vardhamāna （梵和 p.1178）	
25	大（英）雄	mahāvīra （梵和 p.631）	字同梵文（パーリ p.710）
26	摩訶波闍波提	mahāprajāpatī （梵和 p.1061）	mahāpajāpatī （パーリ p.707）
27	毘奢婆蜜多羅	viśvāmitra （梵和 p.1252）	
27	羼提提婆	kṣāntideva （佛光大辭典 p.6863）	
27	善覺王	suprabuddha （梵和 p.1484）	suppabuddha （パーリ p.970）
27	耶輸陀羅	yaśodharā （梵和 p.1087）	yasodharā （パーリ p.738）
27	羅睺羅	rāhula （梵和 p.631）	字同梵文（パーリ p.754）
27	阿羅邏迦羅摩	ārāḍaḥkālāma （梵和 p.206）	āḷārakālāma （パーリ p.170）
27	鬱陀迦羅摩子	udrakarāmaputta （梵和 p.257）	uddakarāmaputra （パーリ p.195）
27	菩提伽耶	buddhagayā（梵和 p.631）	
27	鹿野苑	mṛgadāva or mṛgadāpa	migadāya （パーリ p.720）

		（梵和 p.1057）	
27	耶舍	yaśas　（梵和 p.1087）	
27	憍陳如	ājñātakauṇḍinya　（梵和 p.186）	aññakoṇḍañña　（パーリ p.30）
27	阿說示	aśvajit　（梵和 p.161）	assaji　（パーリ p.149）
27	摩訶男	mahānāman　（梵和 p.1015）	mahānāma　（パーリ p.707）
27	婆提	bhadrika　（梵和 p.947）	
27	婆敷	vāṣpa　（梵和 p.1196）	
28	迦葉	kāśyapa　（梵和 p.346）	kassapa　（パーリ p.270）
28	頻毘沙羅王	bimbisāra　（梵和 p.925）	字同梵文（パーリ p.654）
28	迦竹園精舍	veṇuvanakalandakanivāpa（漢梵 p.1022）	veḷuvananivāpa　（パーリ p.838）
28	舍利弗	śāriputra　（梵和 p.1323）	sāriputta　（パーリ p.942）
28	目犍連	maudgalyāyana　（梵和 p.1069）	moggallāna　（パーリ p.730）
28	祇多	jeta　（梵和 p.508）	字同梵文（パーリ p.364）
28	給孤獨	anāthapiṇḍika（梵和 p.49）	字同梵文（パーリ p.61）
28	祇樹給孤獨園	jetavana anāthapiṇḍadasyārāma（漢梵 p.1001）	jetavana anāthapiṇḍikārāma　（パーリ p.364）
28	拘尸那羅	kuśinagara　（梵和 p.363）	kusinārā　（パーリ p.293）
28	舍利	śarīra　（梵和 p.1315）	sarīra　（パーリ p.927）
28	阿闍世王	ajātaśatru　（梵和 p.16）	ajātasattu　（パーリ p.22）
29	僧伽	saṃgha　（梵和 p.960）	saṅgha　（パーリ p.862）
29	比丘	bhikṣu　（梵和 p.960）	bhikkhu　（パーリ p.677）
29	比丘尼	bhikṣunī　（梵和 p.960）	bhikkhunī（パーリ p.677）
29	優婆塞	upāsaka　（梵和 p.279）	字同梵文（パーリ p.214）
29	優婆夷	upāsikā　（梵和 p.279）	字同梵文（パーリ p.215）
29	布薩	uposatha　（梵和 p.280）	字同梵文（パーリ p.215）
29	安居	varṣa　（梵和 p.1178）	vassa　（パーリ p.786）
29	自恣	pravāraṇā　（梵和 p.871）	pavāraṇā　（パーリ p.606）
30,295	波羅提木叉	prātimokṣa　（梵和 p.889）	pāṭimokkha　（パーリ p.615）

30	羯磨	karman（梵和 p.323）	kamma（パーリ p.258）
30,299	摩訶迦葉	mahākāśayapa（梵和 p.1012）	mahākassapa（パーリ p.705）
30	七葉窟	saptaparṇaguhā（漢梵 p.30）	
30	結集	saṃgīti（梵和 p.1384）	saṅgīti（パーリ p.862）
30,299	優波離	upāli（梵和 p.278）	字同梵文（パーリ p.213）
30	阿難	ānanda（梵和 p.194）	字同梵文（パーリ p.160）
30,295	律	vinaya（梵和 p.1220）	字同梵文（パーリ p.805）
31,299	經	sūtra（梵和 p.1497）	sutta（パーリ p.963）
31,299	論	abhidharma（梵和 p.102）	abhidhamma（パーリ p.112）
31,299	三藏	tripiṭaka（梵和 p.557）	tipiṭaka（パーリ p.388）
31	毘舍離	vaiśālī（梵和 p.1285）	vesālī（パーリ p.839）
32	大天	mahādeva（梵和 p.1014）	
32	大眾部	mahāsaṃghika（梵和 p.1022）	mahāsaṅghika（パーリ p.711）
32	上座部	sthāvira（梵和 p.1520）	theravādin（パーリ p.398）
33,153	阿毘達磨	abhidharma（梵和 p.102）	abhidhamma（パーリ p.112）
34	大乘	mahāyāna（梵和 p.1019）	
34	小乘	hīnayāna（梵和 p.1559）	
34	巴利		pāli（パーリ p.623）
34	摩竭陀語		magadhabhāsā（パーリ p.686）
34	根本語		mūlabhāsā（パーリ p.727）
34	俗語	prākrit（梵和 p.884）	
35,161,309,327	菩薩	bodhisattva（梵和 p.934）	bodhisatta（パーリ p.660）
35,309,337	波羅蜜	pāramitā（梵和 p.779）	字同梵文（パーリ p.622）
36,71,369	龍樹	nāgārjuna（梵和 p.665）	
36,71,365	中觀學派	mādhyamika（梵和	

		p.1031）	
36,80	無著	asaṅga （梵和 p.166）	
36,81	世親	vasubandhu （梵和 p.1184）	
36,80	唯識學派	vijñānavāda （梵和 p.1209）	
36,80	瑜伽行派	yogācāravāda （梵和 p.1102）	
36,126	如來藏	tathāgatagarbha （梵和 p.522）	
36	怛特羅	tantra （梵和 p.527）	
36	彌勒菩薩	maitreya （梵和 p.1066）	metteyya （パーリ p.728）
38	鳩摩羅什	kumārajīva （漢梵 p.1696）	
38	佛馱跋陀羅	buddhabhadara （梵和 p.927）	
45	四（聖）諦	caturāryasatyāni （梵和 p.456）	cattāri ariyasccāni （パーリ p.331）
45	苦	duḥkhasatya （梵和 p.588）	dukkhasacca （パーリ p.412）
45	集	samudayasatya （梵和 p.1428）	samudayasacca （パーリ p.909）
45	滅	nirodhasatya （梵和 p.686）	nirodhasacca （パーリ p.500）
45	道	mārgasatya （梵和 p.1036）	maggasacca （パーリ p.687）
45,221,222, 223	諦	satya （梵和 p.1393）	sacca （パーリ p.865）
46,101	五蘊	pañcaskandāḥ （梵和 p.723）	pañcupādānakkhandhā （パーリ p.528）
46,101	色	rūpaskandha （梵和 p.1135）	rūpakkhandha （パーリ p.758）
46,101	受	vedanāskandha （漢梵 p.734 右）	vedanākkhandha （パーリ p.835）
46,101	想	saṃjñāskandha （梵和 p.1390）	saññākkhandha （パーリ p.870）

46,101	行	saṃskāraskandha（梵和 p.1375）	saṅkhārakhandha（パーリ p.860）
46,101	識	vijñānaskandha（漢梵 p.2041）	viññāṇakkhandha（パーリ p.800）
47	苦集諦	samudayasatya（梵和 p.1428）	dukkhasamudayasacca（パーリ p.412）
51	滅諦	nirodhasatya（梵和 p.686）	nirodhasacca（パーリ p.500）
52	道諦	mārgasatya（梵和 p.1036）	maggasacca（パーリ p.687）
54,64,265,350	行	saṃskāra（梵和 p.1375）	saṅkhāra（パーリ p.860）
61,73	緣起	pratītyasamutpāda（梵和 p.846）	paṭiccasamuppāda（パーリ p.538）
62,76,246,365	自性	svabhāva（梵和 p.1535）	sabhāva（パーリ p.897）
62	空性	śūnyatā（梵和 p.1343）	suññatā（パーリ p.962）
64,99,265	識	vijñāna（梵和 p.1209）	viññāṇa（パーリ p.800）
64	名色	nāmarūpa（梵和 p.668）	字同梵文（パーリ p.456）
64	名	nāman（梵和 p.668）	字同梵文（パーリ p.456）
64	六處	ṣaḍāyatana（梵和 p.1364）	salāyatana, 亦作 chalāyatana（パーリ p.930）
64	觸	sparśa（梵和 p.1524）	phassa（パーリ p.645）
64,265	受	vedanā（梵和 p.1276）	字同梵文（パーリ p.835）
65	愛	tṛṣṇā（梵和 p.549）	taṇhā（パーリ p.372）
65	取	upādāna（梵和 p.277）	字同梵文（パーリ p.210）
65,373	有	bhāva（梵和 p.956）	bhava（パーリ p.672）
65	生	jāti（梵和 p.499）	字同梵文（パーリ p.358）
65	老死	jarāmaraṇa（梵和 p.495）	字同梵文（パーリ p.356）
68	因緣	hetupratyaya（梵和 p.1564）	hetupaccaya（パーリ p.992）
68	等無間緣	samanantarapratyaya（梵和 p.1411）	samanantarapaccaya（パーリ p.902）

68	所緣緣	ālambanapratyaya（梵和 p.210)	ārammaṇapaccaya（パーリ p.167)
68	增上緣	adhipatipratyaya（梵和 p.34)	adhipatipaccaya（パーリ p.52)
69	能作因	kāraṇahetu（梵和 p.339)	
69	俱有因	sahabhūtahetu（梵和 p.1452)	
69	同類因	saṃprayuktahetu（漢梵 p.425)	
69	相應因	sabhāgahetu（梵和 p.1409)	
69	遍行因	sarvatragahetu（梵和 p.1443)	
69	異熟因	vipākahetu（梵和 p.1227)	
73	緣生	pratītyasamutpanna（梵和 p.845)	paṭiccasamuppanna（パーリ p.538)
74	生	utpāda（梵和 p.247)	
74	滅	nirodha（梵和 p.686)	
74	常	śāśvata（梵和 p.1325)	
74	斷	uccheda（梵和 p.239)	
74	一	ekārtha（梵和 p.297)	
74	異	anārtha（梵和 p.207)	
74	來	āgama（梵和 p.182)	
74	出	nirgama（梵和 p.686)	
74	梵天	brahman（梵和 p.936)	字同梵文（パーリ p.662)
74	吠檀多	vedānta（梵和 p.1277)	
74	數論	sāṃkhya（梵和 p.1457)	
74,81,313, 364	瑜伽	yoga（梵和 p.1100)	
74	勝論	vaiśeṣika（梵和 p.1285)	
74	正理	nyāya（梵和 p.717)	
74	彌曼沙	mīmāṃsā（梵和 p.1043)	
74	耆那教	jaina（梵和 p.508)	
74	唯物論	cārvāka（梵和 p.467)	lokāyata（パーリ p.768)

75	戲論	prapañca （梵和 p.859)	papañca （パーリ p.992)
76,79,338, 342	空	śūnya （梵和 p.1343)	suñña （パーリ p.962)
80	彌勒	maitreya （梵和 p.1066)	metteyya （パーリ p.728)
81,117	末那識	manas （梵和 p.997)	
81,375	阿賴耶識	ālaya （梵和 p.210)	
81,135,364	阿特曼	ātman （梵和 p.188)	attan （パーリ p.40)
82,120	種子	bīja （梵和 p.926)	
83,122,178	識轉變	vijñānapariṇāma （梵和 p.1209)	
84,124,247	遍計所執性	parikalpitasvabhāva （梵和 p.744)	
84,124	依他起性	paratantrasvabhāva （梵和 p.736)	
84,124	圓成實性	pariniṣpannasvabhāva （梵和 p.750)	
85,125	生無自性性	utpattiniḥsvabhāvatā （梵和 p.246)	
85,125	相無自性性	lakṣaṇaniḥsvabhāvatā （梵和 p.1140)	
85,125	勝義無自性性	paramārthaniḥsvabhāvatā （梵和 p.739)	
90	馬鳴	aśvaghoṣa （梵和 p.161)	
99	根	indriya （梵和 p.229)	字同梵文（パーリ p.181)
99	境	artha （梵和 p.129)	
107	顯色	varṇarūpa （梵和 p.1176)	vaṇṇarūpa （パーリ p.777)
107	形色	saṃsthānarūpa （梵和 p.1376)	
109	三摩地	samādhi （梵和 p.1419)	字同梵文（パーリ p.905)
112,293	心	citta （梵和 p.469)	字同梵文（パーリ p.337)
114	阿賴耶識	ālayavijñāna（梵和 p.210)	
114	末那識	manasvijñāna （漢梵 p.359 左)	

119	藏	ālaya （梵和 p.210）	
120	熏習	vāsanā （梵和 p.1196）	字同梵文（パーリ p.791）
122	阿陀那	ādāna （梵和 p.191）	
125,377	成所作智	kṛtyānuṣṭhānajñāna （梵和 p.372）	
125,377	妙觀察智	pratyavekṣaṇājñāna （梵和 p.850）	
125,377	平等性智	samatājñāna （梵和 p.1410）	
125,377	大圓鏡智	ādarśajñāna （梵和 p.191）	
126	如來藏	tathāgatagarbha （梵和 p.522）	
133	無我論	nairātmyavāda （梵和 p.714）	
133	商羯羅	śaṅkara （漢梵 p.1179 右）	
134	吠陀	veda （梵和 p.1275）	字同梵文（パーリ p.835）
135	醒位	buddhānta （梵和 p.928）	
135	夢位	svapnānta （梵和 p.1535）	
135	熟眠位	saṃprasāda （梵和 p.1433）	
135	死位	mṛta （梵和 p.1059）	
135	食位所成我	annarasamayātman （梵和 p.76）	
135	生氣所成我	prāṇamayātman （梵和 p.887）	
135	意所成我	manomayātman （梵和 p.1000）	
135	識所成我	vijñānamayātman （梵和 p.1209）	
135	妙樂所成我	ānandamayātman （梵和 p.195）	
137,138	無我，非我	anātman （梵和 p.48）	anattan （パーリ p.56）
137	不然	neti	
137	無我	anātma	

		anātmaka nir-ātman nir-ātmika （梵和 p.48, 683）	
138	眾生，有情	satta 巴利文（パーリ p.875）	
138	那羅，原人	nara （梵和 p.659）	字同梵文（パーリ p.451）
139	人祖	manuṣya （梵和 p.999）	
139	摩那婆	māṇava （梵和 p.1027）	
139	士夫	puruṣa （梵和 p.796）	
139,153	補特伽羅	puggala （梵和 p.790） pudgala （梵和 p.793）	字同梵文（パーリ p.630）
139	耆婆	jīva （梵和 p.505）	字同梵文（パーリ p.362）
139	禪頭	jantu （梵和 p.491）	
139,163	薩埵	sattva （梵和 p.1391）	satta （パーリ p.875）
140	我	aham (mat,sg,1st)	
144	識住	vijñānasthiti （梵和 p.1209）	
150	彌蘭陀	Menandros（梵和 p.1042）	milinda （パーリ p.722）
150	那先，龍軍		nāgasena （パーリ p.455）
150	彌蘭王問經		milindapañha （パーリ p.722）
151	假名		paññatti （パーリ p.529）
151	泛稱		vohāra （パーリ p.841）
151	人，人格個體， 靈魂	puggala （梵和 p.790） pudgala （梵和 p.793）	字同梵文（パーリ p.630）
152	命者，壽者	jīva （梵和 p.505）	字同梵文（パーリ p.362）
152	靈魂		vedagū （パーリ p.835）
152	數取趣	puggala （梵和 p.790） pudgala （梵和 p.793）	字同梵文（パーリ p.630）
156	本住	prāgvyavasthito bhāvaḥ	參考中論梵本
158	一切有	sarvāsti （梵和 p.1447）	
161	菩提	bodhi （梵和 p.932）	字同梵文（パーリ p.660）
163	清淨心	apratiṣṭhitam cittam （見	

		p.163，註 77。)	
164	本性空	prakṛtiśūnyatā （梵和 p.819)	
164	自相空	svalakṣaṇaśūnyatā （梵和 p.1540)	
164	自性空	svabhāvaśūnyatā （梵和 p.1344)	
165	色	rūpa （梵和 p.1134)	字同梵文（パーリ p.757)
165	空，空性	śūnyatā （梵和 p.1343)	suññatā （パーリ p.962)
170	無我	nirahaṃkāra （梵和 p.683)	
170	無我	nirmana （梵和 p.690)	
170	自我意識	ahaṃkāra （梵和 p.176)	ahaṃkāra （パーリ p.151)
171	諸受	upādāna （梵和 p.277)	字同梵文（パーリ p.211)
172	身，生	janman （梵和 p.492)	
175	煩惱障	kleśaāvaraṇa （梵和 p.391)	kilesaāvaraṇa （パーリ p.283)
175	所知障	jñeyaāvaraṇa （梵和 p.513)	
176	唯識	vijñāptimātra （梵和 p.1209)	
177	所變	pariṇāma （梵和 p.747)	
177	轉變	pariṇāma （梵和 p.747)	
182	界性	dhātu （梵和 p.641)	字同梵文（パーリ p.438)
182,185	胎藏	garbha （梵和 p.420)	
182	種姓	gotra （梵和 p.436)	gotta （パーリ p.322)
181	究竟一乘寶性論	Ratnagotravibhāga Mahāyānottaratantra-śāstra （漢梵 p.660)	
183	佛塔	dhātugarbha （見 p.183，註 5)	
184	法身	dharmakāya （梵和 p.631)	dhammakāya （パーリ p.432)
183	（佛的）遺骨	dhātu （參見梵和 p.641，dhātugarbhakumbha)	

183	祭祀主神的正殿	garbha（參見梵和 pp.420, 421 garbhagṛha, garbhāgara）	
183	佛塔	stūpa　（梵和 p.1512）	thūpa　（パーリ p.398）
187	金胎歌，生主歌	prājāpatyasūkta　（梵和 pp.886,1495）	
187	一闡提	icchantika　（梵和 p.225）	
192	有	sat　（梵和 p.1390）	
192	知	cit　（梵和 p.469）	
192	妙樂	ānanda　（梵和 p.194）	字同梵文（パーリ p.160）
221	四聖諦	caturāryasatya　（梵和 p.456）	
221	二諦	satyadvaya　（漢梵 p.41 右）	
222	覺音		Buddhaghosa　（パーリ p.659）
222	話語之諦		vācāsacca　（パーリ p.788）
222	離垢之諦		viratisacca　（パーリ p.815）
222	見解之諦		diṭṭhisacca　（パーリ p.408）
222	勝義之諦		paramatthasacca　（パーリ p.576）
222	聖之諦		ariyasacca　（パーリ p.128）
222	清淨道論		visuddhimagga　（パーリ p.824）
223,234,370	勝義諦	paramārthasatya　（梵和 p.739）	paramattha　（パーリ p.576）
223,234,370	世俗諦	saṃvṛtisatya　（梵和 p.1370）	sammutisacca　（パーリ p.923）
224	依主釋	tatpuruṣa　（梵和 p.521）	
224	持業釋	karmadhāraya　（梵和 p.323）	
224	有財釋	bahuvrīhi　（梵和 p.918）	

225	世俗	saṃvṛti（梵和 p.1370）	sammuti（パーリ p.923）
225	言說	vyavahāra（梵和 p.1292）	vohāra（パーリ p.841）
225	saṃvṛti 詞構	saṃ-√vṛ（梵和 p.1264）	
225	sammuti 詞構	saṃ-√man（梵和 p.997）	
226	了義	nītārtha（梵和 p.708）	
226	不了義	neyārtha（梵和 p.713）	neyyattha（パーリ p.509）
226	尼柯耶	nikāya（梵和 p.671）	字同梵文（パーリ p.460）
227	如實知見	yathābhūtajñānadarśana（漢梵 p.472 右）	yathābhūtañāṇadassana（パーリ p.736）
227	正見	samyagdṛṣti（梵和 p.1438）	sammādiṭṭhi（パーリ p.921）
230	到名稱		saṅkhaṃ gacchati（パーリ p.859）
230	名稱、稱呼		saṅkhā（パーリ p.859）
230	世俗，言說	saṃvṛti（梵和 p.1370）	sammuti（パーリ p.923）
230	世俗的言教		sammutikathā
230	絕對的言教		paramatthakathā
231	我	aham（梵和 p.176）	ahaṃ（パーリ p.151）
231	我的	mama（梵和 p.1005）	字同梵文（パーリ p.699）
231	勝義	paramārtha（梵和 p.739）	paramattha（パーリ p.576）
231	彌蘭王問經		Milindapañha（パーリ p.722）
233	基體，諸受，所取	upadana → upādāna（梵和 p.277）	字同梵文（パーリ p.211）
235	不可說	anabhilāpya（梵和 p.44）	
235	世間名字	lokavyavahāra（梵和 p.1158）	lokavohāra（パーリ p.768）
235	第一實義	paramārtha（梵和 p.738）	paramattha（パーリ p.576）
236	世間的言說	laukikavyavahāra（梵和 p.1161）	lokavohāra（パーリ p.768）
237	教說，說法	dharmadeśanā（梵和 p.633）	dhammadesanā（パーリ p.432）

237,322	方便	upāya （梵和 p.277）	字同梵文（パーリ p.212）
239	陳那	dignāga （梵和 p.579）	
239	法稱	dharmakīrti（梵和 p.631）	
239	歸謬論證派	prāsaṅgika （梵和 p.894）	
239	自立論證派	svātantrika （梵和 p.894）	
241	四悉檀	siddhānta （梵和 p.1470）	
242	俗諦	vyavahāra （梵和 p.1292）	vohāra （パーリ p.841）
246	此有故彼有	asmin sati,idaṃ bhavati （梵和 p.966；漢梵 p.522）	
255	無記	avyākṛta （梵和 p.156）	avyākata （パーリ p.141）
257	修多羅	sūtra （梵和 p.1497）	sutta （パーリ p.963）
257	祇夜	geya （梵和 p.434）	geyya （パーリ p.321）
257	記說	vyākaraṇa （梵和 p.1293）	veyyākaraṇa （パーリ p.837）
257	伽陀	gāthā （梵和 p.424）	字同梵文（パーリ p.316）
257	優陀那	udāna （梵和 p.252 ）	字同梵文（パーリ p.194）
257	本事	itivṛttaka （梵和 p.226）	itivuttaka （パーリ p.179）
257	本生	jātaka （梵和 p.498 ）	字同梵文（パーリ p.357）
258	方廣	vaipulya （梵和 p.1282）	vedalla （パーリ p.836）
258	未曾有法	adbhutadharma （梵和 p.31）	abbhutadhamma （パーリ p.107）
258	因緣談	nidāna （梵和 p.675）	字同梵文（パーリ p.475）
258	譬喻	avadāna （梵和 p.140）	字同梵文（パーリ p.132, 475）
258	論議	upadeśa （梵和 p.265）	upadesa （パーリ p.202）
259	雅語		chandas （パーリ p.350）
261	心不相應行法	cittaviprayuktadharma（漢梵 p.239 左）	
262	實有	vastu=dravya （梵和 p.1184,618）	
264	現觀莊嚴光明般若釋	Abhisamayālaṃkārālokā Prajñāpāramitāvyākhyā	
265	色	rūpa （梵和 p.1135）	字同梵文（パーリ p.757）
265	想	samjñā （梵和 p.1389）	saññā （パーリ p.870）

268	世間的言語習慣	lokavyavahāra（梵和 p.1158）	lokavohāra（パーリ p.768）
269	波羅聶提，假施設，假名	prajñapti（梵和 p.823）	paññatti（パーリ p.529）
274	意言	manojalpa（梵和 p.1000）	
293	增上	adhi（梵和 p.33）	字同梵文（パーリ p.50）
293,294	增上戒學	adhiśīla（梵和 p.36）	adhisīla（パーリ p.54）
293	增上定學	adhicitta（梵和 p.34）	字同梵文（パーリ p.51）
293	增上慧學	adhiprajñā（梵和 p.34）	adhipañña（パーリ p.52）
294	戒	śīla（梵和 p.1336）	sīla（パーリ p.953）
296	律儀	saṃvara（梵和 p.1369）	saṃvara（パーリ p.846）
297	迦蘭陀	kalandaka（梵和 p.325）	字同梵文（パーリ p.266）
297	須提那		sudinna（パーリ p.966）
298,308	波羅夷	pārājika（梵和 p.779）	字同梵文（パーリ p.622）
302	南無	namas（梵和 p.658）	nama（パーリ p.450）
305	沙彌	śrāmaṇera（梵和 p.1354）	sāmaṇera（パーリ p.939）
305	沙彌尼	śrāmaṇerī（梵和 p.1354）	sāmaṇerī（パーリ p.939）
306	式叉摩那	śikṣamāṇā（梵和 p.1328）	sikkhamānā（パーリ p.946）
308	僧伽婆尸沙	saṃghāvaśeṣa（梵和 p.1386）	saṅghādisesa（パーリ p.864）
308	二不定法	aniyata（梵和 p.53）	字同梵文（パーリ p.67）
308	尼薩耆波逸提	naiḥsargikaprāyaścittika（漢梵 p.339）	nissaggiyapācittiya（パーリ p.503）
308	波逸提	prāyaścittika（梵和 p.892）	pācittiya（パーリ p.614）
308	波羅提提舍尼	pratideśanīya（梵和 p.831）	pātidesaniya（パーリ p.617）
308	尸沙迦羅尼	śikṣākaraṇīya（梵和 p.1328）	
308	突吉羅	duṣkṛta（梵和 p.598）	dukkaṭa（パーリ p.412）
308	七滅諍法	saptādhikaraṇaśamathā dharmāḥ（梵和 p.33）	
312	定學	adhicitta（梵和 p.34）	字同梵文（パーリ p.51）
312	三摩呬多	samāhita（梵和 p.1425）	字同梵文（パーリ p.907）

312	三摩地	samādhi（梵和 p.1419）	字同梵文（パーリ p.905）
312	三摩鉢底	samāpatti（梵和 p.1422）	字同梵文（パーリ p.906）
312	馱那演那	dhyāna（梵和 p.650）	jhāna（パーリ p.365）
312	質多翼迦阿羯多羅	cittaikāgratā（梵和 p.471）	cittaikaggatā（パーリ p.339）
312,324	奢摩他，止	śamatha（梵和 p.1312）	samatha（パーリ p.901）
312	現法樂住	dṛṣṭadharmasukhavihāra（梵和 p.605）	
313,330	不淨觀	aśubhāsmṛti（漢梵 p.173）	asubhābhāvanā（パーリ p.147）
313,330	慈悲觀	maitrīsmṛti（漢梵 p.1596）	mettāsaññā（パーリ p.728）
313,330	緣起觀	idaṃpratyayatāsmṛti（漢梵 p.1848）	
313,330	界分別觀	dhātuprabhedasmṛti（佛光大辭典 p.1144）	
314,330	數息觀	ānāpānasmṛti（梵和 p.195）	ānāpānasati（パーリ p.548）
315	四十業處		kammaṭṭāna（パーリ p.259）
316	十遍處	daśakṛtsnaāyatanāni（漢梵 p.62）	dasa kasiṇāni（パーリ p.270）
316	十不淨		dasa asubhā（パーリ p.147）
316	十隨念		dasa anussatiyo（パーリ p.83）
316	四梵住	catvāraḥ brahmavihārāḥ（漢梵 p.325）	cattāro brahmavihārā（パーリ pp.330,662）
316	四無色	catvāri arūpa（漢梵 p.329）	cattāro arūpā（パーリ p.330）
316	食厭想	āhāre pratukūlasaṃjñā（漢梵 p.1032）	āhāre paṭikkūlasaññā（パーリ p.536）
316	四界差別		catudhātuvavatthāna
318	初禪	prathamadhyāna（梵和 p.855）	paṭhamajhāna（パーリ p.548）

318	二禪	dvitīyadhyāna（漢梵 pp.41,1319）	dutiyajhāna（パーリ p.415）
318	三禪	tṛtīyadhyāna（漢梵 pp.75, 1319）	tatiyajjhāna（パーリ p.373）
318	四禪	caturthadhyāna（漢梵 p.1320）	catutthajjhāna（パーリ p.330）
319	空無邊處定	ākāśānantyāyatana（梵和 p.180）	ākāsānañcāyatana（パーリ p.153）
319	識無邊處定	vijñānānantyāyatana（梵和 p.1209）	viññāṇañcāyatana（パーリ p.800）
319	無所有處定	ākiṃcanyāyatana（梵和 p.180）	ākiñcaññāyatana（パーリ p.153）
320	非想非非想處定	naivasaṃjñānāsaṃjñāyata-na（梵和 p.715）	nevasaññānāsaññāyatana（パーリ p.509）
320	無想定	asaṃjñisamāpatti（梵和 p.166）	
320	滅盡定	nirodhasamāpatti（梵和 p.686）	字同梵文（パーリ p.500）
320	無餘涅槃	nirupadhiśeṣanirvāṇa（梵和 p.685）	anupādisesanibbāna（パーリ p.75）
321,337	慧	prajñā（梵和 p.824）	paññā（パーリ p.529）
321,337	般若	prajñā（梵和 p.824）	paññā（パーリ p.529）
321	闍那，智	jñāna（梵和 p.511）	ñāṇa（パーリ p.367）
321	毘鉢舍那	vipaśyana（梵和 p.1227）	vipassanā（パーリ p.809）
321	慧學	adhiprajñā（梵和 p.34）	adhipaññā（パーリ p.52）
321,324	觀	vipaśyana（梵和 p.1227）	vipassanā（パーリ p.809）
327	聲聞	śrāvaka（梵和 p.1354）	sāvaka（パーリ p.944）
327	緣覺	pratyekabuddha（梵和 p.854）	paccekabuddha（パーリ p.524）
327	須陀洹	srotaāpanna（梵和 p.1531）	sotāpatti（パーリ p.938）
327	斯陀含	sakṛdāgāmin（梵和 p.1379）	sakadāgāmi（パーリ p.938）
327	阿那含	anāgāmin（梵和 p.48）	anāgāmi（パーリ p.938）
327	阿羅漢	arhat（梵和 p.133）	arahatta（パーリ p.938）

329	慈	maitrī; maitra （梵和 pp.1065～1066）	mettā （パーリ p.728）
329	悲	karuṇā （梵和 p.319）	字同梵文（パーリ p.266）
334	阿耨多羅三藐三菩提	anuttarasamyaksaṃbodhi （梵和 p.58）	anuttarasammāsambodhi （パーリ p.71）
337	般若波羅蜜	prajñāpāramitā （梵和 p.824）	paññāpāramitā （パーリ p.534）
342	諸法實相	tattvalakṣaṇa （漢梵 p.1862；梵和 p.521）	
342	有為法	saṃskṛtadharma （梵和 p.1375）	saṅkhata （パーリ p.858）
342	無為法	asaṃskṛtadharma （梵和 p.1375）	asaṅkhatadhamma （パーリ p.142）
347	阿鞞跋致	avinivartanīya （梵和 p.151）	
349	苦苦	duḥkhaduḥkhatā （梵和 p.588）	
349,350	壞苦	vipariṇāmaduḥkhatā （梵和 p.1225）	vipariṇāmadukkha （パーリ p.808）
349,350	行苦	saṃskāraduḥkhatā （梵和 p.1375）	saṅkhāradukkha （パーリ p.860）
359	梵書	brāhmaṇa （梵和 p.940）	
360,365	順世派	cārvāka （梵和 p.467）	lokāyata （パーリ p.768）
361	祖道	pitryāṇa （梵和 p.786）	
361	神道	devayāna （梵和 p.609）	
362	廣林奧義書	bṛhdāraṇyaka	
362	歌者奧義書	chāndogya	
368	中有	antarābhava （梵和 p.73）	
369	乾達婆	gandharva （梵和 p.415）	gandhabba （パーリ p.312）
374	邊際	koṭi （梵和 p.380）	字同梵文（パーリ p.296）

索　引

聲韻學　　林燾、耿振生／著

　　在國學的範疇裡，「聲韻學」一向最為學子所頭痛，雖然從古至今，諸多學者、專家投身其中，引經據典，論證詳確，然或失之艱深，或失之細瑣，或失之偏狹；有鑑於此，本書特別以大學文科學生和其他初學者為對象，不僅對「聲韻學」的基本知識加以較全面的介紹，更同時吸收新近的研究成就，使漢語音系從先秦到現代標準音系的演變脈絡清楚分明，各大方言及歷代古音的構擬過程簡明易懂，堪稱「聲韻學」的最佳入門教材。

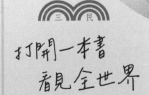

國家圖書館出版品預行編目資料

佛學概論／林朝成,郭朝順著.－－三版二刷.－－臺
北市：三民，2023
面；　公分.－－（國學大叢書）

ISBN 978-957-14-6983-6　（平裝）
1. 佛教

220　　　　　　　　　　　　　109016250

國學大叢書

佛學概論

作　　者	林朝成　郭朝順
發 行 人	劉振強
出 版 者	三民書局股份有限公司
地　　址	臺北市復興北路 386 號 (復北門市)
	臺北市重慶南路一段 61 號 (重南門市)
電　　話	(02)25006600
網　　址	三民網路書店 https://www.sanmin.com.tw
出版日期	初版一刷 2000 年 2 月
	修訂二版三刷 2017 年 11 月
	三版一刷 2020 年 12 月
	三版二刷 2023 年 3 月
書籍編號	S220610
I S B N	978-957-14-6983-6

三民書局